# Corporate Design Thinking

Daniela Freudenthaler-Mayrhofer ·
Teresa Sposato

# Corporate Design Thinking

Wie Unternehmen ihre Innovationen
erfolgreich gestalten

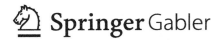

Daniela Freudenthaler-Mayrhofer
Linz
Österreich

Teresa Sposato
Neustadtl an der Donau
Österreich

ISBN 978-3-658-12979-8      ISBN 978-3-658-12980-4    (eBook)
https://doi.org/10.1007/978-3-658-12980-4

Die Deutsche Nationalbibliothek verzeichnet diese Publikation in der Deutschen Nationalbibliografie; detaillierte bibliografische Daten sind im Internet über http://dnb.d-nb.de abrufbar.

Springer Gabler
© Springer Fachmedien Wiesbaden GmbH 2017

Gedruckt auf säurefreiem und chlorfrei gebleichtem Papier

Springer Gabler ist Teil von Springer Nature
Die eingetragene Gesellschaft ist Springer Fachmedien Wiesbaden GmbH
Die Anschrift der Gesellschaft ist: Abraham-Lincoln-Str. 46, 65189 Wiesbaden, Germany

# Vorwort

Rasante Entwicklungen in den industrialisierten Teilen der Welt und ein noch rascherer Einzug der Digitalisierung in nahezu alle Arbeits- und Lebensbereiche lässt ein allbekanntes Schlagwort zum neuen Führungsparadigma werden: Innovation.

Wie notwendig die ständige Anpassung an neue Bedingungen ist, darüber herrscht schon lange Einigkeit. Keine Führungskraft, kein einflussreicher Entscheidungsträger würde wagen, die Bedeutung der Innovation für langfristigen Erfolg zu verneinen.

Und doch verspüre ich als Professorin für Innovation und in meiner Zusammenarbeit mit Unternehmen vielerorts eine gewisse Innovationsmüdigkeit. Zurecht sind viele Vorstände, Abteilungsleiter oder Entrepreneure des Themas schon überdrüssig geworden, sie haben eine Vielzahl von Innovationsmethoden und Tools ausprobiert und können sich für das schnelle, ständige Erneuern, Verwerfen, Wieder-Ausprobieren nicht mehr motivieren – nur zu verständlich. Innovation, das oft zitierte Allheilmittel für jedes Unternehmen, jede Volkswirtschaft, ja jede Gesellschaft ist kräftezehrend, oft zermürbend und mit vielen Durststrecken verbunden. Innovationen bedeuten in Unternehmen immer eine Abkehr von etablierten Strukturen, ein Brechen von mühsam aufgebauten Regeln und Normen und das Einlassen auf unsichere Aufgaben, ohne prognostizierbaren Ausgang. Innovation ist nicht jedermanns Sache und oft wird sie als große Bedrohung und keinesfalls als Bereicherung wahrgenommen. Erneuerung und das Loslassen von gewohnten Routinen fällt uns allen manchmal schwer und Innovationen werden selten vom Gros der Mitarbeiter mit Jubel angenommen. Noch schwieriger wird es, wenn das innovative Tun zum Selbstzweck verkommt, ohne strategischen Hintergedanken, nur des Innovierens zuliebe gemacht wird und Entwicklungsprozesse viel Papier für die Schublade produzieren.

Was es also braucht, sind nicht mehr Innovationen, sondern wenige erfolgreiche und tatsächlich realisierte Innovationen. Um Innovation im Unternehmen zu etablieren und als Aufgabe zu verstehen, die sich in den unternehmerischen Alltag wie selbstverständlich integriert, braucht es einen ganzheitlichen Innovationsansatz, der nicht nur am Prozess, den Werkzeugen oder an inspirierend gestalteten Seminarräumen ansetzt. Es braucht ein Modell, das Innovation im gesamten Unternehmen gestalten und umsetzen lässt. Der Ruf nach mehr Innovationskraft wird oft schnell mit einem mehr an Innovationsworkshops, Kreativ-Seminaren und einer Fülle von neuen Ideen im Ideenmanagement-System beantwortet. Führen diese gut gemeinten Initiativen jedoch nicht zu einem Mehr an erfolg-reich eingeführten Innovationen, so entsteht schnell ein Unwille, sich an diesen Initiativen noch zu beteiligen.

Die Idee für dieses Buch ist aus konkreten praktischen Erfahrungen entstanden und setzt genau dort an, wo andere Innovationsansätze aufhören – bei der ganzheitlichen Eta-blierung von Innovation im Unternehmen. Mit Oliver Kempkens, der schon lange Design Thinking an der FH Oberösterreich am Standort Steyr lehrt und mit dem wir gemeinsam viele Projekte auch umgesetzt haben, ist die Idee zu diesem neuen Ansatz entstanden und das dringende Bedürfnis, Unternehmen mehr bieten zu können als eine Reihe von Pro-zessen und Methoden, mit denen wir die Lösungsentwicklung unterstützen können. Wir haben aus dem praktischen Tun erkannt, dass viele Innovationsprozesse zu kurz greifen, das die Realisierung nicht an den Prozessen und Tools scheitern, sondern an dem „Hinter-grundgeflüster" in Organisationen, an schlecht eingebetteten Projekten, an mangelnder strategischer Anbindung oder einfach an einer Ignoranz des Nutzers und seiner wahren Bedürfnisse. All diese Erfahrungen aus der Praxis sind in das neue Modell des „Corporate Design Thinking" eingeflossen und zu einem schlüssigen Bild vereint.

Dieses Buch richtet sich an Führungskräfte, die Innovation im gesamten Unternehmen zur Umsetzung bringen möchten, und die es satt haben, eine Innovationsmethode nach der anderen auszuprobieren und wieder ad Acta zu legen. Es bietet mit Corporate Design Thinking einen Ansatz, der Innovationsaufgaben ganzheitlich, von der Initiierung bis zur Umsetzung denkt. Insbesondere wird ein Augenmerk auf die wesentlichen Faktoren gelegt, die den Erfolg einer Innovation jenseits von Prozessen und Werkzeugen bestimmen:

die Menschen, die die Innovation initiieren und bis zur Umsetzung tragen können,
die internen Treiber, die Innovation in einem Unternehmen erst ermöglichen und
die externen Quellen, aus denen neue Entwicklungen und Erfolgschancen entstehen.

Schritt für Schritt werden die wesentlichen Bereiche für Corporate Design Thinking erläutert und anhand von wissenschaftlichen Erkenntnissen und Modellen, aber auch zahlreichen Erfahrungen aus der eigenen praktischen Umsetzung diskutiert. Im Anschluss werden auch noch fünf konkrete Fallbespiele aus Sicht der Entscheider und Umsetzer vor-gestellt und konkret auf die Herausforderungen und Hemmnisse bei der Umsetzung von Innovationen im Unternehmen eingegangen. So haben die Leser auch die Möglichkeit, sich sehr anschaulich und auf reale Beispiele bezogen die Handlungsebenen und notwen-digen Aufgaben vorzustellen.

Durch die Verknüpfung von hohem wissenschaftlichen Anspruch, aktueller Erkennt-nisse aber auch praktischer Erfahrungen, soll dem Leser ein schlüssiges Bild gezeich-net werden, das sich in seinem Kopf leicht verankern lässt und sein innovatives Tun in Zukunft leiten wird. Bleibt mir nur noch Ihnen viel Freude beim Lesen und vor allem beim Umsetzen zu wünschen!

Linz, im April 2017                                                    Daniela Freudenthaler-Mayrhofer

# Inhaltsverzeichnis

# Abbildungsverzeichnis

# Tabellenverzeichnis

# Autorenverzeichnis

Dr. Bernd Blessin, VPV Versicherungen, mitgewirkt in Kap. 10

Stephan Engl, Swisscom, mitgewirkt in Kap. 9

Kinga Janisch, VPV Versicherungen, mitgewirkt in Kap. 10

Oliver Kempkens, IT Management Partners St. Gallen, mitgewirkt in Abschn. 1.3

Julia Leihener, Deutsche Telekom, mitgewirkt in Kap. 8

Erich Pichler, KEBA, mitgewirkt in Kap. 6

Michael Plasch, Logistikum, Fachhochschule Oberösterreich, mitgewirkt in Abschn. 1.2

Stefan Reise, Teufelberger, mitgewirkt in Kap. 7

Patricia Stark, KEBA, mitgewirkt in Kap. 6

# Teil I

# Theorie

# Einführung

## Design Thinking als Kernkompetenz der Unternehmensentwicklung

*Neues zu wagen, bedeutet auch immer, einen Schritt ins Ungewisse zu tun.*

**Zusammenfassung**

Als erfolgreiches Unternehmen gilt es, Herausforderungen zu meistern, die entstehen, da die Welt von morgen nicht wie die Welt von gestern sein wird. Um diese Herausforderungen zu bewältigen, reicht es nicht, nur durch Erfahrungswerte und Daten aus der Vergangenheit ein Bild über die Zukunft zu erstellen. Neben der Analyse von Informationen sind Intuition und abduktive Logik einzusetzen, die im Design Thinking eine gleichgewichtige Anwendung finden. Dadurch wird neben einer Effizienz im Tagesgeschäft auch eine Effektivität im Hinblick auf Lösungen erreicht, welche die tatsächlichen und sich ständig verändernden Bedürfnisse der Kunden befriedigen. Corporate Design Thinking bietet einen Ansatz, Design und vor allem die Denkhaltung, die allen Designaufgaben gemein ist, in der DNA des Unternehmens zu verankern, um so an Wettbewerbskraft zu gewinnen. Dafür muss das gesamte Unternehmen eingebunden werden, der Kunde in den Fokus gerückt und der Wert von Innovation für alle bekannt sein.

Schon viele Unternehmen haben es verstanden, Design als Erfolgsfaktor zu nutzen. Beispielsweise nutzen AEG und Braun bereits seit Jahrzehnten ein einheitliches Corporate Design als strategischen Wettbewerbsvorteil. Spätestens seit dem Erfolgszug von Apple ist Design als Wettbewerbsfaktor in aller Munde, und Manager haben ihre Aufmerksamkeit auch wieder auf Gestaltungsprozesse und ihre Bedeutung für ihr unternehmerisches Tun gelenkt. Während im Konsumgüterbereich Kommunikations- und Verpackungsdesign im Vordergrund stehen, hat im industriellen Bereich die Gestaltung technischer

© Springer Fachmedien Wiesbaden GmbH 2017
D. Freudenthaler-Mayrhofer, T. Sposato, *Corporate Design Thinking*,
https://doi.org/10.1007/978-3-658-12980-4_1

Produkte unter den Prämissen der Funktionalität, effizienten Produzierbarkeit und einfachen Anwendbarkeit an Gewicht gewonnen. Unternehmen wie BMW, ZEISS, 3 M, Gore, Swatch oder KTM haben bewiesen, dass Industriedesign sowohl in der technischen Produktentwicklung hilfreich sein als auch auch entscheidende Impulse für andere Unternehmensbereiche setzen kann. Und sie haben erkannt, dass Design nicht nur als ästhetische Leistung Nutzen bringen kann, sondern die Werthaltungen, die hinter Design und Designprozessen stecken, auch wichtige Anregungen für die Unternehmensentwicklung liefern können.

**Corporate Design Thinking: ein ganzheitlicher Innovationsansatz**
Genau hier setzt auch der Blickwinkel dieses Buches auf Design an: Wenn wir von Corporate Design Thinking sprechen, geht es uns weniger darum, dass Design in den Entwicklungsabteilungen Einzug hält und Techniker dazu motiviert werden, sich bei der Produktentstehung verstärkt mit ästhetischen Aspekten auseinanderzusetzen. Wir denken vielmehr daran, Design und vor allem die Denkhaltung, die allen Designaufgaben gemeinsam ist, in der DNA des Unternehmens zu verankern, damit diese an Wettbewerbskraft gewinnen.

> ▶  Corporate Design Thinking bedeutet, als gesamtes Unternehmen der Zukunft positiv entgegenzublicken und diese Zukunft mit innovativen Lösungen mitzugestalten.

Design Thinking und der Prozess, durch kreatives Problemlösen Neues entstehen zu lassen, verstehen sich im Rahmen dieses Buches nicht als Ansatz zum Entwickeln von Produkten oder Services, sondern als Führungs- und Managementansatz, der darauf abzielt, Erneuerungsfähigkeit und strategische Innovationstätigkeit im Unternehmen auf allen Ebenen zu etablieren. Dafür braucht es nicht nur eine Handvoll Mitarbeiter, die in abgeschotteten Keimzellen an neuen, geheimen technischen Revolutionen basteln, sondern insbesondere einen integrierten Ansatz, der Innovation auf alle Bereiche im Unternehmen aufteilt und sich aus allen Disziplinen nährt. Die Unternehmensentwicklung aus der Sicht eines Designers zu gestalten, das erfordert einen strategischen Auftrag, klare Ziele und geeignete Räume innerhalb der Organisation, die richtigen Menschen und einen professionellen Austausch mit Partnern in einem unternehmensübergreifenden Netzwerk.

Wenn wir von Corporate Design Thinking sprechen, ist es unser Anspruch, einen Managementansatz zu beschreiben, der Unternehmen dazu befähigt, ihre Zukunft aktiv, kooperativ, optimistisch und mit kreativen Mitteln zu gestalten. Dies verlangt ein achtsames Beobachten und Aufspüren von globalen Herausforderungen, einen wertschätzenden Umgang mit den Menschen, die sich diesen Herausforderungen stellen sollen, und ein System, das sowohl intern als auch im Zusammenspiel mit externen Partnern fähig ist, exzellente neue Lösungen hervorzubringen, die – und dies ist die Voraussetzung für den langfristigen Erfolg – Kunden individuell abholen und über lange Zeit begeistern (siehe Abb. 1.1).

**CORPORATE DESIGN THINKING**

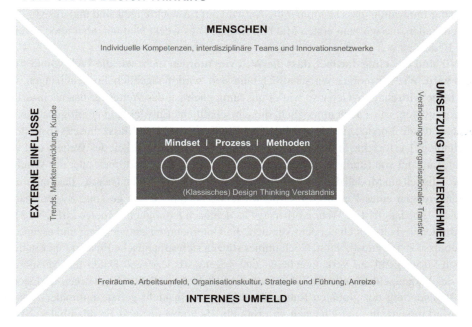

**Abb. 1.1** Corporate-Design-Thinking-Ansatz (Quelle: eigene Darstellung)

CORPORATE DESIGN THINKING verlangt:

- ein Gespür für die Herausforderungen, die sich auftun;
- einen wertschätzenden Umgang mit Menschen – ob inner- oder außerhalb des Unternehmens;
- ein Verständnis dafür, welche Rahmenbedingungen Innovation braucht und wie sie gefördert werden können;
- ein ausgeprägtes Interesse für den Markt und Begeisterung für den Kunden, der bedient werden soll;
- ein optimal auf das Unternehmen ausgerichtetes System, das Innovationen in ihrer Umsetzung unterstützt.

## 1.1   Die Herausforderungen, die Unternehmen zu neuen Lösungen hintreiben

Durch Fortschritt und Innovation in einer sich ständig ändernden Welt bestehen.

Jede Zeit hat ihre Herausforderungen, und zu jeder Zeit empfindet die Gesellschaft, die mit dem Meistern neuer Rahmenbedingungen konfrontiert wird, diese Herausforderungen als besonders intensiv und schwierig zu lösen. Es liegt im Wesen der Veränderung und auch der Innovation, dass sie immer die Antwort auf Entwicklungen sind und uns vor Aufgaben stellen, die wir zum ersten Mal bewältigen. Dies weckt Neugier, aber auch Zweifel und Bedenken.

**Wir sind uns einig darüber, dass die Welt von morgen nicht wie die Welt von gestern sein wird.** Wie wir morgen wirtschaftlich tätig sind, wird maßgeblich davon abhängen, wie wir heute wirtschaften. Genauso wie es uns unmöglich ist, das Wetter für das nächste Jahr vorauszusagen, ist es auch unmöglich, die wirtschaftliche Entwicklung zu prognostizieren. Schon Edward Lorenz, ein Meteorologe und Professor am MIT (Massachusetts Institute of Technology), erforschte in den 1960er-Jahren die Prognostizierbarkeit des Wetters und versuchte, anhand von Einflussfaktoren wie der Temperatur, dem Luftdruck oder der Windgeschwindigkeit ein Modell der Wetterentwicklung aufzustellen. Er fand heraus, dass minimale Veränderungen eines Parameters schwerwiegende Folgen für das gesamte System haben können. Eine langfristige Wettervorhersage ist demnach unmöglich (Mootee 2013, S 13).

Ähnlich verhält es sich bei dem Versuch, die Unternehmensentwicklung und erzielbare Ergebnisse zu prognostizieren. Noch immer stützen sich strategische Finanzplaner in ihrer Arbeit vorwiegend auf vergangenheits- und gegenwartsbezogene Daten und versuchen, aus der Vergangenheit auf die Zukunft zu schließen. Angesichts der stetigen und sicheren Veränderung der globalen Rahmenbedingungen ein nicht gerade optimaler Ansatz, um Marktpotenziale und Chancen zu ermitteln (Schönwetter und Freudenthaler 2013). Einer weltweiten CEO-Studie von IBM im Jahr 2010 zufolge nehmen Führungskräfte sehr wohl wesentliche Veränderungen in ihrem Umfeld wahr. Sie beschreiben die Zukunft von morgen als dynamischer (erkennbar durch höhere Risiken und kürzere Produktlebenszyklen), unsicherer (also weniger vorhersehbar und abschätzbar), komplexer (meint hier vernetzter und facettenreicher) und neu strukturiert (zeigt sich in neuen Rollen und veränderten Branchen- und Unternehmensstrukturen) (Palmisano 2010).

Der bekannte Management-Denker Peter Kruse hat darauf hingewiesen, dass es in Zeiten der Veränderung vor allem einen positiven Zugang zu Unsicherheit braucht und eine Konzentration auf die Chancen, die jeder Bruch in sich hat (Kruse 2011). Obwohl ein Großteil der Führungskräfte die Veränderungen deutlich spüren kann, so fühlen sich doch viele von ihnen nicht dazu imstande, mit den Veränderungen konstruktiv umzugehen (Palmisano 2010).

Für einen beherzten Umgang mit Herausforderungen ist mehr erforderlich als eine solide Planung und der Versuch, alle Risiken durch mathematische Methoden und Extrapolation greifbar zu machen. Gerade heute, wo mehr Daten gesammelt werden und zur Auswertung bereitstehen als je zuvor, ist die Versuchung groß, sich mit verschiedensten Analysen einer Quasi-Sicherheit hinzugeben und zu glauben, Big Data könnte unser notwendiges Vertrauen auf das Bauchgefühl ersetzen (McAfee et al. 2012). Die Verlockung ist groß, sicher, doch werden richtig gute Innovationsentscheidungen meist begleitet von einer starken Vision und dem inneren Antrieb eines Promotors oder weniger Promotoren, die sich für die Sache stark machen. Zudem sind zur zukunftsbezogenen Auswertung und Interpretation von Daten meist versierte Datenanalytiker und Informationsdesigner erforderlich, die den wirklich wertvollen Informationsgehalt aus den Daten herausfiltern – oft sind diese nicht vorhanden und die Qualität der Daten ist schlecht (Goyal und Hatami 2012).

▶   Warum aber geben sich Unternehmen trotzdem immer noch mit wenig aussagekräftigen Daten zufrieden?

Weil sie über Jahre darin geschult wurden, Managemententscheidungen auf rational-analytische Daten zu stützen statt auf Intuition (Martin 2009). Zudem gibt es immer noch viele Führungskräfte, die eine Aversion gegen vage Sachverhalte, Ungewissheit und ungeordnete Zustände haben, lineare Zusammenhänge lieben und die den Bezug zum Markt, zu den Kunden und zu dem, was diese im Moment bewegt, längst verloren haben. Oft sind sie viel zu weit vom eigentlichen Tagesgeschäft entfernt und können kleine, aber wichtige Anzeichen der Veränderung gar nicht mehr aufspüren (Mootee 2013, S 13)

Auch heute gibt es sie, diese Herausforderungen unserer Zeit. Wie wir mit ihnen umgehen, wird unsere zukünftige Entwicklung bestimmen. Sich der Evolution zu verwehren ist unmöglich. Wer stillsteht, wird überholt, und es bestehen die im Wettbewerb, die langfristig den besten Umgang mit diesen Herausforderungen finden. Da die Problemstellungen einer Epoche auch gleichzeitig die wesentliche Triebfeder und der Ausgangspunkt für Innovationen sind, werden im Folgenden einige davon als Einstimmung zum Thema Corporate Design Thinking skizziert.

## 1.1.1   Grundlogik Wachstum funktioniert nur noch bedingt

Die weltwirtschaftliche Ordnung wird seit Jahrzehnten von einer Triebfeder geprägt: dem steten Wachstum, das wirtschaftlichen Aufschwung und Wohlstand bringt. Wir sind es gewohnt, wirtschaftlichen Erfolg mit steigendem Absatz oder Marktanteil gleichzusetzen – ein fortwährendes Streben nach mehr, größer, weiter. Ob in Modellen der Unternehmensfinanzierung und Investition, in Marketing und Vertrieb oder der Technik – unser Wirtschaftssystem funktioniert dann am besten, wenn wir auf kontinuierliches Wachstum bauen können.

▶   Wir sind auf stetiges Wachstum getrimmt – was aber, wenn es ausbleibt?

Für den Wirtschaftsaufschwung nach den Kriegsjahren hat dieses Modell auch gut funktioniert, die europäische Wirtschaft war nach der Zerstörung des Krieges bestrebt, wieder aufzubauen, und die technischen Entwicklungen dieser Jahre und der Aufbruchsgeist sorgten dafür, dass die Innovationen nicht nur am heimischen Markt eingeführt, sondern auch als Exportwaren in andere Länder vertrieben wurden. Für unternehmerische Planungssysteme bedeutete dies, dass Vergangenheitsdaten extrapoliert werden konnten und die Planungsdaten im Wesentlichen aus einer Fortschreibung der Beträge, ergänzt um einen Wachstumszuschlag, bestanden. Wachstum war eine Konstante, die angenommen und als fixe Größe in die Unternehmensplanung aufgenommen werden konnte.

Und heute? Die meisten Ökonomen beschreiben die Krise 2008 als den Wendepunkt der wirtschaftlichen Nachkriegsentwicklung und meinen, dass dies die größte Weltwirtschaftskrise seit 1929 war. Wie immer man die Krise und ihre Auswirkungen einschätzen mag, wesentlich ist, dass sich seit 2008 viele der wirtschaftlichen Paradigmen verändert haben. Die Sicherheit, in der sich insbesondere die westliche Welt gewogen hat, ist verschwunden. Wir haben erkannt, wie angreifbar unser Wirtschaftssystem ist, und begriffen, dass die prosperierenden Regionen momentan nicht in Zentraleuropa liegen. Bedingt durch unterschiedlichste Aspekte wie Rohstoffvorkommen, Marktwachstum, Umweltauflagen und regulative Einschränkungen, Verfügbarkeit günstiger Arbeitskräfte und neuer Käufergruppen findet das Wachstum zurzeit nicht mehr in Europa statt. Wir befinden uns in einer Stagnation und sind darauf angewiesen, vom Wachstum der aufstrebenden Märkte wie China, Indien oder Russland zu profitieren. Wirtschaftsmächte verschieben sich, und es ist ungewiss, welchen Einfluss diese Entwicklungen auf den Standort Mitteleuropa haben werden.

Dazu kommt, dass Konsumenten vermehrt gegen die Konsequenzen des Kapitalismus und des Strebens nach steigenden Renditen aufbegehren und die gängigen Modelle hinterfragen. Massentierhaltung, die schnelle Aufzucht und Ausbeutung ökologischer Ressourcen, der verschwenderische Umgang mit sich langsam regenerierenden Rohstoffen und die durch Produktions- und Konsumationsprozesse verursachten Abfälle lassen Menschen aufhorchen und machen sie persönlich betroffen.

Dies führt dazu, dass vielerorts Keimzellen entstehen, die versuchen, mit den spürbaren Veränderungen der Verlangsamung umzugehen. Es braucht neue Modelle, die komplexe Problemstellungen lösen und Mitarbeiter und Organisation befähigen, mit dem verringerten Wachstum und den veränderten Rahmenbedingungen konstruktiv umzugehen. Im Zentrum dabei steht eine bestimmte Haltung, stehen Menschen, die nicht allein an Shareholder Value und finanzieller Rendite interessiert sind, sondern die am Kreieren und Schaffen von sinnvollen Lösungen für reale Nutzer Gefallen finden. Dieses Bedürfnis nach „handfesten" Lösungen und Schaffen von realen Werten zeigt sich auch in vielen aktuellen Bewegungen. So gibt es in den Vereinigten Staaten das Maker Movement, es gibt eine neu aufblühende Repair- und Upcycling-Kultur und eine Rückkehr zum Handwerk und zur eigenen Erstellung von Produkten, alles Bewegungen, die von einem starken Gestaltungswillen und dem direkten Schaffen von Werten geprägt sind. Sie bieten Anwendern die Möglichkeit, sich zu engagieren und am Entstehungsprozess von Waren teilzuhaben bzw. zu sehen, welche Rohstoffe verarbeitet werden und wie die Herstellung passiert. Wir erkennen ein rückkehrendes Bedürfnis nach echten (Vermögens-)Werten und überschaubaren, nachvollziehbaren und ehrlichen Entwicklungsprozessen.

### 1.1.2  Industrialisierung hat zu arbeitsteiligen Prozessen ohne großes schöpferisches Potenzial geführt

Die Industrialisierung hat mit ihren wesentlichen Erfindungen und Entwicklungen den Menschen zunehmend aus dem Mittelpunkt der wirtschaftlichen Fertigung genommen und mit neuen Technologien menschliche Arbeit zum einen ersetzt, zum anderen aber auch auf einfache, sich wiederholende Tätigkeiten reduziert. Der Taylorismus hat uns gelehrt, Arbeit aufzuteilen und Arbeitsprozesse in ihren Einzelteilen zu betrachten. Dies erhöhte die Effizienz der Fertigung neuer Produkte, führte aber auch zunehmend zu einer Abkehr von handgefertigten Werkstücken und eigenbestimmter Erzeugung individualisierter Produkte. Zugunsten des steigenden Wohlstands und der erschwinglichen Produktion von Gütern für eine breite Masse haben wir zunehmend auf Individualität, maßgeschneidertes Handwerk und kreatives Schaffen verzichtet. Der Wunsch nach Individualität wurde zum Luxusbedarf und wird heute hauptsächlich im Premiumpreissegment bedient. Neue, personalisierte Produkte werden nur noch von Designern und Gestaltern kreiert und sind im immer kleiner werdenden Bereich des Handwerks kaum noch zu finden.

Dies führte dazu, dass die Differenzierung der Arbeit sich verstärkte und entweder wenige, besondere Kompetenzen gefordert sind oder aber stark vereinfachte Tätigkeiten ausgeübt werden sollen. Vielfach werden hoch spezialisierte Fachkräfte für die Steuerung und Konzeption benötigt. Für den Arbeitsmarkt und die Ausbildung bietet dies völlig neue Voraussetzungen. So werden einfache Tätigkeiten immer mehr in Billiglohnländer ausgelagert und führen hierzulande nur noch zu geringer Wertschöpfung, wenig qualifizierte Personen können oft nicht mehr in den Arbeitsmarkt integriert werden. Zudem steuern wir auf einen Fachkräftemangel zu und können die spezialisierten Tätigkeiten, die zum Aufrechterhalten eines Wissensvorsprungs nötig sind, nicht mehr abdecken, da es einen regelrechten Kampf um hoch qualifizierte Fachkräfte gibt. Der Bedarf an Arbeitskräften, die fähig sind, Wissen aufzubauen, das zur Differenzierung des Unternehmens im Wettbewerb dienen kann, wird also steigen. Daniel Pink (2008) beschreibt in seinem Bestseller ‚A Whole New Mind', wie sich die Arbeitswelt in den nächsten Jahren verändern wird und dass vermehrt Mitarbeiter benötigt werden, die nicht nur analytisch denken und Detailprobleme lösen können, sondern auch fähig sind, ihre rechte Gehirnhälfte einzusetzen. Mitarbeiter, die auf Empathie, Intuition und Kreativität bauen. Er nennt diese Gruppe die ‚Right Brainers' und unterstellt, dass diese zum Meistern zukünftiger Herausforderungen dringend gebraucht werden.

Richard Florida, der sich ebenso intensiv mit der Gruppe von kreativen und wissensgenerierenden Arbeitskräften beschäftigt hat, prägt den Begriff der ‚Creative Class', also der kreativen Klasse, und meint damit Forscher, technische Entwickler, IT-Experten und Webdesigner, Schriftsteller, Schauspieler, Dramaturgen, Designer und Architekten sowie alle, die als Vordenker in ihrem Bereich gelten (z. B. Kulturschaffende, Verleger, Meinungsführer und Analysten). Die höchste Klasse kreativer Arbeit definiert Florida als diejenige, die für eine breite Masse der Gesellschaft Nutzen stiftet – dies kann die erfolgreiche Einführung eines Konsumprodukts genauso wie die Definition einer neuen Philosophie sein. Die erweiterte Gruppe der kreativen Klasse stellen laut Florida die ‚Creative Professionals' dar, deren Aufgaben zwar nicht ausschließlich in der Schaffung neuer Lösungen liegen, die aber regelmäßig mit der Adaption oder Kombination von bestehendem Wissen zu spezifischen Lösungen konfrontiert sind. Dazu zählen viele Berufe aus wissensintensiven Bereichen wie dem Finanzsektor, dem Gesundheitsbereich oder auch wirtschaftlichen

Tätigkeiten. Der Anteil der kreativen Klasse wird in den nächsten Jahren steigen. Skandinavien oder die Beneluxstaaten sind hier Vorreiter und zählen schon etwa ein Drittel ihrer Arbeitskräfte zu den Wissensarbeitern (Florida 2014).

> If you are a scientist or engineer, an architect or designer, a writer, artist, or musician, or if your creativity is a key factor in your work in business, education, health care, law, or some other profession, you are a member. (Florida 2014)

Die Herausforderung der nächsten Jahre liegt also darin, das schöpferische Potenzial in der Gesellschaft wieder gezielt zu fördern und möglichst viele Menschen zu Wissensarbeitern auszubilden. Sie sind der Garant dafür, dass auch in einer wachstumsarmen Region durch den Export von Know-how und Innovationen eine Partizipation am Wachstum der aufstrebenden Märkte möglich wird.

### 1.1.3   Dynamische Entwicklung erhöht das Tempo

Dass die Globalisierung zu wesentlichen Einschnitten in unser vorherrschendes Wirtschaftssystem geführt hat, ist hinlänglich bekannt. Während wir alle die Errungenschaften der weltweiten Vernetzung genießen und die Verfügbarkeit vieler Ressourcen und die Buntheit des internationalen Produktangebots schätzen, so stellt die damit einhergehende Beschleunigung globaler Wirtschaftsprozesse eine Herausforderung für Unternehmen und Konsumenten gleichermaßen dar.

▶       In einer global vernetzten Welt werden Informationen schneller ausgetauscht –
        das verändert Märkte, Wettbewerbsregeln und Kundenverhalten.

Die digitale Vernetzung ermöglicht einen schnellen Informationsaustausch und die Virtualisierung der Märkte, dadurch verkürzen sich nicht nur die Informationszyklen, auch die monopolistischen Vorteile, die durch Innovationen erzielt werden können, verringern sich. Die zunehmende Marktdynamik führt zu verkürzten Produktlebenszyklen und stellt Unternehmen vor große Herausforderungen. So müssen nicht nur F&E-Abteilungen ihre Time-to-Market in der Neuproduktentwicklung verkürzen, den Vertriebseinheiten bleibt auch nur wenig Zeit, die vorteilhaften Wettbewerbsbedingungen einer Innovation für sich zu nutzen. So müssen Unternehmen mit einer höheren Wettbewerbsintensität umgehen lernen. Diejenigen, die sich unter Wettbewerbsdruck auf ein Preisspiel einlassen und nur noch danach trachten, eine passable Qualität zu möglichst geringen Kosten zu liefern, sehen sich bald in einem Teufelskreis und höhlen ihre eigenen Erfolgspotenziale aus. Durch den Preisdruck verlieren sie den Spielraum für Innovationen, sie büßen an Lernpotenzial für ihre Mitarbeiter ein und verlieren so die Basis für zukünftige Erfolge. Wer sich auf die erhöhte Marktdynamik einlässt, muss mehr Produkte in kürzerer Zeit auf den Markt bringen und dabei in der Regel geringere Margen in Kauf nehmen. Wer sich dem Wettbewerb mit Standardprodukten stellen muss, wird immer mehr unter Preisdruck geraten. Dazu kommt, dass es in vielen Branchen Überproduktion gibt und die Märkte mit einer Fülle von Produkten, welche die Konsumenten nicht nachfragen, überschwemmt werden.

Die Fähigkeit, Innovationen schnell auf den Markt zu bringen und auch ein Geschäftsmodell parat zu haben, mit dem die Innovation zum Gewinntreiber wird, ist unabdingbar, wenn man langfristig bestehen will.

### 1.1.4   Abschied von konkurrenzorientierten Strategien

Ein Ziel von Unternehmen ist es, Wettbewerbsvorteile gegenüber der Konkurrenz zu generieren und Marktanteile zu gewinnen. Klassische Wettbewerbsstrategien zielen darauf ab, durch Kostenvorsprung, Differenzierung oder Fokussierung (Porter 1980) ebendiese Vorteile gegenüber der Konkurrenz zu generieren. Unternehmen agieren dabei als Einzelkämpfer und versuchen andere Akteure am Markt zu verdrängen. Doch in Zeiten stetigen Wandels und komplexer dynamischer Entwicklungen bringt das Einzelkämpfertum Risiken mit sich.

Unternehmen befinden sich in einem System aus Partnern, Lieferanten, Wettbewerbern, Kunden und vielen weiteren Akteuren. Jede Entwicklung, jede Veränderung hat Auswirkungen auf das System – und jeder Akteur trägt wertvolles Wissen in sich. Eine Isolierung des Unternehmens ohne Kooperation oder Kollaboration bedeutet daher, langfristig auf wertvolles Wissen und Synergien zu verzichten und dadurch einen Nachteil gegenüber anderen zu entwickeln. Durch die zunehmende Komplexität der Umwelt und Rahmenbedingungen bedarf es diverser Sichtweisen, umfassenden Wissens und Erfahrungsaustausch, um erfolgreich zu werden und zu bleiben. Dies kann nur durch Kooperation und Kollaboration in Netzwerken ermöglicht werden.

Unternehmen müssen mit ihren Wettbewerbern zusammenarbeiten, um gemeinsam noch stärker werden und individuellen Nutzen aus Kooperationen und dem Wissenstausch ziehen zu können. Beim Umgang mit neu aufkommenden Technologien, die von großer Unsicherheit hinsichtlich ihrer Chancen am Markt gekennzeichnet sind, müssen Unternehmen strategisch vorgehen und durch einen Kooperationswettbewerb, einer sogenannten Coopetition, Synergien und externes Wissen nutzen, um bestmöglich auf etwaige Risiken oder Gefahren vorbereitet zu sein (Garraffo 2002, in Pereira und Leitão 2015).

> No business is an island. (Håkansson und Snehota 2006)

Unternehmen sind keine einsamen Inseln, sondern stehen in Beziehung zu diversen Akteuren. Die Interaktion zwischen diesen Akteuren, beispielsweise zwischen einem Unternehmen und seinem Konkurrenten, ist mehr als passive Adaption. Beiderseitiges Wissen und Fähigkeiten können offengelegt und, aufbauend auf einer gegenseitigen Vertrauensbasis, gemeinsam weiterentwickelt werden. Daraus entstehen einzigartige und individuelle Fähigkeiten, die in weiterer Folge die Identität des Unternehmens durch die Interaktion mit dem Gegenüber beeinflussen und weiterentwickeln (Håkansson und Snehota 2006).

Coopetition, ein Begriff, der von Brandenburger und Nalebuff (2008) geprägt wurde, bezeichnet eine Dualität, die sich daraus ergibt, einerseits mit dem Wettbewerb zu kooperieren, andererseits aber auch in Konkurrenz zu ihm zu stehen. Nach Nalebuff und Brandenburger ist das Schaffen von Werten ein zutiefst kooperativer Prozess, während die Aneignung von Werten konkurrenzgetrieben ist. Werte in Kooperation mit der Konkurrenz zu schaffen, die man anschließend auch behalten und für den eigenen Unternehmenserfolg nutzen kann, das ist der zentrale Punkt von Coopetition.

Es bedarf daher in Zukunft einer neuen Denkweise von Unternehmen im Hinblick auf deren Beziehung zum Wettbewerb. Nicht die Konkurrenz und das Verdrängen sollten im Vordergrund stehen, sondern das gegenseitige Lernen voneinander und der Erfahrungsaustausch. Nur auf diese Art und Weise kann eine umfassende Sicht auf die Komplexität der Umwelt und die sich ständig verändernden Rahmenbedingungen erfolgen und eine langfristige und nachhaltige Entwicklung ermöglicht werden. Gleichzeitig jedoch bleibt die Konkurrenz aber Konkurrenz, und ein Unternehmen muss das erlernte neue Wissen besser als diese einsetzen, um sich am Markt gegen sie zu profilieren. Diese Dualität, wie es auch Nalebuff und Brandenburger beschreiben, gilt es in Zukunft zu beherrschen.

### 1.1.5  Disruptive Technologien

Wie bereits im Abschn. 1.1.3 erwähnt, treiben technologische Fortschritte das wirtschaftliche Wachstum voran und bringen dadurch oftmals disruptive Veränderungen mit sich. Disruptive Technologien, wie beispielsweise die Halbleiter-Technologie, das Internet oder die Dampfkraft in Zeiten der Industriellen Revolution, verändern die Art und Weise, wie wir leben und arbeiten, ermöglichen neue Geschäftsmodelle und öffnen den Markt für neue Akteure, die etablierte und lang bestehende Regelwerke und Abläufe durcheinanderbringen (Manyika et al. 2013).

Unternehmen, die diese technologischen Entwicklungen und Veränderungen erkennen und für sich nutzen, werden einen enormen Vorteil gegenüber ihren Konkurrenten haben, während jene, die dabei scheitern, sich den Entwicklungen anzupassen, zurückfallen und Marktanteile, Einfluss und Gewinne verlieren. Als Beispiel kann hier Garmin genannt werden, eines der ersten Unternehmen, das ein GPS-Navigationsgerät auf den Markt brachte und durch den Erfolg dieser damals sehr neuen Technologie seine Gewinne über zehn Jahre enorm steigern konnte (von 105 Millionen auf 1,77 Milliarden US-Dollar). Gleichzeitig verpasste das Unternehmen Rand McNally, das seit 1856 bekannt war für Landkarten, diesen technologischen Fortschritt und musste im Jahre 2003 Konkurs anmelden (Rubert-Nason et al. 2015).

Solche disruptiven Technologien bringen neben ihren möglichen positiven Auswirkungen auch negative Begleiterscheinungen mit sich. Eine hohe Unsicherheit, ein hohes Risiko und fehlende Erfahrungswerte erlauben es nicht mehr, auf bestehende Prozesse oder Abläufe zu vertrauen, sondern verlangen nach neuen Herangehensweisen und dem Zulassen von Intuition. Martin (2009) spricht dabei von einer Balance aus analytischem und intuitivem Denken, die durch Design Thinking zur Anwendung kommt. Unsicherheiten und fehlende Erfahrungswerte lassen ein rationales und analytisches Denken und Aufbauen auf Vergangenheitswerten nicht mehr zu. Vielmehr geht es darum, in die Zukunft zu sehen und durch abduktives Schlussfolgern neue und originelle Lösungen zu finden.

### 1.1.6   Disruptive Geschäftsmodelle

Das Angebot an Produkten und Leistungen am Markt ist enorm. Täglich kommen neue hinzu, die sich ähneln oder vielleicht sogar identisch sind. Einzig die Namen oder die Verpackungen lassen Unterschiede erkennen. Die Chance, dass genau das eine Produkt gekauft wird, sinkt mit jedem weiteren Konkurrenzangebot. Es gilt daher, neuartige Angebote und innovative Lösungen zu bieten, welche die Kunden ansprechen. Es bedarf Geschäftsmodelle, die originell sind, einen Wert für Konsumenten schaffen und Bedürfnisse befriedigen, von denen die Kunden selbst vielleicht noch gar keine Notiz genommen haben.

Durch disruptive Innovationen und Geschäftsmodelle können neue Märkte entstehen und bestehende Märkte vergrößert und weiterentwickelt werden (Govindarajan und Kopalle 2006). Bestehende etablierte Unternehmen können von kleinen Start-ups überholt werden, wenn sie ihre Leistungsangebote nicht stetig weiterentwickeln, wenn sie gar Features hinzufügen, die eventuell von den Kunden nicht gewünscht sind, und weil sie die Vorstellungen der Kunden hinsichtlich des Produkts gar nicht kennen und nicht wissen, welche Bedürfnisse damit befriedigt werden sollen. Neue Unternehmen, die den Markt betreten und disruptive Geschäftsmodelle entwickeln, zielen genau auf diese übersehenen Bedürfnisse ab und können dadurch noch bessere und passendere Angebote entwickeln und anbieten, manchmal sogar zu einem günstigeren Preis (Christensen et al. 2015).

> The search for a new business model [may mean] extended co-existence between current and new models. Knowing when to shift resources [towards] the latter is a delicate balancing act. (Chesbrough 2010)

Disruptive Geschäftsmodelle werden in Zukunft noch wichtiger, um sich abzuheben und von den Kunden wahrgenommen zu werden. Die Hürden, die eine Veränderung eines bestehenden Geschäftsmodells oder das Etablieren eines neuen Geschäftsmodells mit sich bringen, müssen jedoch überwunden werden. Veränderungen im Unternehmen hinsichtlich der Prozesse und Strukturen sind notwendig. Fehler und anfängliches Scheitern müssen in einer Kultur des Experimentierens als Chance, daraus zu lernen, angesehen werden (Chesbrough 2010).

Disruptive Geschäftsmodelle zu entwickeln bedeutet oftmals auch, akuelle Produkte oder Leistungen in- frage zu stellen bzw. deren Berechtigung zu hinterfragen. Nicht selten passiert es, dass man durch das Schaffen von neuen innovativen Geschäftsmodellen bemerkt, dass das eigentliche Produkt obsolet wird. Ein Unternehmen muss dann einerseits ein Vertrauen in diese Veränderung haben, das Risiko akzeptieren und als Chance ansehen, sich weiterzuentwickeln und am Markt gegenüber der Konkurrenz einen enormen Vorteil zu erzielen.

In Zukunft wird es für etablierte Unternehmen wichtig, parallel zur Entwicklung ihrer Produkte auch einen Schritt zurückzutreten und zu hinterfragen, ob das Produkt oder die neuen Funktionalitäten noch die tatsächlichen Bedürfnisse der Zielgruppe treffen oder ob diese sich bereits verändert haben und somit ein neues Geschäftsmodell verlangen. Start-ups machen es großen Unternehmen vor, entwickeln originelle und innovative Geschäfts-modelle, welche die Bedürfnisse der Zielgruppe treffen, und vermarkten diese gekonnt.

### 1.1.7   Die Effizienzfalle

Unternehmen streben nach Effizienz in ihren Abläufen und Prozessen. Das Ausschöpfen von Gewinnen durch stetige Verbesserungen und die Senkung von Zeit und Kosten stehen im Vordergrund. Parallel dazu verändert sich jedoch ständig die externe Umwelt – die Bedürfnisse der Menschen ändern sich, Trends werden stärker, neue Technologien ent-stehen. Das Leistungsangebot muss sich daher auch weiterentwickeln und dementspre-chend anpassen, sodass die Konkurrenz einen nicht mit optimierten und an die veränderten Bedürfnisse der Kunden angepassten Angeboten überholt.

▶        „Die Dinge richtig tun" vs. „die richtigen Dinge tun".

Es bedarf einer Vorgehensweise, die einerseits das maximale Ausschöpfen von Gewinnen aus aktuell erfolgreichen Angeboten und andererseits das Explorieren von neuen Trends und Entwicklungen für das Schaffen von neuen Angeboten erlaubt. Tushman und O'Reilly (1996) sprechen dabei von der Fähigkeit der organisationalen Ambidextrie und einem simultanen Explorieren (Exploration) und Ausschöpfen (Exploitation).

Damit Unternehmen langfristig erfolgreich am Markt bestehen können, müssen sie neue Möglichkeiten entdecken und erforschen (Exploration), um diese dann in neue Produkte einzuarbeiten oder für die Verbesserung bestehender Produkte zu nutzen. Sind diese einmal entwickelt und am Markt eingeführt, sollte möglichst effizient vorgegan-gen werden, um Gewinne so gut wie möglich auszuschöpfen (Exploitation). Die meisten Unternehmen sind Experten darin, ihre aktuellen Leistungen zu verfeinern, doch scheitern sie oft am Entwickeln neuer Produkte und Leistungen (O'Reilly und Tushman 2004).

Es gilt daher für Unternehmen, sich einerseits durch Erfahrungswerte der Vergangenheit und die genaue Kalkulation, Planung, Kontrolle und Steuerung stetig zu verbessern, um die Gewinne des Unternehmens zu maximieren, und andererseits durch das Erforschen der Umwelt, das genaue Beobachten von Trends und dadurch veränderten Bedürfnissen der Kunden neue radikale Innovationen zu schaffen, die langfristig einen Wettbewerbsvorteil sichern. Ein ständiges und paralleles Vorgehen vom Erkennen über das Erforschen hin zum Entwickeln und Ausschöpfen ist essenziell für erfolgreiche Unternehmen der Zukunft.

## 1.1.8 Living Digital

Die Rolle von Informationstechnologien und deren Ausprägung in Geschäftsmodellen hat sich über die letzten 20 Jahre hinweg stark verändert. Es gab eine stetige Bewegung weg vom reinen Design von IT- Systemen hin zum Design von Geschäftsmodellen, die digitale Leistungen anbieten (El Sawy und Pereira 2013).

Nach Wirtz et al. (2014) müssen bei zukünftigen digitalen Geschäftsmodellen vier Schlüsseldimensionen beachtet werden:

- Social Networking: Konzepte, die eine direkte Verbindung und Kommunikation der User ermöglichen
- Interaction Orientation: Fähigkeit des Unternehmens, mit den Usern einen authentischen Dialog aufzubauen
- Customization/Personalization: Anbieten der Möglichkeit, Leistungsangebote individuell anzupassen
- User-Added Value: Generieren von Wert, der durch den Nutzer entsteht

Mit den Veränderungen, welche die Digitalisierung in den letzten Jahren mit sich brachte, gehen neue strategische Herausforderungen und Möglichkeiten einher, wie beispielsweise die Chance, eine direkte Beziehung mit den Kunden aufzubauen und diese für einen noch besseren Einblick in die Welt der Wünsche und Bedürfnisse der Kunden zu nutzen. Startups sowie etablierte Unternehmen können es sich nicht erlauben, diese Veränderungen zu ignorieren (Morabito 2014).

Informationstechnologien und die Digitalisierung bieten Unternehmen in Zukunft noch mehr Möglichkeiten, ihre Geschäftsmodelle weiterzuentwickeln bzw. komplett neue Geschäftsmodelle zu kreieren, welche die Bedürfnisse der Zielgruppen erfüllen und durch die man noch tiefgründigere Informationen über die Zielgruppe generieren kann. Diese Verbindung von traditionellen Geschäftsmodellen und digitalen Möglichkeiten gilt es zu erkennen, zu finden und umzusetzen.

## 1.1.9 Lieb gewonnene Ressourcen werden knapp

Natürliche Ressourcen werden nicht in alle Ewigkeit verfügbar sein, denn die Weltbevölkerung nimmt zu, der Verbrauch steigt und die Vorkommen werden knapp. Um Produkte weiterhin problemlos produzieren zu können, die sich dieser Ressourcen bedienen, muss ein Plan B für die Zukunft gemacht werden.

15 Metalle, darunter unter anderem Kupfer, Zinn, Blei, Gold, Quecksilber, Silber und Zink, werden, so die Erwartung, innerhalb der nächsten 25 Jahre erschöpft sein (Kornwachs 1996). Auch verfügbare Energiequellen sind nicht unendlich abschöpfbar und werden in absehbarer Zeit keine Ressourcen mehr liefern. Genauso steht dieses Schicksal vielen weiteren für die heutigen Produktionen essenziellen Ressourcen bevor.

Besteht diese Entwicklung daher weiterhin und bleibt die Nachfrage nach nicht repro-duzierbaren Stoffen so hoch oder steigt gar noch weiter an, so muss Ersatz gesucht werden. Neuartige Ersatzstoffe müssen gefunden werden, um Produkte zu erzeugen, die dieselben Funktionen erfüllen, welche die zuvor verwendeten Stoffen oder Materialien geboten haben. Produktions- und Verfahrensinnovationen werden daher in Zukunft noch mehr gefordert und notwendig, um Produkte, die heutzutage noch mit einem Selbstver-ständnis erzeugt werden, überhaupt noch herstellen zu können.

Um das künftige Geschäftsmodell daher zukunftsfähig zu machen, müssen Unterneh-men nachhaltige Aspekte in ihre Geschäftsmodelle integrieren und nicht nur in Bezug auf erschöpfte Ressourcen, sondern auch hinsichtlich Energieverbrauch, Emissionen, Abwas-ser und Abfall Strategien entwickeln (Ganse et al. 2014).

## 1.2    Auf der Suche nach den echten Sehnsüchten der Kunden

Wie bereits eingangs erwähnt, haben sich die Rahmenbedingungen, unter denen Unter-nehmen wirtschaften, seit den wachstumsstarken Jahren der Nachkriegszeit für den mit-teleuropäischen Markt stark verändert. Nach Jahren des Wiederaufbaus, in denen vor allem die Bereitstellung von gut funktionierenden Produkten im Vordergrund stand, sehen sich die Unternehmen heute mit stagnierenden Markbedingungen konfrontiert und der Herausforderung, ihre Produkte in einem intensiven Wettbewerb deutlich differen-zieren zu müssen. Während die Preiseinstiegssegmente in der Regel nicht mehr durch heimische Produktion bedient werden können, stellt sich immer mehr die Frage, wie besondere Kundenbedürfnisse durch herausragende Angebote optimal befriedigt werden können. Kurz zusammengefasst: Wir sind auf dem Weg von einer produktions- und tech-nologiegetriebenen Wertschöpfung hin zu einer Ausrichtung der Leistungserstellung am Kunden. Unternehmen, die glauben, den Kunden ignorieren und allein mit techni-scher Exzellenz oder geringen Preisen bestehen zu können, werden bittere Erfahrungen machen.

> A customer is the most important visitor on our premises, he is not dependent on us. We are dependent on him. He is not an interruption in our work. He is the purpose of it. He is not an outsider in our business. He is part of it. We are not doing him a favor by serving him. He is doing us a favor by giving us an opportunity to do so. (Mahatma Gandhi)

Im Zentrum des Designprozesses steht demnach immer ein Kundenbedarf. Dabei kann jedoch der Begriff des Kunden stark variieren. So kann von unterschiedlichen Typen die Rede sein, wenn man von einem Kunden spricht:

**Bestehender und potenzieller Kunde:** Innovationen können sich entweder auf bestehende oder auf potenzielle Kunden konzentrieren. Bestehende Kunden haben bereits eine Beziehung zum Unternehmen aufgebaut und sind vertraut mit dem Angebot. Das Unter-nehmen hat den Kunden schon einmal von seinen Leistungen überzeugt, dies ein weiteres Mal zu tun, kostet weniger Kraftanstrengung, als neue Kunden für das Unternehmen zu gewinnen. Potenzielle Kunden stellen ein Wachstumsfeld für das Unternehmen dar. Oft geht die Ansprache von neuen Kunden mit dem Eintritt in neue Märkte einher. Um die Bedarfe potenzieller Kunden zu erkunden, braucht es Zeit und Empathie. Neue Kundenbeziehungen aufzubauen ist in der Regel mit mehr Aufwand verbunden als die Pflege bestehender.

**Buying Center:** Oft ist der Kunde für eine Innovation keine Einzelperson, also kein Endkonsument, sondern ein Unternehmen. Die Kaufentscheidung wird in diesem Fall von mehreren Personen (meist aus verschiedenen Disziplinen und Bereichen) getroffen und ist schwieriger zu beeinflussen. Um die Bedarfe von Buying Centern zu verstehen, braucht es eine intensive Auseinandersetzung mit dem jeweiligen Einkaufskomitee. Die Machtverhältnisse und Entscheidungsgewalten sind je nach Unternehmen sehr unterschiedlich, es ist ein gutes Gespür für die Strukturen und Einflussnahme in Entscheidungsprozesse nötig.

**Interner Kunde:** Viele Innovationsprojekte finden ihren Weg erst später oder nie zum externen Kunden und müssen in den ersten Phasen die Gunst interner Kunden gewinnen. Interne Kunden sind in der Regel Abteilungen, die zur Zusammenarbeit motiviert werden müssen, aber auch Führungskräfte, die es zu überzeugen gilt, oder Mitarbeiter, die mit den Lösungen schließlich arbeiten müssen. Der interne Kunde ist im Innovationsprozess oft schwieriger zu überzeugen als der externe Kunde. Kollegen sehen Veränderungen nicht immer als Bereicherung und wehren sich gegen Neuerungen, die mit Innovationen einhergehen, solange es ihnen möglich ist. Hier gilt: Fokus auf die veränderungsbereiten Mitarbeiter und positive Stimmung machen, bis sich die Motivation auch auf die Skeptiker und Bewahrer überträgt!

**Schlüsselkunde:** Die Bedeutung der Kunden für den Unternehmenserfolg variiert mitunter stark. So werden in der Regel 80 % der Umsätze mit 20 % der Kunden generiert. Seine Schlüsselkunden zu kennen und vor allem diese in Innovationsprojekten zu berücksichtigen, sie zu integrieren, ist ein wichtiger Teil des Innovationserfolgs. Schlüsselkunden sind für das Unternehmen wichtig und sollten keinesfalls bei wesentlichen Neuerungen außen vor gelassen werden. Darüber hinaus können Schlüsselkunden in der Regel wichtige Impulse für die Entwicklung liefern, da sie viel über das Produkt wissen.

Der Kundenbegriff ist also vielschichtig. Es gibt in der Theorie unterschiedlichste Kundentypologien, die alle darauf abzielen, den Kunden als wichtigen Partner für das Unternehmen greifbar zu machen. Welche Rolle der Kunde im Innovationsprozess spielt und welche Konzepte sich mit der Orientierung auf den Kunden auseinandersetzen, wird im Folgenden übersichtlich erläutert.

## 1.2.1   Kundenorientierung

▶   Der Kunde im Zentrum: Im Gegensatz zur Produkt- und Technologieorientierung stellt die Kundenorientierung den Menschen und seine Bedürfnisse in den Mittelpunkt.

Unternehmen haben sich weiterentwickelt und versuchen, mit gezielten Strategien immer schneller auf Marktveränderungen, technologische Neuerungen, Internationalisierung und

Globalisierung zu reagieren und sich stärker auf die Bedürfnisse und Anforderungen ihrer Kunden auszurichten. Sie ergreifen Maßnahmen, um den Kunden näher an das Unternehmen zu binden und eine starke und stabile Beziehung zu wichtigen Kunden aufzubauen. Kundenorientierung im realen Unternehmenskontext ist zu einem entscheidenden Erfolgsfaktor geworden.

Die Entwicklung von der Produkt- zur Kundenorientierung kann im Zeitablauf wie folgt skizziert werden: Während in der Aufbauzeit der 1950er- und 1960er-Jahre die Marktnachfrage enorm war und der Anbieter des Produktes den Markt bestimmen konnte (*Produktorientierung*), wandelte sich in den 1970er-Jahren die Taktik vom Verkäufer- zum Käufermarkt (*Marktorientierung*). Marktorientierte Unternehmensführung sorgte zwar für ausreichend Angebot, doch das Erfordernis einer differenzierten Marktbearbeitung aufgrund der Ausprägung unterschiedlicher Kundengruppen brachte weitere Dynamik in den Wirkungsbereich der Unternehmen (siehe Abb. 1.2).

Die Rahmenbedingungen in den 1980er-Jahren waren durch eine weitgehend homogene Produktlandschaft und stetig steigenden Wettbewerb am Markt gekennzeichnet und bewegten Unternehmen hin in Richtung strategische *Wettbewerbsorientierung* mit konkreter Einbeziehung a) der geänderten, spezifischen Kundenanforderungen, b) der Mitbewerbersituation (Wettbewerbsanalyse) und c) der unternehmenseigenen Eigenschaften und Leistungspotenziale. Diese Phase ebnete den Weg hin zur ***Kundenorientierung*** (ab den 1990er-Jahren). Die Haltung der Kunden ist individueller, anspruchsvoller und flexibler geworden. Durch die gestiegene Heterogenität und die schwer planbare Eigenschaft des hybriden Kaufverhaltens auf Kundenseite sind Unternehmen gefordert, Anforderungen und Bedarfe reaktionsschnell zu erkennen und kundenbezogene Faktoren so abzubilden, dass individuelle Kundenbehandlung sowie das gute Gefühl der Kundenbindung spürbar

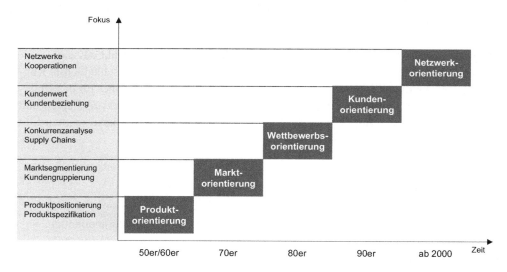

**Abb. 1.2** Entwicklung der Kundenorientierung (Quelle: eigene Darstellung in Anlehnung an Meffert et al. 2015)

werden. Das Kundenverhalten in Verbindung mit den neuen Informations- und Kommunikationstechnologien prägt die aktuelle Phase der *Netzwerkorientierung*, in der sich Unternehmen bis auf Weiteres damit beschäftigen, strategische Netzwerke und Kooperationen zu bilden, um Wissen und Lösungsmöglichkeiten, an Kundenbedürfnissen orientiert, auszutauschen (Bruhn 2012).

Das Verständnis des Begriffs der Kundenorientierung ist in der unternehmerischen Praxis hoch relevant geworden. Während die Marktorientierung durch die Ausrichtung auf sämtliche Marktteilnehmer – die mit dem Unternehmen direkt oder indirekt in Kontakt stehen – gekennzeichnet ist, fokussiert die Kundenorientierung auf die dyadische Verbindung zwischen Kunde und Unternehmen, welche die Erfüllung des individuellen Kundenbedürfnisses ins Zentrum stellt, eine Orientierung an spezifischen Wünschen charakterisiert und die Identifikation und Sicherstellung wertstiftender Kundenbeziehungen als primäres Ziel verfolgt (Bruhn 2012).

▶ Kundenorientierung zielt darauf ab, tragfähige Beziehungen zum Kunden aufzubauen und ein klares Verständnis für seine Wünsche und Bedürfnisse zu haben.

Kundenorientierung als strategische Ausrichtung eines Unternehmens zu verstehen bedeutet, nicht nur Verhaltensweisen der Organisation zu fördern, sondern Aktivitäten zu setzen, die sich mit dem Erwerb von Wissen über die Kunden auf dem Markt beschäftigen und dieses Wissen in weiterer Folge innerhalb des Unternehmens zielgerichtet verbreiten. Die Kundenorientierung bedingt somit den Aufbau von Marktintelligenz über aktuelle und künftige Bedürfnisse der Zielkunden (Day 1994; Gatignon und Xuereb 1997).

Es existieren unterschiedliche Auffassungen in der Literatur hinsichtlich der Zuordnung von Begriffen zur Kundenorientierung – beispielsweise als Charakter einer Unternehmenskultur oder als Interpretationsform des konkreten Verhaltens und Handelns eines Unternehmens (Kubillus 2004). Nach Bruhn (1999) können grundlegend drei unterschiedliche Interpretationsansätze der Kundenorientierung hervorgehoben werden: a) informationsorientierte, b) kultur- und philosophieorientierte und c) leistungs- und interaktionsorientierte Kundenorientierung (siehe Abb. 1.3).

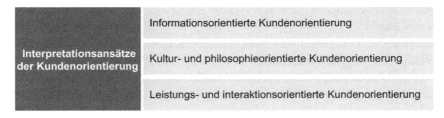

**Abb. 1.3** Interpretationsansätze der Kundenorientierung (Quelle: eigene Darstellung in Anlehnung an Kubillus 2004)

a) Die informationsorientierte Form setzt die Ermittlung und Analyse von erfassbaren Kundenbedürfnissen (gegenwärtige und potenzielle) durch systematische Marktforschungsmethoden voraus und beruht auf umfassender Datenverfügbarkeit.

b) Eine kultur- und philosophieorientierte Kundenorientierung geht einen Schritt über den Informationsfaktor hinaus und erfordert Normen, Werte und Überzeugungen, die in der Kultur des Unternehmens gefestigt sind (Bruhn 1999; Kubillus 2004).

c) Der Ansatz der leistungs- und interaktionsorientierten Kundenorientierung erörtert die enge Verknüpfung der Kundenanforderungen und bereitgestellten Produkt- und/oder Serviceleistung des Unternehmens (Kubillus 2004).

Obwohl das Begriffsverständnis zumeist klar und der Gedanke der Kundenorientierung in Unternehmen meist vorhanden ist, zeigen Studienergebnisse aus der unternehmerischen Praxis weitgehend Schwachstellen in kundenorientierter Unternehmensführung (Diller und Saatkamp 2002; Bruhn 2012).

▶      Tatsächlich kundenorientiert zu agieren, fällt vielen Unternehmen schwer.

Für das aktuelle Zeitalter ist die Notwendigkeit der Kundenorientierung für Unternehmen aus zwei Gründen von höchster Relevanz: Einerseits sind Anbieter bemüht, ihren Kunden eine sinnvolle Orientierung über offerierte Produkte und Services zu geben, um damit die Kaufentscheidung zu erleichtern. Andererseits soll es genau durch dieses spezielle Verhalten in der Kundenansprache gelingen, eine Differenzierung gegenüber dem Wettbewerb zu erreichen und Marktpräsenz zu halten (Kubillus 2004).

Etablierte Konzepte zur Orientierung und zum Erkennen von individuellen Kundenbedürfnissen erheben in der Wirklichkeit nicht automatisch den Anspruch, diesen strategischen Weg zu verfolgen. Das Einschätzen des Realisierungsgrads der Kundenorientierung – und damit zusammenhängend der Vergleich der Selbsteinschätzung des Unternehmens mit der Einschätzung der Kunden – macht diese Situation in vielen Fällen deutlich (Droege und Comp. Europe 2000; Meyer und Dornach 2001; Homburg 2006).

Weiterhin bestehen häufig **Defizite in der strategischen Planung** und daraus folgenden Umsetzung von entwickelten Konzepten der Kundenorientierung (siehe Abb. 1.4):

• Isolierte Optimierung von Einzelaspekten der Kundenorientierung – ohne Abgestimmtheit aufeinander
• Konzeptionelle und methodische Defizite bei der Kundenzufriedenheitsmessung
• Gleichsetzung von Kundenzufriedenheit und Kundenbindung
• Zu starke Fokussierung auf die operativen Maßnahmen der Kundenorientierung
• Vernachlässigung von Soft Skills (Personalführung und Kultur in der Umsetzung der Kundenorientierung)
• Fehlende Aktivitäten hinsichtlich Gestaltung der Kundenstruktur

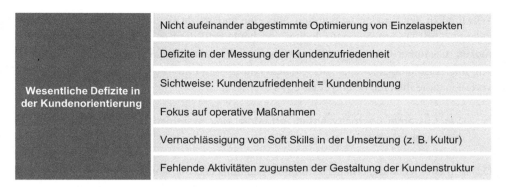

**Abb. 1.4** Defizite in der Kundenorientierung in der Praxis (Quelle: eigene Darstellung in Anlehnung an Kubillus (2004)

Zentrale Voraussetzung, um die oben beschriebenen defizitären Aspekte zu vermeiden, ist es, von Einzelinitiativen abzusehen und ein abgestimmtes und in sich schlüssiges Kundenorientierungskonzept zu integrieren, das, bestehend aus einzelnen Umsetzungselementen, verfolgt wird (Kubillus 2004).

## 1.2.2 Konzepte, die den Kunden in den Mittelpunkt stellen

Die Fokussierung auf den Kunden beschäftigt schon lange nicht mehr nur Marketingexperten. Viele Disziplinen haben den Wert des Kunden für das eigene Tun erkannt und stellen kundenbezogene Überlegungen in den Mittelpunkt ihrer Aktivitäten. So haben Konzepte wie Contextual Design, Touch Point Management, Usability und User Experience, Customer-Driven Design und Co-Creation alle einen gemeinsamen Kern – sie interessieren sich für die echten Bedürfnisse und Sehnsüchte des Kunden und versuchen Lösungen zu entwickeln, die den Kunden wirklich begeistern und erfreuen.

Eine Übersicht wesentlicher Ansätze, die es für kundenorientiertes Handeln gibt, findet sich im Anschluss.

### 1.2.2.1 Customer Centricity: den Kunden ins Zentrum rücken

Bereits in den 1980er-Jahren wurden von den Unternehmensberatern und Autoren Peters und Waterman (1982) die Kunden zu einem signifikanten Erfolgsfaktor im Hinblick auf die Innovationsfähigkeit eines Unternehmens erklärt. Der Grund dafür liegt für viele Experten auf der Hand. Durch eine immer dynamischer und komplexer werdende Wettbewerbssituation auf den Märkten, in Kombination mit einer sich verstärkenden Diversität von Produkten, Dienstleistungen und der rasanten Entwicklung neuer Technologien, kommt es immer stärker darauf an, herauszufinden, was benötigt wird. Und noch viel mehr kommt es darauf an, herauszufinden, wer diesen Bedarf hat (Jacob et al. 2014). Die

Wirklichkeit der Kunden ist nämlich stets eine andere, da sie durch das akute Bedürfnis geleitet wird. Unternehmensstrategien von heute erfordern es, Kunden ins Zentrum zu rücken. Customer Centricity steht als Ansatz dafür, durch kundenwertgerichtete Betreuung und Auseinandersetzung mit Kundenbedürfnissen eine Sicherung von Wettbewerbsvorteilen zu realisieren (Jacob et al. 2014).

▶     Ein Customer-Centricity-Ansatz erfordert eine systematische, ganzheitliche Herangehensweise.

Das sich entwickelnde, erneuerte Rollenverständnis und die neue Bedeutung von Kunden haben Märkte wie auch Unternehmen verändert. Kunden und Verbraucher spielen heute eine noch aktivere Rolle bei der Schaffung von Werten und in der Umsetzung von Unternehmensstrategien. Dialog und Interaktion werden zu wichtigen Elementen zwischen den beteiligten Marktakteuren. Es findet eine Entwicklung von einer güterdominierten Sichtweise (engl. Goods-Dominant Logic), in der einzelne materielle Transaktionen im Vordergrund stehen, zu einer servicedominierten Haltung (engl. Service-Dominant Logic), in der immaterielle Austausch- und Beziehungsprozesse zentral sind, statt. Die Vorreiter in diesem Kontext waren Vargo und Lusch (2004), die mit ihrer Definition von „Service-Dominant Logic" ein Umdenken in Marketing und strategischer Unternehmensführung auslösten (Jacob et al. 2014). Genau dieser servicedominante Charakter führt dazu, dass unabhängig vom zu erfüllenden Kundenbedarf durch ein Produkt ein Kundenerlebnis generiert wird. Der Prozess der Bedarfsdeckung wird für die Kunden mehr als das. Es stellen sich ein außergewöhnliches Erlebnis und ein Gefühl der Wertschätzung ein, die durch die kundenorientierte Ansprache und Bedürfniserfüllung erreicht werden. Wenn bei den Kunden etwas Besonderes ausgelöst und das Empfinden der Kundenorientierung verbreitet wird, funktioniert der Customer-Centricity-Ansatz (kundenwertgerichtete Ansatz) gut und gibt dem Unternehmen Chancen, aus diesen Kunden loyale Kunden zu machen (Hyken 2014).

Doch was braucht es, um Customer Centricity als Unternehmen tatsächlich zu leben und Kunden ganz nahe an die unternehmenseigene Entscheidungs- und Ideenfindung heranzulassen und an Entwicklungsprozessen zu beteiligen?

Expertenmeinungen bestätigen, dass Unternehmen, die einen Customer-Centricity-Ansatz verfolgen, einen großen Anreiz für Kunden bieten und gleichzeitig höchst attraktiv für Arbeitnehmer sind. Durch das „Ins-Zentrum-Stellen" der Kunden können auch Mitarbeiter verstärkt zum Erfolg beitragen (Hyken 2014). Die folgenden vier Eigenschaften zeichnen Unternehmen mit gelebter Customer Centricity aus:

• Kundenwertgerichtete Unternehmen befähigen Mitarbeiter, ganz bewusst Entscheidungen zu treffen, die zum Wohle des Kunden sind.
• Diese Unternehmen stellen Mitarbeiter ein, die in die Unternehmenskultur passen und die Persönlichkeit mitbringen, sich an zentralen Werten, Mission und Vision auszurichten.

- Kundenwertgerichtete Unternehmen investieren viel Zeit und Geld in Soft-Skills-Training (z. B.: Kundenbetreuung, Beziehungsaufbau …).
  Technik- und Produktschulungen sind wichtig, aber die konstante Entwicklung des „Menschen im Unternehmen" ist noch wichtiger.
- Kundenwertgerichtete Unternehmen wissen um die Bedeutung ihrer Mitarbeiter und verfolgen einen „People-First-Ansatz".

Ein Unternehmen mit gelebtem Customer-Centricity-Ansatz hat Kundenservice als Philosophie, die von jeder Mitarbeiterin und jedem Mitarbeiter des Unternehmens angenommen wird und zu erkennen gibt, dass es sowohl externe als auch interne Kunden gibt. Somit wird klar, dass alle Menschen im Unternehmen ihren Beitrag dazu leisten festzulegen, was den Kunden an Wert bereitgestellt wird. Jeder spielt eine Rolle – und es ist nicht nur der Vertrieb an der Schnittstelle zu den Kunden, der Unterstützung und Wert liefert (Hyken 2014). Siehe auch Abb. 1.5.

Eine entsprechende Neugestaltung der Organisation, die Kunden in den Mittelpunkt aller Geschäftsentscheidungen stellt, kann in der unternehmerischen Praxis eine Herausforderung darstellen, vor allem, wenn Unternehmen aus historischen Gründen produktorientiert, in strategischen und operative Sichtweisen stark diversifiziert oder aber generell änderungsresistent sind. Um aber ein kundenorientiertes Unternehmen aufzubauen

| Kundenzentrierte Kultur | | |
|---|---|---|
| **Einbinden** | **Darstellen** | **Detaillieren** |
| Kundenfeedback verwenden | Customer Journey Lebenszyklus | Geschäftsmodell an kundenzentriertes Vorgehen anpassen |
| **Abstimmen** | **Motivieren** | **Fokussieren** |
| Technologien und Prozesse, die Kundenorientierung unterstützen und treiben | Top Management und Führungskräfte | Entwicklungen dort fördern, wo kundenorientierter Wandel notwendig ist |
| **Integrieren** | **Verändern** | **Messen** |
| Voneinander abgetrennte Geschäftsbereiche und Kulturen | Kulturwandel in allen Hierarchieebenen | Neue Kennzahlen für Kundenorientierung einführen |

**Abb. 1.5** Customer-Centricity Culture (Quelle: eigene Darstellung in Anlehnung an Oliveira & Gimeno 2014, Gavan 2014)

bzw. eine kundenzentrierte Kultur wirksam zu machen, arbeiten Unternehmen nicht von innen heraus, sondern von außen nach innen. Ausgangspunkt ist nicht die vermeintlich passende Geschäftsstrategie, oder die Prozesse, oder die Menschen. Es sollten die Kunden sein. Es beginnt mit der Abbildung des Kundenbedürfnisses und der Reise der Kunden („Customer Journey"), um den Menschen im Unternehmen darzustellen, welche Ziele sie verfolgen, um Kundenerlebnisse zu generieren (Gavan 2012).

Die kundenorientierte Initiative muss durch Commitment des führenden Managments in die Unternehmensstrategie eingebettet sein. Training und Weiterentwicklung sind nichts Einmaliges oder etwas, das ein Unternehmen zu einem Zeitpunkt getan hat. Es ist etwas, das ein Unternehmen tut und braucht, um eine nachhaltige, kundenwertgerichtete Kultur zu schaffen.

### 1.2.2.2   Customer Experience: das perfekte Kundenerlebnis schaffen

In den Märkten der heutigen Wirtschaftswelt, mit immer homogeneren Produkten und laufenden Neuerungen in Bezug auf Technologie und Trends, wird das Kundenerlebnis („Customer Experience") zu einem entscheidenden Faktor des unternehmerischen Erfolgs. Zu „Customer Experience" finden sich in der Literatur Beiträge aus den späten 1990er-Jahren, wo speziell Pine und Gilmore (1999) die **erlebnisökonomische Betrachtung** aufgezeigt haben und argumentieren, dass *„das Kundenerlebnis deshalb so wichtig für Unternehmen wird, weil Produkte und Dienstleistungen zum undifferenzierten Massenangebot geworden sind"*. Die Beiträge der Autoren behandeln zudem das Wort Kundenerlebnis bzw. Erlebnis an sich:

> Von (Kunden-)Erlebnis spricht man, wenn ein Unternehmen beabsichtigt, Dienstleistungen als Bühne und Produkte als Requisiten zu nutzen, um den einzelnen Kunden in einer bestimmten Art und Weise ein denkwürdiges Erlebnis zu verschaffen.

> Derartige Kundenerlebnisse bleiben dabei als Erfahrungen, jedoch von Natur aus nur im Kopf einer Person, auf einer emotionalen, körperlichen, geistigen oder spirituellen Ebene, ausschließlich persönlich verankert.

> Beim Gestalten von Kundenerlebnissen geht es zudem grundsätzlich nicht um Unterhaltung; Unternehmen inszenieren persönliche und einprägsame Erlebnisse, sobald sie sich mit ihren Kunden (bewusst oder unbewusst) beschäftigen.

Für Pine und Gilmore (1999) sind Erlebnisse, persönliche und einzigartige, Interpretationen von Ereignissen. Sie reflektieren die emotionale Reaktion auf einen Reiz im Zuge der Bedarfserfüllung und sind abhängig von vielen Kontextfaktoren. Die anbietenden Unternehmen stehen vor der Herausforderung, Kundenerlebnisse zu kontrollieren und Kundenerfahrungen und ausgelöste Emotionen zu verwalten.

Die **Entstehung der Erlebniswirtschaft (Erlebnisökonomie)** ist daher kein Zufall und hat sich in den letzten Jahren zu einem unaufhaltsamen Trend entwickelt. Nach Knutson und Beck (2004) gibt es drei konvergierende Faktoren in der Erlebniswirtschaft: **a) Technologie, b) mehr anspruchsvolle Verbraucher und c) zunehmenden Wettbewerb.** In dieser Ära der Erlebniswirtschaft werden gute Produkte und Services zur Grundvoraussetzung, die Differenzierung und Kundenbindung erfolgt erst durch das Schaffen von besonderen Erlebnissen.

Die Wettbewerbssituation für Unternehmen wurde zuvor bereits diskutiert. Die beiden Faktoren „Technologie" und „anspruchsvolle Verbraucher" werden entscheidend durch die digitale Vernetzung und das WWW getrieben. Die Entwicklung des Internets und die scheinbar unbegrenzten Möglichkeiten im Bereich Social Media verändern das Konsumentenverhalten radikal und kontinuierlich. Über das Internet erreichen Meinungen, Kaufentscheidungen und Bewertung eines einzelnen Kunden heute ein großes Publikum. Der Dialog und der offene Austausch über angebotene und kommende Produkte und Services werden unaufhaltsam angeregt und schaffen Markttransparenz.

Kunden von heute sind nicht mehr die „trägen, inaktiven Verbraucher". Sie wollen mehr und mehr als „Koproduzenten" verstanden werden und müssen im Sinne der Erlebnisökonomie als ein wesentlicher Teil der Unternehmen gesehen werden. Für die Strategien von Unternehmen ist es daher wichtig zu beachten, dass die jüngsten Entwicklungen im Bereich Marketing höchst relevant sind, um die Nutzung von immateriellen Elementen – verknüpft mit dem emotionalen Wert für die Kunden – vorzunehmen. Der Fokus geht weg vom ausschließlich klassischen rationalen Wert aus der Wirtschaftstheorie von gestern. Zudem deuten Erfahrungstheoretiker, dass das Konsumverhalten nicht rein auf Vernunft basiert. Es wird vom Kundenerlebnis, bestehend aus einer rationalen und emotionalen Beurteilung, bestimmt (Ferreira und Teixeira 2013).

### 1.2.2.3   Customer Insights: den Kunden wirklich verstehen

Größe und Form von Märkten verändern sich durch Trends, Technologien und Wettbewerb laufend. Die Kunden und Endverbraucher tragen mit ihren wechselnden Mustern und Einstellungen zusätzlich zu einer schwer planbaren Dynamik bei. Da auch der Einblick in diese persönlichen Ebenen nicht einfach bzw. aus vorhandenen Informationen zu Kundenverhalten nicht im Detail zu gewinnen ist, muss zwischen den Zeilen gelesen werden. Customer Insights stehen als Ansatz dafür, in genau diese Ebenen vorzudringen.

Customer Insights ermöglichen ein tieferes Verständnis für Bedürfnisse, Gewohnheiten und Erwartungen von Verbrauchern. Sie eröffnen neue Blickwinkel auf bekannte Informationen, indem sie vielfältige Informationen vereinfacht darstellen bzw. formulieren. Das Wissen aus der Customer Insights Research dient zur Ermittlung von tatsächlichen Kundenbedarfen sowie Veränderungen in Bedürfnisstrukturen.

Wenn ein Unternehmen über seine Kunden mehr erfahren und sie wirklich verstehen möchte, bedarf es einer Vorgehensweise, die aus vier zentralen Aspekten besteht:

**General Insight** – Betrachtung allgemeiner Trends und Wertevorstellungen im Kundenverhalten innerhalb der Branche

**Category Insight** – Erfassung der branchen- oder marktspezifischen Treiber

**Brand Insight** – Wahrnehmung der Unternehmensmarke

**Product & Service Insight** – Aufnahme der Nutzungsmotive zu den angebotenen Produkten und Serviceleistungen

▶      Customer Insights eröffnen Perspektiven für Marken und Kommunikation.

Customer Insights können es Unternehmen ermöglichen, Marktchancen entlang der Wertschöpfungskette zu identifizieren, und sie können helfen, diese damit verbundenen Möglichkeiten als Wert zu quantifizieren. Eine „Customer-Insights"-Strategie in Unternehmen
sollte Aktivitäten im Rahmen eines Prozesses und nicht nur durch den Einsatz von Forschungsmethoden und anderen Werkzeugen beinhalten. Die nicht zielgerichtete Gewinnung und Sammlung von Daten, von denen viele vielleicht ganz interessant sind, aber
von denen nur wenige Wertvolles enthalten, unterstützt die Beantwortung der gestellten
Fragen nicht wirklich (Neighbor und Kienzle 2012).

Es ist meist wirtschaftlicher und schonender, Zeit und Ressourcen in das Verständnis
des Problems sowie die Bestimmung, welche nützlichen Informationen bereits verfügbar sind, zu investieren, als Zeit und Ressourcen für wenig durchdachte Feldforschung
aufzuwenden.

Forschungsmethoden und Werkzeuge im Customer-Insights-Prozess (siehe Abb. 1.6).
finden sich vorwiegend aufseiten der qualitativen Primärdatenerhebung. Neben Interviews

| Schritte | Ziele | Maßnahmen |
|---|---|---|
| **Schritt 1** **Problem- beschreibung** | *Erwünschte Ergebnisse bestimmen* | Problemstellung, Forschungsfragen und Ausgangshypothesen formulieren <br> Projektplanung <br> Einverständnis der Entscheidungsträger und Stakeholder einholen |
| **Schritt 2** **Datenbasis schaffen** | *Bestehende Datenbasis nutzen, um das Problem zu verstehen* | Interne und externe Quellen sammeln <br> Ausgangshypothese überarbeiten <br> Informationsbedarfe definieren <br> Bestehende Daten verdichten und hinterfragen |
| **Schritt 3** **Primärdaten erheben** | *Eigene Daten erheben, um das Verständnis über den Kunden zu intensivieren* | Forschungsdesign entwickeln <br> Methoden festlegen <br> Datenerhebung durchführen |
| **Schritt 4** **Daten analysieren** | *Forschungsfragen unter Miteinbeziehung aller Daten verwenden* | Daten aus allen Quellen nutzen <br> Synthese der Ergebnisse <br> Insights aus dem Datenmaterial herausziehen <br> Forschungsfragen beantworten |
| **Schritt 5** **Empfehlungen abgeben** | *Wesentliche Empfehlungen ableiten und die Zustimmung der Stakeholder einholen* | Praktische Empfehlungen entwickeln <br> Ergebnisse mit unterschiedlichen Stakeholdern diskutieren <br> Einen gemeinsamen Weg entwickeln, den alle mittragen |

**Abb. 1.6** Customer-Insights-Prozess (Quelle: eigene Darstellung)

(mit Experten, Kunden oder in Fokusgruppen) und zahlenreichen weiteren in Abschn. 4.3.3 vorgestellen Methoden ist das Werkzeug **Ethnografie** (Ethnography) von hoher Relevanz: Hier wird der Prozess der Entwicklung eines Verständnisses, wie die Menschen leben, arbeiten, essen und schlafen, durch genaue Beobachtung beschrieben. Dies gelingt durch Eintauchen in den Wohn- und Objektbereich der Kunden. Dieses Vorgehen kann einen – durch ganzheitliche Sicht auf Kunden und deren Umfeld – tiefen Einblick in das Verhalten der Menschen liefern und unerfüllte Bedürfnisse, die oft nicht artikuliert werden können, ans Licht bringen. Mittels **Prototyping** werden real natürliche Kundenversuche von Produkt- oder Serviceangeboten durchgeführt, um die Inbetriebnahme von entwickelten Prototypen(-Lösungen) vor bzw. mit den Kunden zu testen. Durch dieses Vorgehen erhalten Unternehmen, die ein neues Produkt oder eine Dienstleistung entwickeln, wertvolles Kundenfeedback – und das Interesse an einem neuen oder modifizierten Produkt oder einer Dienstleistung kann abgeschätzt werden. Im Gegensatz dazu liefern **Umfragen**, mittels Fragebögen entwickelt, Antworten auf Fragen aus einem Pool von Kunden, zur Sammlung von quantifizierbaren Daten einer bestimmten Zielgruppe (klassische Primärforschung).

Bei der Entwicklung einer „Customer-Insights"-Initiative sollten in Unternehmen einige dieser Ansätze herangezogen und so angepasst und weiterentwickelt werden, dass das Werkzeug für den Zweck dienlich sein und zur Erweiterung der Perspektive beitragen kann.

Customer Insights beziehen sich auf ein tiefes Verständnis für die Bedürfnisse und Verhaltensweisen der Kunden – beide bekannten Anforderungen, welche die Kunden identifizieren können, sowie die latenten Bedürfnisse, die sie nicht identifizieren können (Neighbor und Kienzle 2012).

Henry Ford war bereits im vorigen Jahrhundert mit Customer Insights beschäftigt: *„If I'd asked people what they wanted, they would have said faster horses. "* („Wenn ich die Menschen gefragt hätte, was sie möchten, hätten sie gesagt: schnellere Pferde. ") Zur damaligen Zeit wussten die Menschen sehr wohl, was sie gerne hätten, nämlich ein sichereres, sauberes, aber auch schnelleres Fortbewegungsmittel, als es die Pferdewagen waren. Ungeachtet dessen, waren die Bedürfnisse nicht erfüllt und auch der Erfindungsgeist der meisten Menschen zu kurz gegriffen – doch der direkte Customer Insight war vorhanden. Ford verstand das zugrunde liegende Bedürfnis und stellte später keine besseren Pferde zur Verfügung, sondern das Model T.

#### 1.2.2.4   Co-Creation und Kundenintegration: mit dem Kunden arbeiten

Im Kundenkreis schlummert die größte Innovationsreserve. Obwohl dies von den meisten Unternehmensstrategen längst erkannt ist, wird diese unschätzbar wertvolle Quelle noch immer viel zu selten genutzt. Dieser angedachte Vorgang, bei dem einzelne zukunftsorientierte und vorausschauende Unternehmen beginnen, das vorhandene, aber schlummernde Kreativpotenzial Externer zu erschließen, wird durch die Begriffe „Crowdsourcing" und „Co-Creation" beschrieben. Es handelt sich dabei um gelebte Kundenintegration und um die gezielte Inanspruchnahme von Intelligenz, Kreativität und Wirkungsvermögen von

Dritten. Die generierten Vorschläge oder Inhalte tragen entscheidend zur (Weiter-)Ent-
wicklung einer bereits bestehenden Idee bei oder stehen konkret für eine Lösungsoption
einer bestimmten Problemstellung bzw. für die Deckung eines Bedarfes. Die definitori-
sche Abgrenzung der beiden genannten Begriffe ist in diesem Zusammenhang noch sehr
unscharf.

Die Autoren verstehen unter **Crowdsourcing** die meist öffentliche oder zumindest an
eine größere Community gerichtete Aufforderung, sich zu konkret definierten Thesen
oder Fragestellungen zu äußern und einen Beitrag zu leisten. Crowdsourcing wird zumeist
angewendet, wenn (potenzielle) Endkonsumenten in den Entwicklungsprozess miteinbezogen werden sollen, oder auch für Ideenwettbewerbe, wo junge Kreative ihre Ideen zu
konkreten Problemstellungen einbringen.

In der Regel wird Crowdsourcing durch Onlineplattformen unterstützt – und die Sammlung der Ideen und die Partizipation im Prozess finden digitalisiert statt.

Geschlossene kollaborative Innovation („Closed Collaborative Innovation"), wie sie
Crowdsourcing bezeichnet, steht für eine Mischung aus der offenen kollaborativen Innovation und der Innovation des Unternehmens (auch Produzent/Hersteller). In diesem hybriden Modell stellt das Unternehmen, als Produzent und Innovator auftretend, ein Problem
vor (meist unterstützt durch eine digitale Online-Innovationsplattform) und erbittet
Lösungsvorschläge von außen, also vonseiten der zahlreichen „Dritten" (die die „Crowd"
darstellen), um daraus die beste Lösung oder eine Kombination an besten Lösungsmöglichkeiten zu wählen. Für Beiträge der innovativen Kunden/Nutzer ist bei offenen kollaborativen Innovationsaktivitäten der entscheidende Vorteil der, dass jeder Einzelne Beiträge leisten und einen Teil der Arbeit übernehmen kann, sich aber auf andere verlassen
kann, die weitermachen bzw. den Rest erledigen. Im Gegensatz zur beschriebenen Form
der kollaborativen Innovation kann Kundenintegration auch durch Single-User-Innovation erreicht werden. Die meisten Aktivitäten im Bereich Single-User-Innovation werden
durch die Teilmenge aller Benutzer, die als „Lead User" bezeichnet werden, abgedeckt.
Lead User decken zu einem Großteil Kunden/Nutzer des Marktes ab, sind in Bezug auf
relevante Trends auf dem neuesten Stand und haben selbst einen hohen Anreiz bzw. eine
intrinsische Motivation, mit Innovationen jene Bedürfnisse zu decken, denen sie im Alltag
begegnen. Beide Varianten werden dem Crowdsourcing zugeordnet, wobei die Lead-User-
Aktivitäten der Co-Creation etwas näher sind (Baldwin und von Hippel 2010).

Einfach gesprochen ist Crowdsourcing wohl der konsumentenorientierte, digitale
Ansatz, während Co-Creation die gemeinsame Entwicklung mit ausgewählten Kunden im
Innovationsprojekt auf analoge Weise meint:

**Co-Creation** beschreibt grundsätzlich den sehr breit gefassten Begriff der Kundenintegration in Gestaltungs- und Innovationsprozessen. Ziele von Co-Creation, die meist
im Rahmen von Workshops mit Kunden umgesetzt werden, sind die Verwendung von
Kundenwissen und das Sichtbarmachen sowie die Integration von Kundenwünschen
im Innovationsprozess. Co-kreative Prozesse werden von Unternehmen eingesetzt, die
eine kundenorientierte Strategie verfolgen und sich intensiv mit den Bedürfnissen ihrer
Kunden auseinandersetzen möchten. Workshops mit Kunden zielen darauf ab, Insights

hervorzubringen, die für die Ideengenerierung wertvoll sind, oder auch um frühe Prototypen und deren Anwendung zu testen.

Die co-kreative Arbeit mit Kunden – ob im Sinne von Crowdsourcing oder Co-Creation – nutzt die Innovationskraft der Kunden, um Innovationen hervorzubringen. Die Kunden und Nutzer profitieren in weiterer Folge von diesen Innovationen, da sie ihre Wünsche erfüllen und somit ihre Bedürfnisse befriedigen. Des Weiteren steigt dadurch die Zahlungsbereitschaft der Kunden und nur wenn Bedürfniserfüllung und Zahlungsbereitschaft eintreten, hat die Innovation für das Unternehmen an Wert gewonnen (Baldwin und von Hippel 2010).

Die Innovationstheorien aus der praxisrelevanten Fachliteratur unterstreichen die Tatsache, dass die zugrunde liegenden Prozesse nicht mehr innerhalb der Grenzen einer einzigen Organisation stattfinden. Sie beinhalten nun komplexe Zusammenhänge zwischen mehreren Beteiligten ([User-]Innovation-Networks), private und öffentliche, die zueinander in Wettbewerb stehen oder im Rahmen einer Kooperation beteiligt sind (Gabison und Pesole 2014). Zwei wichtige Ströme, die auf die Rolle der externen Wissensintegration Bezug nehmen und im Rahmen der Innovationsforschung relevant sind:

- Open Innovation (Chesbrough et al. 2006): „Die Verwendung von zweckbestimmten Zu- und Abflüssen von Wissen, um interne Innovationen zu beschleunigen und eine Markt-/Angebotserweiterung durch Innovationen aus externer Quelle zu erreichen. " (siehe Abb. 1.7)
- Open User Innovation (von Hippel 2002): „Wirtschaftlich bedeutende Innovationen wurden/werden von Kunden/Nutzern und anderen Dritten entwickelt, die sich unterschiedliche Aufgaben, Beiträge und Kosten der Innovationsentwicklung teilen und am Ende ihre Ergebnisse offen zeigen."

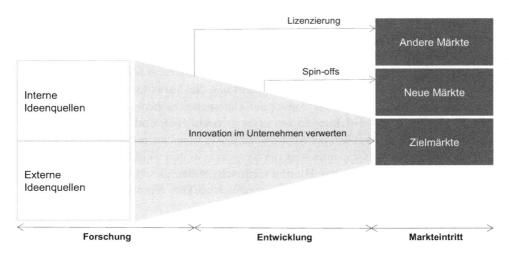

**Abb. 1.7** Open Innovation Paradigm (Quelle: eigene Darstellung in Anlehnung an Chesbrough et al. 2006)

### 1.2.2.5 Human Centricity: den Menschen ins Zentrum rücken

Globalisierung, Technologien und neue Formen der Kommunikation sowie soziale Netzwerke lassen derzeit eine neue Welt entstehen. Alles scheint bald miteinander vernetzt zu sein, wie auch der globale Megatrend der Konnektivität, der in Abschn. 4.1 genauer erläutert wird, aufzeigt. Menschen vernetzen sich mit Menschen und gleichzeitig mit den Dingen, von denen sie umgeben sind und die ihren Alltag gestalten. Auch die Dinge untereinander vernetzen sich und tauschen regelmäßig Informationen und Wissen miteinander aus. Personalcomputer und Mobiltelefone, technische Anlagen in der Produktions- wie in der Informationstechnologie – die Dinge werden immer intelligenter und lassen die Welt durch diese nahezu lückenlose Vernetzung schneller und effizienter werden. Doch egal wie vernetzt diese real-digitale Welt auch sein mag: **Im Mittelpunkt wird mehr und mehr der Mensch stehen,** der diese Entwicklung für sich aktiv mitgestalten und nutzen kann.

Der Ansatz „Human Centricity" bezieht sich auf den Mensch im Zentrum und auf seine Fähigkeit und Leistungsbereitschaft, die Gesellschaft, in der er lebt, und die Unternehmen, in denen er wirkt, weiterzuentwickeln und entscheidend vorwärtszubringen. Human Centricity steht einerseits für die Nutzung der intelligenten Informations- und Kommunikationstechnologien sowohl im privaten als auch beruflichen Umfeld der Menschen, andererseits für das Verlassen von starren Mustern und Denkhaltungen hin zur Verwirklichung von Ideen und zum Vorantreiben von Veränderung und Innovation durch die unschätzbare Kreativität der Menschen. Die intelligenten Informations- und Kommunikationstechnologien sind Mittel zum Zweck für die Menschen, die in Gesellschaft und Wirtschaft Chancen erkennen und Herausforderungen meistern.

Der dargestellte Ansatz der Human Centricity erfordert jedoch Rahmenbedingungen, welche es ermöglichen mit Bürgern, Mitarbeitern und Kunden in Interaktion und aktive Kommunikation treten zu können. Erst wenn die Voraussetzungen zur Unterstützung dieses Gedankens, der den Menschen in den Mittelpunkt stellt, gegeben sind, kann sich eine sichere, prosperierende und auf Nachhaltigkeit ausgerichtete Gesellschaft entwickeln, in der Wissen effizient genutzt und neue Ideen entwickelt werden können.

Vonseiten der Unternehmen gibt es immer mehr Anerkennung für Unternehmen, die nicht nur auf ihre Erfolge aus Gewinn und Produktivität setzen, sondern auch viel breitere Themen wie Verantwortung für die Gesellschaft und die Auswirkungen auf die Umwelt verfolgen. Der Human-Centricity-Ansatz auf Unternehmensebene beruht auf dem Verständnis für die **Wechselwirkungen zwischen menschlichen und anderen Elementen eines Systems.** Außerdem soll die Achtsamkeit dieser Elemente um menschliches Wohlbefinden zugunsten der Gesamtleistung des Systems erweitert werden.

Die folgenden **Prinzipien der Human Centricity** sollen diese fortschrittliche Art der Unternehmensorganisation, die auf Managementebene klar verankert sein muss, näher erläutern.

- **Individuelle Unterschiede als organisatorische Stärke**
  Das Unternehmen erkennt, dass sich die Mitarbeiter als Menschen in ihren Fähigkeiten und Bedürfnissen unterscheiden. Ergonomische Daten über die Art und das Ausmaß

dieser Unterschiede werden genutzt, als Stärke und nicht als Problem erkannt und in allen Bereichen der Geschäftstätigkeit des Unternehmens erschlossen.

- **Benutzerfreundlichkeit und Zugänglichkeit als strategische Ziele**
  Internationale Standards und Best Practices helfen dem Unternehmen sicherzustellen, dass Produkte, Systeme und Dienstleistungen für Kunden wie auch Mitarbeiter zugänglich und nutzbar (effektiv, effizient und zufriedenstellend in der Bedienung) sind.
- **Systemansatz als Rahmen**
  Das Unternehmen erkennt Menschen als Teil eines größeren Systems, das Ausstattung, Werkzeuge, Arbeitsplatz sowie das physische, soziale und organisatorische Umfeld, in dem sie leben und arbeiten, umfasst. Die Organisation folgt einem soziotechnischen Ansatz für das Design und die Implementierung neuer Systeme.
- **Gesundheit, Sicherheit und Wohlbefinden als Unternehmensprioritäten**
  Die Organisation unternimmt die erforderlichen Schritte, um Personen (sowohl innerhalb als auch außerhalb des Unternehmens) vor Risiken am Arbeitsplatz zu schützen. Gesundheit, Sicherheit und Wohlbefinden der Arbeitnehmer haben Priorität. Der Ansatz zur Gesundheit am Arbeitsplatz geht über das gesetzlich vorgeschriebene Minimum hinaus.
- **Mitarbeiter als wertvollstes Kapital**
  Das Unternehmen bietet Menschen sinnstiftende Arbeit und die Möglichkeit, ihre Fähigkeiten in einer stabilen Arbeitsumgebung zu nutzen und zu entwickeln.
- **Eine sinnvolle Arbeitsumgebung**
  Die Organisation wertschätzt und würdigt den Beitrag, den die Mitarbeiter leisten, sowohl finanziell als auch durch andere Formen der Anerkennung. Es wird sichergestellt, dass die Mitarbeiter auf allen Ebenen die Vision der Organisation teilen und auf einem angemessenen Niveau ihren Beitrag leisten.
- **Eine Kultur der Offenheit**
  Das Unternehmen kommuniziert offen und effektiv mit seinen Mitarbeitern und nach außen. Im Fall von schwierigen Entscheidungen wird schonend kommuniziert und die Belegschaft in einer angemessenen und gerechten Art und Weise behandelt.
- **Soziale Verantwortung**
  Die Organisation verhält sich ethisch korrekt und regt Stolz und Vertrauen bei seinen Mitarbeitern, Kunden und der Gesellschaft an.

Eine menschenzentrierte Taktik hat mit der Integration von menschlichen Eigenschaften wie Empathie, Fairness, Reziprozität, Güte und Mitgefühl in die Unternehmensstrategie zu tun. Der Human-Centricity- Ansatz stellt dabei stets folgende Fragen in den Mittelpunkt: 1) Was können die Menschen im Unternehmen erreichen? 2) Wie beeinflussen betriebswirtschaftliche Entscheidungen die beteiligten Menschen? 3) Wie kann das Unternehmen für sie Mehrwert generieren? Es geht demnach gleichzeitig um Hebelwirkung und Einfluss. Die wahre Human-Centricity-Strategie betrachtet die Menschen als Ausgangspunkt und strebt nach einer Balance zwischen Menschen und Ergebnissen.

Dabei steht der Ansatz der Human Centricity nicht primär dafür, Problemlösungen zu suchen. Eine menschenzentrierte Strategie soll es ermöglichen, Aktionen und Prozesse für die „richtige Suche" nach Problemen zu finden. Dabei werden alle Beteiligten proaktiv in den kreativen Lösungsfindungsprozess einbezogen und die wichtigen Ziel-Nutzer-Gruppen in einer gemeinsamen Sprache definiert.

Unternehmen dürften nach und nach „die Bedeutung der Menschen" wiederentdeckt haben. Seit Douglas McGregor „The Human Side of Enterprise" („Die menschliche Seite der Unternehmen") veröffentlicht hat, wurden viele strategische Diskussionen über Menschen in Organisationen und Wirtschaft geführt. Obwohl es einige Erfolgsbeispiele gibt, haben viele Unternehmen zwar eine „menschenzentrierte Vision" verfolgt, konnten diese aber leider nicht in der Realität umsetzen.

Für Design- und Innovationsprozesse bedeutet die Konzentration auf den Menschen vor allem, Lösungen aus Anwendersicht zu betrachten und physische, psychologische und ideologische Aspekte an der Schnittstelle zwischen Anwender und Lösung (im Interaktionsdesign: Mensch-Maschine-Schnittstelle) zu berücksichtigen.

### 1.2.2.6  Contextual Design: den Menschen in seinem Umfeld verstehen

Konzepte, die Kunden in den Mittelpunkt des Designprozesses stellen, haben ein Defizit: Die Erkenntnisse über den Kunden werden oft wortwörtlich übernommen, es erfolgt keine Interpretation vor dem jeweiligen Hintergrund. Oft jedoch sind Customer Insights nur dann wirklich wertvoll, wenn wir verstehen, unter welchen Bedingungen diese Erkenntnisse gewonnen werden konnten.

Aus diesem Grund ist es in vielen Fällen nicht ausreichend, sich die Sicht des Kunden genauer anzusehen, sondern es braucht einen weiteren Betrachtungswinkel, der die Kundeninformationen in ein breiteres Umfeld einbettet – Kontext genannt.

Green (2005) setzt sich in seiner Dissertation intensiv mit der Thematik des Contextual Design auseinander und definiert Kontext wie folgt:

> Context = the circumstances or setting in which an object occurs, and which influences its value. (Green 2005, S 2)

Unter Kontext versteht man also die Umstände, unter denen ein Objekt (in diesem Fall ein Produkt oder ein Service) angewendet wird und die seinen Wert beeinflussen. Kontextuelles Design ist also ein Ansatz, der den Kundenbedarf, die Anwendungssituation und das breitere Marktumfeld in den Gestaltungsprozess miteinbezieht, aus der Überzeugung, dass all diese Faktoren das Design letztlich auch beeinflussen.

▶       Kontexuelles Design versucht den Kunden in seinem Umfeld zu verstehen.

Geprägt wurde der Begriff des „Contextual Design" von Beyer und Holtzblatt, die 1997 ein Werk unter diesem Titel veröffentlicht haben. Sie verstehen darunter einen zeitgemäßen Ansatz zur Gestaltung von Produkten, der viele verschiedene Einflüsse auf den Designprozess aufnimmt und reflektiert.

Die besten Produktdesigns ergeben sich, wenn die Designer bei der Erhebung, Analyse und Interpretation von Kundendaten involviert sind und zu schätzen lernen, was genau die Menschen brauchen. Beyer und Holtzblatt sind davon überzeugt, dass sich der Designer auf das „Feld" begeben muss, um die Umstände für sein Design auch inhalieren zu können. Contextual Design gibt Designern jenen Rahmen und die passenden Werkzeuge, um genau das zu tun (Beyer und Holtzblatt 1997).

Kontextuelles Design beruht auf der Erkenntnis, dass jedes System eine Art zu arbeiten verkörpert. Die Funktion und Struktur eines Systems drängen die Nutzer dazu, bestimmte Strategien, Umgangsformen und Arbeitsabläufe zu akzeptieren. Erfolgreiche Systeme bieten eine Arbeitsweise, deren Resultate von Kunden zu erwarten sind. Contextual Design schafft einen Rahmen, der disziplinenübergreifenden Teams zu einer Einigung verhilft, sich darauf zu fokussieren, was Kunden brauchen und wie man ein System für diese Kunden und ihre Bedürfnisse entwerfen kann (Beyer und Holtzblatt 1997).

Wesentliche Komponenten bei kontextuellen Designansätzen sind Qualität und Art der externen Informationen, die als Impuls und Grundlage für den Designprozess benötigt werden. So werden Kontextinformationen gebraucht, um Kundenfeedback, technische Anforderungen und Anwendungsfälle vor dem richtigen Hintergrund zu verstehen. In der Phase der Ideenbewertung und -selektion sowie für das Testen der Prototypen braucht es Informationen, die es erlauben, die Ergebnisse und Entscheidungen vor dem jeweiligen Hintergrund zu interpretieren (Green 2005, S 11; Freudenthaler 2013)

Die Umsetzung des Contextual-Design-Ansatzes in der Designpraxis bedeutet, dass Unternehmen sich in das Umfeld der Kunden und Anwender begeben müssen, um sich selbst einen Eindruck zu verschaffen. Stellen Sie sich die Entwicklung eines Autos für den indischen Markt vor. Glauben Sie als Designer nachempfinden zu können, welchen Wert eine Klimaanlage bei stehendem Betrieb des Autos hat, wenn sie nicht selbst einmal im dreistündigen Stau gestanden haben, den ein Inder tagtäglich auf dem Weg zur Arbeit über sich ergehen lassen muss? Wohl kaum. Contextual Design – richtig praktiziert – bringt den Designer dazu, sich in die Lebenswelt seiner Anwender hineinzubegeben und durch eigenes Nachempfinden der Situationen und die intensive Auseinandersetzung mit den Bedürfnissen wirklich sinnstiftende Lösungen hervorzubringen – die eben perfekt in den jeweiligen Kontext passen.

### 1.2.3 Kundenorientierte Innovationen umsetzen

Viele Unternehmen stehen vor der Herausforderung, neue, innovative Produkte oder Services auf den Markt bringen zu müssen, um im Wettbewerb zu überleben. Tendenziell sinkt die Länge der Produktlebenszyklen, Innovationen müssen in kürzeren Abständen realisiert werden. Dabei ist es nicht mehr ausreichend, ein Produkt in die nächste Generation zu führen, es braucht eine wesentliche Verbesserung, um sich von den Konkurrenzangeboten zu differenzieren. Dabei reicht es schon lange nicht mehr aus, sich auf günstige Preise oder eine angemessene Qualität zu konzentrieren – das bieten zumeist alle am Markt, die

Positionen sind schon fest verankert in der Branche. Die Begeisterung der Kunden erzeugt man nur noch durch das Schaffen eines Erlebnisses, das für den Anwender überraschend und neu ist. Dabei geht es weniger darum, dem Kunden alles zu geben, was er verlangt, sondern vielmehr um die Erforschung der latenten Kundenbedürfnisse, die unterschwellig bereits vorhanden sind, aber vom Kunden noch nicht verbalisiert werden können. Sie bieten das Potenzial für echte Wettbewerbsvorteile.

Auf der Suche nach echten Kundenbedürfnissen ist es wichtig, sich nicht von oberflächlich formulierten und offensichtlichen Wünschen täuschen zu lassen, sondern so lange zu beobachten und zu hinterfragen, bis sich die wirklichen Motive hinter dem geäußerten Wunsch zeigen. Besonders beim Eintritt in Märkte, die dem Unternehmen unbekannt und nicht vertraut sind, passieren oft Fehlinterpretationen und es werden falsche Schlüsse gezogen. Hier ist es besonders wichtig, sowohl die Methoden als auch das Forscherteam so zusammenzustellen, dass auch eine richtige Interpretation im jeweiligen Kontext erfolgt.

Das viel zitierte Motto „in den Schuhen des Anwenders zu gehen" ist für kundenorientierte Designer die alltägliche Praxis, und wer kunden- und anwendertaugliche Lösungen entwerfen will, muss sich in den Kontext der Anwendung begeben. Ob Customer Centricity, Human Centricity oder Contextual Design – alle Ansätze haben gemeinsam, dass sie ein echtes Interesse für den Kunden verlangen, eine Begeisterung für menschliche Bedürfnisse und Sehnsüchte und eine Auseinandersetzung damit, wie man sie am besten erfüllen kann. Kunden erkennen, ob Lösungen an ihrem wirklichen Bedarf ansetzen und dazu gemacht sind, sie glücklich zu machen. Um dies zu erreichen, braucht es eine gute Portion Leidenschaft und Begeisterung für den Menschen, der die Produkte und Services konsumieren soll.

Unternehmen, die im Rahmen der Realisierung von Customer-Centricity-Strategien Rückschläge erleiden oder scheitern, unterschätzen die Bedeutung des Führungsverhaltens des Managements sowie der internen Vorgehensweisen mit klar geregelten Aufgaben und Verantwortlichkeiten auf verschiedenen Hierarchieebenen. Eine klare Positionierung der kundengetriebenen Innovation, die Zuschreibung von Entscheidungskompetenzen und eine ganzheitlichen Sichtweise aller Funktionen des Unternehmens sind wesentliche Erfolgskomponenten bei der Umsetzung von Kundenorientierung im Unternehmen (siehe auch Abb. 1.8).

Es ist sehr wichtig, dass das mittlere Management in seiner Sandwich-Position die Inputs zu den Anforderungen/Sehnsüchten der Kunden von Mitarbeitern in Kundenkontakt ernst nimmt, sie koordiniert und als Entscheidungsgrundlage dem Topmanagement präsentiert. Eine gut funktionierende Mischung aus Top-Down- und Bottom-Up-Orientierung ist dabei ebenso unerlässlich wie die aktive Zusammenarbeit zwischen Abteilungen (beispielsweise Marketing, Vertrieb, Entwicklung …).

Sich auf die Suche nach den echten Sehnsüchten und Anforderungen der Kunden zu begeben und diese in den Mittelpunkt seines Tuns zu stellen, erfordert eine offene und aktive Kooperationskultur in einem Unternehmen. Mindset, Führungsverhalten sowie Vertrauen, Respekt (in Richtung Kunden, aber auch intern zwischen Abteilungen bzw. Verantwortlichkeiten) und Verantwortungsbewusstsein bilden dafür die Grundlage – ohne noch einen Blick nach außen gemacht zu haben.

| Hierarchie | Direkte Aufgaben | Begleitende Aufgaben |
|---|---|---|
| **Top Management** | **Klare Strategie** vorgeben, die den Kunden in den Mittelpunkt rücken | **Transformationale Führung,** die den Sinn und die Bedeutung einer Kundenorientierung verdeutlicht |
| | Ausgeprägte Kundenorientierung im täglichen Geschäft **vorleben** | |
| | Den **Kundenfokus in der Kultur verankern** und Mitarbeiter motivieren | |
| **Mittleres Management** | **Top-Down-Orientierung** und konsequente Implementierung der kundenorientierten Strategie | **Empowerment** und Erweiterung der Entscheidungskompetenzen und Schaffen einer „Repräsentationsmentalität' |
| | **Bottom-Up-Orientierung** und die Weitergabe von Wissen und Erfahrungen nach oben | |
| | Funktionsübergreifende Zusammenarbeit | |
| **Alle Mitarbeiter** | **Ganzheitlichkeit** sicherstellen, alle Mitarbeiter einbinden, auch die ohne Kundenkontakt | Kundenorientierte **Anreiz-und Vergütungssysteme** |
| | **Funktionale Kompetenzen** aufbauen | |
| | **Beziehungsstiftende Kompetenzen** aufbauen, die langfristige Kundenbeziehungen möglich machen | |

**Abb. 1.8** Umsetzung einer Kundenorientierung im Unternehmen (Quelle: eigene Darstellung)

Wenn Unternehmen im Zuge einer kundengetriebenen Wertehaltung die Kunden betrachten, sollte beachtet werden, dass Sehnsüchte der Kunden

- kulturspezifisch und kontextuell;
- nicht offensichtlich, sondern verdeckt;
- von den Betroffenen nicht verbalisierbar;
- komplex und mit vielen Aspekten verwoben;
- sehr spezifisch und individuell;
- noch nicht gedeckt und deshalb zukunftsorientiert;
- latent, doch in veränderten Mustern schon antizipierbar

sind. Wie diese oft versteckten und den Menschen selbst nicht bewussten Sehnsüchte entdeckt werden können, wird in Abschn. 4.3 noch genauer erläutert.

Die Organisation der kundengetriebenen Innovation arbeitet mit menschenbasierten Risiken, deren Komplexität und ist der Notwendigkeit ausgesetzt, diese Dynamiken zu verwalten und damit effektiv umzugehen. Jegliches Feedback, jedwede Folgen oder Erkenntnisse aus diesem strategischen Prozess verändern die Anforderungen an Produkte und Leistungen, lassen Rückschlüsse auf die Einzelnen (Kunden wie auch Mitarbeiter) zu und eröffnen der Organisation eine dynamische Entwicklung der eigenen Innovationskraft.

## 1.3      Design Thinking als Antwort auf komplexe Herausforderungen

Everyone designs.

The teacher arranging desks for a discussion.
The entrepreneur planning a business.
The team building a rocket. (Dubberly 2005)

Viele Designtheoretiker sind sich einig. Man kann nicht NICHT designen – wir gestalten ständig, ohne uns bewusst zu machen, dass wir gerade schöpferisch tätig sind. So gestaltet ein Pädagoge, wenn er sein didaktisches Konzept für die Lehre erstellt und sich ein „Lehrveranstaltungsdesign" überlegt. Ein Start-up-Unternehmer, der seinen Businessplan auf ein weißes Blatt Papier schreibt, ist ebenfalls Designer, in diesem Fall Business-Model-Designer. Der technische Forscher, der eine Rakete entwickelt, bringt auch Neues hervor, und seine Arbeit würde im Englischen auch als „Engineering Design" bezeichnet. Auch wenn all diese Prozesse als Designprozesse betrachtet werden können, so ist die Beschaffenheit doch recht verschieden. Die Ergebnisse von Designprozessen unterscheiden sich wesentlich, genauso wie deren Ziele, deren Maßstäbe und die Medien, die dafür verwendet werden. Auch die Aktivitäten, die getätigt werden, scheinen ziemlich unterschiedlich zu sein. Das, was alle Tätigkeiten vereint, ist der Prozess, dem sie folgen – ein Designprozess.

Mit der Art und Weise, wie wir Probleme lösen und neue Dinge gestalten, bestimmen wir das Ergebnis und auch die Qualität der Produkte. Wenn wir mit unserer Leistungserstellung nicht mehr zufrieden sind und sie verbessern möchten, dann müssen wir auch die Art und Weise ändern, wie sie zustande kommt. Wir müssen unsere Problemlösungsansätze verändern, wir müssen kontinuierlich Neues entwickeln, und wir brauchen einen Ansatz, wie wir zu guten neuen Lösungen kommen (Dubberly 2004).

Warum aber werden Design und der Denkansatz in Designprozessen gerade jetzt vermehrt in die Diskussion um Managementherausforderungen eingebracht? Die Beweggründe, wirtschaftliche Probleme wie Designaufgaben zu lösen, und die Potenziale, die Design Thinking zum Lösen von komplexen Herausforderungen bietet, werden im Folgenden detailliert erläutert.

## 1.3.1    Nonlineare Entwicklungen erfordern neue Denkweisen

Nach Stäudel (2004) sind heutige Managementsituationen komplex. Sie sind geprägt von einer Vielfalt, einer Vernetztheit, einer Dynamik, einer Intransparenz und oftmals auch von geringer Beeinflussbarkeit. Diese Komplexität und die sich gegenseitig ständig beeinflussenden Aspekte stellen hohe Anforderungen an Manager und setzen diese immer wieder einer schwer zu handhabenden Unbestimmtheit aus.

▶      Klassische und rationale Denkweisen stoßen in einer dynamischen und wandelbaren Welt, die nonlinearer Natur ist, an ihre Grenzen.

Groves und Vance (2014) beschreiben, dass die heutige dynamische, komplexe, schnell wandelbare und unsichere Umwelt in ihrer Natur als nonlinear bezeichnet werden kann. Es bedarf daher Manager, die mit dieser Umwelt umgehen können, die über klassische rationale und lineare Denkweisen hinausgehen und mehr als nur reine Daten, Fakten oder analytische Tools für wichtige Entscheidungsfindungen verwenden. Auch alternative Denkweisen – in der Literatur oftmals als nonlineares Denken bezeichnet –, die auch nonrationale Prozesse wie Intuition, Imagination, Visualisierung und Kreativität zulassen, müssen angewendet werden.

Unter dem Begriff „Traditionelles Denken" versteht man ein lineares mentales Modell. Diese Denkweise verfolgt eine trichterartige Prozessweise mit einem großen Fokus auf die Vergangenheit. Sie geht von einer Ursache-Wirkung-Folge- bzw. einer „Wenn-dann-Zuschreibung" aus. Sprich: X führt zu y, y ist die Ursache für z – und das führt dazu, dass b die daraus resultierende Folge von a sein wird. Diese Denkweise jedoch „erlaubt nur die isolierte, äußere Behandlung eines Problems und ermöglicht nicht den Blick auf darin verborgene Wechselwirkungen" (Lütjens 1999). „Traditionelles Denken" ist der klassische Lösungsweg für „Well-Structured Problems", stößt jedoch bei der Lösung von „Ill-Defined" oder „Wicked Problems" an seine Grenzen.

„Well-Structured Problems" sind Probleme, bei denen die Vorgehensweise zur voraussichtlichen Lösung bekannt ist. Des Weiteren gibt es ein klares Ziel sowie auch ein vorgeschriebenes Ende des Lösungsfindungsprozesses (Jonassen 1997). Für „Ill-Defined Problems" hingegen gibt es weder eine eindeutige Definition oder Formulierung des Problems und dessen Lösung, noch gibt es eindeutig bekannte Rahmenbedingungen oder definierte Ziele, die das Problem eingrenzen (Jonassen 1997). Schließlich gibt es noch „Wicked Problems", bei denen es keine definitive Formulierung des Problems gibt, da diese auch kein bestimmtes Ende haben. Sie können beliebig weiterentwickelt werden – und auch gefundene Lösungen sind weder richtig noch falsch oder weder gut noch schlecht. Ebenso entstehen durch die verschiedenen Formulierungen des Problems auch verschiedene Lösungen und umgekehrt. Allerdings ist ein „Wicked Problem" im Grunde immer einzigartig und gibt es so kein zweites Mal (Rittel und Webber 1973).

▶      Analytik, Intuition und abduktives Schlussfolgern ermöglichen im Design Thinking das Lösen von komplexen Problemen.

Der Anspruch von Design Thinking ist also, dass man solche „Ill-Defined" oder „Wicked Problems" löst, die nicht zwingend nur analytisch gelöst werden können. Dabei erscheint es wichtig, dass man analytisch und intuitiv sowie iterativ arbeitet. Nach Martin (2009) bedeutet Design Thinking, wie in Abb. 1.9 ersichtlich, die Balance aus einer analytischen und einer intuitiven Denkweise. Diese Balance aus Analytik und Intuition schafft es, dass Lösungen und Ergebnisse nicht nur valide, sondern auch reliabel sind. Dadurch können Unternehmen neben einer Effizienz, um gewinnbringend zu sein, auch die vom Markt geforderten Anforderungen an das Produkt oder die Dienstleistung erkennen und umsetzen.

**Abb. 1.9** Design Thinking als Balance aus analytischem und intuitivem Denken (Quelle: eigene Darstellung in Anlehnung an Martin 2009)

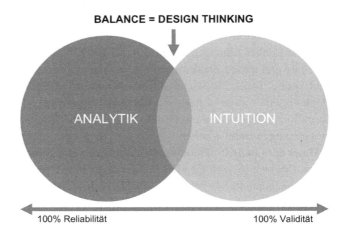

Eine weitere Fähigkeit, die das Design Thinking mit sich bringt, um komplexe Probleme diverser Bereiche zu lösen, ist das abduktive Schlussfolgern. Im Gegensatz zu deduktiver und induktiver Logik, den beiden dominanten Formen des Schlussfolgerns, die immer nach dem Verifizieren oder Falsifizieren einer Aussage streben, ist abduktives Denken auf der Suche nach neuen Erklärungen und ergänzt Hypothesen oder Vermutungen um völlig neue Aspekte.

Deduktive Logik schließt vom Generellen auf das Spezifische. Wenn also die generelle Regel wäre, dass Krähen schwarz sind und ich einen braunen Vogel sehe, dann kann ich deduktiv daraus schließen, dass es sich bei diesem Vogel nicht um eine Krähe handelt (Martin 2009). Induktive Logik schließt vom Einzelfall auf das Ganze. Wenn ich also in diversen Fällen im Detail erkenne, dass sich ein Muster unter bestimmten Bedingungen immer wiederholt, so kann ich davon ausgehen, dass dies bei all diesen Fällen zutrifft (Martin 2009).

Deduktion und Induktion sind wissenschaftliche Denkhaltungen, die eine große Kraft besitzen und die Bildung sowie auch die Entscheidungslogik der Wirtschaft über Jahre geprägt haben. Dennoch sind diese beiden Werkzeuge nicht immer ausreichend, um bestehende wirtschaftliche Probleme zu verstehen und zu lösen. Ende des 19. Jahrhunderts waren es Vordenker wie William James oder John Dewey, die die gängigen Ansätze formaler Logik infrage stellten. Charles Sanders Peirce, ein Weggefährte Deweys, war es letztlich, der sich intensiv mit der Entstehung von neuen Ideen beschäftigte und herausfand, dass diese weder durch deduktive noch durch induktive Logik enstehen können. Er stellte fest, dass durch Beobachtungen und die Exploration neuer Sachverhalte Daten erhoben werden, die sich nicht in bestehende Modelle einfügen lassen. Das Gehirn oder der Denker reagieren darauf, indem die bestmögliche Vermutung einer Erklärung aufgestellt wird – Peirce nannte dieses Handeln abduktive Logik. Ziel dieser Erklärung ist es nicht, ein Richtig oder Falsch zu erreichen, sondern zu vermuten, was möglicherweise richtig sein könnte (Martin 2009).

Designer bewegen sich in der Welt abduktiver Logik und entwickeln ihre kreativen Lösungen, indem sie hinterfragen, beobachten, verstehen und auf der Suche nach besseren und andersartigen Möglichkeiten sind. Das Ergebnis ist ungewiss, und ein Designprozess ist, wie es Dorst und Cross (2001) beschreiben, eine Co-Evolution von Problem und Lösung. Das stetige Explorieren, das Offenbleiben im Problemlösungsprozess und die Bereitschaft, auch Iterationen – also Schritte zurück – zu erlauben, können die Prozesse für Wirtschaftswissenschaftler sehr mühsam und ineffizient erscheinen lassen. Damit einher geht die Tatsache, dass nicht garantiert werden kann, dass der Prozess abduktiven Denkens wirklich bessere als die bestehenden Lösungen hervorbringt. Dennoch gilt: Abduktive Logik ergänzt bestehende Lösungsmuster um eine wesentliche Komponente und vermag Ergebnisse zu erzielen, die – in ihrer Radikalität und Fortschrittlichkeit – so mit den traditionelleren Denkmustern nie zu erzielen bzw. zu erreichen gewesen wären.

Genau hier liegt auch der wesentliche Mehrwert für wirtschaftliche Anwendungsfelder. Insbesondere wenn komplexe Managementherausforderungen gemeistert werden sollen, greifen viele übliche Methoden und Ansätze zu kurz. Der Einsatz designorientierter Denkhaltungen und Methoden kann für die Lösungsentwicklung in wirtschaftlichen Belangen wesentliche und vor allem neue Impulse bringen. Corporate Design Thinking als ganzheitlicher Innovationsansatz, der Design in den wirtschaftlichen Kontext überführt, kann hierbei für unterschiedliche Unternehmenstypen und Aufgabenbereiche wertvolle Beiträge liefern.

## 1.3.2  Design Thinking – Anleihe aus der Designtheorie und -praxis

Design Thinking is a discipline that uses the designer's sensibility and methods to match people's needs with what is technologically feasible and what a viable business strategy can convert into customer value and market opportunity. (Brown 2009, S 86)

Tim Brown, neben David Kelley einer der Gründerväter des Design-Thinking-Ansatzes, wie er in diversen Unternehmen heutzutage angewendet wird, beschreibt in diesem Zitat sehr gut, was Design Thinking ausmacht. Design Thinking ist ein Ansatz, der sich die Arbeitsweisen, Methodiken und Denkweisen von Designern zu Hilfe nimmt und versucht Problemlösungen zu finden, die gewisse Bedürfnisse von Nutzern oder Kunden befriedigen. Diese Problemlösungen müssen natürlich auch technologisch machbar und wirtschaftlich realisierbar sein.

Um die Einflüsse und Wurzeln von Design Thinking besser kennenzulernen, bedarf es nach Johansson-Sköldberg et al. (2013) einer Unterscheidung zwischen dem Design Thinking aus der Designtheorie und -forschung und dem Design Thinking aus der Managementlehre. Während sich die Designtheorie seit über 40 Jahren damit beschäftigt, die Arbeitsweisen, Fähigkeiten und Kompetenzen von Designern näher zu ergründen und zu beschreiben, wendet die Managementtheorie Design außerhalb des Designkontextes für und mit Menschen ohne Bildungs- und Erfahrungshintergrund im Design, vor allem im

Management, an. Diese Anwendung außerhalb des Designkontexts führte zu einer stark vereinfachten Variante des Design Thinking aus der Designtheorie, um die Arbeitsweisen und Methoden auch design-fremden Personen zugänglich und verständlich zu machen. Wesentliche theoretische Grundlagen und Perspektiven des Design Thinking aus der Designtheorie sind folgende (Johansson-Sköldberg et al. 2013):

Design und Design Thinking als die Erschaffung von Artefakten (Simon 1969)
Design und Design Thinking als reflexive Praxis (Schön 1983)
Design und Design Thinking als Problemlösungsaktivität (Buchanan 1992, basierend
    auf Rittel und Webber 1973)
Design und Design Thinking als eine Art des Schlussfolgerns und Sinnstiftens (Lawson
    2006; Cross 2006, 2011)
Design und Design Thinking als Meinungsbildung (Krippendorff 2006)

Design Thinking innerhalb der Managementlehre hat seine Ursprünge in der Praxis und der Arbeit mit Designern (Johansson-Sköldberg et al. 2013) und geht aus drei wesentlichen Quellen hervor:

1. Design Thinking als IDEO's Art und Weise, mit Design und Innovation zu arbeiten (Kelley 2001, 2005; Brown 2008, 2009)
2. Design Thinking als notwendige Fähigkeit praktizierender Manager, um nicht ermittelbaren organisationalen Problemen näher zu kommen (Dunne und Martin 2006; Martin 2009)
3. Design Thinking als Teil der Managementlehre (Boland und Collopy 2004)

Diese Zusammenfassung der Einflüsse und Quellen des Ursprungs des Design Thinking lässt erkennen, dass sich die Designtheorie mit Design Thinking als Wesen und seinen diversen Ausprägungen und Aspekten im Detail beschäftigt und diese zu ergründen versucht, während sich die Managementlehre bereits ergründete Erkenntnisse der Designtheorie zunutze macht und einen für designfremde Personen leicht verständlichen und für die Lösung von komplexen Problemen anwendbaren Ansatz daraus entwickelt, der es erlaubt, in einer Welt voller Dynamik und Komplexität Probleme zu lösen, die mit klassischen Problemlösungsansätzen nicht oder nicht optimal zu lösen wären.

### 1.3.3   Design Thinking – ein Ansatz, um komplexe Probleme der Wirtschaft zu lösen

Erst Jahre nach der Auseinandersetzung mit der Denkweise von Designern in der Designtheorie und -forschung haben Manager und die Wirtschaftswelt die Idee für sich entdeckt. Während sich die Designtheoretiker um Simon noch intensiv mit den Details des Design Thinking auseinandergesetzt haben und dies noch immer tun, hat die Wirtschaft, wie bereits erwähnt, den Ansatz für sich stark vereinfacht. Geblieben ist der Fokus auf einen menschenzentrierten Designprozess, der versucht Probleme zu identifizieren, für die Ideen generiert werden und die rasch in Prototypen zu greifbaren Lösungen umgewandelt werden. So ist Design Thinking in manchen Werken auch zum schnell anwendbaren Toolkit verkommen, dem jeder Tiefgang und vor allem die intensive Auseinandersetzung mit komplexen Problemstellungen abhandengekommen ist. Geblieben ist typischerweise ein schrittweiser Prozess, der durch einfache Visualisierungswerkzeuge wie Post-its und Mindmaps anschaulich gemacht wird und reduzierte Präsentationen von komplexen Sachverhalten hervorbringt. Oft verkommt Design Thinking dabei zum schrittweisen Prozess, der mit ein paar Tools unterstützt wird, Manager für ein paar Stunden unterhält und ihnen frische Impulse in ihrem tristen Alltag liefert – aber Design Thinking ist mehr als das (Mootee 2013).

Design Thinking kann nach Brenner et al. (2016) in drei unterschiedlichen Formen verstanden werden, nämlich als Mindset, als Prozess und als Toolbox.

**Design Thinking als Mindset**
Design Thinking als Mindset beschreibt wesentliche Prinzipien, nach denen im Prozess gearbeitet wird und die in einem großen Ausmaß auch den Charakter des Design Thinking ausmachen. Zentrales Element bildet der Grundgedanke des Human Centered Design. Der Kunde bzw. Nutzer wird in den Mittelpunkt des Prozesses gestellt, und seine offensichtlichen und versteckten Bedürfnisse bilden die Grundlage für die zu entwickelnde Lösung. Weiterhin gilt es im Prozess eine Kombination aus divergentem und konvergentem Denken anzuwenden. Beim divergenten Denkmodus geht es darum, dass man unkonventionell denkt, eine Fülle an Ideen generiert oder Informationen sammelt, neue Möglichkeiten entdeckt und auch Risiken eingeht. Beim konvergenten Denkmodus hingegen geht es um die Analyse der generierten Ideen und Informationen, um Sicherheit, um logisches Denken und darum, eine Antwort auf eine Frage zu erhalten. Weitere Prinzipien, die Design Thinking als Mindset nach Brenner et al. (2016) beschreiben, sind:

- das Lernen aus Fehlern;
- der Bau von Prototypen, um die Lösungen so schnell wie möglich ausprobieren zu können;
- das frühzeitige Testen durch Kunden und Nutzer;
- das iterative Vorgehen im Prozess, um die Lösung ständig weiterzuentwickeln, und
- passende Räume mit den richtigen Materialien.

**Design Thinking als Prozess**
Design Thinking kann in einem engeren Sinne auch als der Prozess dahinter verstanden werden. Der Design-Thinking-Prozess findet sich in der Literatur je nach Autor in verschiedensten Ausprägungen mit einer sehr unterschiedlichen Anzahl an Schritten. Brown und Wyatt (2010) beschreiben den Prozess beispielsweise als drei sich überlappende Phasen der „Inspiration", „Ideation" und „Implementation", Dunne und Martin (2006) als Kreislauf aus vier Phasen der Abduktion, Deduktion, des Testens und der Induktion. Nach

Bauer und Eagen (2008) gliedert sich der Prozess in drei Bewegungen, in Problem- und Lösungsraum und eine divergente und konvergente Phase. Neben diesen drei beispielhaft genannten Prozessmodellen gibt es noch eine Vielzahl an weiteren Modellen, die sich alle jedoch in ihrer grundlegenden Aufteilung in die Problemerkundung und Lösungsentwicklung sowie in ihrem iterativen Vorgehen ähneln.

Dem Design-Thinking-Prozess liegt das Wesen eines Designprozesses zugrunde, der je nach Arbeitsweise, Problemstellung oder Rahmenbedingungen variieren kann. Da es diverse Design- Thinking-Prozessmodelle gibt, soll nun kurz darauf eingegangen werden, welches Design-Thinking- Prozessmodell von den Autoren für alle weiteren Ausführungen verwendet wird. Grundlage bildet der Design-Thinking-Prozess nach dem Modell der d.school an der Stanford University mit fünf Prozessschritten und jener der HPI School of Design Thinking. Vereint man die beiden Prozessmodelle miteinander, so entsteht ein Design-Thinking- Prozess aus den sechs Phasen Understand, Empathize, Define, Ideate, Prototype und Test, wie in Abb. 1.10 dargestellt. Ein wichtiger Aspekt, der außerdem verdeutlicht wird, ist, dass diese Phasen einen dynamischen und iterativen Prozess bilden. Dem Prozess liegt zwar mit diesen sechs Phasen eine gewisse Struktur zugrunde, jedoch bleibt der Prozess in der Ausführung sehr offen für Dynamiken und Änderungen, was die schnelle und ständige Weiterentwicklung der Lösung betrifft. Außerdem zeigt die Abbildung das Wechselspiel zwischen den divergenten öffnenden und konvergenten fokussierenden Phasen.

In den Phasen Understand, Empathize und Define befinden sich die Teilnehmer eines Design-Thinking-Workshops im Problemraum, wobei es hier gilt, die verschiedenen Aspekte des komplexen Problems zu beleuchten, Empathie für die Zielgruppe zu schaffen

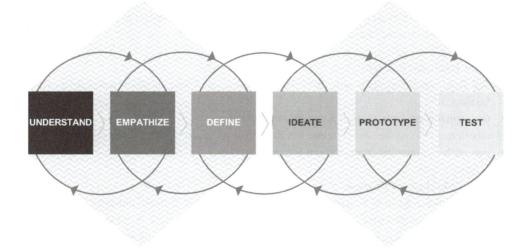

**Abb. 1.10** Design-Thinking-Prozess (Quelle: eigene Darstellung in Anlehnung an d.school Stanford University Institute of Design und School of Design Thinking HPI Potsdam)

und deren Bedürfnisse und Wahrnehmungen zu verstehen. Nach einer Definition der konkreten Problemstellung im Zuge der Define-Phase erfolgt in der Phase Ideate ein Wechsel in den
Lösungsraum, wo es um die Ideengenerierung und -weiterentwicklung geht. Diese werden
in den nachfolgenden Phasen als Prototyp realisiert und mit der Zielgruppe getestet. Eine
genauere Beschreibung der einzelnen Phasen folgt im weiteren Verlauf in Abschn. 1.3.3.1.

**Design Thinking als Toolbox**
Eine dritte Form des Design Thinking ist nach Brenner et al. (2016) das Design Thinking
als Toolbox und die Anwendung von zahlreichen Methoden und Techniken als Unterstützung der Phasen im Prozess. Diese Methoden, auch als Designmethoden bekannt, werden
zu Hilfe genommen, um effektivere Leistungen erbringen zu können. Durch solche
Designmethoden soll versucht werden, eine gewisse Systematik in den sonst sehr freien
Prozess zu bringen. Diese Systematik soll dabei helfen, Fehler zu vermeiden, die eventuell
bei wahlloser Vorgehensweise passieren könnten. Des Weiteren ist es Ziel dieser Designmethoden, die Herangehensweise und die Blickwinkel auf das zugrunde liegende Problem
zu erweitern und darüber hinaus zu ermuntern, über die erstbeste Idee hinauszudenken
(Cross 2000). Die Methoden helfen außerdem dabei, Gedanken und Denkprozesse aus
dem Gedächtnis in visuelle Darstellungen zu externalisieren. Einerseits dienen sie dabei
als Hilfe, wenn man mit komplexen Problemen beschäftigt ist, und andererseits sind sie
notwendig, wenn man Teil eines Teams ist. Dadurch sieht jeder den Status quo des Prozesses und kann zur Weiterentwicklung beitragen. Durch die externe Darstellung ist man
außerdem freier, um intuitiv und kreativ zu denken (Cross 2000).

▶       Corporate Design Thinking als Erweiterung und ganzheitlicher Ansatz, um es in
        der DNA des Unternehmens zu verankern.

Wer Design Thinking demnach anwenden möchte, braucht die richtige Denkhaltung, ein
Methodenset und einen Prozess, der das gesamte Projekt anleitet und strukturiert. Diese
drei Ebenen machen das Wesen von Design Thinking aus. Die Erfahrung aus zahlreichen umgesetzten Design-Thinking- Projekten und intensive Gespräche mit Experten aus
diesem Bereich haben uns jedoch gezeigt, dass der Ansatz oft an seine Grenzen stößt,
sobald er in einen organisationalen Kontext eingebettet werden soll. Die Anwendung von
Design Thinking in einem Workshop außerhalb des Unternehmens ist demnach wesentlich
einfacher als die Implementierung innerhalb einer Organisation. Hierbei treten verschiedene Dynamiken auf, die die Implementierung erschweren: funktionales Silodenken, persönliche Befindlichkeiten, Unsicherheiten im Umgang mit einer neuen Arbeitsweise, Konflikte mit bestehenden Konzepten und Werthaltungen u.v.a. Um den Nutzen des Design
Thinking auch im Unternehmenskontext voll ausschöpfen zu können, braucht es deshalb
eine Weiterentwicklung des bestehendes Konzepts und ergänzende Überlegungen, welche
die Umsetzung im Unternehmen diskutieren. Ein Modell dafür bietet das vorliegende
Buch, in dem die einzelnen kritischen Aspekte in den folgenden Kapiteln ausführlich
erläutert und diskutiert werden.

### 1.3.3.1 Der Design-Thinking-Prozess

Wie bereits erwähnt, gliedert sich der Design-Thinking-Prozess in die sechs Phasen „Understand", „Empathize", „Define", „Ideate", „Prototype" und „Test". Im Folgenden sollen diese Phasen genauer vorgestellt werden.

#### Gemeinsames Verständnis der Fragestellung (Understand)

In der ersten Phase des Prozesses, der Phase „Understand", gilt es, ein gemeinsames Verständnis für die zugrunde liegende Fragestellung zu entwickeln. Dabei wird unter anderem hinterfragt, wen die Fragestellung betrifft und in welchem Kontext diese eingebettet ist. In dieser Phase sind alle Teammitglieder auf einen Wissensstand zu bringen, um Verständnisschwierigkeiten gleich zu Beginn ausräumen zu können.

Ein wichtiger Aspekt dieser Phase stellt auch das Teambuilding dar, denn zu Beginn eines Design-Thinking-Prozesses muss das Team sich kennenzulernen und gemeinsame Werte und Normen festlegen, nach denen gearbeitet wird. Außerdem kann herausgefunden werden, wer im Projektteam welches Wissen besitzt, wer welche Erfahrungen mitbringt und wie dieses individuelle Wissen für alle zugänglich gemacht werden kann.

#### Beobachten und Verstehen (Empathize)

In der Phase „Empathize" gilt es Empathie für die Zielgruppe zu entwickeln, um diese und deren tiefer liegenden Bedürfnisse und Wünsche zu erkennen und besser zu verstehen. Empathie gilt als wichtige Eigenschaft im gesamten Prozess und wird in Abschn. 4.3.2 genauer beleuchtet. Des Weiteren werden in dieser Phase sowohl Interviews mit den betroffenen Personen als auch Beobachtungen durchgeführt und dadurch neue Erkenntnisse hinsichtlich des Problemraums gesammelt.

Wichtig in dieser Phase ist es, die Menschen, für die man eine Lösung entwickelt, tiefer zu verstehen, denn die Probleme, die man löst, sind zumeist nicht die eigenen, sondern die von bestimmten Kunden- oder Nutzergruppen. Um also für diese Kunden oder Nutzer etwas zu gestalten, was deren Bedürfnisse befriedigt, gilt es Empathie und ein tiefes Verständnis zu entwickeln. Dabei kann beobachtet werden, was Menschen in einem bestimmten Kontext tun, wie sie sich verhalten und welche Entscheidungen sie treffen. Dies kann Aufschluss darüber geben, was sie denken und fühlen (d.School 2010).

Als Ergebnis dieser Phase können ausgehend von der offensichtlichen Problemstellung tiefer gehende Eindrücke über die Probleme der Zielgruppe gewonnen werden, die als wichtige Grundlage für den weiteren Prozess dienen.

#### Synthese aller Erkenntnisse (Define)

Die gewonnenen Erkenntnisse aus den ersten beiden Phasen werden gesammelt und strukturiert, wodurch in der Phase „Define" eine finale Problemstellung erarbeitet wird, welche die wichtigsten Problemaspekte miteinander vereint. Außerdem erfolgt eine Definition von konkreten Personas, die eine Repräsentation der Zielgruppe darstellen. Die Methode der Personas und ein Beispiel hierfür werden im Abschn. 4.3.1 genauer vorgestellt. Denn durch den Einsatz von Personas kann die kontinuierliche Orientierung an den Bedürfnissen der Kunden oder Nutzer im gesamten Prozess sichergestellt werden.

Wichtig in dieser Phase ist es, alle gefundenen Informationen und Erkenntnisse aus der Empathize-Phase zusammenzuführen. Dadurch zeigen sich Zusammenhänge und Muster, die Zugang zu wichtigen bisher versteckten Bedürfnissen und Erkenntnisen schaffen. Diese lassen sich in weiterer Folge zu einer spezifischen und bedeutsamen Problemstellung eingrenzen. Der sogenannte Point of View soll jedoch nicht nur die tatsächliche Problemstellung zusammenfassen, sondern auch die Designvision hinter dem weiteren Prozess in sich tragen und auf spezifische Nutzer oder Kunden und deren Wünsche fokussieren (d.School 2010).

Zusammenfassend kann gesagt werden, dass als Ergebnis dieser Phase tiefer gehende versteckte Erkenntnisse über die Probleme der Zielgruppe gewonnen und in einer finalen Problemstellung vereint werden. Außerdem werden Personas gebildet, aus deren Sichtweisen das Team die Ideen und Lösungen bewertet.

**Ideen generieren und weiterentwickeln (Ideate)**

Die Teilnehmer wechseln in der Phase „Ideate" vom Problemraum in den Lösungsraum und generieren ausgehend von der finalen Problemstellung möglichst viele unterschiedliche und originelle Ideen, die durch ein iteratives Vorgehen weiterentwickelt werden. Dies soll vermeiden, dass die offensichtlichste, „erstbeste" Idee als Lösung umgesetzt wird.

Im Fokus dieser Phase steht also die Ideengenerierung und -weiterentwicklung. Das Projektteam muss seine Sicht öffnen und diverse Perspektiven zulassen, um möglichst viele unterschiedliche Ideen zu sammeln, ohne diese in einem ersten Schritt zu bewerten oder näher zu analysieren. Durch das Zulassen aller Ideen, seien sie eventuell auch unrealistisch, kann einerseits eine Vielzahl und andererseits eine Diversität an Ideen zustande kommen, die schlussendlich in Kombination eine neue und originelle Gesamtlösung ergeben. Diverse Methoden können dabei helfen, Ideen zu generieren, indem sie sowohl Assoziationen als auch Bisoziationen hervorrufen.

Ziel dieser Phase ist es daher, möglichst viele neue und originelle Ideen hervorzubringen, welche sich zu einer Lösung vereinen, die sich nach einer Analyse außerdem als technologisch und wirtschaftlich realisierbar herausstellt.

**Prototypen der Lösung erstellen (Prototype)**

In dieser Phase wird die entwickelte Idee von den Teams als Prototyp erstellt. Diese Prototypen dienen der schnellen Umsetzung der Idee, um erste Optimierungspotenziale zu erkennen. Es geht in der Phase vor allem darum, Ideen aus den Gedanken in ein physisches und tangibles Modell zu verwandeln. Dieser physische Prototyp kann diverse Formen annehmen – Zeichnungen, Rollenspiele, Kartonmodelle, Lego-Objekte oder auch ein Interface sind einige mögliche Varianten. Prototypen erlauben es anderen Menschen, die Ideen zu erleben und sie auszuprobieren. Dadurch kann in weiterer Folge getestet, aus Fehlern gelernt und unterschiedliche Ausprägungen der Lösung ausprobiert werden (d.School 2010).

Als Ergebnis dieser Phase entsteht ein physischer Prototyp der zugrunde liegenden Idee, der es ermöglicht, in der nächsten Phase von Personen der Zielgruppe getestet zu werden. Dieser Prototyp kann in einem iterativen Vorgehen stetig weiterentwickelt werden und sich von einem groben Prototypen zu einem ausgereiften und umsetzungsbereiten Prototypen wandeln.

**Prototypen testen und weiterentwickeln (Test)**
Die zuvor erstellten Prototypen werden von der Zielgruppe getestet, um deren Weiterentwicklungsbedarf zu erheben und die Lösungen zu verbessern. Die Phasen Prototype und Test erfolgen üblicherweise in einem iterativen Vorgehen, um schlussendlich einen Prototypen zu entwickeln, der direkt in die Umsetzung übergehen kann. Daraus ergibt sich der Vorteil, dass nach der genauen Konzeptionierung ein rasches Umsetzen der Lösung möglich ist.

In der Phase des Testens hat das Projektteam die Chance, seine Lösung weiterzuentwickeln und zu verfeinern. Diese Phase ist gemeinsam mit der vorangehenden Prototyp-Phase, wie bereits erwähnt, eine stark iterative Phase, da es gilt, die Prototypen stetig zu verbessern, realer werden zu lassen und diese im geeigneten Kontext der Nutzer oder Kunden zu testen (d.School 2010). Dadurch kann das Verständnis für die Nutzer oder Kunden weiter vertieft werden, und es können wiederum neue Erkenntnisse in Bezug auf deren Bedürfnisse gewonnen werden, welche die Lösung beeinflussen und schlussendlich helfen, diese weiter zu optimieren.

Als Ergebnis dieser Phase können neue Erkenntnisse in Bezug auf das Verhalten der Menschen in Interaktion mit dem Prototypen gewonnen werden, die in einer Iteration wieder in den Prototypen eingearbeitet und erneut getestet werden.

## 1.4    Innovatives Problemlösen als Wert im Unternehmen

Wenn wir von Corporate Design Thinking und der Etablierung einer Innovationshaltung im Unternehmen sprechen, so ist der Aufbau eines Wertegerüsts für Innovation eine der wesentlichen Aufgaben, die in Angriff genommen werden sollte. Es braucht Vertrauen in den Wert von Design zum Lösen wirtschaftlicher Probleme.

▶        Corporate Design Thinking muss in den Unternehmenswerten verankert sein.

Die strategische Erneuerungsfähigkeit und somit der langfristige Fortbestand des Unternehmens können nur dann gesichert werden, wenn adäquate Ansätze gefunden werden, die es der Organisation möglich machen, das System ständig zu erneuern und an veränderte Rahmenbedingungen anzupassen. Unternehmen, die es versäumen, sich für die Zukunft zu rüsten und Innovation als Erfolgsfaktor zu nutzen, werden über kurz oder lang – abhängig von der Dynamik in ihrer Branche – ernsthafte wirtschaftliche Probleme bekommen, da ihre Ertragspotenziale ausgehöhlt und neue, zeitgemäße Leistungspotenziale nicht entwickelt wurden. Die Lösung ist, eine Innovationsorientierung des gesamten Unternehmens aufzubauen und Innovation als Wert im Unternehmen fest zu verankern.

### 1.4.1   Zukunftsfähigkeit sichern: Wer innoviert, der bleibt

Bereits Charles Darwin hat mit seinen Beobachtungen im Tierreich belegt: Wer sich laufend den veränderten Rahmenbedingungen anpasst, der wird überleben.

> It's not the strongest of a species that survive, nor the most intelligent, but the one most responsive to change. (Charles Darwin)

Für Unternehmen kann dies gleichermaßen beobachtet werden: Im Wettbewerb bestehen diejenigen, die es langfristig schaffen, sich immer wieder neu zu erfinden und sich veränderten Marktumfeldern und Kundenbedürfnissen anzupassen. Beobachtet man Unternehmen, die sich über Jahrzehnte erfolgreich am Markt behauptet haben, so haben diese in ihrer Firmengeschichte zahlreiche Wandlungen vollziehen müssen.

Ein Beispiel, das in diesem Zusammenhang immer gerne zitiert wird, ist der Technologiekonzern Nokia. Das Unternehmen hat seit seiner Firmengründung im Jahre 1865 bis zum Jahr 2011 die Wandlung vom Gummistiefelhersteller zum größten Mobiltelefonproduzenten vollzogen. 1987 stellte das Unternehmen das erste Mobiltelefon her, der Gemischtwarenladen etablierte sich zum globalen Technologiekonzern und Finnlands wirtschaftlichem Aushängeschild. Mehr als 100 Jahre nach Firmengründung, im Jahr 1998, wurde Nokia zum Weltmarktführer von Mobiltelefonen auf einem noch jungen Markt für Handys. Heute ist Nokia leider vom Mobiltelefonmarkt verschwunden und wurde von neuen Marktführern, wie beispielsweise Apple, verdrängt (Handelsblatt 2011) (siehe auch Abb. 1.11).

Dieses Beispiel zeigt sehr anschaulich, dass es für Unternehmen, unabhängig von Firmengröße oder Position am Markt, immer überlebenswichtig ist, ihre Zukunftsfähigkeit sicherzustellen. Wer sich in der Sicherheit wiegt, mit seinen derzeitigen Lösungen und Kompetenzen führend zu sein, der ist in Gefahr, unerkannt von disruptiven Entwicklungen überholt zu werden. Im Fall von Nokia war die disruptive Innovation die Entwicklung der Smartphones und der Konkurrent, der tonangebend war, die Firma Apple. Wie viele Unternehmen ist Nokia am Höhepunkt seines Erfolgs von Veränderungen am Markt überrascht worden.

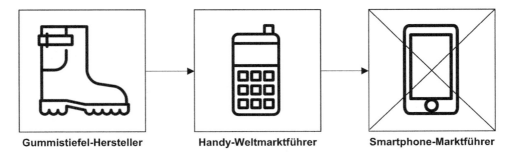

| Gummistiefel-Hersteller | Handy-Weltmarktführer | Smartphone-Marktführer |

**Abb. 1.11** Entwicklung von Nokia (Quelle: eigene Darstellung)

| SONY | Reiskocher | Drittgrößter japanischer Elektronikkonzern |
| Samsung | Lebensmittelhandel | Größter südkoreanischer Mischkonzern |
| Philips | Glühlampen | Einer der größten Elektronik-konzerne weltweit |
| Nokia | Gummistiefel | Mobilfunk, heute Telekommunikationskonzern |
| Toyota | Spinnmaschinen | Größter Automobilhersteller der Welt |

**Abb. 1.12** Entwicklung der Technologiekonzerne (Quelle: eigene Darstellung)

Betrachtet man generell die Entwicklungsgeschichte globaler Konzerne, so ist diese meist geprägt von starkem Wandel und wesentlichen Transformationsprozessen auf Produkt-, aber auch Organisationsebene. So hat Sony beispielsweise als Start-up-Unternehmen Reiskocher produziert und verkauft, Samsung hat seine Reise zum Technologie-konzern als Gemischtwarenhändler gestartet. Diese Liste könnte man wohl beliebig fortsetzen. Gemeinsam ist allen, dass auf dem Weg zum globalen Player am Markt ein gutes Gespür für zukünftige Chancen und mutiges Handeln, um Neues aufzubauen, notwendig sind (siehe auch Abb. 1.12).

### 1.4.2  Die großen Innovationshemmer

Warum passiert es aber gerade erfolgreichen Unternehmen, die viel Ambition in Forschung und Innovation stecken, am Zenit ihres Erfolges, wichtige Innovationen zu verpassen? Es gibt eine Reihe von Gründen, warum Zukunftssicherung nicht immer einfach ist (siehe Abb. 1.13).

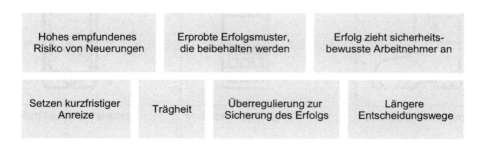

**Abb. 1.13** Innovationshemmnisse (Quelle: eigene Darstellung)

**Innovationshemmnisse**, die Zukunftsfähigkeit gefährden:

- **Das Risiko, Neuerungen einzuführen, wird als zu hoch eingeschätzt:** Es wurde mehrfach untersucht und belegt, dass Marktführer gerade in besonders erfolgreichen Zeiten risikoscheu werden und versuchen, die erprobten Erfolgsrezepte so lange wie möglich beizubehalten. So ist das empfundene Risiko, den Weg zu ändern, ob des Erfolgs der vergangenen Jahre besonders hoch (O'Reilly und Tushman 2007).
- **Trägheit:** Zudem sind in vielen Unternehmen Führungskräfte in der Verantwortung, die über Jahre erfolgreiche Entscheidungen getroffen haben. Diese Erfahrungen sind wertvoll, können aber für Innovation auch negative Wirkungen mit sich bringen. So führt langjährige Führungserfahrung oft auch zu einer Überschätzung der eigenen Fähigkeiten und dazu, dass sich Entscheider allzu sehr in Sicherheit wiegen. So kann es passieren, dass sich die handelnden Personen allzu lange auf ihren Lorbeeren ausruhen und wesentliche Entwicklungen in ihrem Umfeld verpassen.
- **Längere Entscheidungswege:** Insbesondere risikoreiche Projekte durchlaufen in etablierten Unternehmen meist mehrere Instanzen und brauchen oft sehr lange, bis sie realisiert werden können. Gibt es im Unternehmen keine starke Innovationsorientierung der Führung oder in Familienbetrieben keinen Unternehmergeist des Eigentümers, so werden hoch innovative Initiativen zumeist eher verhindert oder aufgeschoben statt befürwortet und gefördert. So passiert es Unternehmen, dass insbesondere für radikale Innovationen nie Entscheidungen getroffen werden – bis ein anderer Marktteilnehmer als Pionier den Markt aufbereitet und das Projekt nur noch mittels Imitationsstrategie umgesetzt werden kann.
- **Setzen kurzfristiger Anreize:** Vielmals passen richtig innovative Projekte nicht in vorgegebene Strategien und Entwicklungswege, können im betrieblichen Vorschlagswesen nicht anhand der benötigten Projektparameter beschrieben werden und fallen so der Bürokratie zum Opfer. Insbesondere in Konzernen, in denen Manager nach kurzfristigen Quartalszahlen und Jahreszielen beurteilt und letztlich auch entgolten werden, sinkt die Bereitschaft, langfristige und radikale Projekte zu fördern, stark. Die gängigen Anreiz- und Managementsysteme bieten keine Motivation, sich für langfristige Initiativen zu engagieren.
- **Erprobte Erfolgsmuster, die beibehalten werden:** Nach dem Motto „Never Change a Running System" werden in Unternehmen erprobte Erfolgsmuster oft über Jahre beibehalten und unreflektiert immer und immer wiederholt. So wichtig das Identifizieren und Wiederholen von Erfolgsmustern für Wachstum und Rentabilität sind – werden die Muster nicht von Zeit zu Zeit reflektiert und wenn nötig adaptiert, so können sie auch zu einem großen Risiko werden. Betriebsblindheit und Überheblichkeit können dazu führen, dass selbst etablierte Unternehmen ihre Wettbewerbsvorteile aushöhlen und letztlich von einbrechenden Umsätzen überrascht werden.
- **Überregulierung zur Sicherung des Erfolgs:** Oft haben sich in etablierten Organisationen Bürokratien und Regulatorien entwickelt, die schnelle und innovative Projekte eher behindern als fördern. So ist es gerade in erfolgreichen Unternehmen Usus, Prozeduren und Konzepte zu systematisieren und nach Jahren des Aufbaus und der Innovation die Standardisierung und Effizienzsteigerung in den Fokus zu rücken. Kommunikationswege müssen bestimmten Instanzen folgen, Informationen werden in Datenbanken gesammelt

und Entscheidungen in Boards und Konsortien getroffen. All diese Mechanismen haben im Laufe der Unternehmensentwicklung ihre Berechtigung erhalten, da sie Fehlerquellen ausgemerzt oder Risiken minimiert haben. Werden aber durch die Mechanismen schnelle und unbürokratische Entscheidungen unmöglich und entwickelt sich das ehemalige Rennboot zum schwerfälligen Kahn, dann kann auch dies die Zukunft des Unternehmens ernsthaft gefährden. Überregulierung führt dazu, dass viele Marktchancen nicht ausgenutzt und wesentliche Innovationen wiederum verpasst werden.

- **Erfolg zieht sicherheitsbewusste Arbeitnehmer an:** Während junge Start-up-Unternehmen im Aufbau seit jeher Köpfe anziehen, die risikofreudig sind und sich selbst verwirklichen und einbringen wollen, so sind die Motive für Arbeitnehmer, sich in besonders großen und erfolgreichen Unternehmen zu bewerben, vollkommen andere. So nehmen Konzerne oft Mitarbeiter auf, die bereit sind, sich den Regularien anzupassen und sich in einem System zu bewegen, das von klaren Anforderungen und Prozessen dominiert wird. Solche Arbeitnehmer sind nicht notwendigerweise weniger engagiert als die in Start-ups, sie fordern jedoch im Regelfall klarere Aufgabenbereiche und Strukturen und haben oft weniger Ambition, selbst zu gestalten.

All diese Handlungsmuster führen dazu, dass in hoch erfolgreichen Zeiten die falschen Weichen gestellt werden und Unternehmen ihre zukünftige Entwicklung selbst gefährden.

Für die langfristige Erfolgs- und Existenzsicherung von Organisationen ist es deshalb unabdingbar, sich mit der eigenen Zukunftsfähigkeit auseinanderzusetzen und immer wieder sicherzustellen, dass auch Neuerungen zugelassen und umgesetzt werden.

### 1.4.3  Erfolgsfaktor Innovation

Seit Jahrzehnten beschäftigt Innovation und deren Wirkung auf den Unternehmenserfolg Forschung und Praxis gleichermaßen. Zahlreiche Studien von Unternehmen aus unterschiedlichen Branchen haben bereits die positive Auswirkung von Innovation auf den Unternehmenserfolg untersucht und bestätigt (Golder et al. 2009). Wer laufend Neues im Unternehmen vorantreibt, ist erfolgreicher als der Durchschnitt. Der Einfluss von Innovationen beschränkt sich dabei nicht auf den Produkterfolg. Unternehmen, die den Wert von Innovation als Erfolgsfaktor erkannt haben, betreiben Innovation auf allen Ebenen und in allen Bereichen im Unternehmen. Innovation meint dabei nicht Entwicklung und Vermarktung neuer Produkte, sondern viel mehr (Björk und Magnusson 2009).

Unternehmen, die Innovation als Erfolgsfaktor verstehen, sichern die langfristige Erneuerungsfähigkeit des gesamten Unternehmens. Innovation wird zur strategischen Ressource und zur Triebfeder strategischer Entwicklungen im Unternehmen (Siguaw et al. 2006). So verstanden, ist es dann keine funktionale Aufgabe mehr, die von Marketing- oder F&E-Abteilungen umgesetzt wird, nicht mehr in alleiniger Verantwortung des Managements, das Ideen für Innovationen generiert und somit die zukünftige Ausrichtung des Unternehmens bestimmt (Siguaw et al. 2006), sondern wird zur Aufgabe aller (Kelley 2008). Strategische Veränderungsprozesse werden von unterschiedlichen

Bereichen im Unternehmen genährt und können sich auf viele verschiedene Referenzen beziehen (Siguaw et al. 2006).

▶        Der positive Effekt von Innovationen ist oft nicht direkt erkennbar,
         doch trotzdem vorhanden.

Innovationen zeigen ihren positiven Effekt durch erzielte Wettbewerbsvorteile, erhöhten Ertrag, durch höhere Margen und Absatzzahlen, stärkere Kundenbindung, angemeldete Patente und Lizenzverkäufe, effizientere Prozesse, schnellere Durchlaufzeiten, verringerte Fehlerquoten und viele andere Merkmale.

Zukunftsfähige Organisationen sind Organisationen, denen es langfristig gelingt, durch Innovation immer wieder neuen Wert zu schaffen. Innovation passiert also nie zum Selbstzweck und hat immer einen Erfolgsbeitrag zu leisten.

Wenn wir also vom Wert der Innovation sprechen, dann ist nie aus den Augen zu verlieren, dass Teil jeder erfolgreichen Innovation auch die wirtschaftliche Verwertbarkeit ist. Ein Apple iPod, ein Sony Walkman, die Technologie von Gore oder das System von 3 M – alle Innovationserfolge haben gemeinsam, dass sie einen Markt geschaffen haben, in dem ein hohes Ertragspotenzial vorhanden war. Diese temporäre Monopolsituation ist die Belohnung für alle Innovationsstrapazen und ermöglicht gute Margen auf bestimmte Zeit.

Schaffen Unternehmen es, ein ausgewogenes Portfolio aus Produkten mit unterschiedlicher Reife zusammenzustellen, so gibt es einen Ausgleich und die Möglichkeit, neue Produktentwicklungen aus den abgeschöpften Erträgen etablierter Produkte zu finanzieren. Immer wieder für neue Produkte oder Leistungen zu sorgen, ist eine der wichtigsten Aufgaben zur Sicherung der Zukunftsfähigkeit von Unternehmen.

**Strategische Verankerung der Innovation.** Jede Unternehmensstrategie sollte sich deshalb auch mit den zentralen Fragen der Zukunftssicherung und Wertschaffung durch Innovation auseinandersetzen:

*   Womit werden wir unseren Umsatz in zehn Jahren generieren?
*   Wo befinden sich unsere Leistungen im Produktlebenszyklus?
*   Herrscht Ausgewogenheit im Leistungsportfolio?
*   Welches Potenzial haben wir zum „Ausprobieren" von neuen Initiativen?
*   Welche Innovationsprojekte laufen im Moment – und schließen sie die richtigen Lücken?
*   Gibt es Bereiche, in denen Innovationsinitiativen bewusst gefördert werden sollten?

Die Sicherung des Fortbestands des Unternehmens und somit der Ertragspotenziale des Unternehmens ist DIE zentrale Aufgabe jedes Managements – und somit ist auch Innovation Kernaufgabe unternehmerischer Tätigkeit, wie auch Peter Drucker schon so schön formulierte:

There is only one valid definition of business purpose: to create a customer.[...] Because it is its purpose to create a customer, any business enterprise has two – and only these two – basic functions: marketing and innovation.

They are the enterpreneurial functions. (Drucker 1954, S 35)

### 1.4.4    Innovationsorientierung – alle Weichen auf Erneuerung gestellt

Innovation ist also Kernaufgabe jedes Unternehmens. Je nach Branche, Produkt, Umfeld, Ressourcenausstattung, Technologiefokus, Kundenbedarf und internen Voraussetzungen haben Unternehmen viele verschiedene Wege für sich gefunden, um zu innovieren. So werden neue Geschäftsmodelle, Produkte, Services oder Prozesse entwickelt – um in neue Märkte einzutreten, Wettbewerber hinter sich zu lassen oder langfristiges Wachstum und Existenz abzusichern, insbesondere unter komplexen und turbulenten Umfeldbedingungen (Eisenhardt und Brown 1999). Darüber, wie Unternehmen innovieren und welche Aufgaben ein Innovationsmanagement zu koordinieren hat, wurde viel Forschung betrieben, insbesondere über Innovationstypen, Innovationsprozesse und die Verbreitung von Innovation, auch Innovationsdiffusion genannt.

Meist ist der Fokus der Innovationsforschung sehr eng und konzentriert sich lediglich auf einzelne Aspekte, oft ist der Innovationsprozess im Zentrum, und in vielen Fällen wird als umsetzende Instanz die F&E oder Produktentwicklungsabteilung angenommen. Leider ignorieren diese Konzepte aber die Tatsache, dass erfolgreiche Innovationen nie ausschließlich in den Entwicklungsabteilungen stattfinden und es viel mehr als einen gut funktionierenden Prozess braucht, um Innovationen als Unternehmen zum Erfolgsfaktor zu machen.

Betrachtet man die konkrete Anwendung von Innovation im Unternehmen genauer, so zeigt sich ein ganz klares Bild: Die Personen, die in Innovationsaufgaben involviert sind, prägen maßgeblich, welche Innovationen aus diesen Projekten hervorgehen. Werden Innovationen also ausschließlich von Führungskräften oder bestimmten Disziplinen vorangetrieben, so findet sich in diesen Projekten auch immer die Perspektive dieser Personen (Davila et al. 2005).

Treibt das Marketing Innovationen, so orientierten sich die Innovationen am Kundenbedarf, vernachlässigen aber oft technische Möglichkeiten oder zukünftige technologische Entwicklungen. Ist die Forschung und Entwicklung mit Innovationsaufgaben betraut, so findet sich oft die Handschrift des Technikers im Produkt, das Kundenerlebnis ist im Hintergrund und die Freude beim Anwenden des Produkts begrenzt. Die Liste könnte man beliebig fortsetzen. Die Innovationstätigkeit wird stark von den handelnden Personen und ihren persönlichen Motiven und fachlichen Fähigkeiten beeinflusst (Davila et al. 2005). Je begrenzter der Kreis der Innovierenden ist, desto begrenzter auch die Anzahl der Möglichkeiten. Darüber hinaus vermindert eine starke Konzentration der Innovationsaktivitäten auf wenige Personen auch die spätere Akzeptanz von Ideen im Unternehmen (Siguaw et al. 2006).

Vor dem Hintergrund der strategischen Wandlungsfähigkeit von Unternehmen sollte Innovation nicht länger Aufgabe eines erlesenen Kreises im Unternehmen sein. Je mehr Mitarbeiter ihre Sensoren für zukünftige Chancen aktivieren und Innovationspotenziale im Unternehmen und am Markt aufspüren, desto größer wird der Topf, aus dem geschöpft werden kann (Kelley 2008).

Tushman (1997) hat bestätigt, dass der langfristige Erfolg von Unternehmen nie auf einzelnen Innovationsprojekten beruht, sondern auf der gesamten und firmenübergreifenden Innovationsorientierung, die sich in den Innovationsfähigkeiten zeigt, die über die gesamte Organisation hinweg zu finden sind (Tushman 1997).

▶        Was aber macht eine Organisation aus, die ihr gesamtes Tun auf Innovation aus-
         richtet und eine Innovationsorientierung verfolgt?

Siguaw et al. (2006) definieren Innovationsorientierung wie folgt:

> A multidimensional knowlege structure composed of a learning philosophy, strategic direc-
> tion, and transfunctional beliefs that, in turn, guide and direct all organizational strategies
> and actions, including those embedded in the formal and informal systems, behaviors, com-
> petencies, and processes of the firm to promote innovative thinking and facilitate successful
> development, evolution, and execution of innovations.

Innovationsorientierung ist also eine Denkhaltung, die im Unternehmen vorherrscht und als Handlungsrahmen und strategische Leitplanke für alle unternehmerischen Innovationsaktivitäten dient. Sie gilt für alle Prozesse und Bereiche im Unternehmen und hat Einfluss auf formelle und informelle Aktivitäten. Eine Innovationsorientierung zeigt sich im Verhalten, den Kompetenzen und Handlungsweisen des Unternehmens und sorgt dafür, dass durch innovatives Denken erfolgreiche Innovationen entwickelt und umgesetzt werden können (Siguaw et al. 2006, S 560).

Innovation bedeutet nicht nur Erfindung, sondern die gesamtheitliche Ausrichtung aller Unternehmensaktivitäten auf die Zukunft der Organisation. Dies verlangt nach einer neuen Art zu denken, zu steuern, zu aktivieren und im Wettbewerb aufzutreten. Eine gesamtheitliche Innovationsorientierung betrifft deshalb auch alle Unternehmensbereiche und schließt Mitarbeiter aus vielen Disziplinen mit ein. Wer Innovation als Wert im Unternehmen etablieren möchte, muss bereit sein, mit alten Mustern zu brechen und neue Welten entstehen zu lassen (Mootee 2013, S 16).

Schwierig beim Aufbau einer Innovationsorientierung ist, dass die Fähigkeiten, die es für einen ganzheitlichen Innovationsansatz braucht, nicht normativ festgelegt werden können (z. B. Fördern von Risikobereitschaft) (Siguaw et al. 2006, S 560). So haben bereits zahlreiche Untersuchungen die Erfolgsfaktoren für Innovation erforscht und herausgefunden, dass es bestimmte Parameter gibt, die sich in vielen Unternehmen immer wiederholen. So können eine strategische Einbettung auf allen Ebenen, Ressourcen und Commitment der Führungskräfte, unterstützende kulturelle sowie strukturelle Rahmenbedingungen und ein gut organisierter Innovationsprozess als Faktoren genannt werden, die das Ergebnis von Innovationsprojekten positiv beeinflussen (Cooper und Kleinschmidt 2007). Wirkliche Innovationsführer kennen diese Faktoren und haben es verstanden, diese in die DNA ihres Unternehmens einzuflechten und zum Wert im Unternehmen zu machen. Wichtig ist dabei, dass es keine „Umsetzungsformel" gibt, die in allen Unternehmen gleich ist, sondern dass jedes Unternehmen seinen eigenen Weg definieren muss (Zien und Buckler 1997, S 276). So ist es unabdingbar, dass Innovationen die Kultur, die Werte, die Systeme und den Unternehmenskontext in den eigenen Innovationsansatz einfließen lassen.

Besonders herauszustellen am Konzept der Innovationsorientierung ist, dass die Steuerung von Innovationsaktivitäten weniger am Prozess oder den Strukturen direkt passiert, sondern in einem übergeordneten Rahmen, der Innovationen eine Richtung und Identität geben soll. So sind Siguaw et al. (2006, S 561) der Meinung, dass durch das Aufbauen gemeinsamer Glaubenssätze und ein einheitliches Verständnis von Innovation auch innovative Handlungen das Ergebnis sind. Weniger wird es aber funktionieren, innovative Ergebnisse ohne den übergeordneten Handlungsrahmen zu erzielen.

Amabile (1997) definiert eine Innovationsorientierung anhand konkreter Merkmale einer Organisation:

> The most important elements of the innovation orientation are: a value placed on creativity and innovation in general, an orientation toward risk (versus an orientation toward maintaining the status quo), a sense for pride in the organization's members and enthusiasm about what they are capable of doing, and an offensive strategy of taking the lead toward the future (versus a defensive strategy of simply wanting to protect the organization's past position).

Demnach sind ein Wertegerüst, das Innovation und Kreativität fördert, die Fähigkeiten und die Motivation der Mitarbeiter sowie eine strategische Ausrichtung der Organisation auf die Zukunft die wesentlichen Voraussetzungen, um Innovationen erfolgreich umsetzen zu können.

Streben Unternehmen also eine Innovationsführerschaft an und möchten sie Innovation als gesamtheitlichen Orientierungsrahmen etablieren, so sollte der Fokus in erster Linie auf dem Aufbau gemeinsamer Werte und Denkhaltungen, klarer Zielrichtungen und organisationaler sowie persönlicher Fähigkeiten für Innovation liegen. Die unternehmensübergreifende Umsetzung kann dann als Produkt dieser Bemühungen betrachtet werden.

1. *Gemeinsame Werte und Denkhaltungen*
   Innovative Unternehmen verfügen über eine ausgeprägte Philosophie des organisationalen Lernens. Das Aufspüren, Verstehen, Kommunizieren und Verwenden von neuem Wissen sind zentrale Werte für alle Mitarbeiter. Sind viele Instanzen im Unternehmen bemüht, neues Wissen vom Markt aufzuspüren und vor dem Hintergrund der eigenen Aufgabenstellung zu interpretieren, so wird das Unternehmen laufend mit neuen Impulsen von außen versorgt – und Marktpotenziale werden aufgespürt. Im Zusammenhang mit einer Lernorientierung steht auch die Kapazität einer Organisation, Wissen von außen aufzusaugen und für die eigene Tätigkeit zu interpretieren. Cohen und Levinthal (1990) beschreiben diese Fähigkeit als „Absorptive Capacity" und meinen damit die Fähigkeit, immer wieder neues Wissen und Wissen über Veränderung in der

Organisation zielführend zu verwerten. Unternehmen, die diese absorptive Kapazität, die in Abschn. 4.1.1 noch genauere Erwähnung findet, besitzen, sind in der Regel proaktiver in ihrem Umgang mit Veränderungen und versuchen Chancen am Markt oder technologieseitig früh zu erkennen und ihre Schlüsse daraus zu ziehen. Darüber hinaus zeichnen sich Innovationsführer durch einen positiven Umgang mit Scheitern und Fehlern aus. Sie sind widerstandsfähiger, da sie Fehler als Lernfelder sehen und in der Organisation versuchen, die Erfahrungen produktiv einzubringen.

2. *Innovationsstrategie*
Innovationsorientierte Unternehmen sind zukunftsfähig. Strategieformulierungen stützen sich weniger auf vergangene Jahre und stellen keine Fortschreibung von den Planungen der Vorjahre dar. Ihre Unternehmensstrategie besitzt einen klaren Zukunftsfokus – und dies findet sich in der Mission und Vision des Unternehmens wieder. Die Zielsetzungen und strategischen Muster sind darauf ausgerichtet, dass Innovation regelmäßig und wiederkehrend stattfinden kann; es gibt eine klare strategische Ausrichtung auf Innovation. Eine Innovationsstrategie bietet für alle Abteilungen eine Leitlinie und Motivation, sie ist klar und für alle verständlich, für alle Disziplinen relevant und umsetzbar und gibt klar vor, welche Ziele für die Unternehmen zukünftig verfolgt werden sollen.

3. *Innovationsfähigkeit*
Neben einer innovationsfreundlichen Unternehmenskultur und einer strategischen Ausrichtung der Innovationsaktivitäten ist die Fähigkeit zu innovieren zentrales Merkmal und kritische Ressource innovationsorientierter Unternehmen. Innovationsfähigkeit, also die Fähigkeit in etablierten Strukturen neue Lösungen zu entwickeln, wird dabei zur kritischen Ressource (O'Reilly und Tushman 2007).
Lawson und Samson (2001) definieren Innovationsfähigkeit wie folgt:

An innovation capability is therefore defined as the ability to continuously transform knowledge and ideas into new products, processes and systems for the benefit of the firm and its stakeholders. Innovation capability is not just an ability to be successful at running a business newstream, or to manage mainstream capabilities. Innovation capability is about synthesizing these two operating paradigms, high performing innovators understand this linkage.

**Innovationsfähigkeit** ist also die Fähigkeit, Wissen und Ideen laufend in neue Produkte, Prozesse und Systeme zu verwandeln und damit wirtschaftlichen Nutzen für das Unternehmen und seine Stakeholder zu schaffen. Dies passiert immer im Spannungsfeld und Austausch mit den bestehenden Ressourcen und Abläufen im Unternehmen. Ob eine Organisation fähig ist, laufend neue Informationen zu absorbieren und gewinnbringend zu nutzen, ist wesentlich beeinflusst durch die individuelle Innovationsfähigkeit ihrer Mitarbeiter (Crossan et al. 1999). Aus diesem Grund muss, um die Innovationsfähigkeit einer Organisation zu steigern, zuvor in die Innovationsfähigkeit der Mitarbeiter investiert werden. Gewohnte Denkmuster und rationale Routinen müssen bewusst aufgebrochen und Bewusstsein für Innovation bei allen Mitarbeitern geschaffen werden (Pink 2008). Trotzdem ist die organisationale Innovationsfähigkeit nicht nur die Summe der einzelnen Beiträge, sondern mehr. Organisationen müssen auch fähig sein, die Impulse aufzunehmen und das Wissen innerhalb der Organisation zu verwerten (Crossan et al. 1999).

Zur Stärkung der Innovationskraft von Unternehmen sind demnach zwei Entwicklungsperspektiven zu beachten:

- die Förderungen der individuellen Innovationsfähigkeit der Mitarbeiter und
- der Aufbau von Rahmenbedingungen, welche die organisationale Innovationsfähigkeit erhöhen.

4. *Unternehmensübergreifende Umsetzung*

Um letztlich als Organisation aus Innovation einen Nutzen zu ziehen, muss neben den richtigen Rahmenbedingungen und Zielsetzungen und den Fähigkeiten der Mitarbeiter auch die Implementierung von Innovationen im Unternehmen verankert sein. Damit Innovationsprojekte nicht in ihrer operativen Umsetzung scheitern, braucht es klare Strukturen, die die verschiedenen Bereiche und Disziplinen effizient zusammenarbeiten lassen, einen Prozess, der die Abläufe und Schritte zum Innovationserfolg klar vorgibt, und eine Aufbauorganisation, die Teams und temporäre Experten in den Projekten auch zusammenarbeiten lässt. So gesehen sind in die unternehmensübergreifende Umsetzung von Innovationen viele Bereiche integriert: die Organisations- und Personalentwicklung, die Führungskräfte der involvierten Abteilungen, die operativ tätigen Mitarbeiter der Bereiche und die Prozess- und Projektmanager, welche die Projekte leiten. Wichtig ist dafür zu sorgen, dass die Innovationsteams in der Organisation Strukturen und Prozesse vorfinden, die sie in der Umsetzung der Innovation nicht hindern, sondern fördern. Dazu zählen neben dem Innovationssystem auch die notwendigen Ressourcen und die Durchsetzungskraft, um Innovationen in das operative Management überzuleiten.

## Literatur

Amabile, T. (1997). Motivating creativity in organizations: On doing what you love and loving what you do. *California Management Review*, *40*(1), 39–58

Baldwin, C., & Hippel, v. E. (2010). Modeling a paradigm shift: From producer innovation to user and open collaborative innovation. MIT Sloan School of Management Working Paper No. 4764–09.

Bauer, R., & Eagen, W. (2008). Design thinking – epistemic plurality in management and organization. *Aesthesis*, *2*(3), 64–74.

Beyer, H., & Holtzblatt, K. (1997). *Contextual design: Defining customer-centered systems*. San Francisco: Morgan Kaufmann Publishers Inc.

Björk, J., & Magnusson, M. (2009). Where do good innovation ideas come from? Exploring the influence of network connectivity on innovation idea quality. *Journal of Product Innovation Management*, *26*, 662–670

Boland, R., & Collopy, F. (2004). *Managing as designing*. California: Stanford Business Books.

Brandenburger, A. M., & Nalebuff, B. J. (2008). *Coopetition: kooperativ konkurrieren. Mit der Spieltheorie zum Geschäftserfolg.* Eschborn: Rieck.

Brenner, W., Uebernickel, F., & Abrell, T. (2016). Design thinking as mindset, process, and toolbox. In W. Brenner and F. Uebernickel (Hrsg.), *Design thinking for innovation. Research and practice.* Switzerland: Springer International Publishing

Brown, T. (2008). Design thinking. *Harvard How-to Business Review, 86,* 84–96.

Brown, T. (2009). *Change by design: How design thinking transforms organizations and inspires innovation.* New York City: Harper Business.

Brown, T., & Wyatt, J. (2010). Design how-to thinking for social innovation. *Stanford Social Innovation Review,* 8(1):31–5.

Bruhn, M. (1999). *Kundenorientierung: Bausteine eines exzellenten Unternehmens.* München dtv - Verlag Beck-Wirtschaftsberater.

Bruhn, M. (2012). *Kundenorientierung: Bausteine für ein exzellentes Customer Relationship Management (CRM),* (Vol. 50808). Verlag Beck-Wirtschaftsberater.

Buchanan, R. (1992). Wicked problems in design thinking. *Design Issues, 8,* 5–21.

Chesbrough, H. (2010). Business model innovation: Opportunities and barriers. *Long Range Planning, 43*(2010), 354–363.

Chesbrough, H., Vanhaverbeke, W., & West, J. (2006). Open innovation: A new paradigm for understanding industrial innovation. Oxford: Oxford University Press.

Christensen, C. M., Raynor, M., & McDonald, R. (2015). What is disruptive innovation? *Harvard Business Review, 93*(12Dec. 2015), 44–53.

Cohen, W., & Levinthal, D. (1990). Absorptive capacity: A new perspective on learning and innovation. *Administrative Science Quarterly, 35*(1), 128–152

Cooper, R., & Kleinschmidt, E. (2007). Winning businesses in product development: The critical success factors. *Research Technology Management, 39*(4), 1–18

Crossan, M., Lane, H., & White, R. (1999). An organizational learning framework: From intuition to institution. *Academy of Management Review, 24*(3), 522–537

Cross, N. (2000). *Engineering design methods: Strategies for product design.* New Jersey: John Wiley & Sons, Ltd

Cross, N. (2006). *Designerly ways of knowing.* London: Springer Verlag.

Cross, N. (2011). *Design thinking.* Oxford: Berg.

d.School (2010). *Bootcamp Bootleg.* Stanford: Hasso Plattner Institute of Design

Davila, T., Epstein, M., & Shelton, R. (2006). *Making innovation work: How to manage it, measure it, and profit from it.* New Jersey: Wharton School Publishing.

Day, G. S. (1994). The capabilities of market-driven organizations. *Journal of Marketing, 58*(4), 37–52.

Diller, H., & Saatkamp, J. (2002). Schwachstellen in Marketingprozessen: Ergebnisse einer explorativen Reengineering-Metaanalyse. *Marketing ZFP, 24*(4), 239–252.

Droege & Comp. Europe. (2000). *Triebfeder Kunde IV. Eine Zeitverlaufsstudie zur Kundenorientierung deutscher und internationaler Unternehmen.* Düsseldorf.

Drucker, Peter F. (1954). *The practice of management.* New York: Harper & Brothers.

Dorst, C. H., & Cross, N. G. (2001). Creativity in the design process: Co-evolution of problem-solution. *Design Studies, 22,* 425–37.

Dubberly, H. (2004). How do you design? A compendium of models. abgerufen unter http://www.dubberly.com/wp-content/uploads/2008/06/ddo_designprocess.pdf 10. August 2016

Dunne, D., & Martin, R. (2006). Design thinking and how it will change management education: An interview and discussion. *Academy of Management Learning & Education, 5*(4), 512–523.

Eisenhardt, K., & Brown, S. (1999). Patching: Restitching business portfolios in dynamic markets. *Harvard Business Review, 77*(3), 72–82

El Sawy, O. A., & Pereira, F. (2013). Business modelling in the dynamic digital space. *Springer-Briefs in Digital Spaces*. doi: 10.1007/978-3-642-31765-1_2.

Ferreira, H., & Teixeira, A. C. (2013). Welcome to the experience economy: Assessing the influence of customer experience literature through bibliometric analysis. FEP Working Papers ISSN: 0870–8541.

Florida, R. (2014). *The rise of the creative class, revisited*. New York: Basic Books.

Freudenthaler, D. (2013). *Produktdesign für aufstrebende Märkte. Markttrends, Kunden und Produktanwender integrieren*. Linz: Trauner Verlag.

Gabison, G., & Pesole, A. (2014). Open innovation, user innovation and social innovation – an overview of models of distributed innovation. JRC Science and Policy Reports, European Union.

Ganse, J., Werhahn, F., & Gschmack, S. (2014). Nachhaltigkeit im supply chain management. *In ZfCM | Controlling & Management, 56,* 4.

Garraffo, F. (2002). Types of coopetition to manage emerging technologies. 2nd Annual Conference, Innovative Research in Management, Stockholm, Sweden.

Gatignon, H., & Xuereb, J. M. (1997). Strategic orientation of the firm and new product performance. *Journal of Marketing Research, 34*(1), 77–90.

Gavan, V. (2012). *Customer centricity – the key to a sustainable future*. United States: Maximus International

Green, M. G. (2005). Enabling design in frontier contexts: A contextual needs assessment method with humanitarian applications, PhD Dissertation, Mechanical Engineering, University of Texas, Austin.

Golder, P., Shacham, R., & Mitra, D. (2009). Innovations' origins: When, by whom, and how are radical innovations developed? *Marketing Science, 28*(1), 166–179

Govindarajan, V., & Kopalle, P. K. (2006). The usefulness of measuring disruptiveness of innovations ex post in making ex ante prediction. *Journal of Product Innovation Management, 23*(1), 12–18.

Goyal, M., & Hatami, H. (2012). *Mining big data to find new markets*. Webinar: Harvard Business Review:.

Groves, K. S., & Vance, C. M. (2014). Linear and nonlinear thinking: A multidimensional model and measure. *The Journal of Creative Behavior, 49*(2), 111–136

Håkansson, H., & Snehota, I. (2006). No business is an Island: The network concept of business strategy. *Scandinavian Journal of Management, 22,* 256–270.

Handelsblatt. (2011). Die bewegte Geschichte von Nokia. http://www.handelsblatt.com/unternehmen/industrie/vom-gummistiefelhersteller-zum-handyriesen-die-bewegte-geschichte-von-nokia/5746194.html. Zugegriffen: 9. Nov. 2015

Hippel v., E. (2002). Open source projects as horizontal innovation networks – by and for users, MIT Sloan School of Management, Working Paper 4366-02.

Homburg, C. und Bucerius, M. (2006): *Kundenorientierung als Managementherausforderung*; in: Homburg, C.: Kundenzufriedenheit, Berlin: Springer-Gabler.

Hyken, S. (2014). How to create a customer-centric culture: Six steps to creating a customer-centric culture at every level of the company. Citrix Online, LCC https://pdfs.semanticscholar.org/751a/5c8ee42b5c2ce6151466942ad339526067d1.pdf Zugegriffen: 8. Juli 2017.

Jacob, F., Bruns, K., & Bues, M. (2014). Co-creation im Produktentwicklungsprozess und Auswirkungen auf Vertrauen und Commitment: Eine empirische Untersuchung am Beispiel der Automobilbranche. ESCP Europe Working Paper.

Johansson-Sköldberg, U., Woodilla, J., & Çetinkaya, M. (2013). Design thinking: Past, present and possible futures. *Creativity and Innovation Management Journal, 22*(2), 121–146.

Jonassen, David H. (1997). Instructional design models for well-structured and ill-structured problem-solving learning outcomes. *ETR&D*, 45(1),65–94. ex http://socrates.usfca.edu/xapedoe/

psych13/page1/page21/assets/Jonassen_1997.pdf, (Letzter Abruf: 02. Juli 2016) Zugegriffen: 08. Juni 2016.

Kelley, T. (2001). *The art of innovation: Lessons in creativity from IDEO, America's leading design firm.* United States: Crown Business.

Kelley, T. (2005). *The ten faces of innovation: IDEO's strategies for defeating the devil's advocate and driving creativity throughout your organization.* New York City: Doubleday.

Kelley, T. (2008). *The ten faces of innovation: Strategies for heightening creativity.* London: Profile Books.

Krippendorff, K. (2006). *The semantic turn: A new foundation for design.* Boca Raton, FL: Taylor and Francis.

Knutson J. B., & Beck A. J. (2004). Identifying the dimensions of the experience construct: Development of the model. *Journal of Quality Assurance in Hospitality & Tourism, 4*(3–4), 23–35.

Kornwachs, K. (1996). Zum Status von Systemtheorie(n) in der Technikforschung. In H. P. Böhm et al. (Hrsg.), *Nachhaltigkeit als Leitbild für Technikgestaltung* (S. 45–68). Dettelbach: Röll.

Kruse, P. (2011). *Next practices: Erfolgreiches management von Instabilität.* Offenbach: Gabal.

Kubillus, M. (2004). *Kundenorientierung: Generierung kundenorientierter Denkmuster, Strukturen und Handlungsweisen zur Steigerung der Kundenzufriedenheit und des Unternehmenserfolges.* Kiel: Diplomarbeit.

Kühn, R. (1991). Methodische Überlegungen zum Umgang mit der Kundenorientierung im Marketing-Management. *Marketing ZFP, 13*(2), 97–107.

Lawson, B. (2006 [1980]). *How designers think: The design process demyistfied,* 4th edn. Oxford: Architectual Press.

Lawson, B., & Samson, D. (2001). Developing innovation capability in organizations: A dynamic capabilities approach. *International Journal of Innovation Management, 5*(3), 377–400

Lütjens, J. (1999). Über die Entwicklung eines berufsfeldübergreifenden Lernfabrikkonzeptes PAULA in Berufs- und Wirtschaftspädagogik im Spiegel der Forschung. in: Berufliche Erstausbildung in komplexen Lehr- und Lernsituationen. United States: Lese+Budrich Verlag, S. 69–82.

Manyika, J., Chui, M., Bughin, J., Dobbs, R., Bisson, P., & Marrs, A. (2013). *Disruptive technologies: Advances that will transform life, business, and the global economy.* United States: McKinsey Global Institute.

Martin, R. (2009). *The design of business: Why design thinking is the next competitive advantage.* Massachusetts: Harvard Business School Publishing.

McAfee, A., & Brynjolfsson, E. (2012). Big data: The management revolution. *Harvard Business Review, 90*(10), 61–67.

Meffert, H. et al. (2015). *Marketing – Grundlagen marktorientierter Unternehmensführung.* 12. Aufl. Wiesbaden: Springer Fachmedien

Meyer, A., & Dornach, F. (2001). *Kundenmonitor Deutschland – Qualität und Kundenorientierung, Jahrbuch der Kundenorientierung in Deutschland 2001.* München in: http://www.ServiceBarometer.de/Kundenmonitor/index.html Zugegriffen: 8.11.2001.

Morabito, V. (2014). *Trends and challenges in digital business innovation.* Switzerland: Springer International Publishing. doi: 10.1007/978-3-319-04307-4_9.

Mootee, I. (2013). *Design thinking for strategic innovation: What they can't teach you at business or design school.* New Jersey: John Wiley & Sons

Mootee, I. (2013). *Design thinking for strategic innovation: What they can't teach you at business or design school.* New Jersey: Wiley.

Mootee, I. (2013). *Design thinking for strategic innovation: What they can't teach you at business or design school.* New Jersey: Wiley.

Neighbor H., & Kienzle, L. (2012). Customer insights toolkit – Enhancing value chain development through customer research microReport No. 182 Hope Consulting https://www.microlinks.org/sites/microlinks/files/resource/files/Customer_Insight_Toolkit_0.pdf Zugegriffen: 8. Juli 2017.

Oliveira A., & Gimeno, A. (2014). *Customer service supply chain management: Models for achieving customer satisfaction, supply chain performance, and shareholder value*. London: FT Press OM.

O'Reilly, C. A., & Tushman, M. L. (2004). The ambidextrous organization. *Harvard Business Review 82*, no. 4 (April 2004): 74–81.

O'Reilly, C., & Tushman, M. (2007). Ambidexterity as a dynamic capability: Resolving the innovator's dilemma. Working Paper. Stanford: Stanford University

Palmisano, S. (2010). *Capitalizing on complexity: Insights from the global chief executive officer study*. Somers: IBM Global Business Services.

Pereira, D., & Leitão, J. (2015). Coopetition and open innovation: An application to KIS vs. Less-KIS Firms. In R. Baptista and J. Leitåo (eds.), *Entrepreneurship, human capital, and regional development, international studies in entrepreneurship* (S. 31). Springer International Publishing http://www.springer.com/us/book/9783319128702

Peters, T. J., & Waterman, R. H. (1982). *In search of excellence: Lessons from America's best run companies*. New York: Harper & Row.

Pink, D. (2008). *A whole new mind: Why right-brainers will rule the future*. London: Marshall Cavendish

Pine, J., & Gilmore, J. (1999). *The experience economy*. Boston: Harvard Business School Press.

Pink, D. (2008). *A whole new mind*. London: Marshall Cavendish.

Porter, M. E. (1980). *Competitive strategy: Techniques for analyzing industries and competitors : With a new introduction/Michael E. Porter*. New York: The Free Press.

Rittel, H., & Webber, M. (1973). Dilemmas in a general theory of planning. *Policy Sciences, 5*, 155–69.

Rubert-Nason, P., Ueda, A., Wright, C., & Starr, J. (2015). 9 disruptive technologies changing the world. 2015 Report. Prescouter.

Schön, D. (1983). *The reflective practitioner: How pro- fessionals think in action*. Cambridge: Basic Books.

Schönwetter, G., & Freudenthaler, D. (2013). Innovative approaches to better Seize future's Uncertainties in companies. XXIV ISPIM Conference Proceedings.

Siguaw, J. A., Simpson, P. M., & Enz, C. A. (2006). Conceptualizing innovation orientation: A framework for study and integration of innovation research. *Journal of product innovation management, 23*(6), 556–574.

Simon, H. (1969). *The sciences of the artificial*. Cambridge: MIT Press.

Stäudel, T. (2004). Heuristische Kompetenz – Eine Schlüsselkompetenz in Zeiten der Ungewissheit. In S. A. Friedrich von den Eichen, H. H. Hinterhuber, K. Matzler and H. K. Stahl (Hrsg.), *Entwicklungslinien des Kompetenzmanagements*. Wiesbaden: Deutscher Universitäts-Verlag

Thurau, C. (2002). *Die Kundenorientierung von Mitarbeitern: Schlüsselgröße für den Unternehmenserfolg*. Lohmar: Verlag Eul.

Tushman, M. (1997). Winning through innovation. *Strategy and Leadership, 25*(4), 14–19

Tushman, M. L., & O'Reilly, C. A. (1996). The ambidextrous organization: Managing evolutionary and revolutionary change. *California Management Review, 38*, 1–23.

Vargo, S. L., & Lusch, R. F. (2004). Evolving to a new dominant logic for marketing. *Journal of Marketing, 68*(1), 1–17.

Wirtz, B. W., Mory, L., & Piehler, R. (2014). Web 2.0 and digital business models. In F. J. Martínez-López (Hrsg.), *Handbook of strategic e-Business management, Progress in IS*. Berlin Heidelberg: Springer. doi: 10.1007/978-3-642-39747-9_31.

Zien, K. A., & Buckler, S. (1997). From experience: Dreams to market: Crafting a culture of innovation. *Journal of Product Innovation Management, 14*(4), 274–2870

# Der Mensch als wertvollste Ressource

**2**

## Die persönlichen Fähigkeiten, die uns zu Gestaltern der Unternehmenszukunft machen

*Nur das Unbekannte ängstigt die Menschen; wenn sie erst in die Ereignisse involviert sind, fürchten sie sich nicht mehr. (Antoine de Saint-Exupéry)*

### Zusammenfassung

Innovationen werden zumeist von Menschen für Menschen geschaffen. Den Menschen im Innovationsprozess in den Fokus zu stellen, ist daher Grundvoraussetzung für den Erfolg jeder Innovation. Doch nicht nur bei der Lösung muss der Mensch im Mittelpunkt stehen, sondern auch im Prozess bzw. im Unternehmensalltag sind die Wichtigkeit und die Fähigkeiten der Mitarbeiter in das Zentrum zu rücken. Denn mit dem individuellen Wissen, den Ideen und Erfahrungen der involvierten Personen fällt oder steht eine Innovation. Genauso spielen Kollaboration und aktive Zusammenarbeit eine wichtige Rolle, denn nur so kann es zu einer Lösung kommen, die originell ist, die auch in der Realität funktionieren kann und durch Zusammenarbeit innerhalb eines Netzwerkes realisierbar wird.

Wer Neues in die Organisation bringen und vor allem andere Denk- und Handlungsweisen etablieren möchte, kommt dabei nicht an den Akteuren vorbei, die das kollektive Gedankengut einer Organisation prägen – den handelnden Personen. Der Mensch ist die zentrale Triebfeder in allen Veränderungs- und Innovationsprozessen, und ohne die Entwicklung der Mitarbeiter und Anspruchsgruppen des Unternehmens und ihrer Beziehungen untereinander kann die Einführung eines umfassenden Innovationsansatzes nicht gelingen.

Corporate Design Thinking in der Organisation zu verankern, das bedeutet deshalb, in einem ersten Schritt den Fokus auf die Menschen und ihre Beziehungen zueinander zu legen.

© Springer Fachmedien Wiesbaden GmbH 2017
D. Freudenthaler-Mayrhofer, T. Sposato, *Corporate Design Thinking*,
https://doi.org/10.1007/978-3-658-12980-4_2

- Sind die involvierten Mitarbeiter individuell fähig, sich mit ihrer Person und Persönlichkeit in Designprozesse einzubringen?
- Können die nominierten Teams konstruktiv zusammenarbeiten und sind sie den Gruppendynamiken in Innovationsinitiativen gewachsen?
- Sind sich die Teams der Chancen, aber auch der Herausforderungen von Diversität und Interdisziplinarität bewusst und wissen sie damit verbundene Konflikte zu meistern?
- Sind die handelnden Personen fähig, Allianzen mit anderen Anspruchsgruppen (wie z. B. Kunden, Lieferanten, Forschungspartnern …) zu schmieden?
- Kennen sie die Herausforderungen, die Netzwerke mit sich bringen, und wissen sie Vertrauen und gegenseitige Nutzenstiftung erfolgreich aufrechtzuerhalten?

Um neue Problemlösungen in einem Corporate-Design-Thinking-Ansatz zu entwickeln, braucht es den Willen und die Bereitschaft vieler Akteure im Unternehmen, sich einzubringen. Design Thinking und die damit verbundene neue Weise, Entwicklungen im Unternehmen voranzutreiben, verlangen auch frische Impulse in Personal- und Organisationsentwicklung. Auf der Ebene der persönlichen Fähigkeiten braucht es vor allem die Bereitschaft, sich auf Neues einzulassen, und die Kompetenzen, sich in Designprozessen konstruktiv einzubringen. Dies fordert in vielen Fällen eine klare Vorstellung über die eigene Rolle und den eigenen Beitrag im Innovationsprozess. Alleinkämpfertum und egoistisches Verhalten sind in kollaborativen interdisziplinären Prozessen eher hinderlich.

Darüber hinaus werden schlagkräftige Teams benötigt, welche die Vielfalt an Impulsen in kreativen Problemlösungen aufnehmen können und Diversität und unterschiedliche Perspektiven als Asset und nicht als Hindernis sehen. Verschiedene Abteilungen, Disziplinen, Hierarchien und Erfahrungshintergründe müssen ihre Rolle in Design-Thinking-Teams bekommen und sich auf ihre Art und Weise nutzenstiftend einbringen können. Der Modus der Zusammenarbeit ist dafür immer individuell zu bestimmen, es gibt kein Patentrezept für erfolgreiche Innovationsteams.

Durch die zunehmende Komplexität von Unternehmensbeziehungen und die notwendige Vernetzung von Unternehmen mit anderen Kooperationspartnern werden in Zukunft Innovationen viel öfter auch in Netzwerken stattfinden. Während unternehmensinterne Teams zu einem Teil immer noch durch Anweisungen und hierarchische Entscheidungen gesteuert werden können, fällt diese Dimension in Netzwerken meist komplett weg. Erfolgreiche Innovationsnetzwerke leben von gemeinsamen Spielregeln, die in ein gutes Beziehungsgeflecht eingebettet und von Vertrauen geprägt sind. Fällt in Netzwerken der Nutzen für einzelne Partner weg oder verringert er sich, so wird auch der offene Austausch darunter leiden und letztlich der Erfolg der Zusammenarbeit.

Die aufrichtige und beherzte Auseinandersetzung mit den Menschen, die neue Ideen und Ansätze im Unternehmen tragen sollen, ist somit unabdingbar, und die Etablierung einer innovativen Denk- und Handlungsweise in der Organisation bringt wesentliche Herausforderungen in der Personalentwicklung und -führung mit sich. Nur wenn sich Mitarbeiter der Personalabteilung und Führungskräfte gleichermaßen der neuen Herausforderungen annehmen und Recruiting, Personalauswahl, Rollenprofile, Teamzusammenstellung und den Aufbau von Netzwerken neu denken, kann das volle Potenzial der Menschen für innovative Problemlösungen im Unternehmen tatsächlich abgerufen werden.

## 2.1 Individuelle Kompetenzen, die einen Design Thinker ausmachen

Wenn Mitarbeiter in Design-Thinking-Teams Neues entwickeln, Innovationen schaffen und diese vorantreiben, dann können gewisse Eigenschaften und Kompetenzen beim Einzelnen dies begünstigen. Design Thinking bringt neue, oftmals nicht bekannte Herangehensweisen und Methoden mit sich – und die Offenheit und das Einlassen darauf sind Grundvoraussetzung für erfolgreiche Innovationen. Ein Design-Thinking-Prozess ist geprägt von Unsicherheit und stetigen Veränderungen. Flexibilität ist daher unabdingbar. Auch Optimismus und das Vertrauen auf ein Gelingen helfen dabei, die manchmal entstehenden Täler im Prozess durchzuhalten und mit noch größerer Motivation weiterzugehen.

Doch auch die soziale Intelligenz spielt eine wichtige Rolle. Diese ist nicht nur wichtig in Bezug auf die eigenen Teammitglieder, sondern auch in Bezug auf nicht involvierte Menschen, wie beispielsweise die Zielgruppe, für die man Empathie entwickeln soll, um sie und ihre unbekannten Wünsche und Bedürfnisse zu verstehen. Auch die Fachkompetenz eines einzelnen Design Thinkers ist von großer Bedeutung, denn diese bringt eine gewisse Sichtweise und ein tiefgründiges Wissen in einem Bereich mit sich, das Grundlage für die Verknüpfung mit dem Wissen anderer ist und großes Potenzial für den Prozess in sich trägt.

Durch die praktischen Erfahrungen und die Zusammenarbeit mit sehr diversen Menschen in Design- Thinking-Prozessen sowie eine Literaturrecherche in Bezug auf Fähigkeiten und Kompetenzen von Mitgliedern eines Design-Thinking-Teams ergaben sich vier Kompetenzdimensionen und darin angeordnete Einzelkompetenzen, welche die kollaborative und kreative Zusammenarbeit in innovativen Projektteams begünstigen. Diese Kompetenzen werden in Abb. 2.1 zusammengefasst und veranschaulicht.

### 2.1.1 Soziale Intelligenz

Der Design-Thinking-Ansatz stellt den Nutzer in den Fokus des Prozesses, und der gesamte Prozess ist geprägt von einer Zusammenarbeit im Team – daher ist die Fähigkeit, mit Menschen zu kollaborieren und Menschen zu verstehen, ein wesentlicher Bestandteil im Design Thinking. Dies erfordert vom Design Thinker ein gewisses Maß an sozialer Intelligenz.

Die soziale Intelligenz ist gemeinsam mit der sozialen Kompetenz in diesem Kontext als wichtige Eigenschaft eines Design Thinkers zu nennen und verknüpft soziale Einzelkompetenzen miteinander. Es reicht nämlich beispielsweise nicht nur, dass man durch eine

**Abb. 2.1** Kompetenzdimensionen eines Design Thinkers (Quelle: eigene Darstellung

Kollaborations- und Kommunikationsfähigkeit mit anderen umgehen und zusammen-arbeiten kann, sondern es geht vielmehr auch darum, diese zu verstehen und sich in den diversen Situationen empathisch und mit einer gewissen sozialen Anpassungsfähigkeit zu verhalten sowie nach gewissen sozialen Normen und Regeln vorzugehen. In der Lite-ratur wird soziale Intelligenz unter anderem mit den folgenden Fähigkeitskomponenten beschrieben (Kang et al. 2006):

- Soziale Sensibilität, soziale Einsicht und soziale Kommunikation
- Prosoziale Einstellung, empathische Fertigkeiten, soziale Fertigkeiten, Emotionalität und soziale Ängstlichkeit
- Menschen verstehen, mit Menschen umgehen können, warm und fürsorglich sein, offen für neue Erfahrungen und Ideen sein, Fähigkeit zu Perspektivenübernahme, Kenntnis sozialer Regeln und Normen und soziale Anpassungsfähigkeit.

Im Folgenden soll nun speziell auf drei Einzelkompetenzen der sozialen Kompetenz und Intelligenz eingegangen werden, die für Design Thinker von Bedeutung sind: Kollabora-tionsfähigkeit, Empathie und Kommunikationsfähigkeit.

### 2.1.1.1   Kollaborationsfähigkeit

Niemand kann eine Sinfonie flöten. Es braucht ein Orchester, um sie zu spielen. (Halford E. Luccock)

Eine wesentliche Eigenschaft von Design Thinkern ist nach Brown (2008) die Fähigkeit zur Kollaboration. Die zunehmende Komplexität einerseits von Problemen und andererseits von Produkten oder Dienstleistungen kann nur noch selten bis gar nicht von einer einzelnen Person verstanden und überwunden werden. Die Kollaboration mehrerer und das Zusam-menführen von diversen Denkweisen sind notwendig, um die Gesamtheit der Komplexität

zu verstehen und in neue und originelle Lösungen zu verwandeln. Vor allem die interdisziplinäre Kollaboration ist dabei von Bedeutung. Menschen, die Teil eines Design-Thinking-Teams sind, müssen daher zum kollaborativen Arbeiten mit diversen Menschen unter-
schiedlichster Disziplinen und Charaktere sowohl gewillt als auch fähig sein.

Diese Fähigkeit zur Kollaboration in heterogenen Teams bedeutet automatisch, dass
Personen eine gewisse Akzeptanz und Toleranz gegenüber Diversität haben müssen. Nur
durch diese gegenseitige Akzeptanz und Toleranz können Meinungen und diverse Sichtweisen wertfrei und ohne Urteil im gesamten Team besprochen werden, wodurch sowohl
der Prozess als auch die endgültige Lösung profitiert.

Design Thinker sollten mit anderen Meinungen und Perspektiven auf gewisse Dinge
umgehen und diese akzeptieren können. Durch eine respektvolle Diskussion über die
unterschiedlichen Meinungen und das gemeinsame Hinterfragen und Verknüpfen der
Sichtweisen können genau diese Unterschiede zu einem noch originelleren Ergebnis
führen.

### 2.1.1.2 Empathie

> Es gibt in einem anderen Menschen nichts, was es nicht auch in mir gibt. Dies ist die einzige
> Grundlage für das Verstehen der Menschen untereinander. (Erich Fromm)

Eine äußerst wichtige Fähigkeit im Design Thinking ist die Empathie, die Fähigkeit, sich
in eine Person in einer bestimmten Situation einzufühlen und deren Perspektive zu verstehen, um die tiefer liegenden Bedürfnisse und Wünsche der Person zu erkennen und zu
verstehen.

Nach Köppen und Meinel (2015) kann Empathie im Design Thinking in zwei unterschiedlichen Formen auftreten. Während sich die interne Empathie auf die Zusammenarbeit im Team bezieht, betrifft die externe Empathie Kunden. Die interne Empathie hilft
der jeweiligen Person dabei, andere Teammitglieder und deren Sichtweisen zu verstehen
und sich in deren Situation zu versetzen. Dies kann wesentlich zu einem positiven Arbeits-
klima im Team beitragen.

Die externe Empathie spielt im Design-Thinking-Prozess vor allem in der gleichnami-
gen Empathize-Phase eine bedeutende Rolle. Es geht darum, ein tiefes Verständnis für die
Zielgruppe zu entwickeln und deren versteckte Bedürfnisse und Wünsche zu erkennen.
Die Erkenntnisse aus dieser Phase helfen dabei, eine Lösung zu entwickeln, die einen
großen Nutzen für die potenziellen Kunden bietet.

### 2.1.1.3 Kommunikationsfähigkeit

> Der Ausdruck der Persönlichkeit erreicht seine Erfüllung nur durch Kommunikation. (Pearl
> S. Buck)

Kommunikation kann Menschen sowohl zusammenführen als auch auseinandertreiben.
Je nachdem, wie verbale Kommunikation eingesetzt wird, entstehen positive Effekte oder

aber auch negative. Da die Einstellung eines Design-Thinking-Teams möglichst positiv und optimistisch sein sollte, ist auch eine Kommunikationsfähigkeit gefragt, die dies unterstützt.

Kommunikation entsteht nicht nur durch den Einsatz einzelner Worte, sondern auch durch paralinguistische Phänomene (z. B. Tonfall, Sprechtempo oder Pausen), die Körperhaltung oder die Körpersprache, also Verhalten jeder Art. Da das Verhalten kein Gegenteil hat und man sich nicht „nicht verhalten" kann, so folgt daraus, dass man auch nicht „nicht kommunizieren" kann. Denn beispielsweise auch ein schweigsames Sitzen und In-den-Boden-Sehen kommuniziert den Menschen im Umfeld etwas – nämlich, dass man in dieser Situation vielleicht gerade alleine sein und nicht angesprochen werden möchte (Watzlawick 1969). Das Bewusstsein über die Auswirkungen der eigenen verbalen, aber auch verhaltensbasierten Kommunikation ist ein wesentlicher Aspekt der Fähigkeit zur Kommunikation im Team.

Im Design-Thinking-Prozess spielen gerade durch die unterschiedlichen Sichtweisen und Meinungen das Führen von respektvollen Diskussionen und das Geben und Nehmen von Feedback eine große Rolle. Durch objektives Feedback, das wert- und urteilsfrei ist, entsteht eine gesunde und konstruktive Diskussion über Hintergedanken und Gründe von Einzelnen für ihre Entscheidungen oder Vorgehensweisen. Dadurch können die diversen Meinungen und Gedanken der Teammitglieder in weiterer Folge verknüpft werden und zu ganzheitlicheren Lösungen führen. Eine bewusste Formulierung der eigenen Aussagen und die Einschätzung über deren Effekt auf das Team sind daher wesentliche Fähigkeiten, um in Design-Thinking-Teams Fortschritte zu machen.

Zusammenfassend kann festgehalten werden, dass die sozialen Einzelkompetenzen der Kollaborationsfähigkeit, der Fähigkeit zu Empathie und der Kommunikationsfähigkeit wertvolle Eigenschaften eines Design Thinkers darstellen und, wie in Abb. 2.2 dargestellt, bedeutende positive Effekte auf den Gesamtprozess haben.

## 2.1.2   Persönliche Fähigkeiten

Neben Merkmalen in Bezug auf das Team und der Fähigkeit, mit anderen Menschen konstruktiv zusammenzuarbeiten, spielen auch persönliche Fähigkeiten eine bedeutende Rolle. Gewisse Charaktereigenschaften wie Offenheit, Intuition und Fehlertoleranz wirken sich positiv auf den Prozess aus, wohingegen das Fehlen dieser Eigenschaften negative Konsequenzen haben kann.

### 2.1.2.1   Offenheit

Eine Veränderung bewirkt stets eine weitere Veränderung. (Niccolò Machiavelli)

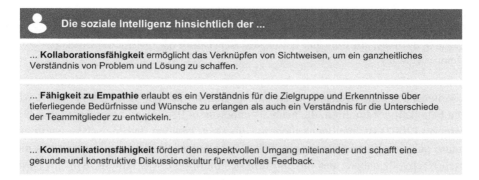

**Abb. 2.2** Positive Effekte sozialer Intelligenz auf den Gesamtprozess (Quelle: eigene Darstellung)

Spricht man von Design Thinking, so spricht man gleichzeitig von einem sehr offenen Prozess, der geprägt ist von Dynamiken und Veränderungen. Offenheit und die damit einhergehende Flexibilität sind daher Eigenschaften, welche die Persönlichkeit eines Design Thinkers ausmachen sollten. Offenheit gegenüber den flexiblen Anpassungen des Prozesses und Offenheit gegenüber den diversen Vorgehensweisen sind Grundvoraussetzung, um sich auf den Prozess einlassen zu können und ohne Blockaden oder Hindernisse an einer gemeinsamen Lösung zu arbeiten.

Die Offenheit bezieht sich im Design Thinking jedoch nicht nur auf die Offenheit gegenüber dem Prozess und den Vorgehensweisen, sondern auch auf die Offenheit gegenüber der Diversität im Team – diverse Kulturen, diverse Persönlichkeitseigenschaften, diverse Perspektiven: All dem muss mit einer Offenheit begegnet werden – und all das muss auch als Potenzial angesehen werden. Dies bezieht sich auch auf eine Offenheit gegenüber Ideen und Meinungen anderer – seien sie noch so entgegen der eigenen Ansichten und Vorstellungen.

Hinzu kommt, wie bereits angedeutet, eine Offenheit gegenüber Veränderungen. Nicht nur im Prozess kommt es zu Veränderungen und Anpassungen, sondern auch das Endergebnis des Prozesses bringt, gewollt oder ungewollt, eine Veränderung im Unternehmen mit sich. Diesen Veränderungen muss offen entgegengetreten werden – und sie sollten als Chance begriffen werden. Nur durch dieses Annehmen der Veränderungen und das positive Herangehen kann das volle Potenzial daraus geschöpft, können Innovationen erfolgreich umgesetzt werden.

Ein weiterer Aspekt der Offenheit im Design Thinking betrifft den Umgang mit Feedback und Kritik. Positives Feedback ist immer schön anzuhören und motivierend, doch in einem Designprozess spielt auch negatives Feedback oder Kritik eine wichtige Rolle. Durch Kritik und Hinterfragen von Dingen kommt es zu einer Weiterentwicklung von Ideen und Lösungen, was für den kreativen Prozess einen großen Stellenwert hat. Daher gilt es, offen gegenüber negativem Feedback und Kritik zu sein, diese anzunehmen und das Potenzial für die Gesamtlösung darin zu sehen.

## 2.1.2.2  Intuition

Genie ist das Talent der Erfindung dessen, was nicht gelehrt oder gelernt werden kann.
(Immanuel Kant)

Ein weiteres Persönlichkeitsmerkmal, das speziell im Design Thinking gefordert wird, ist die Fähigkeit der Intuition, die auch als unbewusste Intelligenz bezeichnet wird. Nach Gigerenzer (2007) ist Intelligenz nicht nur überlegt, bewusst und logisch, sondern auch spontan, unbewusst und ohne Logik. Diese Spontanität, das Unbewusste und das nicht logisch Nachvollziehbare, das uns in Form der Intuition etwas mitteilt, wird im Design Thinking als Stärke und Ergänzung eines analytischen Vorgehens eingesetzt.

Definiert wird die Intuition als ein Urteil, das rasch im Bewusstsein auftaucht, dessen tiefere Gründe uns nicht bewusst sind und das stark genug ist, um danach zu handeln (Gigerenzer 2007). Das Erkennen und Akzeptieren dieser Intuition fällt dem einen oder anderen zu Beginn schwer, da man aus Ausbildung oder Arbeit im Unternehmen eher ein analytisches und prozesshaftes Vorgehen gewöhnt ist. Doch durch die Komplexität der Umwelt und die Diversität der beeinflussenden Umweltfaktoren bedarf es neben einer reinen Analyse auch des Vertrauens auf die eigene Intuition.

Auch Roger Martin (2009) spricht davon, dass Design Thinking bedeutet, Balance zwischen einer analytischen Denkweise und einer intuitiven zu finden. Denn durch analytisches Denken und deklaratives Schlussfolgern können aus Daten der Vergangenheit sichere und beweisbare Aussagen über die Zukunft gemacht werden. Diesen Aussagen fehlt jedoch der Neuheitswert und die Originalität, die nur durch ein intuitives Denken und abduktives Schlussfolgern entstehen kann. Durch das intuitive Vorgehen und das Aktivieren der eigenen Vorstellungskraft können neue Ideen entstehen, die einzigartig und kreativ sind.

## 2.1.2.3  Fehlertoleranz

Erfolg haben heisst, einmal mehr aufstehen, als man hingefallen ist. (Winston Churchill)

Ein Design Thinker sollte zu seinen personalen Kompetenzen neben einer Offenheit und Fähigkeit zur Intuition auch Fehlertoleranz besitzen. Denn die Offenheit des Prozesses und das Vertrauen auf die Intuition können fehlerhafte Entscheidungen mit sich bringen. Diese Fehler werden im Design Thinking jedoch nicht als negative Erfahrung angesehen, sondern als Chance, Neues zu lernen und dies für den weiteren Prozess einzusetzen.

Eine Vorgehensweise ganz nach dem Motto „Fail Often and Early" fördert den Lernprozess im Design Thinking (Brenner et al. 2016), und da in einem Design-Thinking-Projekt häufig experimentiert wird und viele Ideen ausprobiert werden, ist ein Scheitern von manchen nicht abzuwenden und auch wünschenswert. Durch das Scheitern gewinnt man neue Erkenntnisse, kann die endgültige Lösung weiterentwickeln und dadurch die Fehler als ein wertvolles Nebenprodukt im Prozess ansehen.

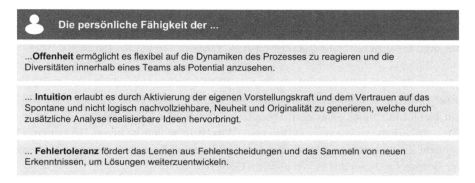

**Abb. 2.3** Persönliche Fähigkeiten als Treiber von Kreativität und Innovation (Quelle: eigene Darstellung)

Im Kontext Organisationalen Lernens zeigte eine Studie von Madsen und Desai (2010), dass das Lernen aus großen Fehlern im Gegensatz zum Lernen aus Erfolgen oder kleinen Fehlern wesentlich zur Verbesserung und zur Optimierung innerhalb der Organisation beiträgt. Außerdem konnte durch die Studie belegt werden, dass das Wissen, das durch das Machen von Fehlern entsteht, länger anhält als das Wissen, das durch Erfolge oder in einer anderen Art und Weise erlangt wurde. Das Lernergebnis, das durch Fehler erzielt wird, bildet also einen wichtigen Bestandteil eines Designprozesses – und die Fehlertoleranz der beteiligten Teammitglieder ist daher ein essenzielles Asset.

Abschließend kann gesagt werden, dass die personalen Kompetenzen der Offenheit, Intuition und Fehlertoleranz, die in Abb. 2.3 zusammengefasst werden, wesentliche Treiber von Kreativität und Innovation sind.

### 2.1.3 Fachkompetenzen

Design Thinker sollten über folgende Fachkompetenzen verfügen: tiefer gehendes fachliches Wissen sowie die Fähigkeit zum integrativen Denken und zur Kreativität.

Design-Thinking-Teams profitieren sehr stark von den unterschiedlichen Fachkenntnissen, welche die Mitglieder im Team mitbringen. Am meisten Potenzial für die Entwicklung einer neuen und originellen Idee hat dabei die Verknüpfung multidisziplinären Fachwissens. Durch das Beleuchten der Probleme und der Lösungen aus unterschiedlichsten Perspektiven kommt es zu Verknüpfungen, die eine einzelne Person wahrscheinlich nicht herstellen könnte.

Genauso ermöglicht die Fähigkeit des integrativen Denkens (Martin 2007) es, eine breitere Sichtweise auf Dinge zu entwickeln, deren Beziehungen und Zusammenhänge zu erkennen und zu verstehen sowie etwas Neues daraus zu generieren. Ebenso wichtig ist dabei Kreativität, nicht nur in Form des Einsatzes von kreativen Methoden, sondern auch in Form eines Zusammenspiels aus divergentem und konvergentem Denkmodus.

### 2.1.3.1  Allgemeines und spezielles Wissen

Versuche zuerst zu verstehen, dann erst versuche, verstanden zu werden. (Stephen Covey)

Für Design-Thinking-Teams sind sogenannte „T-Shaped Professionals" (Brown 2009, in Brenner et al. 2016) ein wichtiger Bestandteil. Auf der einen Seite sind sie Experten auf einem Gebiet mit tiefer gehendem Wissen und fachlichen Kompetenzen – und auf der anderen Seite haben sie ein grundlegendes Wissen in vielen weiteren Bereichen. Dies ermöglicht die Teilnahme an Diskussionen als Experte auf einem Gebiet und als kompetenter Gesprächspartner auf vielen anderen Gebieten.

Aufgrund der Diversität von Design-Thinking-Teams und daher auch der hohen Heterogenität von fachlichem Wissen können durch die Diskussionen und Gespräche Analogien entstehen und Bisoziationen geweckt werden, wodurch Originalität und Neuheitswert einer Idee gesteigert werden können.

### 2.1.3.2  Integratives Denken

Alle großen Erfindungen sind das Resultat der Befreiung von der Routine des Denkens und Tuns. (Arthur Koestler)

Eine Fähigkeit, die im Design Thinking als sehr wertvoll angesehen wird, ist das integrative Denken. Diese Art des Denkens ermöglicht es, Diskrepanzen unterschiedlicher Ideen oder Aspekte als Potenzial zu nutzen, sich nicht für das eine oder andere zu entscheiden, sondern durch die Verbindung und das Hinterfragen der Diskrepanzen eine Verknüpfung und noch bessere Lösung zu schaffen (Martin 2007).

Nach Martin (2007) ist die Vorgehensweise von „Integrativen Denkern" beim Problemlösen durch folgende Merkmale gekennzeichnet:

- Suchen von möglichst vielen Perspektiven und Variablen eines Problems
- Erkennen von Verbindungen, Zusammenhängen und Einflüssen
- Ganzheitliche Sicht auf das Problem, trotz Betrachtung einzelner Problemaspekte
- Bei Konfrontation mit zwei gegensätzlichen Optionen wird versucht, eine kreative Lösung aus den beiden und ihren Gegensätzen zu entwickeln

Wird eine integrative Denkweise angewendet, so ist man nicht gezwungen, sich für eine Option zu entscheiden, sondern kann durch das Verbinden zweier Optionen neue Möglichkeiten erkennen.

### 2.1.3.3  Kreativität

> Nichts auf der Welt ist so kraftvoll wie eine Idee, deren Zeit gekommen ist. (Victor Hugo)

Kreativität begleitet den Design Thinker durch den gesamten Prozess hindurch – nicht nur im Bezug auf die eingesetzten kreativen Methoden, sondern auch hinsichtlich einer kreativen Denkweise, die zwei diverse Denkmodi miteinander verbindet und dadurch Neues schafft.

Für Kreativität findet man diverse Definitionen und Umschreibungen – je nach Kontext und Wissenschaftsgebiet wird Kreativität eher mit Handlungen wie Zeichnen oder Malen in Verbindung gesetzt oder aber auch mit Denkweisen. Sawyer (2012) bezeichnet Kreativität als neue mentale Kombination, also als eine Kombination aus gespeicherten Gedächtnisinhalten, die in weiterer Folge in irgendeiner Art und Weise nach außen hin kommuniziert werden. Doch um diese neue und originelle Kombination zu ermöglichen, erfordert Kreativität nach Csikszentmihalyi (1999), dass konvergierende und divergierende Denkweisen effektiv miteinander verbunden werden.

Die Verbindung eines divergenten Denkmodus, der gekennzeichnet ist von einem Aufmachen des Blickfeldes und Sammeln von möglichst vielen Informationen oder Ideen, mit dem darauf folgenden konvergenten Denkmodus, in dem strukturiert und fokussiert wird, macht Kreativität aus. Und diese Verbindung ermöglicht es, sowohl ein Problem und eine Lösung in ihrer gesamten Breite zu erfassen als auch ein Spektrum von Möglichkeiten zu generieren, deren Verbindungen zu einer noch originelleren Lösung führen können.

Alles in allem kann festgehalten werden, dass die Fachkompetenzen wie Wissen, integratives Denken und Kreativität, deren positive Effekte in Abb. 2.4 zusammengefasst werden, essenzielle Komponenten eines Design Thinkers sind.

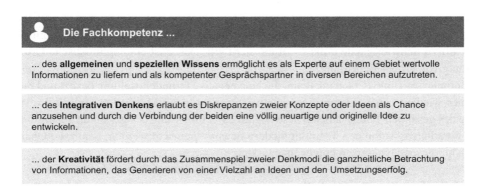

**Abb. 2.4** Positive Effekte von Fachkompetenzen auf den Designprozess (Quelle: eigene Darstellung)

## 2.1.4   Umsetzungskompetenzen

Mit Umsetzungskompetenzen sind jene Fähigkeiten gemeint, die unter anderem dabei helfen sollen, den „Knowing-Doing Gap" nach Pfeffer und Sutton (2000) zu schließen. Es reicht nicht aus, nur zu wissen, wie etwas funktionieren könnte, sondern man muss dieses Wissen auch in konkreten Handlungen anwenden und ausprobieren. Zu zwei wichtigen Kompetenzen in diesem Bereich des Design Thinking zählen der Optimismus und die Experimentierfreude. Mit einer optimistischen Grundhaltung können Probleme als Herausforderungen angesehen und die Umsetzung einer Idee vorangetrieben werden. Genauso hilft die Experimentierfreude dabei, diese Idee so schnell wie möglich umzusetzen und auszuprobieren, um sie danach weiterzuentwickeln.

### 2.1.4.1   Optimismus

Achte auf deine Gedanken! Sie sind der Anfang deiner Taten. (Chinesische Weisheit)

Nach Brown (2008) ist Optimismus eine wesentliche Eigenschaft eines Design Thinkers. Diese positive Grundhaltung und der Optimismus können das Team und den gesamten Prozess beeinflussen. Außerdem hilft der Optimismus einer Person dabei, das gesamte Team voranzutreiben, zu motivieren und Probleme nicht als Probleme hinzunehmen, sondern diese als Herausforderung anzusehen.

Optimismus ist nach Carver et al. (2010) eine Generalisierung von Selbstvertrauen. Optimisten haben demnach mehr Vertrauen in sich selbst als Pessimisten und sind außerdem ausdauernder und hartnäckiger in der Bewältigung von Herausforderungen. Eine große Anzahl an Literatur zeigt weiterhin auf, dass Menschen mit einer optimistischen Grundhaltung auf Schwierigkeiten und Notsituationen anpassungsfähiger und lernfähiger reagieren können als solche, die negative Erwartungen hegen (Carver et al. 2010). In Design-Thinking-Projekten, die geprägt von Offenheit und Komplexität sind, kommt es sehr oft zu Schwierigkeiten, die es zu meistern gilt. Daher ist eine optimistische Grundhaltung von großer Bedeutung.

Befindet sich eine Person im Team, die eine negative Grundeinstellung besitzt und diese immer wieder zeigt, so kann dies negative Folgen für die Motivation und die Einstellung des gesamten Teams haben. Diese negative Beeinflussung des gesamten Teams durch nur eine Person sollte den Teammitgliedern bewusst gemacht werden, damit die Chance besteht, diesen Dynamiken entgegenzuwirken.

### 2.1.4.2   Experimentierfreude

Nur ein Narr macht keine Experimente. (Charles Darwin)

Das Experimentieren hat im Design Thinking einen sehr hohen Stellenwert, und deshalb bedarf es bei Mitgliedern der Design-Thinking-Teams auch der Experimentierfreude,

**Die Umsetzungskompetenz ...**

... des **Optimismus** ermöglicht es mit Selbstvertrauen und Ausdauer an Herausforderungen heranzutreten und fördert es schwierige und komplexe Situationen erfolgreich zu meistern.

... der **Experimentierfreude** erlaubt es sehr früh im Prozess Ideen als Prototypen zu modellieren und zu erproben, um wesentliche Erkenntnisse durch die Zielgruppe zu gewinnen und die Lösung dadurch stets weiterzuentwickeln.

**Abb. 2.5** Positive Effekte von Umsetzungskompetenzen auf den Designprozess (Quelle: eigene Darstellung)

um, beispielsweise mit Papier, Kartons, Lego oder auch Knetgummi, erste Prototypen zu basteln, die das Grundkonzept von Ideen zeigen und testen lassen.

Ein zentrales Prinzip im Design Thinking ist es, Prototypen zu bauen oder zu basteln, die direkt erprobt und getestet werden können (Brenner et al. 2016). Anstatt aus einer Idee zuerst ein abstraktes Modell zu fertigen, werden physische und leicht verständliche Prototypen gebaut, um diese Idee zu testen und weiterzuentwickeln.

Beim Prototyping können diverse Arten von Prototypen unterschieden werden. Während „Low-Resolution Prototypes" oftmals nur Skizzen oder Papiermodelle sind, stellen „High-Resolution Prototypes" die Idee detaillierter und genauer ausgearbeitet dar, beispielsweise anhand einer bereits programmierten Schnittstelle (Brenner et al. 2016).

Zusammenfassend ist festzuhalten, dass die beiden Umsetzungskompetenzen des Optimismus und der Experimentierfreude, die in Abb. 2.5 dargelegt werden, wesentliche Eigenschaften eines Design-Thinking-Prozesses begünstigen.

## 2.2    Gruppen zu Innovationstreibern machen

In jedem Unternehmen finden sich diverse Gruppen – formelle und informelle. Jede Gruppe verfolgt entweder ein gemeinsames Ziel oder verbindet eine gemeinsame Eigenschaft. Doch alleine die Tatsache, dass die Mitglieder der Gruppen eine Gemeinsamkeit haben, macht sie noch nicht zu einem Team, das Innovationen schafft und vorantreibt.

> Während eine Gruppe typischerweise definiert wird als zwei oder mehr Personen, die miteinander interagieren, um bestimmte Ziele zu erreichen, ist ein Team charakterisiert durch ein hohes Maß an Interaktion, enge Zusammenarbeit und gemeinsame, geteilte Ziele. Teams sind also auch Gruppen, aber nicht jede Gruppe ist auch ein Team. (vgl. George 2002; Hülsheger et al. 2013)

Wie das oben stehende Zitat sehr gut verdeutlicht, sind Teams Gruppen, bestehend aus mehreren Personen, die ein Ziel verfolgen und durch eine starke Zusammenarbeit und ein hohes Maß an Interaktion gekennzeichnet sind. Buer (2003) bezeichnet Teams im

Arbeitszusammenhang als ein Gespann aus Arbeitskräften mit diversen Qualifikationen, das gemeinsam eine Aufgabe lösen soll, die von Einzelnen alleine nicht so gut zu lösen wäre. Des Weiteren sollen durch ein Team zwei positive Effekte erzielt werden: Einerseits soll durch die optimale Zusammenstellung und kooperative Kopplung der Teammitglieder die Arbeitsleistung gesteigert, andererseits die Selbststeuerung der Gruppe herausgefordert werden, sodass wenig Fremdsteuerung notwendig ist.

Diese beiden Effekte sind auch im Design Thinking von großer Bedeutung. Zum einen entstehen durch die Heterogenität der einzelnen Teammitglieder Verküpfungen von Gedanken, Meinungen und Sichtweisen, was ein integratives und ganzheitliches Denken ermöglicht, und zum anderen gehen die Teammitglieder im Prozess weitgehend selbstgesteuert vor.

## 2.2.1   Zusammenspiel aus Individualität, Sozialität und Diversität

Bei der Zusammenarbeit im Team wird das eigene Erleben und Verhalten besonders durch die direkte Auseinandersetzung mit anderen beeinflusst, herausgefordert und entwickelt (Eberhardt 2013). Aufgabenbezogen können die einzelnen Teammitglieder durch ihre Individualität die Gruppe bereichern, und umgekehrt kann die Sozialität der Gruppe den Einzelnen bereichern, wodurch dieser wiederum in einem weiter gehenden Kreislauf die Gruppe bereichert (Buer 2003).

Diversität kann dabei als Katalysator für mehr Kreativität und Originalität wirken. Durch die vielfältigen Ansichten der einzelnen Teilnehmer kann die Stärke des Teams gefördert werden und durch die diversen Erfahrungen und Perspektiven eine ganzheitlichere Sicht auf das Problem und die Lösung erfolgen. Dadurch werden Zusammenhänge erkannt und Verbindungen geknüpft, die zu originelleren Lösungen und radikalen Innovationen führen.

▶    Diversität ermöglicht eine ganzheitlichere Sichtweise auf komplexe Probleme und deren Lösung.

Design-Thinking-Teams sollten also, wie bereits erwähnt, von Diversität geprägt sein. Diese Diversität kann sich auf eine Vielzahl von Aspekten, wie z. B. das Fachwissen, die Kultur oder das Geschlecht, beziehen. Allgemein definiert werden kann Diversität mit den Unterschieden zwischen Individuen, die sich auf alle relevanten Merkmale beziehen, die zu der Wahrnehmung führen können, andere Personen sind anders als man selbst (Kearney 2013). Diese verschiedenen Aspekte geben den einzelnen Mitgliedern unterschiedlichste Perspektiven auf dieselben Dinge. Und genau diese unterschiedliche Betrachtung von Dingen und der Austausch darüber in der Gruppe wirken als Katalysatoren für die Weiterentwicklung von Lösungen.

Grundsätzlich können, wie in Abb. 2.6 ersichtlich, zwei Arten von Diversität unterschieden werden (Millikens und Martins 1996):

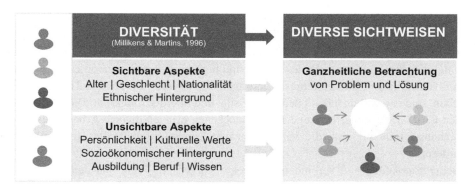

**Abb. 2.6** Arten von Diversität und deren Nutzen für den Designprozess (Quelle: eigene Darstellung)

- Diversität durch sichtbare Aspekte (Alter, Geschlecht, Nationalität, ethnischer Hintergrund)
- Diversität durch unsichtbare Aspekte (Persönlichkeit, kulturelle Werte, sozioökonomischer Hintergrund, Ausbildung, Beruf, Wissen)

Im Design Thinking profitieren Teams vor allem von der Diversität, die sich in den unterschiedlichen Ansichten und Perspektiven auf Dinge äußert. Diese diversen Perspektiven entstehen einerseits durch die Aspekte der sichtbaren Diversität und andererseits auch durch die Faktoren der verborgenen Diversität. Unterschiede in Kultur und Geschlecht bringen diverse Sichtweisen, genauso auch Unterschiede in Persönlichkeit und Fachwissen.

Unterschiede in Fachkompetenzen oder Persönlichkeitseigenschaften ermöglichen es den Teams, eine breitere Sicht auf Dinge zu entwickeln und diese ganzheitlicher zu betrachten. Außerdem werden Zusammenhänge erkannt, die möglicherweise durch eine Person nicht gefunden werden können. Natürlich spielen auch die sichtbaren Faktoren der Diversität eine bedeutende Rolle, da sie wiederum durch Unterschiede in Kultur oder Erfahrungen, die das Alter mit sich bringt, die Perspektiven und Ansichten verändern. Man kann daher zusammenfassend sagen, dass jedes Teammitglied seine eigene Perspektive auf Dinge hat, die sich durch die einzelnen Aspekte der Diversität im Laufe seines Lebens bildet und ständig verändert.

Untersuchungen haben gezeigt, dass sich Diversität in Gruppen bezogen auf sichtbare und verborgene Aspekte positiv auf die kognitive Informationsverarbeitung, die Wahrnehmung und Interpretation von Stimuli und das Treffen von Entscheidungen auswirkt. Dies liegt unter anderem daran, dass die Qualität der Diskussionen und Argumentationen durch immer wieder auftauchende Gegenargumente der anderen Teammitglieder gesteigert wird (Milliken und Martins 1996).

Auch wenn die Diversität in Teams sehr viele Vorteile und Chancen bringt, entstehen durch sie auch einige Herausforderungen, denen man jedoch durch bestimmte Maßnahmen und Aktivitäten positiv entgegentreten kann.

## 2.2.2    Herausforderungen bei der Teamentwicklung

Das Schaffen einer gemeinsamen Wertebasis, einer gemeinsamen Sprache und einer hierarchielosen Struktur innerhalb des Teams sind nur einige der Herausforderungen von in sich diversen Teams. Diese Herausforderungen, die sich für ein Design-Thinking-Team ergeben, sind eng verbunden mit deren Diversität und Interdisziplinarität. Die unterschiedlichen Charaktere, Expertisen und Hierarchieebenen bringen diverse Arbeitsweisen und Vorgehensweisen mit sich, die Verständnis und Lernbereitschaft aller Teammitglieder erfordern.

Gemeinsamkeiten und verbindende Aspekte stärken ein Team und den Teamgeist – genauso ist dies bei gemeinsamen **Werten** und **Normen** der Fall. Weiß ein Team darüber Bescheid, nach welchen Werten und Regeln es arbeitet, so herrscht Klarheit für alle, und für den weiteren Prozess werden etwaige Unklarheiten oder Diskrepanzen mit großer Wahrscheinlichkeit vermieden. Die Werte werden vom Team gemeinsam erarbeitet und definiert sowie von allen Mitgliedern unterschrieben. Diese Werte bilden die Basis ihrer Identität als Team und beschreiben, was das Team als Ganzes von seinen einzelnen Mitgliedern als Denk- und Verhaltensweisen erwartet. Sind die Werte und Normen einmal definiert, so können die Teammitglieder danach handeln, ohne groß darüber nachzudenken (Bohinc 2012).

Eine weitere Herausforderung ergibt sich bei Teams mit hoher Diversität bei der **Sprache**. Da die Personen durch ihre unterschiedlichen Fachbereiche und Herangehensweisen diverse Begrifflichkeiten, unterschiedliche Denkmuster und daher auch Formulierungen verwenden, bedarf es einer Annährung durch eine gemeinsame Sprache. Während der Philosoph gerne ausschweifende Sätze formuliert und Dinge länger diskutiert, möchte ein Techniker seine Aussagen gerne direkt und auf den Punkt gebracht kommunizieren. Diese diversen Ausdrucksweisen werden von den unterschiedlichsten Menschen natürlich immer anders interpretiert und wahrgenommen.

In den meisten Unternehmen finden sich strenge Hierarchien, die eine Rangfolge der Mitarbeiter festlegen und die Entscheidungsmacht auf einzelne Personen höherer Ebenen verteilen. Im Design-Thinking-Prozess ist es wichtig, diese **Hierarchiestruktur** zu verlassen und alle Teammitglieder als gleichberechtigt anzusehen. Nur wenn eine Gleichberechtigung aller herrscht und alle Meinungen und Ansichten ernst genommen werden, können sich alle Teilnehmer auch ehrlich und ohne Bedenken, dass ihre Meinung vielleicht weniger zählen könnte, ausdrücken. Sichtbare Zeichen des Status, wie beispielsweise die Anrede einzelner Teammitglieder, sollten, wenn möglich, vermieden werden, um die Gleichberechtigung aller zu verdeutlichen.

Innerhalb eines Teams nehmen Mitglieder bestimmte Rollen ein, in denen sie als Individuum agieren. Diese Rollen bringen gewisse Verhaltensweisen mit sich, die von den anderen erwartet werden. Bei der **Rollenverteilung** kann zwischen einer vertikalen und horizontalen Dimension unterschieden werden. Die vertikale Dimension betrifft die Macht und den Einfluss, und es gibt beispielsweise die Rolle einer Alpha-Person, die Führungsfunktionen übernimmt und die Gruppe bei der Aufgabenerfüllung leitet. Auf der

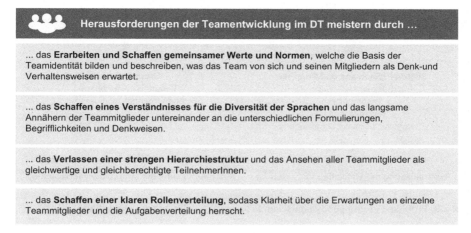

**Abb. 2.7** Herausforderungen der Teamentwicklung im Design Thinking meistern (Quelle: eigene Darstellung)

horizontalen Ebene bilden Gruppen verschiedene Rollen unter den von der Alpha-Person geführten Mitgliedern. Hier kann es Spezialisiten für bestimmte Aufgaben geben, Mitläufer oder auch Außenseiter (Nerdinger et al. 2008). Eine klare Rollenverteilung innerhalb des Teams ist für die einzelnen Mitglieder wichtig, um Klarheit darüber zu erlangen, was von ihnen erwartet wird und welche Aufgaben damit verbunden sind.

▶      Grundlage einer gesunden Teamkultur ist die Einstellung, dass alle durch ihre
       Diversität voneinander lernen und profitieren können.

Um die bereits genannten Herausforderungen bei der Teamentwicklung im Design Thinking zu meistern, können abschließend einige Tipps gegeben werden, die in Abb. 2.7 zusammenfassend dargestellt werden. Neben diesen Hinweisen bildet die Basis einer gesunden Teamentwicklung eine Verdeutlichung der Einstellung, dass alle Teammitglieder aus den unterschiedlichsten Disziplinen voneinander lernen und profitieren können. Außerdem soll dies eine Atmosphäre der Offenheit und Neugierde schaffen. Optimalerweise sollte genügend Zeit bleiben, um Verständnis für die unterschiedlichen Arbeitsstile und Sprachen zu entwickeln, und sichergestellt werden, dass jede Disziplin dieselbe Wertschätzung von allen Teammitgliedern erfährt. Liegt die gleiche Wertschätzung nicht vor, so kann es zu einer Dominanz einzelner Mitglieder kommen (Kump und Grasenick 2014).

### 2.2.3   Probleme in gruppendynamischen Prozessen

Im Laufe eines Design-Thinking-Prozesses können diverse Probleme entstehen – das Team muss in der Lage sein, diese zu erkennen, zu bewältigen und daraus zu lernen, um

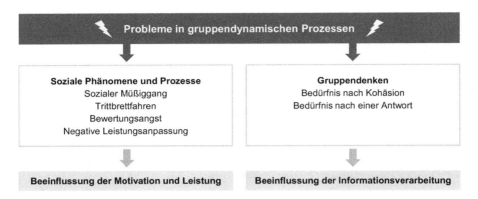

**Abb. 2.8** Probleme in gruppendynamischen Prozessen (Quelle: eigene Darstellung)

sie in weiterer Folge zu vermeiden. Die einzelnen Mitglieder, aber auch ein Moderator oder Coach können dabei helfen, auftretende Risiken zu minimieren und neues Potenzial daraus zu schöpfen. Denn bleiben die Probleme unbeachtet, können diese innovationshindernd sein und das Potenzial des gesamten Prozesses deutlich mindern.

Diverse gruppendynamische und soziale Prozesse, die in Abb. 2.8 zusammenfassend dargestellt werden, können zu Problemen im Design-Thinking-Prozess führen. Beispielsweise können Leistung und Motivation des Teams durch Trittbrettfahrer oder soziale Angst negativ beeinflusst werden. Außerdem kann ein Gruppendenken durch beispielsweise ein Bedürfnis nach Kohäsion zu einer voreiligen Entscheidung führen, ohne dass Alternativen abgewägt und hinterfragt werden (Nerdinger et al. 2008).

### 2.2.3.1 Beeinflussung der Motivation und Leistung durch soziale Prozesse und Phänomene

In sozialen Strukturen, demnach auch in Design-Thinking-Teams, kann es zu einigen negativen Entwicklungen während des Prozesses kommen, wodurch Leistung und Motivation aller leiden. Beispielsweise kann das Phänomen des **sozialen Müßigganges** (Social Loafing) aufkommen, bei dem es bei einer Person innerhalb des Teams zu einem Motivationsverlust kommt, durch den unbewusst eine Verringerung der Anstrengung stattfindet. Solche Phänomene sind vor allem dann zu beobachten, wenn eine Beurteilung oder Bewertung einer einzelnen Person durch einen Vorgesetzten nicht möglich oder auch nicht sinnvoll ist (Nerdinger et al. 2008), was gerade für das Design Thinking zutrifft. Ein vergleichbares Phänomen, das oftmals in Gruppen auftritt, die keiner Bewertung oder Kontrolle unterliegen, wie es im Design Thinking immer der Fall ist, ist das **Trittbrettfahren**. Ein einzelnes Mitglied entscheidet sich bewusst dafür, seine Arbeitsleistung zu reduzieren.

Ein weiteres Problem, das sich durch soziale oder gruppendynamische Entwicklungen im Prozess ergeben kann, ist die Leistungsverminderung durch **Bewertungsangst**. Teilnehmer haben Angst davor, Ideen zu nennen, da sie beispielsweise eine schlechte Bewertung durch andere Teilnehmer befürchten oder auch ein zu starker Fokus auf die Qualität der Ideen gerichtet wird (Witte und Kahl 2009). Klare Regeln und Normen, ein respektvoller Umgang und hierarchielose Strukturen können dabei helfen, dies zu vermeiden.

Weiterhin kann es im Prozess zu einer **negativen Leistungsanpassung** kommen. Verlieren einzelne Teammitglieder ihre Motivation oder befinden sie sich in einem Tief, so können diese das gesamte Team anstecken, und deren Produktivität sinkt. Auch wenn nur ein einzelnes Teammitglied sich dafür entscheidet, seine Arbeitsleistung zu minimieren, kann sich dies auf das gesamte Team auswirken. Zu beobachten ist jedoch, dass bei einem starken Zusammenhalt im Team und einem großen Teamgeist eine einzelne Person nur schwer die gesamte Gruppe zu einer negativen Leistungsanpassung bringt. Es stellt aber durchaus einen Störfaktor innerhalb des Teams dar, der die Motivation und den Zusammenhalt negativ beeinflussen kann.

### 2.2.3.2   Beeinflussung der Informationsverarbeitung durch Gruppendenken

**Gruppendenken** oder „Groupthink" ist ein Denkmodus, in den Menschen verfallen, wenn sie Mitglieder einer hoch kohäsiven Gruppe sind und das Bemühen der Mitglieder um Übereinstimmung schwerer wiegt als ihre Motivation, alternative Wege realistisch zu bewerten (Janis 1972, in Nerdinger et al. 2008). Menschen in Gruppen haben grundsätzlich das **Bedürfnis nach Kohäsion** (Witte und Kahl 2009) und möchten einen Zusammenhalt innerhalb der Gruppe und das Wir-Gefühl nicht gefährden. Bei einzelnen Personen ist dieses Bedürfnis stärker ausgeprägt als bei anderen. Ihnen ist der innere Zusammenhalt des Teams so wichtig, dass sie nicht auf der eigenen Meinung beharren und damit etwaige Diskussionen und Reibungen in der Gruppe vermeiden. Durch dieses Bedürfnis nach Kohäsion kommt es zu voreiligen Entscheidungen – und das Potenzial eines Design-Thinking-Prozesses kann nicht voll ausgeschöpft werden. Auch das **Bedürfnis** von Menschen, **möglichst bald eine endgültige Antwort auf eine Problemstellung zu finden,** kann dazu führen, dass Entscheidungen übereilt getroffen werden.

Da die Teams im Prozess weitgehend selbstgesteuert arbeiten, ist es für Coaches wichtig, in solchen kritischen Situationen einzugreifen und das Team zum Hinterfragen der getroffenen Entscheidungen zu bewegen. Außerdem soll das Team dazu motiviert werden, mehrere Alternativen zuzulassen und sich nicht gleich auf eine Lösung festzulegen.

### 2.2.4   Design-Thinking-Teams

Das Ziel und die gemeinsame Aufgabe von Design-Thinking-Teams ist die Lösung von komplexen Problemen, um neue und innovative Lösungen zu schaffen. Doch es reicht nicht aus, eine Gruppe an Menschen einfach zusammenzubringen und sie einen Design-Thinking-Prozess durchlaufen zu lassen. Die diversen angesprochenen Herausforderungen und Probleme müssen beachtet werden, und ihnen muss von Beginn an mit gezielten Aktivitäten, Maßnahmen und Steuerungen entgegengewirkt werden. Im Folgenden werden einige Aspekte zusammengefasst, wie Design-Thinking-Teams optimalerweise aussehen sollten und welche Maßnahmen gesetzt werden können, um diversen Problemen und Herausforderungen entgegenzutreten.

---

**Welche Eigenschaften sollten Design-Thinking-Teams optimalerweise haben?**
- Diversität hinsichtlich sichtbarer und unsichtbarer Merkmale
- Gemeinsame Werte und Normen
- Hierarchielose Struktur
- Klare Rollen- und Aufgabenverteilung
- Fähigkeit zur Reflexion in der Gruppe
- Steuerung durch externen Coach
- Spaß und informeller Austausch

---

**Diversität hinsichtlich sichtbarer und unsichtbarer Merkmale**

Design-Thinking-Teams sollten in sich möglichst divers sein. Diese Diversität kann sich auf Geschlecht, Alter, Nationalität, sollte sich jedoch vor allem auf Interdisziplinarität und Persönlichkeitseigenschaften beziehen. Je diverser der fachliche Hintergrund, desto ganzheitlicher kann sowohl das Problem als auch die Lösung betrachtet werden. Durch die Diversität in Persönlichkeitseigenschaften können fördernde Eigenschaften untereinander ergänzt werden.

**Gemeinsame Werte und Normen**

Die Stärke und der Zusammenhalt von Teams werden durch Gemeinsamkeiten gefördert. Daher ist das Schaffen einer gemeinsamen Werte- und Normenbasis von großer Bedeutung für den Beginn eines jeden Projektes. Denn dadurch herrscht Klarheit bei allen Mitgliedern über den gemeinsamen Umgang miteinander.

**Hierarchielose Struktur**

Hierarchie in sozialen Strukturen führt zu einer Machtverteilung auf einzelne Personen und zu einer Unterordnung aller übrigen. Durch eine solche Unterordnung kann es zu sozialer Angst bzw. Bewertungsangst kommen, und einzelne Personen scheuen sich eventuell davor, Aussagen im Team zu hinterfragen, die von ranghöheren Personen gemacht wurden. Dadurch gehen wertvolle Ansichten verloren und das Potenzial von diversen Teams wird vermindert. Es ist daher wichtig, zu Beginn eines Prozesses klarzustellen, dass das Team eine hierarchielose Struktur übernimmt und dies auch direkt durch eine informelle Anrede untereinander symbolisch verstärkt.

**Klare Rollen- und Aufgabenverteilung**

Eine klare Rollen- und Aufgabenverteilung innerhalb des Teams und des Prozesses hilft dabei, sozialen Phänomenen, wie beispielsweise dem Trittbrettfahren, vorzubeugen. Außerdem können sich Teammitglieder durch eine klare Rolle und klare Aufgaben stärker als Teil des Teams identifizieren, und sie wissen, welchen Beitrag sie leisten und welche Erwartungen an sie gestellt werden.

**Reflexion in der Gruppe**

Gruppendynamische Prozesse erzeugen Konflikte und kritische Situationen, denen man zuvor noch nicht ausgesetzt war. Aus diesen Situationen kann das Team einerseits durch Meistern dieser Konflikte gestärkt hervorgehen und andererseits lernen. Diese beiden Effekte können wesentlich durch eine Reflexion innerhalb der Gruppe verstärkt werden. Durch ein Gespräch im Team über das Erlebte, die diversen Verhaltensweisen und auch die Wahrnehmungen dieses Verhaltens kann ein Verständnis untereinander geschaffen und aus Konflikten gelernt werden. Die regelmäßige Reflexion nach einzelnen Phasen im Prozess ist daher unbedingt zu empfehlen.

**Steuerung durch externen Coach**

Teams können im Laufe des Prozesses in ein Gruppendenken verfallen und – besonders bei Gruppenmitgliedern, die ein stark ausgeprägtes Bedürfnis nach Kohäsion haben – frühzeitig Entscheidungen treffen. Diese frühzeitigen Entscheidungen bringen jedoch gleichzeitig die Konsequenz mit sich, dass alle alternativen Ideen oder Lösungen verworfen werden. Da es in einem Design-Thinking- Prozess jedoch wichtig ist, integrativ zu denken und das Potenzial mehrerer Lösungen oder im Konflikt stehender Alternativen zu erkennen, sollte bei frühzeitigen Entscheidungen ein Coach in den Prozess eingreifen und die Gruppe ein wenig steuern. Der Coach sollte das Team nicht nur dazu ermuntern, die Entscheidung nochmals zu reflektieren, sondern auch dazu motivieren, die verworfenen Ideen nochmals in Zusammenhang mit der gewählten Lösung zu bringen. Dadurch können noch bessere und originellere Lösungen entstehen.

**Spaß und informeller Austausch**

Auch der Spaß sollte bei einer gemeinsamen Zusammenarbeit nicht vergessen werden. Ein informelles Gespräch in den Pausen oder ein gemeinsames Abendessen stärken den Teamgeist und lassen eventuell bei dem einen oder anderen Späßchen neue Ideen erwachen.

## 2.3   Design Thinking im Netzwerk verankern

### 2.3.1   Innovation findet in Netzwerken statt

> No firm can innovate or survive without a network. (DeBresson und Amesse 1991)

Über das Wesen der Innovation und darüber, wie Innovation in Prozessen organisiert werden kann, wurde schon aus unzähligen Perspektiven und durch den Beitrag verschiedenster Disziplinen diskutiert. Es gibt eine Vielzahl von Innovationsprozessmodellen, die beschreiben, welche Schritte zur Umsetzung einer erfolgreichen Innovation notwendig sind (Dubberly 2004; Rothwell 1994). Der klassische, in der unternehmerischen Praxis etablierte Innovationsprozess ist meist immer noch ein sequenzieller Prozess, in dem verschiedene Phasen aufeinanderfolgend abgearbeitet werden, um am Ende eine erfolgreiche, am Markt eingeführte Innovation zu erhalten (siehe Abb. 2.9).

Allen voran ist in diesem Zusammenhang die Arbeit von Cooper und Kleinschmidt zu nennen, die sich intensiv mit Innovationsprozessen und ihren Erfolgskriterien auseinandergesetzt haben. Der sogenannte Stage-Gate-Prozess, ein generisches Innovationsprozess-Modell (siehe Abb. 2.10), hat dabei in der Theorie und Praxis gleichermaßen große Akzeptanz gefunden. Der Stage-Gate-Prozess ist vor allem auch deshalb bei Praktikern so beliebt, weil er ein schrittweises Vorgehen von der Idee bis zur Markteinführung vorgibt. Der Ansatz sieht für jeden Schritt im Prozess konkrete Aktivitäten, eine integrierte Analyse und vorgegebene Ergebnisse vor und schließt jeden der Schritte mit einem ‚Gate' ab, in dem eine Stop-or-Go-Entscheidung getroffen wird. Durch die klaren Anweisungen erhalten Unternehmen eine Schablone, die sie für ihre Innovationsprojekte schrittweise übertragen können (Cooper 2008).

Einem tayloristischen Weltbild folgend und somit auch dem Aufbau der meisten Organisationen, sind sequenzielle, lineare Innovationsprozesse auch perfekt an die vorherrschende Unternehmenslandschaft angepasst und leicht in bestehende Prozesse zu integrieren.

• Was aber, wenn die Schritte im Innovationsprozess nicht mehr planbar sind?
• Wenn Start und Ende des Prozesses nicht mehr klar ausnehmbar sind und es zu einer sogenannten Co-Evolution von Problem und Lösung kommt? (Dorst 2003)
• Was, wenn nicht mehr klar ist, welche Phasen aufeinanderfolgen, wer die Akteure sind, und viele verschiedene Partizipienten im Kreativprozess teilnehmen?

**Abb. 2.9** Generischer Innovationsprozess (Quelle: eigene Darstellung in Anlehnung an Tidd/Bessant 2009)

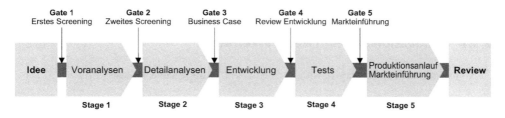

**Abb. 2.10** Stage-Gate-Prozess (Quelle: eigene Darstellung in Anlehnung an Kleinschmidt et al. 1996)

Die heutige Situation vieler Unternehmen zeigt, dass aufgrund turbulenter Umfeldbedingungen und unvorhersehbarer Veränderungen Innovationsprozesse oft gar nicht mehr linear verlaufen können. Prozesse müssen agil sein und sich schnell anpassen können. Zudem führt die verschärfte Wettbewerbssituation oft dazu, dass Forschungsbudgets gekürzt und die Zeit für Spielereien und unorthodoxe Ideen fehlt. Diese Situation stellt insbesondere das mittlere Management vor große Herausforderungen. Zum einen ist der Marktdruck groß und die Erfüllung der Vertriebszahlen oft nicht einfach, zum anderen werden die Ressourcen zur Entwicklung von neuen Marktschlagern sukzessive gekürzt. In dieser schwierigen Situation bleibt oft keine andere Wahl, als sich mit anderen Unternehmen zusammenzuschließen und so trotzdem schnell mit exzellenten und zukunftsträchtigen Lösungen auf den Markt zu kommen. In einer hart umkämpften Marktsituation wird also unser Überlebenstrieb geweckt, und wir sind bereit für Zusammenschlüsse, die unser Überleben sichern (Inauen und Schenker-Wicki 2011, S. 1)

Die Art und Weise, wie innoviert wird, verändert sich demnach wesentlich. Innovationsprozesse verlaufen nicht mehr linear, es zeigt sich, dass Netzwerke die bessere Organisationsform für die Entwicklung neuer Lösungen sind. Insbesondere gibt es einen großen Anstieg in der Verwendung externer Netzwerke, dies unabhängig von der Unternehmensgröße (Hagedoorn 2002). In einem neuen Verständnis von Innovation wird sie als Aktivität gesehen, bei der verschiedene Akteure in zahlreichen Interaktionen zu einer Lösung gelangen (Doloreux 2004).

Interne und externe Vernetzung von Organisationen steigen an – und Wertschöpfung wird immer mehr in so bezeichneten Value Networks erbracht. Das Innovationsnetzwerk stellt die zeitgemäße Organisationsform für Innovationsprojekte dar und ist eine Weiterentwicklung des klassischen Prozessmodells (siehe Abb. 2.11).

### 2.3.1.1 Gründe für Innovation in Netzwerken

- Die Komplexität von F&E-Herausforderungen nimmt zu, neue Entwicklungsanforderungen können entweder mangels finanzieller Ressourcen oder aufgrund fehlender Kompetenzen nicht alleine gemeistert werden (Tushman 2004).
- Neue Produkte und ihre Komponenten sind oft auch komplex, sie haben viele Anforderungen in einem diversifizierten Marktumfeld zu befriedigen. Modulare Lösungen und Variantenvielfalt fordern oft viele spezialisierte Fähigkeiten, die nicht mehr von einem Anbieter abgebildet werden können (Pyka und Küppers 2002).
- Die Technologieintensität bzw. der hohe technische Anspruch an neue Lösungen resultiert oft in längeren Entwicklungszeiten und höheren Entwicklungskosten. Langfristigere Entwicklungsprojekte, mit dem Ziel, radikale Innovationen voranzutreiben, können oft nur noch in Partnerschaften realisiert werden.
- Die Dynamik der Märkte steigt, und damit verkürzt sich die Zeit, die Unternehmen haben, um neue Innovationen auf den Markt zu bringen. Wenn die Entwicklungszeit und somit die Time-to-Market, also die Zeit bis zur Markteinführung,

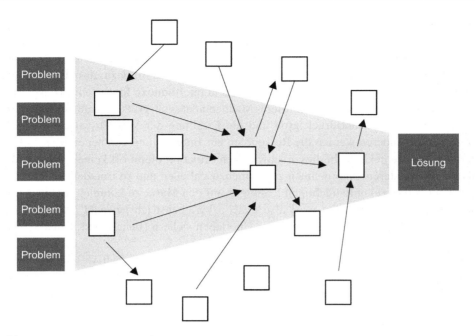

**Abb. 2.11** Netzwerk-Modell (Quelle: eigene Darstellung)

reduziert werden soll, so zwingt dies inbesondere kleine und mittlere Unternehmen in Kooperationsbeziehungen.

- Kürzere Produktlebenszyklen erhöhen die Taktzahl, in der Unternehmen neue Produkte und Services auf den Markt bringen müssen. Dazu kommt, dass die Zeit, die zur Amortisation der Produkte und zum Abschöpfen von Gewinnen bleibt, immer begrenzter wird. Dieses Tempo können Unternehmen oft nicht mehr bewältigen. Statt die Lerneffekte zu nutzen und die Entwicklung im Haus allein zu bewerkstelligen, bietet sich das Nutzen von Synergien mit komplementären Unternehmen im Netzwerk an.

- Der Trend von Produkten hin zu Gesamtlösungen, die dem Kunden angeboten werden, verändert auch die Anforderungen an die Produktkonzeption. Oft braucht es modulare und integrierte Lösungen, die in einem System und verwoben mit Servicepaketen angeboten werden. Dies funktioniert meist am besten durch die Kombination verschiedener Anbieter (Brusoni et al. 2001).

Es gibt also zahlreiche Gründe, die Unternehmen dazu motivieren oder sie dazu drängen, sich in Innovationskooperationen zu begeben. Dazu kommt, dass reduzierte Entwicklungskosten, verringertes Risiko und Zugang zu neuem, spezialisierten Wissen zusätzlich zu Innovation in Netzwerken motivieren.

**Warum aber scheuen trotzdem noch viele Unternehmen die Zusammenarbeit in Netzwerken und mit externen Partnern?**

Innovationsnetzwerke funktionieren oft nicht so, wie sich die Partner dies zu Beginn gewünscht haben. Die Gründe dafür sind mannigfaltig. Entweder fehlt es den Partnern an Netzwerkkompetenz, die Zielsetzungen sind nicht klar definiert, die Erwartungshaltungen sind unterschiedlich oder die Innovation scheitert einfach, weil sich die Idee als nicht tragfähig herausstellt – eine nicht wünschenswerte, aber doch durchaus normale Entwicklung im Innovationsprojekt. Diese Aspekte führen oft dazu, dass Innovationsnetzwerke häufig als Ressourcenvernichter gesehen werden. Weitere Gründe für ein Scheitern sind: zu wenig Informationsaustausch, Kontrollverlust und das Problem, dass keiner den Prozess mehr überblickt, sowie unterschiedliche Ziele und Konflikte, die dadurch auftreten (Tidd et al. 2001).

### 2.3.1.2   Was versteht man unter Innovationsnetzwerken?

Für die Umsetzung von Innovationen in Netzwerken ist es demnach wichtig zu verstehen, was die Besonderheiten von Netzwerken im Vergleich zu klassischen Innovationsprozessen sind und welche Faktoren berücksichtigt werden müssen, um Innovationsnetzwerke erfolgreich zu steuern. Dafür braucht es in einem ersten Schritt ein klares Verständnis für das Wesen von Innovationsnetzwerken.

Fischer (2006) definiert **Innovationsnetzwerke** wie folgt:

> Innovationsnetzwerke sind temporäre, gezielt eingerichtete, organisationsübergreifende Formen der Zusammenarbeit, in denen drei oder mehrere rechtlich selbstständige Organisationen in einem oder mehreren Schritten des Innovationszyklus kooperieren und damit auf die gemeinsame Entwicklung und/oder Verbreitung von Innovationen abzielen.

Netzwerke stellen eine neue Form der Zusammenarbeit für Innovation dar und sind dann erfolgreich, wenn der Austausch von Wissen, Ressourcen und Informationen im Netzwerk optimal ist und Lerneffekte eintreten, die durch Perspektivenvielfalt und die Beiträge verschiedenster Disziplinen ermöglicht werden.

Externe Kooperationen mit Innovationspartnern sind dabei ein moderner Ansatz für die Steigerung der Innovationsfähigkeit. Durch eine bewusste und gesteuerte Öffnung des Innovationsprozesses können wichtige Impulse erlangt und neues Wissen eingebunden werden (Chesbrough 2006, S. 43f.) Es ist also unumstritten, dass Unternehmen, die den Mut haben, neue Dinge auszuprobieren, sich vom Wettbewerb differenzieren. DeBresson und Amesse formulieren dies wie folgt:

> No firm can innovate or survive without a network. (DeBresson und Amesse 1991, S. 369)

Interorganisationale und sektorübergreifende Netzwerke, die Informationsaustausch fördern, auf Vertrauen aufbauen sowie gemeinsam Innovationen entwickeln und wirtschaftlich nutzbar machen, haben sich deshalb als wesentliche Strategie für Innovationen etabliert (Dervick und Miozzo 2004).

Innovationsnetzwerke werden oft von starken Netzwerkpartnern geführt. Hinterhuber (2002) bezeichnet diese als Orchestratoren und schreibt ihnen eine zentrale Rolle im Netzwerk zu. Sie sind in der Regel auch die Innovationsführer in ihrer Branche.

Wie innovativ ein Unternehmen ist, hängt also heute nicht mehr nur davon ab, wie gut ein Unternehmen seine Fähigkeiten im Haus für Innovation nutzen kann, sondern auch davon, wie gut das Unternehmen es schafft, auf externes Wissen zuzugreifen und dieses zu verarbeiten. Es braucht also für Innovationsnetzwerke auch die Fähigkeit, externes Wissen gut in die Organisation aufzunehmen und zu verwerten (Cohen und Levinthal 1990).

## 2.3.2  Was Innovationsnetzwerke erfolgreich macht

Wie es für die Umsetzung von Innovationen allgemein eine Reihe von Faktoren gibt, die bewiesenermaßen den Erfolg steigern, sind in Bezug auf Innovationsnetzwerke einige Erfolgsfaktoren zu nennen, die unbedingt berücksichtigt werden sollten. Die folgende Übersicht stellt das Ergebnis einer umfassenden Metaanalyse dar und fasst die wesentlichen Parameter zusammen (siehe Abb. 2.12).

1. *Netzwerkfähigkeit*
   Der Aufbau und das Betreiben von Innovationsnetzwerken verlangen von allen teilnehmenden Partnern Kooperationskompetenz und das Verständnis, wie langfristige Zusammenarbeit unternehmensintern und übergreifend funktioniert. Netzwerkfähige Unternehmen und Akteure erkennt man daran, dass sie für eine symmetrische Machtverteilung sorgen, auf Augenhöhe kommunizieren und die Beziehungspflege mit den Netzwerkpartnern bewusst fördern (Schiele 2012, S. 44). Bei der Zusammenstellung von Netzwerkpartnern ist darauf zu achten, dass alle Beteiligten Netzwerkfähigkeit mitbringen oder zumindest bereit sind, sie zu entwickeln. Der wesentliche Faktor ist

| Netzwerkfähigkeit | Soziale Kompetenz und Empathie | Strategisches Verständnis und Anbindung |
|---|---|---|
| Unterstützende Kultur und organisatorischer Rahmen | **Erfolgsfaktoren in Innovationsnetzwerken** | Angepasstes Führungsverhalten |
| Informelle Kommunikation und Interaktion | Lernorientierung und Kompetenzaufbau | Ressourcenbereitstellung |

**Abb. 2.12** Erfolgsfaktoren in Innovationsnetzwerken (Quelle: eigene Darstellung)

laut zahlreicher Studien die Bereitschaft, sich langfristig und intensiv zu binden. Innovationen verlangen in der Regel offene Kommunikation über sensible Daten – dies wird nur möglich sein, wenn alle Beteiligten sich als Partner auf Augenhöhe betrachten. Zur Netzwerkfähigkeit gehört auch, Beziehungen aufzubauen und sie langfristig bestehen zu lassen. Dies setzt Eigeninitiative, eine Sensibilität für die Bedürfnisse anderer und die Bereitschaft zum Aufbauen starker Beziehungen voraus. Studien aus der Innovationstheorie bestätigen, dass es einen Zusammenhang zwischen der kontinuierlichen Beziehungsentwicklung und dem Innovationserfolg gibt (Fischer 2006, S. 59f.)

2. *Soziale Kompetenz und Empathie*
   Der Faktor Mensch und die damit verbundene Kooperationsbeziehung ist ein zentraler Erfolgsfaktor in Innovationsnetzwerken. Das Vertrauen ermöglicht es, Beziehungen zu intensivieren, und begünstigt den Austausch von Ressourcen. Das Gelingen von Innovationsnetzwerken erfordert ein tiefes Verständnis für die Bedürfnisse des Netzwerkpartners (Zunk et al. 2013, S. 3) Damit technische Entwicklungen gemeinsam in marktfähige Innovationen umgewandelt werden können, braucht es Eigenschaften wie Kommunikationsfähigkeit, Konfliktmanagement, die Fähigkeit, sich in andere hineinzufühlen, emotionale Stabilität, Gerechtigkeitssinn oder Selbstreflexion. Sie fördern einen konfliktarmen und reibungslosen Austausch zwischen den Partnern im Innovationsprojekt (Ritter und Gmünden 2003, S. 748). Insbesondere in den frühen Phasen sollte besonders auf das Vertrauensverhältnis zum potenziellen Netzwerkpartner geachtet werden.

3. *Strategisches Verständnis und Anbindung*
   Noch mehr als bei herkömmlichen Unternehmensprojekten sollte in Innovationsnetzwerken auf klare strategische Zielsetzungen und einen Auftrag, der sich aus der Unternehmensstrategie ableitet, geachtet werden (Ili 2012). Dieser Fit stellt sicher, dass auch das Topmanagement Interesse und Unterstützung für das Projekt zeigt (Primo und Amundson 2002, S. 36). Je klarer also für alle Beteiligten ist, welchen Nutzen das Projekt für das Gesamtunternehmen stiften kann, desto höher die Erfolgswahrscheinlichkeit. Da die intrinsische Motivation der Akteure eine bedeutende Rolle spielt, ist darauf zu achten, dass alle Mitwirkenden wissen, wofür sie sich hier engagieren, und Anerkennung für ihre Tätigkeit erhalten. Am stärksten ist das Engagement der Projektteams dann, wenn sie zwar einen klaren strategischen Auftrag erhalten, innerhalb dieses Korridors aber die Möglichkeit erkennen, eigene Ideen oder Ansätze einzubringen (Meyer 2011, S. 149).

4. *Angepasstes Führungsverhalten*
   Innovation passiert in vernetzten Strukturen, und es tragen unterschiedliche Akteure zur Entwicklung der Innovation bei. Dies verlangt auch, dass es ein Führungssystem gibt, das diese Netzwerke orchestriert und dafür sorgt, dass die Netzwerke bestimmten Zielen folgen und auch bestimmte Regeln einhalten. Wichtig ist dabei zu wissen, dass das Führen von Innovationsnetzwerken sich wesentlich von dem Führen hierarchisch organisierter Systeme unterscheidet. Hierarchien spielen in Netzwerken eine nachrangige Rolle, Macht taugt nicht als Führungsinstrument, da die Akteure meist nicht in

disziplinären Beziehungen stehen. Somit braucht es andere Modelle, die dafür sorgen, dass jeder Partner im Netzwerk seine eigene Motivation zur Mitarbeit findet. Neben der intrinsischen Motivation und der Möglichkeit, sich mit seinen eigenen Ideen und Zugängen erfolgswirksam einzusetzen, spielt ein klar erkennbarer Kundennutzen als Treiber eine wesentliche Rolle. Glauben alle Akteure daran, mit dem Innovationsobjekt einen wirklich wesentlichen Mehrwert für den Kunden schaffen zu können, dann ist von einer starken Erfolgswirkung auszugehen. Ob dieser Nutzenfaktor durch das Produkt, die so- genannte „Product Superiority", wirklich vorhanden ist, sollte auch immer wieder überprüft werden (Cooper 1994, S. 61).

5. *Ressourcenbereitstellung*

Innovationsnetzwerke benötigen Ressourceneinsatz. So trivial diese Forderung klingen mag, viele erfolgreiche Innovationen müssen in ihren frühen Phasen ohne definierte Finanzmittel auskommen und leben von der Bereitschaft ihrer Erfinder, sich über Gebühr zu engagieren. Möchte man Innovation als Unternehmen ernsthaft und erfolgswirksam betreiben, so ist es unverzichtbar, Budgets für Projektkosten, Anbahnungskosten und Entwicklungskosten zur Verfügung zu stellen. Abhängig vom jeweiligen Projekt, vom Neuheitsgrad oder der Intensität der Kooperation im Innovationsnetzwerk werden unterschiedliche Kosten anfallen. Oft ist auch die Ressource Mensch der kritische Faktor, und so wird den Mitarbeitern und deren Ausstattung mit finanziellen Mitteln die meiste Relevanz zugesprochen. Dies ist auch nicht weiter verwunderlich, da die Kompetenzen der Mitarbeiter letztlich die Fähigkeiten des Unternehmens widerspiegeln und Mitarbeiter, die gestalterische und innovative Leistungen vollbringen können, schwer zu kopieren bzw. zu ersetzen sind (Milberg und Schuh 2002, S. 6). Das Aufbringen von Ressourcen für risikoträchtige Innovationsprojekte ist oft eine der zentralen Herausforderungen und häufiges Hindernis für Innovationen. Gerade in Netzwerkstrukturen liegt die Chance darin, Ressourcen nicht allein bereitstellen zu müssen und sich adäquate Partner ins Boot zu holen, die sowohl die finanzielle Belastung minimieren als auch Know-how – und damit die Ressource Wissen – einbringen und Entwicklungszeiten beschleunigen können.

6. *Lernorientierung und Kompetenzaufbau*

Lernen als gegenseitiger Nutzen der Partner am Innovationsprojekt ist eine zentrale Triebfeder in Innovationsnetzwerken. In offenen Innovationsbeziehungen steht der Austausch von Wissen im Vordergrund und muss immer wieder möglich gemacht werden. Die Grundvoraussetzung für die Lernorientierung einer Organisation ist die Fähigkeit, externes Wissen wie ein Schwamm aufzusaugen, zu reflektieren und im Unternehmen brauchbar zu machen. Diese Fähigkeit bezeichnen Cohen und Levinthal (1990) als „Absorptive Capacity":

Absorptive Capacity, the ability of a firm to recognize the value of new, external information, assimilate it, and apply it to commercial ends is critical to its innovative capabilities.

Diese wird umso höher, je besser die Wissensbasis in der gegebenen Organisation ist. Um externes Wissen also gut aufnehmen zu können, braucht es ein hohes Maß an Fachwissen und eine klare Fokussierung auf Kernbereiche im Unternehmen. Die Netzwerkpartner, die stark auf ihre Kernprozesse fokussiert sind und fachliche Exzellenz besitzen, können besser als andere Unternehmen neues Wissen aufnehmen, auf ihre Anforderungen hin prüfen und gegebenenfalls anwenden. Wer im Gegensatz dazu über kein oder wenig Fachwissen verfügt, ist auch nicht in der Lage, das Problem hinsichtlich seiner Anforderungen oder Möglichkeiten zu verstehen. Somit ist es wichtig, Partner zu suchen, die einen ähnlichen Zugang zum Lernen haben und eine klare Fachwissensbasis besitzen (Ritter und Gmünden 2003, S. 748). Ein wichtiger Nebenaspekt in Innovationsnetzwerken ist, sich Gedanken über die Verwendung und den Schutz gemeinsam entwickelten „geistigen Eigentums" zu machen. Dieses ist zu schützen und die Verwendung vertraglich festzulegen.

7. *Informelle Kommunikation und Interaktion*
Kommunikation ist die Fähigkeit, Wissen zwischen Netzwerkpartnern zu teilen. Ein erfolgreiches Innovationsnetzwerk sammelt nicht nur Informationen, indem es Kundenfeedback einholt, sondern versorgt die Teilnehmer kontinuierlich mit Informationen und kommuniziert aktuelle Fortschritte (Ili 2012). Insbesondere der Austausch von Tacit Knowledge, also von implizitem und schwer dokumentierbarem Wissen, ist für Innovationsaufgaben von besonderem Wert. Der Austausch von Erfahrungswissen, Hintergrundinformationen, Motiven und tief greifenden Erklärungen erfolgt am besten in informellen Gesprächen. Dafür braucht es Zeit und Räume, in denen vertrauensvolle Interaktion möglich ist.

8. *Unterstützende Kultur und organisatorischer Rahmen*
Ein Fall aus der niederländischen Bauindustrie zeigt, dass Innovationsnetzwerke und kooperative Innovationsprojekte dann am besten funktionieren, wenn Offenheit und Transparenz zwischen den Partnern vorherrschen. Gegenseitiges Vertrauen bildet die Grundlage für einen offenen Informationsaustausch, der wiederum Voraussetzung für einen gegenseitigen Lernprozess ist. Wenn das Innovationsprojekt für die Unternehmen ein strategisch wichtiges Vorhaben betrifft, so bietet sich eine zusätzliche formale Regelung der Kooperation in Form eines Standard-Kooperationsvertrages an (Bosch-Sijtsema und Postma 2009).

Langfristig werden Innovationsnetzwerke nur dann bestehen, wenn sich die Unternehmen im Rahmen der Kooperation gemeinsam weiterentwickeln und voneinander lernen können.

Folgende Merkmale definieren, ob ein Lernprozess in Netzwerken stattfinden kann: siehe Tab. 2.1.

## 2.3.3  Design Thinking = Netzwerke für neue Lösungen

Für die Umsetzung von designorientieren Problemlösungen eignen sich Netzwerkstrukturen hervorragend. Der meist linear dargestellte Design-Thinking-Prozess verläuft in der

**Tab. 2.1** Einflussfaktoren auf Lernprozesse in Netzwerken (Quelle: vgl. Tidd et al. (2001) und Hamel (1991))

| | |
|---|---|
| **Wettbewerbsverhält-nis** der Partner | Wenn Wettbewerber in Netzwerken kooperieren, so ist es wichtig, die verbindenden Kräfte und das gemeinsame Ziel in den Vordergrund zu rücken und die konkurrierenden Kräfte zurückzustellen. |
| **Strategische Relevanz** des Vorhabens | Die strategische Relevanz des Themas sollte bei allen Netzwerkpartnern hoch sein. Gut funktionieren Lernprozesse dann, wenn in einem Zukunftsthema gemeinsam Wissen aufgebaut wird und Chancen abgewogen werden. Problematisch ist das Bearbeiten operativer Aufgaben zu sehen. |
| **Soziale** Umfeldbedingungen | In unternehmensübergreifenden Netzwerken prallen unterschiedliche Kulturen aufeinander, und die Sprache wird oft zum Hindernis in der Kommunikation – insbesondere zu Beginn. Um voneinander profitieren zu können, braucht es eine gute Ebene der gemeinsamen Verständigung und ein Offenlegen der Werte, welche die Arbeit beeinflussen. |
| **Offenheit** des Netzwerks | Die Zusammenarbeit in Innovationsnetzwerken lebt von gegenseitigem Vertrauen und wertschätzendem Informationsaustausch. Dies bedeutet auch, dass der Kreis der aktiven Partner eine gewisse Exklusivität und Geschlossenheit braucht. Um über längere Zeit hinweg jedoch nicht an Mangel an Inspiration und neuen Impulsen zu leiden, sollte immer auch wieder überlegt werden, ob die Aufnahme neuer Partner sinnvoll wäre, damit eine gewisse Offenheit bewahrt bleibt. |
| **Ressourcen** ausstattung | Innovationsnetzwerke funktionieren dann am besten, wenn Ressourcen für die unbedingt notwendigen Aufgaben zur Verfügung stehen, jedoch nicht im Überfluss. Knappe Ressourcenausstattung fördert kreative Lösungen, Überfluss sorgt nicht unbedingt für Lernprozesse in Netzwerken. |
| Vertrauen in die **eigenen Fähigkeiten** | Die Netzwerkpartner sollten ein gutes Verständnis für die eigenen Fähigkeiten, aber auch Wissensdefizite haben. Die realistische Einschätzung und Reflexion der eigenen und der Fähigkeiten der Netzwerkpartner sorgen für eine optimale gegenseitige Befruchtung mit neuen Ideen. |
| Vorhandene **Wissenslücke** | Die Herausforderung im Innovationsprojekt und die Wissenslücke, die zu überbrücken ist, sollten nicht zu groß sein. Ist die Bewältigung der Aufgabe für alle Netzwerkpartner überfordernd, so sinkt die Erfolgswahrscheinlichkeit für gemeinsame Lernprozesse. |
| Lernende **Organisation** | Sind Lernen und Weiterentwicklung in den Organisationen in Struktur und Prozessen verankert, so fällt es den Netzwerkpartnern leichter, das neu erworbene bzw. entwickelte Wissen für den eigenen Anwendungskontext zu interpretieren und nutzbar zu machen. Das Wissen muss von der Einzelperson auf die Organisation übertragen und dort verankert werden. |
| Form des **Wissensaustauschs** | Der Wissenstransfer in Innovationsnetzwerken passiert vorwiegend implizit und durch informelle Kommunikationsprozesse. Statt auf faktisches, explizites Wissen zu setzen, sollte der Erfahrungsaustausch unter den Netzwerkpartnern gefördert werden. |

Quelle: Vgl. Tidd et al. (2001) und Hamel (1991)

konkreten Umsetzung nie linear und lebt von der Vernetzung, die unter den einzelnen
Phasen, aber auch den Aufgaben im Projekt gegeben ist. Iteration, ein Netzwerk aus vielen
Akteuren, regelmäßige Feedbackschleifen und Offenheit im gesamten Problemlösungsprozess sind Charakteristika des Design- Thinking-Ansatzes, die zeigen, dass ein Netzwerk die beste Organisationsform darstellt.

1. *Netzwerk aus möglichst diversen Akteuren*

   Betrachtet man den Design-Thinking-Prozess, der oft als sequenzieller Prozess mit den
   Phasen Understand – Empathize – Define – Ideate – Prototype –Test dargestellt wird,
   so könnte man davon ausgehen, dass es sich hier um ein Modell handelt, das schrittweise von Beginn bis Ende abgearbeitet wird. Wer sich aber intensiver mit dem Wesen
   von Kreativprozessen und deren Funktionsweise auseinandersetzt, erkennt schnell,
   dass Designprozesse nie lineare Prozesse sind und von Merkmalen geprägt werden, die
   dem Netzwerkansatz entsprechen.

   Zum einen entstehen Innovationen in vielen Fällen in Projekten, die von verschiedenen Akteuren aus unterschiedlichen Bereichen bearbeitet werden. Auf dem
   Weg von der Markt- und Bedarfsstudie, der technischen Entwicklung bis zum Pro-
   duktionsanlauf und der Markteinführung sind es viele Akteure, die ihren Beitrag
   leisten. Dabei sind in der Regel nicht nur Mitarbeiter aus einem Unternehmensbereich, wie beispielsweise der F&E, sondern auch unterschiedlichste Abteilungen des
   Unternehmens involviert. In vielen Fällen reichen Innovationsprojekte auch über die
   Unternehmensgrenzen hinaus, und so sind oft auch Lieferanten, Mitbewerber, mit
   denen man in sogenannten coopetitiven Beziehungen gemeinsam Entwicklungen
   treibt, oder auch Forschungspartner integriert. Darüber hinaus bietet sich in vielen
   Bereichen auch die Integration von Kunden und Vertriebspartnern an. Innovationsprozesse sind in der Regel also vernetzte Prozesse, die viele verschiedene Akteure
   einbinden, die normalerweise nicht in klaren hierarchischen Beziehungen stehen und
   auch unterschiedliche Interessen und Motive bei ihrer Mitarbeit am Projekt haben.
   Diese Situation – also Innovationen nicht im Alleingang, sondern als Kooperations-
   netzwerk zu realisieren – wird unter intensiveren Wettbewerbsbedingungen und bei
   stärkerem Innovationsdruck sicher öfter als in wachstumsintensiven Wirtschaftsum-
   feldern auftreten.

   Diese Situation stellt auch die Akteure in Innovationsnetzwerken vor völlig neue
   Herausforderungen. Wer sich also als Partner in einem Innovationsprojekt integrieren
   und an der Entwicklung neuer Lösungen teilhaben möchte, braucht zusätzlich zu den
   individuellen und gruppenspezifischen Kompetenzen auch noch die Fähigkeit, sich in
   Netzwerken einzubinden und seinen Beitrag zu leisten.

2. *Iteration*

   Designprozesse sind nicht nur aus der Perspektive der beteiligten Akteure als Netzwerke zu sehen, die miteinander kooperieren, sondern auch aus der Sicht vernetzter
   Prozessschritte. So ist es im gelebten Designprozess oft nur schwer auszumachen, in
   welcher Phase man sich gerade befindet, und ein Zurückspringen auf frühere oder
   ein Vorausschauen auf spätere Projektphasen ist in vielen Situationen notwendig. Die
   einzelnen Phasen eines Designprozesses sind, wie schon erwähnt, nicht sequenziell

zu sehen, und Designprozesse steigen oft mitten im Prozess ein, um nach einer Reflexionsphase wieder an den Start zurückzuspringen. Diese Vernetzung, dieses Verwobensein von einzelnen Prozessphasen entsteht auch dadurch, dass unser Gehirn in kreativen Prozessen keinen linearen Ansatz verfolgt, sondern einen assoziativen. Unsere Denkmuster lassen sich also nicht in klare Schritte drängen, und wir vernetzen – bewusst oder unbewusst – Erlebnisse und Erkenntnisse im Designprozess mit unserem impliziten Erfahrungswissen und kreieren daraus neue Lösungen. Diese Tätigkeit braucht es, dass immer wieder neue Aspekte eingeflochten werden können, die möglicherweise auch Annahmen oder Entscheidungen aus früheren Phasen obsolet machen. Diese vernetzte Arbeitsweise wird im Designprozess als Iteration bezeichnet und ist ein wesentlicher Bestandteil kreativer Lösungsentwicklung. Kees Dorst beschreibt das Wesen der Designprobleme und deren Lösung so schön als co-evolutionären Prozess, in dem sich Problem und Lösung abwechseln und wir, während wir an der Lösung arbeiten, auch das Problem immer wieder neu verstehen und definieren. Für die Innovation ist diese Bereitschaft, auch einen Schritt zurückzugehen und Erkenntnisse zu verdichten, eine wesentliche Fähigkeit, die auf dem Weg zur innovativen Lösung erforderlich ist.

3. *Offenheit*
Eng im Zusammenhang mit der Iteration steht das Prinzip der Offenheit. Nicht nur dass Innovationsprozesse, wie bereits erwähnt, ergebnisoffene Prozesse sind, bei der Arbeit an innovativen Lösungen ist auch die Offenheit als Grundhaltung notwendig. Offenheit gegenüber neuen Perspektiven, Offenheit gegenüber Kritik, Offenheit gegenüber neuen Aspekten, die bestehende Zwischenlösungen obsolet machen, Offenheit gegenüber unorthodoxen Ansätzen, die dem eigenen Denkmuster widerstreben. Offenheit als Tugend im Design Thinking mag wahrscheinlich am nahe liegendsten erscheinen, und solange wir uns in unserer Komfortzone befinden, scheint es uns auch einfach, offen gegenüber verschiedenen Einflüssen zu sein. Sobald Veränderungen und Einflüsse aber unseren angestammten Bereich betreffen und wir unser Verhalten, lieb gewonnene Rituale oder Werte aufgeben müssten, ist es vielfach schwerer, diese Offenheit zu praktizieren. In Innovationsnetzwerken, die uns viel abverlangen und auch unseren eigenen Einflussbereich betreffen, noch Offenheit zu bewahren, ist eine wichtig Haltung, die alle Akteure brauchen. Gerade sie führt dazu, in wirklich radikalen Innovationsprojekten auf ein breites Netzwerk an Akteuren zurückgreifen und benötigte Kompetenzen aus vielen Quellen verwenden zu können.

Design passiert also in vernetzten Strukturen, und wer es schafft, die Gestaltungsaufgabe in Netzwerken ohne sequenzielle Abfolge, mit großer Pluralität und Perspektivenvielfalt zu erfüllen, der wird zu besonderen Leistungen fähig sein. Dies verlangt nach einer Haltung, die kooperative Zusammenarbeit und Offenheit gegenüber Neuem und Anderem zulässt.

# Literatur

Bohinc, T. (2012). *Führung im Projekt*. Berlin Heidelberg: Springer-Verlag. doi:10.1007/978-3-642-23149-0_2

Bosch-Sijtsema, P. M., & Postma, T. J. B. M. (2009). Cooperative innovation projects: Capabilities and governance mechanisms. *Journal of Product Innovation Management, 26*(1), 58–70.

Brenner, W., & Uebernickel, F. (2016). *Design thinking for innovation – research and practice*. Berlin: Springer International Publishing.

Brown, T. (2008). *Design thinking. Harvard Business Review, 86*(6), 84e92.

Brown, T. (2009). *Change by design: How design thinking can transform organizations and inspire innovation*. New York: HarperCollins.

Brusoni, S., Prencipe, A., & Pavitt, K. (2001). Knowledge specialization, organizational couping, and the boundaries of the firm: Why do firms know more that they make? *Administrative Science Quarterly, 46*(4), 597–621.

Buer, F. (2003). Team-Entwicklung in der Supervision zwischen Fallarbeit und Organisationsentwicklung, in Organisationsberatung – Supervision – Coaching, Heft 122003, S. 121–135.

Carver, C. S., Scheier, M. F., & Segerstrom, S. C. (2010). Optimism. *Clinical Psychology Review, 30*(2010), 879–889.

Chesbrough, H. (2006). *Open innovation*. Boston: Harvard Business School Press.

Cohen, W. M., & Levinthal, D. A. (1990). Absorptive capacity: A new perspective on learning and innovation. *Administrative Science Quarterly, 35*(1), 128–152.

Cooper, R. (1994). New products: The factors that drive success. *International Marketing Review, 11*(1), 60–76.

Cooper, R. (2008). The stage-gate idea-to-launch process-update: What's new and nexGen systems. *Journal of Product Innovation Management, 25*(3), 213–232.

Csikszentmihalyi, M. (1999). *Kreativität. Wie Sie das Unmögliche schaffen und Ihre Grenzen überwinden*. 4. Aufl. Stuttgart: Klett-Cotta.

DeBresson, C., & Amesse, F. (1991). Networks of innovators: A review and introduction to the issue. *Research Policy, 20*(5), 363–379.

Dervick, P., & Miozzo, M. (2004). Networks and innovation: Sustainable technologies in Scottish social housing. *R&D Management, 34*(4), 323–333.

Doloreux, D. (2004). Regional networks of small and medium sized enterprises: Evidence from the metropolitan area of Ottawa in Canada. *European Planning Studies, 12*(2), 173–189.

Dorst, K. (2003). The problem of design problems. In N. Cross & E. Edmonds (Hrsg.), *Expertise in Design: Proceedings of the 6th Design Thinking Research Symposium* (S. 135–147). Sydney: University of Technology Sydney.

Dubberly, H. (2004). *How do you design? A compendium of models*. San Francisco: Dubberly Design Office.

Eberhardt, D. (2013). *Together is better?* Berlin Heidelberg: Springer-Verlag. doi:10.1007/978-3-642-34437-4_1, ©

Fischer, B. (2006). Durch Netzwerke zum Innovationserfolg. *Zeitschrift für Wirtschaftswissenschaften*, (3), 57–61

George, J. M. (2002). Affect regulation in groups and teams. In Lord, R.G., Klimoski, R.J., and Kanfer, R. (Hrsg.), *Emotions in the workplace: Understanding the structure and role of emotions in organizational behavior* (S 183–217). San Francisco: Jossey-Bass.

Gigerenzer, G. (2007). Bauchentscheidungen – die Intelligenz des Unbewussten und die Macht der Intuition. Gütersloh : Bertelsmann.

Hülsheger, U. R., Maier, G. W., & Anderson, N. (2013). Innovation in Gruppen und Teams. In D. E. Krause (Hrsg.), *Kreativität, Innovation und Entrepreneurship* (S. 175). Wiesbaden: Springer Fachmedien. doi:10.1007/978-3-658-02551-9_9

Hagedoorn, J. (2002). Inter-firm R&D partnerships: An overview of patterns and trends since 1960. *Research Policy, 31*(4) 477–492.

Hamel, G. (1991). Competition for competence and inter-partner learning within international strategic allances. *Strategic Management Journal, 12*(3), 83–103.

Hinterhuber, A. (2002). Value chain orchestration in action and the case of the global agrochemical industry. *Long Range Plannung, 35*(6) 615–635.

Ili, S. (2012). Innovation Excellence: Wie Unternehmen ihre Innovationsfähigkeit systematisch steigern. Symposium Publishing GmbH.

Inauen, M., & Schenker-Wicki, A. (2011). The impact of outside-in open innovation on innovation performance. *European Journal of Innovation Management, 14*(4) 496–520.

Janis, I. L. (1972). Victims of groupthink. Boston: Houghton-Mifflin.

Kang, S., Day, J. D., & Meara, N. M. (2006). soziale und emotionale Intelligenz: Gemeinsamkeiten und Unterschiede. In R. Schulze, P.A. Freund, und R.D. Roberts (Hrsg.), *Emotionale Intelligenz: Ein internationales Handbuch* (S. 101–115). Göttingen: Hogrefe.

Kearney, E. (2013). Diversity und Innovation. In D. E. Krause (Hrsg.), *Kreativität, Innovation und Entrepreneurship* (S. 175). Wiesbaden: Springer Fachmedien. doi:10.1007/978-3-658-02551-9_9

Kleinschmidt, E. J., Geschka, H., & Cooper, R. G. (1996). *Erfolgsfaktor Markt: Kundenorientierte Produktinnovation*. Berlin Heidelberg: Springer-Verlag.

Köppen, E., & Meinel, C. (2015). Empathy via design thinking: Creation of sense and knowledge. In H. Plattner et al. *Design thinking research, understanding innovation*. Switzerland: Springer International Publishing.

Kump, B., & Grasenick, K. (2014). Mehr als die Summe einzelner Teile. Abgerufen unter: http://www.convelop.at/wp-content/uploads/2014/02/Interdisziplinaritaet_Pumpede_201402.pdf. Zugegriffen: 24. Aug. 2016.

Madsen, P. M., & Desai, V. (2010). Failing to learn? The effects of failure and success on organizational learning in the global orbital launch vehicle industry. *Academy of Management Journal 2010, 53*(3),451–476.

Martin, R. (2009). *The design of business: Why design thinking is the next competitive advantage*. Boston: Harvard Business Press.

Martin, R. (2007). *The opposable mind: How successful leaders win through integrative thinking*. Boston: Harvard Business Press.

Meyer, J-U. (2011). *Erfolgsfaktor Innovationskultur.* 1. Aufl. Göttingen: Business Village GmbH.

Milberg, J, & Schuh, G. (2002). *Erfolg in Netzwerken.* 1. Aufl. Berlin: Springer.

Milliken, F. J., & Martins, L. L. (1996). Searching for common threads: understand die multiple effects of diversity in organizational groups. *Academy of Management Review*, 21(2),402–433.

Nerdinger, F. W., Blickle, G., & Schaper, N. (2008). *Arbeits- und Organisationspsychologie*. Berlin Heidelberg: Springer-Verlag.

Pfeffer, J., & Sutton R. I. (2000). *The knowing doing gap*. Boston: Harvard Business School Press.

Sawyer, R. K. (2012). *Explaining creativity: The science of human innovation*. New York: Oxford University Press.

Primo, M., & Amundson, S. (2002) An exploratory study of the effects of supplier relationships on new product development outcomes. *Journal of Operations Management, 20*(1), 33–52.

Pyka, A., & Küppers, G. (2002). *Innovation networks*. Cheltenham: Edward Elgar Publishing Limited.

Ritter, T., & Gmünden, H. G. (2003). Network competence: Its impact on innovation success and its antecedents. *Journal of Business Research*, *56*(9), 745–755.

Rothwell, R. (1994). Towards the fifth-generation innovation process. *International Marketing Review*, *20*(1), 7–31.

Schiele, H. (2012). Accessing supplier innovation by being their preferred customer. *Research-Technology Management*, *55*(1), 44–50.

Tidd, J., & Bessant, J. (2009). *Managing innovation – integrating techno- logical, market andorganizational change*, 4th Edn. Chichester: Wiley.

Tidd, J., Bessant, J., & Pavitt, K. (2001). *Managing innovation: Integrating technological, market and organizational change*. 3. Aufl. Chichester: Wiley.

Tushman, M. L. (2004). From engineering management/R&D management, to the management of innovation, to exploiting and exploring over value nets: 50 years of research initiated by the IEEE-TEM. *IEEE Transactions on Engineering Management*, *51*(4), 409–411.

Watzlawick, P. (1969). *Menschliche Kommunikation. Formen, Störungen, Paradoxien*. Bern: Verlag Hans Huber.

Witte, E. H. & Kahl, C. H. (Hrsg.). (2009). *Sozialpsychologie der Kreativität und Innovation. Beiträge des 24. Hamburger Symposions zur Methodologie der Sozialpsychologie*. Lengerich: Pabst.

Zunk, B., Koch, V., Veldman, J., Schieler, H., & Platts, M. (2013). New demands on innovation suppliers: Understanding industrial customer motivation. ISPIM Conference Proceedings.

# Das interne Umfeld als Facilitator

**3**

## Das System, das neue Ideen ermöglicht und beheimatet

*Kreative Köpfe ins Unternehmen zu holen, reicht nicht aus. Es braucht ein ganzes Unternehmen, das seine Weichen auf Design gestellt hat.*

**Zusammenfassung**

Innovation braucht einen Raum, der die entstehenden Dynamiken und Veränderungen erlaubt und ermöglicht. Allein der gute Wille und geeignete Mitarbeiter reichen nicht aus, sondern auch die Rahmenbedingungen müssen ein innovatives Vorgehen unterstützen und optimalerweise auch fördern. Organisatorische Flexibilität, moderne und kreative Arbeitsräume, eine Ausrichtung der Kultur und Strategie sowie spezifische Anreizsysteme sind wesentliche Voraussetzungen, um ein innovationsförderndes internes Umfeld zu gestalten. Doch nicht nur das Schaffen dieser Freiräume, sondern auch deren Organisation ist notwendig, um ein zielgerichtetes und effektvolles Innovieren möglich zu machen. Der Kontext, in dem sich Mitarbeiter bewegen, ist wesentlicher Faktor für den Erfolg von Innovationsprojekten und entscheidet über das Verhalten der Mitarbeiter sowie das Verbreiten und die Verankerung einer Innovationskultur im Unternehmen. Konkrete Maßnahmen können dabei helfen, ein internes Umfeld zu schaffen, das Innovation erlaubt, beheimatet und vorantreibt.

Die gängige Design-Thinking-Literatur beschäftigt sich viel mit den Methoden und Prozessen, die innovative Lösungen unterstützen, aber auch mit den persönlichen Fähigkeiten und Haltungen, die nötig sind, um Innovation voranzutreiben. So haben wir auch im vorangegangenen Kapitel die Bedeutung des Menschen im Innovationsprozess beschrieben und sind auf die besonderen Attribute eingegangen, die Individuen, Gruppen, aber auch

© Springer Fachmedien Wiesbaden GmbH 2017
D. Freudenthaler-Mayrhofer, T. Sposato, *Corporate Design Thinking*,
https://doi.org/10.1007/978-3-658-12980-4_3

Unternehmensnetzwerke zu Innovatoren machen. Die Bedeutung der menschlichen Komponente für den Erfolg von Innovation ist also unumstritten.

Ein weiterer wichtiger Faktor, der den Menschen in seinem Tun wesentlich beeinflusst, ist der Kontext, in dem er sich bewegt. So können viele Individuen oder Gruppen ihre Innovationspotenziale nicht abrufen, weil das Umfeld, in dem sie sich bewegen, dies nicht zulässt. Auf dem Weg zum Corporate Design Thinking gibt es also einen weiteren wesentlichen Aspekt, der vom Unternehmen gestaltet werden muss – das interne Umfeld, das Innovationen ermöglicht. Eine Übersicht der Teilbereiche wird in Abb. 3.1 veranschaulicht.

- Ist Ihre Organisation heute so flexibel aufgebaut, dass sie schnell Raum für innovative Ideen schaffen kann?
- Gibt es Freiheiten für ambitionierte Mitarbeiter, um sich neben dem Tagesgeschäft, oft auch unentdeckt, mit Spinnereien und radikalen Neuerungen beschäftigen zu können?
- Sind ihre Arbeitsumfelder so gestaltet, dass sie informelle Kommunikation und innovatives Denken fördern?
- Wie werden Querdenker und Freigeister in Ihrer Organisation wahrgenommen – als Helden oder als Störenfriede?
- Ist in Ihrer Unternehmensstrategie klar verankert, wohin sie mit Innovation kommen möchten und warum es sich lohnt, für Innovation Engagement zu zeigen?

Fragen über Fragen. Sollten Sie diese alle für sich beantworten können, so ist Ihr Unternehmen auf einem guten Weg zur innovationsfreundlichen Organisation. Bedenken Sie immer, dass der Schlüssel zur innovativen Unternehmung nicht nur in den innovativen Köpfen liegt, die Sie anheuern und einstellen, sondern auch in dem Umfeld, das Sie

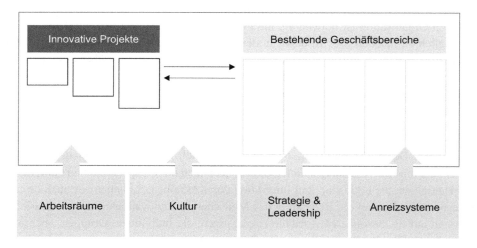

**Abb. 3.1** Kapitelübersicht (Quelle: eigene Darstellung)

diesen und allen andern Mitarbeitern bieten. Nur wenn Sie ein klares Signal senden, dass Innovationen bei Ihnen erwünscht sind, werden Mitarbeiter sich aufmachen und Neues wagen.

## 3.1   Organisatorische Flexibilität als kreativer Freiraum

### 3.1.1   Innovation braucht Räume

Obwohl Innovation und das Brechen von Regeln, um im Wettbewerb ganz vorne zu sein, schon fast zum Leadership-Mantra avanciert sind, fällt es Unternehmen trotzdem immer noch schwer, Innovationen innerhalb der Organisation umzusetzen. Die Ansätze, wie Innovation in der Organisation letztlich realisiert wird, variieren je nach Unternehmen und Branche stark. Es gibt kein Patentrezept dafür, wie Innovation am besten durchgesetzt werden kann. Wesentlich ist, dass innerhalb der Organisation immer wieder Räume geöffnet werden, die Platz für Neues bieten.

Diese können entstehen, weil ein ambitionierter Mitarbeiter oder eine Gruppe von Vordenkern sich innerhalb der Organisation ihre Keimzellen schaffen, in denen sie – zu Beginn meist unentdeckt – ihre Ideen spinnen können. Oder es gibt eine beseelte Führungskraft, die ein gutes Gespür für zukünftige Potenziale hat und die immer wieder Freiräume gewährt und Mitarbeiter zu zusätzlichen Entwicklungen motiviert.

### 3.1.2   Das Tagesgeschäft als Innovationskiller

Egal welcher Weg von der Organisation gewählt wird, es gibt immer einen wesentlichen Feind der Innovation – das operative Tagesgeschäft und die strukturierten Abläufe, in denen es abgewickelt wird. So kommt es vor, dass Innovatoren in Unternehmen nicht den Markt oder den Wettbewerb als ihre stärksten Kontrahenten empfinden, sondern die eigene Organisation. Die einfache Erklärung für dieses Phänomen ist: Organisationen sind nicht auf Innovation ausgelegt (Govindarajan und Trimble 2010a, S. 10).

Dies war jedoch nicht immer so. In der Phase der Unternehmensgründung ist alles im Unternehmen Innovation. Produkte werden entwickelt, Vertriebskanäle gesucht und ein Team wird aufgebaut. Alles ist im Entstehen, und es gibt viel Raum für Kreativität und neue Ideen, jedoch wenig Fokus auf Effizienz. Mit zunehmendem Erfolg und auch Wachstum des Unternehmens wird es notwendig, der Organisation Strukturen zu verpassen und die vorerst chaotischen und intuitiven Abläufe, die von den wenigen Personen überblickt werden, in geordnete Anweisungen und Abläufe zu gießen. Nur so können Unternehmen das Wachstum in dieser Phase realisieren, ohne zu viel an Effizienz einzubüßen. Nach der Phase des Aufbaus folgt also die Phase der Konsolidierung, und Investoren verlangen auch vermehrt nach Sicherheit – und diese wird durch effiziente Prozesse, Planungssysteme, Vertriebssteuerung und Transparenz im Handeln erzeugt. Das vormals kreative

Chaos weicht wirtschaftlich diszipliniertem Handeln und veranlasst auch die Mitarbeiter dazu, sich an Normen und Regeln zu halten. Das laufende Controlling und Monitoring und die Suche nach Effizienzsteigerungspotenzialen sorgen dafür, dass organisatorische Freiräume, sogenannte „Organizational Slacks", vermehrt abgebaut werden, um Effizienzkennzahlen zu verbessern. So wird die Organisation jeden Monat, jedes Jahr etwas besser, etwas schneller, die Erfahrungs- und Lernkurve der Organisation ist darauf ausgerichtet, in kleinen Schritten sämtliche Ineffizienzen abzubauen. Unternehmen entwickeln sich auf diesem Wege zu Marktführern und starken Leistungsmotoren ihrer Branche. Die schlechte Nachricht dabei ist leider: Je stärker die Leistungsfähigkeit der Organisation im operativen Geschäft wird, desto schwieriger wird es, innerhalb der Organisation Innovationen durchzusetzen. Schritt für Schritt wurden alle Freiräume abgebaut, die es braucht, um Innovation zu initiieren und voranzutreiben. Die Schlussfolgerung ist deshalb einfach: Innovation und das Tagesgeschäft sind immer und unvermeidbar im Konflikt miteinander (Govindarajan und Trimble 2010a, S. 10f.).

### 3.1.3    In Routineprozessen Platz für Innovation schaffen

O'Reilly und Tushman (2008) haben dieselbe Herausforderung in ihren Forschungsprojekten identifiziert und schlagen vor, Innovation und Routine in zwei verschiedenen organisatorischen Einheiten zu verankern. Sie sind der Überzeugung, dass Organisationen nicht fähig sind, aus der Routineorganisation heraus neue Ideen zu entwickeln und Innovationen umzusetzen. So legt die Routineorganisation den Fokus ihres Tuns auf die Exploitation, also das Ausschöpfen von wirtschaftlichen Potenzialen in standardisierten und effizienten Prozessen, und die innovative Organisation steht im Zeichen der Exploration, also der Erforschung und Entwicklung neuer Ideen. So kann es Unternehmen gelingen, einerseits einen starken Fokus auf ihren Leistungsmotor, also das wertschöpfende Tagesgeschäft, zu legen und gleichzeitig die zukünftigen Chancen in innovativen Projekteinheiten zu bearbeiten. Diese Trennung ist so weit nicht neu – Modelle wie Spin-offs nennt die Managementliteratur schon seit Jahrzehnten, und wir kennen viele Konzerne, die ihre innovativen Einheiten ausgegliedert oder sich kleine, aufstrebende Start-ups ins Portfolio geholt haben, um ihre Innovationskraft zu stärken. Diese Idee ist seit Längerem bekannt. Was O'Reilly und Tushman aber ergänzen, ist die Verbindung, die zwischen Routineorganisation und Innovationseinheit geschaffen werden sollte. Ein zentrales Element der „Ambidextrous Organization", wie sie ihr Modell einer Organisation, die innovative und operative Einheiten gleichermaßen beheimatet, nennen, ist demnach der Wissenstransfer zwischen den Einheiten, der durch eine bewusste Steuerung des Topmanagements gewährleistet werden sollte (siehe Abb. 3.2).

Ihre Analyse einer Vielzahl von radikalen Innovationsprojekten und deren Auswirkungen auf bestehende und neue Organisationseinheiten hat gezeigt, dass wirkliche Neuerungen die Organisation immer fordern – nicht nur auf der Ebene der Entwicklung und

**Abb. 3.2** Ambidextrous Organization nach O'Reilly und Tushman (Quelle: eigene Darstellung in Anlehnung an O'Reilly und Tushman (2004))

Markteinführung neuer Produkte, auch die bestehende Einheit ist immer davon betroffen. Oft führt die Realisierung neuer Projekte dazu, dass das bestehende Geschäft leidet, mit Budgetkürzungen auskommen muss oder durch die Einführung der Innovation gestört wird (Govindarajan und Trimble 2010b). O'Reilly und Tushman (2004) haben herausgefunden, dass diejenigen Unternehmen am erfolgreichsten Neuerungen einführen, die das neue Vorhaben weitgehend vom Routineprozess abschotten und sogar so weit gehen, für Innovation eine andere Strategie und Führung, einen anderen Prozess und eine andere Kultur zu schaffen (siehe Tab. 3.1).

**Tab. 3.1** Organisationale Voraussetzungen (Quelle: in Anlehnung an O'Reilly und Tushman (2004))

|  | **Exploitative Business** Effizienzorientierte Geschäftseinheiten | **Exploratory Business** Innovative Geschäftseinheiten |
|---|---|---|
| **Strategische Ausrichtung** | Kosten und Ertrag | Innovation und Wachstum |
| **Wesentliche Aufgaben** | laufender Betrieb, Effizienz, inkrementelle Innovation | Anpassungsfähigkeit, neue Produkte, radikale Innovation |
| **Kompetenzen** | Bewältigung des Tagesgeschäfts | unternehmerisches Handeln |
| **Struktur** | formal, mechanistisch | anpassungsfähig, beweglich |
| **Anreizsystem** | Gewinnmargen und Produktivität | Meilensteine, Wachstum |
| **Kultur** | Effizienz, niedriges Risiko, Qualität, Kunde | Risikobereitschaft, Schnelligkeit, Flexibilität, Experimentieren |
| **Führung** | autoritär, Top-Down | visionär, stark eingebunden |

**Ambidextrous Leadership**
Integrierender Führungsansatz
Die unterschiedlichen Ausrichtungen der beiden Organisationseinheiten müssen durch intensive Abstimmung des Topmanagements zusammengehalten werden. Dafür braucht es eine starke gemeinsame Vision und Werte sowie aufeinander abgestimmte Zielsetzungen.

In Anlehnung an O'Reilly und Tushman (2004)

Dieses Modell hat durchaus seine Gültigkeit und verhilft Organisationen auf relativ einfachem Wege dazu, dem Dilemma zwischen Effizienz im Tagesgeschäft und kreativem Schaffen für Innovation zu entkommen. In der Praxis ist das große Defizit dieser Modelle jedoch oft, dass das Management die Steuerungsfunktion über die Einheiten hinweg nicht in der Qualität übernehmen kann, die für einen effektiven Wissenstransfer nötig wäre (Smith und Tushman 2005). Oft wird in Innovationsprojekten demnach „Tacit Knowledge" – also nicht dokumentierbares, informelles Wissen – benötigt, das über formale Anweisungen nicht ausgetauscht und dessen Notwendigkeit noch weniger von oberflächlich informierten Topmanagern erkannt werden kann. So passiert es oft, dass in Innovationsprojekten Fehler gemacht und zusätzliche Iterationsschleifen gezogen werden müssen, obwohl das dafür relevante Wissen in der Organisation verfügbar gewesen wäre.

Das Schaffen von kreativen Freiräumen innerhalb der Organisation ist also eine Aufgabe, die nicht so einfach bewerkstelligt werden kann und für die es sorgfältige Lösungen braucht, die auch an die Kultur, die Struktur und die Prozesse der Organisation angepasst sind (Birkinshaw und Gibson 2004). Wie innovative Einheiten letztlich aufgestellt werden, hängt mit der Halbwertszeit des Wissens in der jeweiligen Branche, dem Umgang mit Wissen und Lernen in der Organisation, den kritischen Wissens- und Erfahrungsträgern und der Komplexität der Wertschaffung generell und für die Innovation im Besonderen zusammen. Wie eine Organisation ihre kreativen Räume aufmachen und gestalten kann und welche Modelle sich hier im Einklang mit den operativen Einheiten eignen, muss letztlich jedes Unternehmen für sich selbst entscheiden (Raisch et al. 2009). Folgende Leitfragen können dabei hilfreich sein:

- *Welche Art der Innovation soll umgesetzt werden?*
  Wie auch O'Reilly und Tushman schon angemerkt haben, werden inkrementelle Innovationen leicht in der Routineorganisation zu realisieren sein. Je höher der Innovationsgrad des angestrebten Projekts, desto eher muss eine neue Organisationseinheit angedacht werden.
- *Welches Wissen wird für die Innovation benötigt, wie groß ist das Wissensdefizit?*
  Wenn das für die Innovation notwendige Wissen in der Organisation bereits vorhanden ist und von den jeweiligen Personen nur abgerufen werden muss, so empfiehlt es sich, ein Modell zu finden, das die bestehenden Einheiten und die dazugehörigen Personen einbindet. Es wäre wertvernichtend, hier auf bestehende Ressourcen, die vorhanden sind, zu verzichten. In diesem Fall stellt sich eher die Frage, wie die Personen aus dem Routineprozess auf bestimmte Zeit herausgelöst werden können. Wenn dies nicht der Fall ist und das Wissen erst aufgebaut werden muss, so ist es vielleicht einfacher, wirklich neue Personen mit der Aufgabe in einer losgelösten Einheit zu betrauen oder erfahrene Mitarbeiter eigens für diese Tätigkeit abzustellen.
- *Wie fügt sich die Innovation in bestehende Strategiemuster ein?*
  Grundsätzlich gilt: Je radikaler die Innovation, desto größer der Widerstand im Unternehmen. Dies gilt in ähnlicher Weise auch für das Abweichen von bekannten Strategien. Sollen Innovationsprojekte komplett neue Wege einschlagen oder sogar das bestehende

Geschäft kannibalisieren, so ist es in jedem Fall ratsam, das Innovationsprojekt in einer eigenen Einheit umzusetzen, da ansonsten die Gefahr von starken, beharrenden Kräften, die das Projekt boykottieren, zu groß ist.

• *Wie hoch ist die Flexibilität in der Routineorganisation bzw. in bestehenden Prozessen?* Der Flexibilitätsgrad von Strukturen und Prozessen ist von Unternehmen zu Unternehmen, von Branche zu Branche sehr unterschiedlich. Wie sehr ein neues Vorhaben die bestehenden Prozesse stört, hängt auch maßgeblich von der Beschaffenheit des bestehenden Geschäfts ab. Ist dieses ohnehin auf Flexibilität ausgelegt, kann auch ein Umsetzen innerhalb der bestehenden Struktur möglich sein. Denkbar ist dies in Bereichen wie der IT, die gewohnt ist, mit agilen Entwicklungsprozessen zu arbeiten.

### 3.1.4  Kreativen Freiraum organisieren

Wie die Räume für Innovation im Unternehmen geschaffen werden, kann also nicht einem Patentrezept nachempfunden werden, sondern muss in jedem Unternehmen spezifisch entschieden werden. Je nach Unternehmenskultur, Struktur und Prozesslandschaft müssen die Modelle an die jeweilige Unternehmenssituation angepasst werden. Im Folgenden werden einige Ansätze aus der Theorie und Praxis genannt, die für die Organisation kreativer Freiräume vorgeschlagen werden:

**High-Performance-Teams:** Eine Möglichkeit, Innovationen rasch und fern des Alltagsgeschäfts umzusetzen, sind Teams mit Leistungsträgern der Organisation. Diese Leistungsträger zeichnen sich durch besonderes Wissen oder umfassende Erfahrung in ihrem Bereich aus und stellen so wertvolle Mitglieder für Innovationsteams dar. Die Bezeichnungen für Hochleistungsteams variieren, so nennen Clark und Wheelwright (1992) sie beispielsweise „Heavyweight Innovation Teams". Sie bezeichnen damit eine Gruppe von besonders kompetenten oder erfahrenen Personen, die für einen bestimmten Anteil ihrer Arbeitszeit und für einen abgegrenzten Zeitraum aus dem Arbeitsprozess herausgenommen werden und sich ausschließlich einer besonderen Aufgabe widmen können. Oft wird dieser Ansatz verfolgt, wenn es gilt, in Krisensituationen zu schnellen und neuen Lösungen zu kommen, oder Zukunftsprojekte für das Unternehmen von den Leistungsträgern gemeinsam erarbeitet werden. Dieser Ansatz bietet sich insbesondere an, wenn die Aufgabe komplex ist und das tief greifende Wissen vieler Mitarbeiter benötigt wird, die sonst im alltäglichen Arbeitsprozess wenig Möglichkeit haben, sich auszutauschen bzw. die alltäglichen Routinen eine Koordination der verschiedenen Personen unmöglich machen würden.

Wichtig ist bei Hochleistungsteams sicherzustellen, dass diese auch gut arbeitsfähig sind. Wertvolle Wissensträger sind oft starke Persönlichkeiten mit einer klaren Sicht auf die Dinge, und es ist dafür zu sorgen, dass nicht ein Aufreiben an den Unterschiedlichkeiten im Vordergrund steht, sondern ein gemeinsames Projekt, das erarbeitet werden soll. So bietet es sich insbesondere in solchen Konstellationen an, diesen Teams einen kompetenten Prozessmoderator an die Seite zu stellen, der für Dokumentation und eine

gute Kommunikationskultur sorgt. Ein Muss für das Funktionieren von Hochleistungsteams sind klare Zielsetzungen, Strukturen und Kennzahlen für das Projekt, die vom Topmanagement vorgegeben und auch immer wieder verfolgt werden müssen.

**1-Day-a-Week-Innovatoren (Google-Modell):** Viele hoch innovative Unternehmen,
insbesondere im IT-Bereich, haben in den letzten Jahren mit Modellen aufhorchen lassen,
nach denen Mitarbeiter für einen doch beträchtlichen Anteil der Arbeitszeit für Innovation freigestellt werden. Hier muss vor allem auf Google verwiesen werden, die mit ihrem
1-Day-a-Week-Innovationsmodell wohl am meisten genannt wurden. Mitarbeiter in fix vorgegebenen Strukturen an Zukunftsthemen arbeiten zu lassen, ist in jedem Fall ein adäqua-
tes Modell, um sicherzustellen, dass Innovation nicht im Tagesgeschäft untergeht. So wird
Innovation für jeden Mitarbeiter in den Alltag integriert – dies hat auch weitreichende Auswirkungen auf die Unternehmenskultur und das Image des Unternehmens, das potenziellen
Mitarbeitern vermittelt wird (Birkinshaw und Gibson 2004). Wie jedoch diese Zeiten für
Innovation auch wirklich gut genützt werden können, ist oft Kritikpunkt und auf jeden Fall
Anlass für Diskussion. Auch bei Google, wo oft die völlige Freiheit der Mitarbeiter an ihrem
Innovationsfreitag propagiert wurde, gibt es Regeln. Dies ist in jedem Fall wichtig und zeigt
auch, dass Kreativität genauso Zielsetzungen und Leitlinien braucht, um dem Unternehmen zu dienen. Die oft befürchtete Anarchie tritt nur dann ein, wenn es ein Unternehmen
nicht versteht, Freiräume zu organisieren. Innovationsaktivitäten sollten deshalb auch mit
den strategischen Zielen des Unternehmens abgestimmt sein. So wurden für Projekte wie
Google Glass auch konkrete Aufträge vergeben, ohne aber die Ziele so eng zu formulieren,
dass Innovation nicht mehr möglich ist. Trotzdem wird durch diese Vorgaben sichergestellt,
dass die Energie für strategisch wichtige Themen verwendet wird (Kotter 2013).

**Innovation Labs:** Viele Unternehmen entscheiden sich dafür, für Innovation vom Tagesgeschäft losgelöste Innovationslabore zu entwickeln, die einen optimalen Raum für Innovation schaffen. Die Umsetzung in Unternehmen kann dabei unterschiedliche Formate
annehmen. So ist es möglich, in der Organisation auch ein physisches Labor zu schaffen,
das anders als reguläre Arbeitsräume ausgestattet ist und die optimale Infrastruktur für
Kreativprozesse bietet. In diesem Umfeld werden dann Innovationsworkshops veranstaltet, die Personen aus verschiedensten Bereichen der Organisation integrieren. Betrieben
werden solche Räume meist von Innovationsmanagern, die mit der Koordination und dem
Fördern von Innovation im Unternehmen betraut sind. Ein Beispiel für die unternehmensinterne Umsetzung von Innovation Labs ist ein großer österreichischer Energieanbieter
mit Sitz in Linz. Um Mitarbeiter aus dem Konzern zu Innovationsthemen immer wieder
aus dem Alltag zu lösen, wurde die SOKO Innovation gegründet und ein altes Wohnhaus,
das im Besitz des Unternehmens ist, als Standort verwendet. Dort können nun verschiedenste Teams aus dem Unternehmen – auch mit Unterstützung der Innovationsbeauftrag-
ten – an Zukunftsthemen arbeiten.

Wer im Unternehmen nicht die Ressourcen für ein eigenes Innovationslabor hat oder
sie nicht aufbringen möchte, kann auch auf externe Räumlichkeiten zugreifen. Für Innovationsworkshops eignen sich Abbruchhäuser, Temporärnutzungen, Fabrikhallen, leer stehende Produktionsstätten – inspirierende Räume, die zum Gestalten anregen und Lust auf
Veränderung bringen.

**Innovation Boards:** Um sicherzustellen, dass Innovation im Tagesgeschäft nicht vergessen wird und immer wieder zur Sprache kommt, setzen viele Unternehmen auf Innovation Boards, also abteilungsübergreifende Teams, die sich regelmäßig über Innovationsprojekte und deren Fortschritt austauschen. Diese Boards sind zwar meist keine Quelle für wirklich radikale neue Ideen, sie sorgen aber in den meisten Fällen dafür, dass es eine Abstimmung über alle Innovationsaufgaben hinweg gibt und dass jeder Bereich weiß, was in anderen Abteilungen des Unternehmens gerade passiert. Dies führt in den meisten Fällen schon dazu, dass Synergien gefunden und genutzt werden können und Innovation nicht in den Mühen des Alltags untergeht.

Die optimale Nutzung von Innovation Boards wäre es natürlich, die interdisziplinären Entscheider, die meist in den Boards vertreten sind, auch zu gemeinsamen Innovationsstrategie-Entwicklungen und Ideengenerierungen zu motivieren. Diese Boards haben dann einen guten Gesamtüberblick, können Wissen vernetzen und weitreichende Entscheidungen gemeinsam treffen, die das Pouvoir eines einzelnen Bereichs weit überschreiten würden.

**Kunden- und Anwenderbesuche:** Vielen Unternehmen – die insbesondere erst am Beginn einer Innovationsorientierung stehen – scheint es zu aufwendig, eigene Strukturen für Innovation zu schaffen. Sie scheuen den Aufwand und haben den Eindruck, dass Kosten und Nutzen nicht in einem ausgewogenen Verhältnis stehen. Für diese „Innovationsanfänger" lohnt es sich schon, durch Kunden- und Anwenderbesuche aus dem eigenen Alltag zu entfliehen und eine neue Perspektive ins Unternehmen zu holen. Schon durch das Verlassen der eigenen Strukturen und das Beobachten anderer Prozesse und Prozeduren können viele Impulse für innovative Lösungen generiert werden. Der Besuch beim Kunden oder bei der Anwendung vor Ort ist für viele Unternehmen deshalb ein erster Einstieg in das Schaffen von innovativen Freiräumen.

Organisationen, die Innovation schon etwas strukturierter verfolgen, haben Kunden- und Anwenderbesuche in der Regel auf ihrer jährlichen Agenda. Sie besuchen wichtige Kunden regelmäßig und begeben sich immer wieder zur konkreten Anwendung. So auch der Forschungsleiter eines erfolgreichen Familienunternehmens mit Sitz in Wels. Er kennt den Wert von Anwenderbesuchen seit Jahren und ist etwa 100 Tage im Jahr beim Anwender vor Ort. Nur so, meint Traxl, sei es möglich, die Probleme der Kunden wirklich zu kennen und in der Entwicklung auf konkrete Produktdefizite oder neue Ideen einzugehen.

**Messebesuche und Symposien:** Fachveranstaltungen und Messen oder auch fachfremde Kongresse und Symposien können eine sehr einfache Möglichkeit sein, dem Alltag zu entfliehen und wieder neue Impulse für das eigene Tun zu bekommen. Wichtig ist dabei, sich wirklich neu inspirieren zu lassen und in die Rolle des Beobachters zu gehen. So sollte es durchaus möglich sein, auch eine Stunde durch die Messehalle zu treiben, Neues aufzunehmen und auf sich wirken zu lassen. Wie schon Tom Kelley in seiner Rede vor Studierenden so schön beschreibt, ist es oft wichtig, die Welt wie ein Reisender zu betrachten, für den alles neu ist und der seinen Gedanken freien Lauf lässt und darauf vertraut, dass unser Gehirn von selbst Schlüsse aus den neuen Impulsen zieht. Diese Haltung ist auch von Nutzen, wenn man auf externen Veranstaltungen Inspirationen für neue Ideen sammeln möchte.

**Fachfremde Ausbildungen:** Kinder sind es gewohnt, zu explorieren. Sie erforschen ihr Umfeld, sind an vielem interessiert und nehmen unterschiedliche Impulse wie ein Schwamm auf. Dann beginnen sie sich im Laufe ihrer Schul- und Universitätslaufbahn immer mehr zu spezialisieren und werden zu Experten in ihren Bereichen. Im Design Thinking wird aber immer von T-Shaped-Profiles gesprochen, die für Innovationsaufgaben benötigt werden. Darunter versteht man Personen, die tief verwurzelt in einer Materie sind, trotzdem aber komplementäre Kompetenzen in anderen Bereichen besitzen. Durch das Durchlaufen fachfremder Ausbildungen stellt man sicher, dass der eigenen Fokus nicht zu eng wird und immer wieder neue Kompetenzen hinzukommen, die wir für das Entwickeln neuer Lösungen dringend brauchen. Deshalb ist es wichtig, sich nicht ausschließlich in Fachseminare mit den immer gleichen Personen und Vortragenden zu setzen und sein Wissen in Spezialbereichen weiterzuentwickeln, sondern auch bewusst fachfremde Weiterbildungen zu besuchen, die großes Potenzial für die eigene Weiterentwicklung und Raum für neue Gedanken bringen.

Entscheiden sich Unternehmen für den Aufbau kreativer Freiräume innerhalb der Organisation, so ist es notwendig, auch auf das Umfeld und die Gestaltung dieser Freiräume zu achten. Kreativität passiert nicht auf Knopfdruck und braucht ein Umfeld, in dem sie entstehen kann.

Es ist demnach zu bedenken, dass auch die Räume, in denen Innovation stattfinden soll, sich von denen unterscheiden, in denen das operative Tagesgeschäft abgewickelt wird. Kahle und zweckmäßig eingerichtete Büroräume eignen sich wenig für kreatives Schaffen, es braucht vielmehr Räume, die individuell gestaltet sind und in denen Entstehungsprozesse auch visualisiert werden können. Darüber hinaus ist dafür zu sorgen, dass die Mitarbeiter sich entspannt und ohne den Druck des Tagesgeschäfts bewegen können, wirklich „frei" vom Tagesgeschäft sind und nicht pausenlos von kurzen Zwischenfragen des operativen Geschäfts belästigt werden. Dies verlangt nicht nur neue Wege in der Arbeitsplatzgestaltung und Bürovergabe, sondern auch in der Definition von Aufgabenprofilen und Mitarbeiterzielen. Man sieht hier deutlich, das Corporate Design Thinking nicht nur die Führungskräfte und das Innovationsmanagement betrifft, sondern hier beispielsweise auch das Facility- und Personalmanagement fordert. So müssen Stellenbeschreibungen flexibler gestaltet werden, Einsatzbereiche je nach Kompetenzen offener werden, fixe Personalbudgetzuteilungen relativiert werden und Personen je nach Neigung und Kenntnis dort eingesetzt werden, wo sie dem Unternehmen gerade am besten dienen können. Darüber hinaus verlangt es von der Personalabteilung auch, die Kompetenzen der Mitarbeiter zu entwickeln und dafür zu sorgen, das innovative Einheiten fähig sind, die ihnen gegebenen Freiräume selbst zu gestalten. Selbststeuerung und eigenverantwortliches Handeln sind Parameter, die in einer auf Innovation ausgerichteten Organisation zum fixen Bestandteil werden müssen.

Genauso wie die Überzeugung, dass Mitarbeiter, die zeichnen, Post-its kleben, aus dem Fenster blicken und nachdenken oder auf der Straße Kunden befragen, keine Freizeit in der Arbeitszeit genießen und Spielereien machen, sondern dass das Nutzen kreativer Freiräume ein wesentlicher Bestandteil einer kreativen und zugleich effizienten Organisation ist (siehe Abb. 3.3).

Folgende Fragen sollten Unternehmen für sich klären:

- Welche Organisationsform für Innovation ist für das eigene Unternehmen optimal?
- Wie wird dafür gesorgt, dass vorhandenes Wissen aus der bestehenden Organisation in das Innovationsprojekt einfließen kann? Oder ist dies nicht notwendig oder erwünscht?
- Ist es notwendig, dass Innovation aus der bestehenden Organisation heraus unterstützt wird oder sollten die beiden Bereiche bewusst getrennt werden?
- Wie ist die Unternehmenskultur und welcher Ansatz ist vor diesem Hintergrund am passendsten?
- Wie ist das Geschäft des Unternehmens gelagert und welchen Ansatz braucht es dafür?
- Welche Mitarbeiter sind fähig, Innovationsaufgaben zu übernehmen? Sind diese Mitarbeiter in Routineprozessen abkömmlich oder braucht es ein hybrides Modell?
- Braucht es Ressourcen und Kapazitäten, die gemeinsam von beiden Organisationseinheiten genutzt werden sollten?
- Sollte später ein Transfer in die Routineorganisation erfolgen oder ist geplant, einen eigenen Geschäftsbereich um die Innovation aufzubauen?

Wie kreative Freiräume für das Umsetzen von Innovationen geschaffen werden können, muss letztlich jede Organisation individuell entscheiden. Wichtig ist dabei, auf die Gegebenheiten im eigenen Unternehmen zu achten und eine Lösung zu finden. Das Marktumfeld, die Branche, die eigene Firmengeschichte, die Kultur, die Ressourcen und

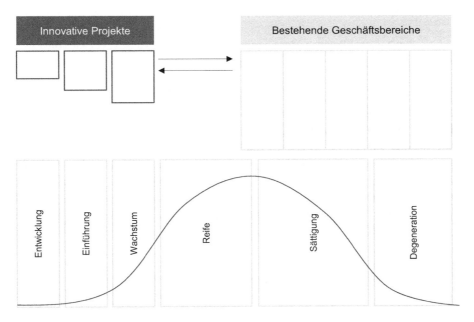

**Abb. 3.3** Organisation von innovativen und bestehenden Unternehmenseinheiten (Quelle: eigene Darstellung)

Möglichkeiten und das Wesen der Leistungserstellung bestimmen die Möglichkeiten und den Ansatz, der sich am besten eignet. Zu bedenken ist: Wer offenbar unproduktive Räume für Innovation wegrationalisiert, verliert an Innovationskraft – oder anders formuliert: Im Schaffen von Freiräumen liegt großes Innovationspotenzial.

## 3.2    Arbeitsräume für Innovation im Unternehmen schaffen

Um Design Thinking im gesamten Unternehmen zu verwurzeln, ist ein gewisses Mindset der Mitarbeiter erforderlich. Damit einhergehend eine Kultur, welche die Grundwerte des Design Thinking widerspiegelt, und der Prozess mit seinen diversen Methoden, der von den Mitarbeitern angewendet wird.

Das Mindset und die Kultur sind geprägt von Offenheit, Kollaboration, Kreativität und Diversität. Der Prozess zeichnet sich durch Dynamiken, Veränderungen und diverse Settings aus. Die angewendeten Methoden verlangen gewisse Materialien, Geräte und Gegenstände. Zum Zusammenspiel gelangt dies alles in den einzelnen Phasen des Prozesses, die diverse Stimmungen erzeugen und unterschiedlichste Arbeitsstile anwenden. All diese hier genannten Aspekte benötigen den richtigen Ort. Einen Ort, der die Diversität zulässt, die Kollaboration unterstützt, die Veränderungen trägt, die Infrastruktur bereitstellt und die richtige Atmosphäre vermittelt.

> The environment influences human behavior. So if you want to encourage creativity, and wild ideas, and moonshot thinking, you should create that exact environment that helps you achieve that.
>
> Frederik Pferdt, Gobal Program Manager for Innovation and Creativity, Google (Hunt und Caster 2013)

Die Kosten eines Unternehmens für Büroräumlichkeiten stellen zumeist die zweithöchste Ausgabe dar, und die Möglichkeiten, die sich mit den neuen Räumlichkeiten ergeben, werden sehr oft gar nicht oder nur wenig genützt (McCoy 2005). Doch die genauere Auseinandersetzung mit den Effekten von räumlichen Faktoren auf Mitarbeiter ist unabdingbar bei der Planung und Errichtung eines neuen Bürogebäudes oder auch der Einrichtung eines bestehenden Büroraumes. Durch die vermehrte Digitalisierung und Mobilisierung der Arbeitswelt werden Arbeitsweisen beeinflusst, und wissenschaftliche Studien zeigen, dass bei Beachtung räumlicher Faktoren die Produktivität der Mitarbeiter um bis zu 50 % zunehmen kann (Walden 2011, in Nicolai et al. 2016).

**Gezielte Gestaltung der Arbeitsumwelt für mehr Kreativität**
Betrachtet man die Arbeitsweisen und Vorgänge innerhalb eines Design-Thinking-Prozesses, so lassen sich fünf Aspekte nennen, die durch die gezielte Gestaltung der Arbeitsumwelt positive Auswirkungen auf die Kreativität haben können:

- Kollaboration – Raum für Begegnungen
- Diversität – Unterschiede, die anregen
- Flexibilität – individuelle Raumgestaltung
- Expressivität – Stimmungen und Atmosphäre
- Interaktivität – Raumelemente, die aktivieren

### 3.2.1   Kollaboration – Raum für Begegnungen

Lösungen entstehen im Design Thinking durch Kollaboration und das Zusammenführen von diversen Menschen. Dazu bedarf es eines Ortes, der dies nicht nur zulässt, sondern durch bestimmte Eigenschaften fördert und unterstützt. Manchmal entstehen großartige Ideen auch durch spontane Begegnungen und informelle Gespräche. Daher sind Orte zufälliger Begegnung ein wichtiger Bestandteil von Arbeitsräumen.

Besonders offene Büroräume bieten die Möglichkeit solch zufälliger Begegnungen der Mitarbeiter auf ihren Wegen durch das Büro. Ein positiver Effekt dieser Offenheit, der ein kreatives Verhalten fördert, ist dabei auch Bewegung. Gerade in den Phasen, in denen es um die Ideengenerierung geht, ist Bewegung notwendig und Stillstand abzuwenden. Die Mitarbeiter können sich in den Räumlichkeiten frei bewegen, werden dabei inspiriert oder bekommen in Gesprächen mit Kollegen neue Assoziationen. Kommt es in einem Design-prozess beispielsweise zu einer Fixierung auf eine bestimmte Idee, obwohl eine Vielfalt an Ideen gefragt wäre, so kann Bewegung durch den Raum dabei helfen, sich von dieser Fixierung wieder zu lösen (Sayiner 2015).

Neben diesen „formellen" Begegnungszonen im Arbeitsbereich der Mitarbeiter sollte es genauso Orte der Begegnung geben, die einen informellen Austausch abseits der Arbeit fördern. Diese Orte, wie beispielsweise Cafés, Lounge-Bereiche oder auch eine Mensa, fördern spontane Begegnungen zwischen Mitarbeitern und können zu manch produktiven und für Projekte wichtigen Gespräche führen. Google beispielsweise führte bei der Planung und Einrichtung der Büros die sogenannte „150-Feet-from-Food-Rule" ein, wonach eine Möglichkeit zu essen oder zu trinken nicht weiter als ca. 50 Meter von jedem Arbeitsplatz entfernt sein sollte. Dies fördert das gelegentliche Aufsuchen der Plätze, um einen Snack zu sich zu nehmen oder einen Kaffee zu trinken und dabei auf Mitarbeiter zu stoßen und Gespräche in lockerer Atmosphäre zu führen (Alter 2014).

Weitere mögliche Begegnungszonen entstehen beispielsweise durch Arbeitsinseln im Raum, die von allen jederzeit genutzt werden können und durch ihre Offenheit als Schauplatz und Inspiration für vorbeigehende Mitarbeiter dienen. Genauso können durch Glaswände abgetrennte Räume die Kollaborationskultur stärken, indem die Arbeit miteinander nicht in versteckten Räumen passiert, sondern sichtbar gemacht wird (siehe Abb. 3.4).

**Zusammenfassende Empfehlungen, um Kollaboration innerhalb des Unternehmens zu fördern**
- Offene Büroräume ermöglichen spontane Begegnungen der Mitarbeiter auf ihren Wegen durch das Büro.
- Sich durch die offenen Räumlichkeiten eines Unternehmens zu bewegen, kann dabei helfen, Fixierungen im Designprozess zu lösen.
- Begegnungszonen für informellen Austausch wie Cafés oder Lounge-Bereiche fördern die Kollaboration.
- Arbeitsinseln und gläserne Räume inspirieren und stärken die Kollaborationskultur.

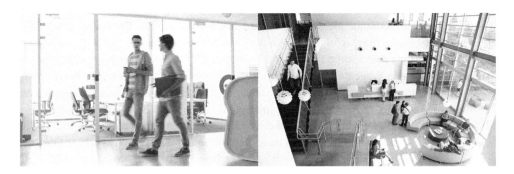

**Abb. 3.4** Offene Büroräume und Begegnungszonen fördern die Kollaboration (Quelle: Shutterstock: bikeriderlondon, Monkey Business Images)

### 3.2.2   Diversität – Unterschiede, die anregen

Diversität sollte nicht nur in der Teamzusammenstellung eine große Rolle spielen, sondern sich auch in den Räumlichkeiten zeigen. Unterschiede in Farben, Einrichtung, Materialien und Funktionalitäten bieten eine breite Palette an Möglichkeiten, um Räume verschiedenartig zu gestalten und für diverse Vorgänge im Designprozess optimal einzurichten.

Durch die Diversität der Räume sollen die Mitarbeiter mit neuen und abwechslungsreichen Reizen stimuliert werden. Während stets gleich aussehende Räume nach einiger Zeit ihren Reiz verlieren, können diverse Räume immer wieder die Neugier der Mitarbeiter wecken, diese Räume zu entdecken und zu nutzen. Außerdem können durch eine Diversität der Raumarten unterschiedlichste Atmosphären erzeugt werden, welche die Teams in der gerade befindlichen Phase unterstützen können. Eine ruhige Atmosphäre beispielsweise bietet Raum für Rückzug und konzentriertes Arbeiten, während offene Arbeitsinseln mit Hintergrundgeräuschen in Phasen der Ideengenerierung anregen können.

Nach Thoring et al. (2012) können fünf unterschiedliche Raumtypen für Kreativprozesse unterschieden werden. Der „Solitary Space" ermöglicht durch eine ruhige Atmosphäre das konzentrierte Nachdenken. Der „Team Space" wird von Teams zum gemeinsamen und kollaborativen Arbeiten benutzt, wodurch auch ein höherer Lärmpegel entstehen kann.

Der „Tinker Space" ermöglicht es den Teammitgliedern zu experimentieren, Dinge auszuprobieren, zu basteln und Prototypen zu bauen. Der „Presentation Space" bietet Raum
für Vorträge und Präsentation, die entweder von den Teams und Mitarbeitern oder für die
Mitarbeiter als Input gehalten bzw. durchgeführt werden. Außerdem gibt es noch „Transi-
tion Spaces", wie beispielsweise Durchgänge, Cafés oder Innenhöfe, die für Pausen oder
Übergangsphasen intensiver benutzt werden. All diese Raumtypen unterstützen durch
ihre Eigenschaften und individuellen Atmosphären unterschiedlichste Vorgänge in einem
Kreativprozess und sollten den Mitarbeitern zur bestmöglichen Umsetzung eines Design-
Thinking-Projektes zur Verfügung stehen.

Durch ein Angebot an diversen Räumen kann das Bedürfnis der Mitarbeiter nach Krea-
tivräumen, die ihren Wünschen entsprechen und für ihre individuellen Aufgaben passend
erscheinen, befriedigt werden. Diese Freiheit, den passenden Kreativraum zu wählen, so
zeigte eine Studie, kann insgesamt die Kreativität der Mitarbeiter fördern (Nicolai et al.
2016). Siehe auch Abb. 3.5.

**Zusammenfassende Empfehlungen, um Diversität in die Räumlichkeiten
zu bringen**
- Eine Diversität der Räume stimuliert die Mitarbeiter immer wieder mit neuen
  und abwechslungsreichen Reizen.
- Unterschiedlichste Atmosphären und Stimmungen der diversen Raumtypen
  können Phasen im Designprozess unterstützen.
- Eine ruhige Atmosphäre fördert das konzentrierte Nachdenken und Überlegen.
- Räume für Teamarbeiten mit höherem Geräuschpegel unterstützen Phasen des
  kollaborativen und kreativen Arbeitens.
- Räume zum Experimentieren und Basteln erlauben es, Ideen im Prozess direkt
  als Prototypen umzusetzen und auszuprobieren.
- Räume für Präsentationen bieten Platz für interne Vorträge und auch Inputs von
  externen Experten.

**Abb. 3.5** Diverse Atmosphären und Stimmungen können die einzelnen Arbeitsphasen positiv
beeinflussen (Quelle: Shutterstock: Monkey Business Images, AnnaTamila)

### 3.2.3   Flexibilität – individuelle Raumgestaltung

Durch die unterschiedlichen Arbeitsweisen der Mitarbeiter und Teams ergeben sich immer neue Anforderungen an die Räumlichkeiten. Können die Räume an die individuellen Bedürfnisse angepasst werden, so ist dies von großem Vorteil, denn eine Person ist dann am effizientesten, wenn der Raum die individuellen Wünsche und Erwartungen an einen kreativen Raum erfüllt (Puccio et al. 2000).

Die Flexibilität der Räume kann außerdem dabei helfen, die diversen Vorgänge der einzelnen Phasen eines Kreativprozesses zu unterstützen. Da diese Vorgänge – wie beispielsweise das Sammeln von Ideen oder das Strukturieren von Informationen – durch das Raumsetting, die zur Verfügung stehenden Materialien und die Mobilität der Einrichtungsgegenstände gefördert werden können, sollte es für die Teams die Möglichkeit geben, diese Räume dementsprechend einfach und schnell umzugestalten und anzupassen.

Ein innovatives Beispiel für einen solchen flexiblen Raum bildet ein Raum in Googles Headquarter in Mountain View namens „Garage". Es handelt sich dabei um einen Konferenzraum, wo jeder Tisch und Stuhl auf Rollen steht und das Schreiben an Wänden möglich ist (Hunt und Caster 2013).

Bei der individuellen Gestaltung der Räume spielen auch die Materialien und Einrichtungsgegenstände, die für die Durchführung der diversen Methoden benötigt werden, eine große Rolle. Haftnotizen, Endlospapier, Pinnwände oder Flipcharts werden Träger des bisherigen Prozesses, indem sie die visualisierten Ergebnisse der Methoden präsentieren. Durch diese Visualisierungen wird der Raum stetig verändert und erweitert. Sie dienen außerdem zur ständigen Referenzierung und Weiterentwicklung im gesamten Prozess. Ein schneller und leichter Zugang zu solchen Materialien sowie mobilen Pinnwänden oder Flipcharts unterstützt die einzelnen Teams dabei, kreativ zu arbeiten, und fördert deren Produktivität.

Durch die Flexibilität der Räume können sich die Teams ihre Räume persönlich gestalten und, wie bereits erwähnt, Artefakte des Kreativprozesses als ständigen visuellen Bezugspunkt aufhängen. Beispielsweise heben Designer ihre Skizzen, Bilder, Designmodelle oder andere für den Designprozess relevanten Dinge in ihrem Arbeitsraum an Wänden, Tischen oder anderen Plätzen auf. Dadurch werden sie kontinuierlich durch ihre selbst erstellten visuellen Artefakte informiert und inspiriert (Vyas et al. 2009). Dieses Aufheben von visuellen Artefakten ist auch in einem Design-Thinking-Prozess sinnvoll und fördernd und sollte durch die Flexibilität der Räume ermöglicht werden (siehe Abb. 3.6).

**Zusammenfassende Empfehlungen, um Räume flexibel zu machen**
- Das einfache und schnelle Umgestalten von Räumen unterstützt Vorgänge des Kreativprozesses.

- Durch flexible Einrichtung können sich Teams ihre Räume nach ihren Bedürf-
  nissen anpassen.
- Visuelle Artefakte können als ständiger Bezugspunkt und zur Referenzierung im
  Prozess in den Räumen platziert werden, abgenommen und wieder in anderen
  Räumen platziert werden.

### 3.2.4  Expressivität – Stimmungen und Atmosphäre

Farben, Formen, Texturen und Licht eines Raumes ergeben in ihrem Zusammenspiel eine
gewisse Atmosphäre, die auf den Menschen, der den Raum betritt, einwirkt. Sie erwecken
Stimmungen, Gefühle und können die Arbeitsleistung und Kreativität daher wesentlich
beeinflussen.

Eine Studie zeigte beispielsweise, dass direktes natürliches Licht positive Auswirkungen auf die Zufriedenheit im Job und das generelle Wohlbefinden hat und natürliche Elemente wie Bäume oder Pflanzen nicht nur den negativen Effekt von Arbeitsstress dämpfen,
sondern auch einen positiven Effekt auf das generelle Wohlbefinden haben (Leather etal.
1998). Genauso gab es Untersuchungen, die zeigen, dass ein Raum, der den Eindruck
erweckt, dass man in ihm kreativ sein sollte, tatsächlich den kreativen Output steigert
(Puccio et al. 2000).

Die Raumgestaltung und die dadurch kreierte Stimmung und Atmosphäre sind daher
wichtige Aspekte bei der Planung und Umsetzung von Arbeitsräumen. Durch die Expressivität von Elementen im Raum können gezielt Stimmungen vermittelt und die Arbeiten
von Menschen darin positiv beeinflusst werden. Eine Untersuchung von Mehta und Zhu
(2009) zeigte, dass die Farbe Rot positive Auswirkungen auf die Erledigung von detail-
orientierten Aufgaben hatte, während die Farbe Blau positive Auswirkungen auf kreative
Aufgaben hatte. Dies konnte auch durch weitere Experimente anderer Forscher untermau-
ert werden. Beispielsweise zeigte auch eine Untersuchung von Kwallek und Lewis (1990),

**Abb. 3.6** Wandelbare Räume erlauben unterschiedlichste Arbeitssettings (Quelle: Shutterstock:
Rawpixel.com)

**Tab. 3.2** Elemente und Eigenschaften der Arbeitsräume, welche die Kreativität beeinflussen können (Quelle: in Anlehnung an Dul et al. 2011)

| Element | Beschreibung | Beispiele empirischer Studien |
|---|---|---|
| Pflanzen und Blumen | Natürliche Pflanzen und Blumen, die im Arbeitsraum platziert werden | Ceylan et al. (2008) Shibata und Suzuki (2002, 2004) |
| Aussicht in die Natur | Möglichkeit, die Natur (z. B. Bäume, Pflanzen) außen von innen sehen zu können | McCoy und Evans (2002) |
| Beliebige Aussicht | Möglichkeit, das Umfeld außen von innen sehen zu können | Stone und Irvine (1994) |
| Menge an Licht | Die Menge an Licht im Arbeitsraum | Knez (1995) |
| Tageslicht | Das Licht, das durch die Sonne nach innen kommt | Ceylan et al. (2008) |
| Klima | Die Temperatur, Feuchtigkeit und Zusammensetzung der Luft in den Räumlichkeiten | Hygge und Knez (2001) |
| Geräusche | Als angenehm empfundene Geräusche wie Musik, Stille oder die Abwesenheit von Lärm | Alencar und Bruno-Faria (1997) Stokols et al. (2002) |
| Geruch | Als angenehm empfundener Geruch, frische Luft oder die Abwesenheit von Gestank | Knasko (1992) |

dass Personen in einem rot gehaltenen Raum bei genauen Arbeiten die wenigsten Fehler machten. Eine Studie von Lichtenfeld et al. (2012) zeigte, dass die Farbe Grün die kreative Leistung fördert und keine Auswirkungen auf analytische Arbeiten hatte, wohingegen die Farbe Rot analytische Arbeitsleistungen unterstützte (siehe Tab. 3.2).

Dul et al. (2011) geben, wie in Tab. 3.2 ersichtlich, einen Überblick über die Eigenschaften und Elemente von Arbeitsräumen, welche die Kreativität der Mitarbeiter beeinflussen können. Genannt werden hier beispielsweise im Raum platzierte Pflanzen und Blumen, die Möglichkeit, durch Fenster oder gläserne Flächen die Natur außen sehen zu können, oder auch Tageslicht, das von außen in den Raum trifft (siehe Abb. 3.7).

**Zusammenfassende Empfehlungen, um expressive Räume zu planen**
- Direktes natürliches Licht und Elemente aus der Natur wie Bäume und Pflanzen wirken sich positiv auf die Mitarbeiter aus.
- Die Farbe Rot unterstützt analytische Arbeiten und detailorientierte Aufgaben.

- Die Farben Grün und Blau fördern kreative Leistungen.
- Eine Aussicht auf die Umwelt außen, vorzugsweise auf Bäume oder Pflanzen, ein angenehmes Klima, positive Geräusche und Gerüche wirken positiv auf die Mitarbeiter.

### 3.2.5 Interaktivität – Raumelemente, die aktivieren

Kreativprozesse sind von ihrer Natur her aktive und dynamische Prozesse. Die Bewegung, ausgelöst durch Vorgänge des Designprozesses oder durch die Anwendung von Übungen oder Methoden im Prozess, erfordert von den Mitarbeitern eine aktive Teilnahme. Diese aktive Vorgehensweise kann durch diverse Elemente im Raum unterstützt werden. Dabei gilt es, diverse Gegenstände und Materialien insbesondere für die Durchführung von Designmethoden und den Bau von Prototypen bereitzustellen.

Designmethoden und vor allem visuelle Designmethoden benötigen große Flächen, auf denen durch interaktive Zusammenarbeit Skizzen und Zeichnungen entstehen können und Haftnotizen oder adhäsive Folien Platz finden. Diese Flächen können sich an Wänden, auf Tischen oder auch Böden befinden. Durch das Anordnen und Strukturieren von Haftnotizen können beispielsweise wichtige Vorgänge konvergenter Denkphasen eines Designprozesses unterstützt werden. Für das Anbringen dieser Haftnotizen und das Umplatzieren beim Strukturieren sind daher große Flächen gefragt.

Das Zeichnen findet in vielen visuellen Designmethoden, wie beispielsweise beim Storyboarding, Thumbnail Sketching oder Mindmapping, Anwendung und kann Gedanken und Vorstellungen der Teams für alle sichtbar machen. Beschreibbare Flächen sind daher essenziell für den Designprozess und sollten in modernen Arbeitsräumen unbedingt vorhanden sein. Dabei können beschreibbare Wände, Tische oder Böden besonders förderlich

**Abb. 3.7** Natürliche Elemente, Licht und Farben wirken sich positiv auf die Mitarbeiter aus (Quelle: Shutterstock: fuyu liu, ariadna de raadt)

sein, da diese Flächen im Gegensatz zu Flipcharts oder Whiteboards neuartig sind und somit die Neugier der Mitarbeiter wecken. Doch mobile Flipcharts, Whiteboards und Pinnwände sind ebenfalls wichtig, um auch offene Räume jederzeit zum kreativen Arbeiten nutzen und für den Designprozess als wichtig erachtete visuelle Artefakte aufhängen zu können.

Auch beim Bau von Prototypen können diverse Raumelemente unterstützend wirken. Indem Prototypen von Designkonzepten im Prozess gebaut werden, können Fragen über das Design oder über spezifische Aspekte des Designs, wie beispielsweise die Wahl von Materialien, konkreter beantwortet werden. Außerdem können dadurch Designalternativen miteinander verglichen und besser bewertet werden (Yang 2005). Um Prototypen zu bauen, bedarf es diverser Werkzeuge, Tools und Materialien. Während man in den frühen Phasen des Designprozesses einfache Prototypen aus beispielsweise Papier oder durch Skizzen erstellt, können in weiteren Iterationen realistischere Prototypen angefertigt werden. Durch die Verwendung von Holz, Kunststoff und anderen Baustoffen werden Modelle der Ideen entwickelt und durch die Anwendung von Hard- und Software erste digitale Prototypen erstellt. Die Bereitstellung dieser Materialien, Werkzeuge und Software ist daher für den Designprozess ein essenzieller Faktor, um das kreative Arbeiten zu unterstützen (siehe Abb. 3.8).

---

**Zusammenfassende Empfehlungen, um interaktive Räume zu gestalten**

- Diverse interaktive Elemente im Raum fördern die aktive Teilnahme der Mitarbeiter am Kreativprozess.
- Designmethoden erfordern große Flächen für die interaktive Zusammenarbeit beim Zeichnen oder Strukturieren von Haftnotizen.
- Beschreibbare Wände, Tische oder Böden sind besonders förderlich, da sie die Neugier und Experimentierfreude der Mitarbeiter wecken.
- Flipcharts, mobile Whiteboards und Pinnwände bieten die Möglichkeit, auch offene Räume für interaktive Designmethoden zu nutzen.
- Die Bereitstellung von diversen Materialien, Werkzeugen und Hard- und Software für den Prototypen-Bau erlaubt es den Mitarbeitern, ihre Lösungen umzusetzen und weiterzuentwickeln.

---

## 3.2.6   Gestaltung der Arbeitsumwelt

In den vorangehenden Abschnitten wurden bereits Aspekte genannt, die Kreativität und Innovation innerhalb einer Organisation fördern können. Kollaboration, Diversität, Flexibilität, Expressivität und Interaktivität können durch gezielte Maßnahmen, welche die Raumgestaltung betreffen, unterstützt werden und somit zum Aufbau einer innovationsfreundlichen Kultur beitragen.

**Abb. 3.8** Große Wandflächen und die Bereitstellung von diversen Materialien erlauben es den Projektteams, interaktiv zu arbeiten (Quelle: Shutterstock: bikeriderlondon, Monkey Business Images)

Zusammenfassend sollen konkrete Tipps gegeben werden, die bei der Gestaltung der Arbeitsumwelt beachtet werden müssen, um die Arbeitsweisen, die Projektphasen und auch die Innovationsprojekte bestmöglich zu unterstützen und schlussendlich die Innovationskultur im Unternehmen positiv zu beeinflussen und zu stärken.

**Ein offenes Büro mit Begegnungszonen, Arbeitsinseln und transparenten Räumen**

- Ist das Büro ein offenes, das spontane Begegnungen der Mitarbeiter erlaubt?
- Gibt es genügend Begegnungszonen, wie z. B. Cafés oder Lounge-Bereiche, wo sich Mitarbeiter zusammensetzen und sich austauschen können?
- Gibt es Arbeitsinseln in den Büroräumlichkeiten, wo sich Mitarbeiter für kurze Besprechungen zusammenstellen können?
- Gibt es Arbeitsräume, die durch gläserne Wände abgegrenzt und dadurch transparent sind?

**Unterschiedlich gestaltete Räume mit diversen Aufgaben**

- Gibt es unterschiedlich gestaltete Räume, die sich in Einrichtungsgegenständen, Farben, Materialien und Stimmungen unterscheiden?
- Welche Farben herrschen im Raum vor? Die Farbe Rot unterstützt analytische und detailorientierte Arbeiten, während die Farben Grün und Blau kreative Leistungen fördern.
- Gibt es einen ruhigen Raum, in dem still und konzentriert gearbeitet werden kann?
- Gibt es einen größeren offenen Raum, der das kollaborative Zusammenarbeiten erlaubt?
- Ist der Raum für kollaborative Zusammenarbeit durch flexible und mobile Einrichtungsgegenstände in diverse Arbeitssettings wandelbar?
- Sind die Räume hell und mit natürlichem Licht durchflutet?
- Gibt es natürliche Elemente wie Pflanzen im Raum oder bieten die Räume Aussicht auf die Natur draußen?
- Gibt es einen Arbeitsraum, der diverse Arbeitsmittel und Materialien zur Verfügung stellt, um Prototypen zu bauen?

**Die richtige Innenaustattung für mehr Kreativität**

- Gibt es große Flächen in den Räumen, die es ermöglichen, darauf zu zeichnen, visuelle Artefakte aufzuhängen oder Post-Its darauf zu kleben?
- Gibt es eine Möglichkeit, die Räume mit beschreibbaren Tischen oder Böden auszustatten, um die Neugier und Kreativität der Mitarbeiter zu fördern?
- Gibt es Flipcharts, mobile Whiteboards und Pinnwände, um auch in offenen Büroräumen oder bei Arbeitsinseln kreativ sein zu können?
- Werden diverse Materialien, wie z. B. Marker, Buntstifte, Endlospapier, Karton oder Post-Its, bereitgestellt?

## 3.3    Die Organisationskultur auf das neue Ziel ausrichten

> If you look at history, innovation doesn't come just from giving people incentives; it comes from creating environments where their ideas can connect. (Steven Johnson)

Das Ergebnis von Innovationen ist Erneuerung und Wachstum – für die Organisation und all die Mitarbeiter, die dafür arbeiten. Der Erfolg einer Innovation wird typischerweise von verschiedenen Unternehmensfunktionen unterschiedlich bewertet. Für die Forschung und Entwicklung ist der Erfolg einer Innovation gewährleistet, wenn das Entwicklungsprojekt abgeschlossen ist, für den Vertrieb, wenn das neue Produkt wesentliche Umsätze generiert, und für das Supply Chain Management, wenn das neue Produkt reibungslos in Serie läuft. Ist Innovation als Werthaltung in der Organisation verankert, so wissen die Mitarbeiter, dass Innovation die Zukunftsfähigkeit des Unternehmens sicherstellt und so den Fortbestand gewährleistet. Viele Mitarbeiter betrachten also Innovation als die Triebkraft, die ihren Arbeitsplatz und die Wettbewerbsfähigkeit des Unternehmens langfristig sichert, sie kennen den Wert der Innovation und setzen sich persönlich für die Durchsetzung von Neuerungen ein. Dieses Phänomen beschreibt die Kraft einer Innovationskultur, wenn sie im Unternehmen wirklich gelebt wird (Davila et al. 2006, S. 239)

Unternehmen, die Innovation als Erfolgsfaktor oder Differenzierung zum Wettbewerb nutzen möchten, brauchen einen Ansatz, der Innovation im gesamten Unternehmen etabliert (Siguaw et al. 2006). Dafür reicht es nicht aus, sich halbherzig mit Design-Thinking-Workshops, Open-Innovation-Plattformen oder einem Innovationsmanager zu schmücken, es braucht eine ernst gemeinte Beschäftigung mit den Treibern von Innovation im Unternehmen. Viele der Lösungen, die für Innovationsinitiativen in Unternehmen entwickelt werden, betreffen nicht wirklich die DNA des Unternehmens, sondern kratzen nur an der Oberfläche. Wer Innovation tatsächlich im Unternehmen etablieren möchte, braucht deshalb ein klares Bekenntnis: **Innovation fest in der Kultur des Unternehmens zu verankern.**

Obwohl Unternehmen in der Regel wissen, welches Potenzial in einer gelebten Innovationskultur steckt, stellen der Aufbau und die Etablierung dieser Innovationskultur Unternehmen vor oft schwer bewältigbare Herausforderungen (Khazanchi et al. 2007, S. 871). Ohne die richtige Kultur, die einen guten Nährboden für Innovation bietet, sind alle Werkzeuge, Plattformen und Methoden nutzlos. Beim Innovieren wird sehr schnell klar, dass bestehende Strukturen und Prozesse infrage gestellt werden und lieb gewonnene Privilegien und Bereiche, in denen man sich komfortabel eingenistet hat, aufgegeben werden müssen (Kerka et al. 2012). Radikale Ideen, deren Zeit gekommen ist, sorgen in Unternehmen für Angst und Aufruhr. Sie sind fragil und angreifbar, und zugleich verängstigen sie die Kräfte im Unternehmen, die Stabilität und Sicherheit bewahren möchten. Wie schon Joseph Schumpeter so schön beschrieben hat, liegt in jedem Schöpfungsprozess auch das Element der Zerstörung, und dieser Akt ist stets auch mit schmerzhaftem Loslassen von Altem verbunden (Schumpeter 2005). Radikale Innovationen sind disruptiv, sie zerstören bestehende Prozesse und verändern Machtstrukturen im Unternehmen. Dies rüttelt an fest etablierten Strukturen und Prozessen im Unternehmen und gefährdet Stabilität. Oft verlangen Innovationen nach Adaptionen und Veränderungen auf individueller, aber auch organisationaler Ebene. Wie Unternehmen mit diesen „Störfällen" umgehen, ist geprägt durch die Kultur, die vorherrscht. Eine Innovationskultur zeigt sich letztlich auch im Handlungsrahmen, der Innovatoren zum Verrichten ihrer Arbeit geboten wird. Neues stößt in Organisationen grundsätzlich auf Widerstand, je höher der Innovationsgrad und je radikaler die Idee, desto größer werden die beharrenden Kräfte zu spüren sein. Ob von direkten Kollegen, beteiligten Nachbarabteilungen oder Führungskräften – Innovatoren müssen mit Bedenken und Einwänden umgehen können (Kerka et al. 2012). Eine Organisation ist erst dann innovationsfreundlich, wenn sie Innovatoren ein arbeitsfähiges Umfeld zum Durchsetzen von Ideen bietet.

### 3.3.1   Was versteht man unter einer innovationsfördernden Kultur?

Vom Management vorgegeben und in der gesamten Organisation spürbar: Das System und die Prozesse, die ein Unternehmen prägen, bestehen letztlich aus sozialen Interaktionen – der Kultur. Charakterisiert als die ungeschriebenen Gesetze, die gemeinsamen Glaubenssätze und die mentalen Modelle der Menschen hat die Kultur einen maßgeblichen Einfluss auf das Innovationsmanagement und darauf, wie Innovationswerkzeuge in der Organisation wirken (Davila et al. 2006, S. 235). Sie leitet die Wahrnehmung der Mitarbeiter und legt offen, was in einer Organisation möglich ist (Brentani und Kleinschmidt 2004). Eine Unternehmenskultur ist dynamisch, sie verändert sich stetig und entwickelt sich weiter. Die Menschen, die für die Organisation tätig sind, prägen die Kultur, suchen und finden in ihr den Sinn der eigenen Aufgabe. Dies wiederum beeinflusst, ob sie gewisse Handlungen tätigen oder unterlassen (Golden 1992).

Eine Organisation baut eine Innovationskultur auf, indem sie Erwartungen an die Innovationstätigkeit klar darlegt und aufzeigt, wie sie durch Aktionen erfüllt werden könnten. So erhalten die Mitarbeiter einen kulturellen Rahmen, in dem persönliche Sinnstiftung stattfinden kann (Miller und Brankovic 2010). Innovationskultur ist ein menschliches Produkt, das sich nur langsam entwickelt, nicht einfach auf andere Unternehmen übertragen werden kann, schwer zu definieren und nur schwer greifbar ist (Prabhu et al. 2010). Kultur ist also immer das Produkt eines gemeinsamen gesellschaftlichen Denkens und Handelns. Sie wird erlernt und bewusst oder unbewusst weitergegeben.

▶   Eine Innovationskultur kann nie direkt entwickelt werden.

Um eine Kultur zu verändern, müssen Mitarbeiter ihr Verhalten, ihre Denkweisen und ihre Meinungen ändern. Nur wenn sie im Sinne der Innovation handeln, denken und kommunizieren, wird sich dies in der Organisation verbreiten und eine starke Innovationskultur ausprägen (Davila et al. 2006, S. 260).

Jassawalla und Sashittal (2002) definieren eine innovationsunterstützende Kultur wie folgt:

> Innovation-supportive culture= a firm's social and cognitive environment, the shared view of reality, and the collective belief and value systems reflected in a consistent pattern of behaviours among participants. (Jassawalla und Sashittal 2002, S. 43)

**Kulturebenen-Modell nach Schein**
Edgar Schein (1992) unterscheidet drei Ebenen der Kultur (siehe auch Abb. 3.9):

*   Artefakte
    Die Ebene der Artefakte, die für alle sichtbar ist und die Verhaltensmuster und Symbole beinhaltet. Sie zeigt sich in Einstellungen, Umgangsformen, Kommunikation, Feiern, Sprache oder Kleidung und ist in vielen Fällen interpretationsbedürftig, um verstanden zu werden.
*   *Normen und Werte*
    Die Ebene der Normen und Werte beschreibt, was für „gut" und „richtig" in einer Organisation gehalten wird. Sie beinhaltet die Ge- und Verbote und die Verhaltensrichtlinien eines Unternehmens. Normen und Werte sind teilweise sichtbar, teilweise werden sie aber auch unbewusst verfolgt.
*   *Grundannahmen*
    Die Ebene der Grundannahmen beinhaltet grundsätzliche Beschreibungen des Menschen und seiner sozialen Beziehungen, wie er mit Zeit und Wahrheit oder auch dem Umfeld umgeht.

Eine Unternehmenskultur kommt zum Ausdruck durch Artefakte und Verhaltensweisen (Eisberg-Modell). Dazu zählen: Verhalten, Ereignisse, Äußerlichkeiten.

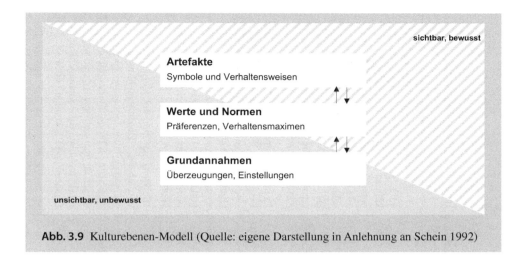

**Abb. 3.9** Kulturebenen-Modell (Quelle: eigene Darstellung in Anlehnung an Schein 1992)

## 3.3.2    Merkmale einer innovativen Unternehmenskultur

**Wie entwickelt ist Ihre Innovationskultur?**
Wie bereits erläutert, zeigt sich die Unternehmenskultur in den Entscheidungen, die Unternehmen treffen. Anhand unterschiedlicher Ebenen kann man erkennen, wie ausgeprägt die Innovationskultur im Unternehmen ist. Mithilfe der Dimensionen Organisation, Informationsmanagement und Lernen, Operatives Management, Marketing und Strategie kann die Verankerung einer Innovationskultur betrachtet werden (siehe Tab. 3.3).

Das Bestreben eines Unternehmens, eine Innovationskultur aufzubauen und Innovation in den Mittelpunkt der Unternehmensaktivitäten zu stellen, hängt maßgeblich von dem Markt und dem Branchenumfeld ab, in dem sich die Organisation bewegt. Grundsätzlich gilt: Je stabiler und überschaubarer das Umfeld, desto traditioneller die Unternehmenskultur, da Veränderung nicht gefordert wird und effiziente Leistungserstellung im Vordergrund steht. Zunehmende Dynamik, schnelle Veränderungen im Wettbewerbsumfeld, Technologiesprünge und die damit verbundenen sich rasch wandelnden Kundenbedürfnisse verlangen von Unternehmen flexibleres Handeln und das schnelle Umsetzen von Innovationsprojekten. Dies ist nur in einer Kultur möglich, die auf Innovation vorbereitet ist und weiß, wie sie mit den Herausforderungen laufender Erneuerung umgeht.

Bei der Einordnung der eigenen Kultur in das Raster und der Bewertung der unternehmensinternen Voraussetzungen sollte deshalb auch bedacht werden, in welcher Situation sich das Unternehmen befindet und wie die zukünftige Entwicklung ausgelegt ist.

- Ist das Unternehmen in einem schwer abschätzbaren Umfeld tätig?
- Gibt es radikale Brüche in der Branche, die durch laufend neue Technologien begründet sind?
- Verändern sich die Kundenbedürfnisse rasch und muss das Leistungsangebot damit darauf ausgerichtet werden?

**Tab. 3.3** Ausprägungen einer innovativen Unternehmenskultur (Quelle: in Anlehnung an Angel 2006, S.3)

| | Traditionelle Unternehmenskultur | Fortschrittliche Unternehmenskultur | Innovative Unternehmenskultur |
|---|---|---|---|
| *Organisation* | Das Unternehmen ist klar hierarchisch aufgebaut, es gibt rigide Direktiven von oben, die ausgeführt werden müssen. Hierarchie- oder abteilungsübergreifender Austausch wird nicht gefördert, ist oft auch unerwünscht. | Das Unternehmen ist disziplinär organisiert. Die Hierarchien spielen keine so ausgeprägte Rolle mehr, allerdings gibt es Abteilungssilos. Diese werden durch die Organisationsstruktur, Budgetvergabe und das Anreizsystem noch gefördert, oft ist interne Konkurrenz sogar erwünscht. | Das Unternehmen ist projektorientiert aufgebaut. Je nach Innovationsprojekt können sich Strukturen und Prozesse anpassen, die Organisation ist flexibel und kann Chancen, die sich auftun, schnell und einfach bearbeiten. Hierarchien und Disziplinen spielen kaum eine Rolle, die Teams arbeiten je Projekt selbstgesteuert. |
| *Informationsmanagement und Lernen* | Wissen wird dann aufgebaut, wenn es für konkrete Anwendungsfelder benötigt wird. Informationen werden bedarfsbezogen gesammelt, es gibt keinen/wenig Austausch in der Organisation, es gibt keine Lern- und Entwicklungsorientierung. | Das Unternehmen verfügt über ein Wissensmanagement. Es wird versucht, den Informationsaustausch in der Organisation zu organisieren und Wissen übergreifend zugänglich zu machen. Die Lernprozesse sind auf die Einzelperson fokussiert. | Es herrscht eine ausgeprägte Kultur des Lernens vor. Wandel und Veränderung sind allen Mitarbeitern vertraut und die Organisation entwickelt sich laufend weiter. Innovationsprozesse werden als kollaborative Lernprozesse gesehen, in die sich viele Mitarbeiter einbinden können. |
| *Operatives Management* | Die Entscheidungen im Tagesgeschäft sind von Effizienz geprägt. Das Einhalten von Budgets oder die Optimierung hinsichtlich Zeit und Kosten stehen im Mittelpunkt. Die Strategie ist auf Risikovermeidung ausgelegt. | Der Wertschöpfungsprozess soll in allen Phasen kostenoptimal gestaltet werden. Produktivität und effiziente Leistungserstellung von der Entwicklung bis hin zum Kundenservice stehen im Zentrum. | Die Wertschaffung im Unternehmen wird über alle Disziplinen hinweg optimal gestaltet. Innovationssprünge verlangen oft Produktivitätseinbußen, dessen ist man sich bewusst und wägt im strategischen Risikomanagement Chancen und Risiken laufend ab. |

**Tab. 3.3** (Fortsetzung)

| | Traditionelle Unternehmenskultur | Fortschrittliche Unternehmenskultur | Innovative Unternehmenskultur |
|---|---|---|---|
| *Marketing* | Das Unternehmen verfolgt ein produktorientiertes Marketing, das aus der Technik getrieben wird. Exzellente Produkte sollen den Kunden zum Kauf bewegen. Der Fokus liegt auf Produktspezifikation und der Vertrieb ist transaktionsorientiert. | Das Unternehmen teilt den Markt in unterschiedliche Marktsegmente ein, die differenziert bearbeitet werden. Die Marketingstrategie bezieht den Kunden schon ein, der Fokus liegt jedoch auf dem Produkt. | Für das Unternehmen steht nicht das Produkt, sondern der Service und die Gesamtlösung für den Kunden im Zentrum. Individuelle Kundenbedürfnisse und deren Erfüllung sind das zentrale Interesse im Marketing. |
| *Strategie* | Die Strategie ist auf Profitmaximierung ausgerichtet. | Die Strategie ist auf Wachstum und effiziente Leistungserstellung ausgerichtet. | Im strategischen Fokus stehen neue Wertschaffung und Innovation. |

(Darstellung in Anlehnung an Angel 2006, S.3)

Sollten diese Fragen auf Ihr Unternehmen zutreffen, so sollten Sie sich mit der Entwicklung einer Innovationskultur beschäftigen. Welche Hebel dabei zu nutzen sind und welche Merkmale eine innovationsfreundliche Kultur auszeichnen, wird im Folgenden im Detail erläutert.

### 3.3.2.1   Organisationale Voraussetzungen

**Zukunftsorientierung**
Ein wesentliches Merkmal innovationsfreundlicher Unternehmen ist der Fokus auf die zukünftige Entwicklung des Unternehmens. Zukunftsorientierte Organisationen versuchen, die Mühen des Mikromanagements so gering wie möglich zu halten, und beschäftigen sich nur in dem unbedingt notwendigen Ausmaß mit bestehenden Produkten und Technologien. Stattdessen richten sie ihren Blick konsequent nach vorne, konzentrieren sich auf das Aufspüren und Entdecken neuer Technologien oder Chancen am Markt. Erkennbar ist dies an Unternehmenseinheiten, die sich ausschließlich dem Entwickeln neuer Ertragspotenziale widmen, einer langfristigen Strategie statt taktischer Planung, der laufenden Erforschung des Marktes nach neuen Kundenbedürfnissen und einem systematischen Monitoring von Veränderungen im Umfeld des Unternehmens. In zukunftsorientierten Unternehmen beschäftigen sich viele Mitarbeiter mit zukünftigen Umsätzen, das gegenwärtige Geschäft frisst nicht sämtliche Ressourcen für strategische Projekte auf (Prahbu et al. 2010).

**Kundenorientierung und Interesse am Kundenbedarf**
Innovationsorientierte Unternehmen erkennt man an ihrer starken Auseinandersetzung mit dem Kunden und dessen Bedürfnissen. Die Mitarbeiter identifizieren sich mit dem Kunden und können sich in die Wünsche und Motive des Kunden hineinversetzen (Jaruzelski et al. 2011).

Sie kennen die Erwartungen der Nachfrager genau und können diese auch in individuell abgestimmten Produkten optimal erfüllen. Eine ausgeprägte Innovationskultur zu haben, bedeutet immer auch eine Ausrichtung am Kunden. Nur wer weiß, wie der Bedarf heute ist und – noch wichtiger – wie sich die Bedürfnisse morgen verändern werden, kann die Vorzeichen und Chancen für Innovation erkennen. Eine Vielzahl von Innovationen entsteht aus geänderten Kundenbedürfnissen – dabei ist es eine notwendige Voraussetzung, den Kunden wirklich zu verstehen und sich für seine Motive zu interessieren.

**Produktführerschaft und Product Champions**
Eine innovative Kultur zeigt sich auch in der Qualität der Produkte und dem Anspruch, den man an die Originalität der Produkte erhebt. Innovationsorientierung im Produktportfolio ist ein Muss. Dazu braucht es in erster Linie Leidenschaft für das eigene Produkt und die erbrachten Leistungen (Jaruzelski et al. 2011). Eine Voraussetzung für die Entwicklung exzellenter Produkte ist die Ausbildung von so- genannten „Product Champions". Diese Experten haben die Möglichkeit, sich intensiv mit den Produkten und deren

Weiterentwicklung auseinanderzusetzen, und besitzen deshalb ein tief greifendes Wissen über die Bedarfe und die Leistungserstellung sowie die Positionierung der einzelnen Produkte im Produktportfolio. Product Champions können als Innovationstreiber in der Organisation eingesetzt werden und bringen einen Geist für Neues und die nötige Dynamik, die für radikale Innovationen notwendig ist. Dafür ist es unabdingbar, dass Mitarbeiter mit neuen Produktideen gefördert werden und die Führungskräfte innovativen Projekten und ihren Treibern die nötige Rückendeckung geben (Prahbu et al. 2010).

**Anreize für Innovation und Kreativität setzen**
Zu glauben, Innovation passiere im Unternehmen einfach so, ist ein großer Irrglaube. Wie jedes andere Ziel, das im Unternehmen verfolgt wird, braucht auch Innovation einen klaren Fokus und muss bewusst gefördert werden. Dies verlangt, dass das Anreizsystem der Organisation auf das Innovationsziel angepasst wird. Innovationsfreundliche Unternehmen erkennt man daran, dass sie großzügige monetäre und auch nicht monetäre Anreize für Innovation setzen. So werden Innovatoren zum einen mit Wertschätzung und Aufmerksamkeit belohnt, wenn sie sich engagieren, und es gibt ein klares Signal, dass Innovation im Unternehmen auch tatsächlich erwünscht ist. Zudem braucht es auch ein monetäres Anreizmodell, das die Leistungen von Innovatoren im Entgelt berücksichtigt (Prahbu et al. 2010).

**Freiheiten und Freiräume (Organizational Slacks)**
Ein besonders wichtiger und sehr interessanter Aspekt in Bezug auf eine innovationsfördernde Kultur ist die Frage: Wer darf bei uns im Unternehmen forschen und explorieren? In den zahlreichen Innovationsprojekten, die wir im Laufe der Zeit mit Unternehmen gemeinsam umgesetzt haben, haben wir diese Frage immer wieder gestellt und sind auf die verblüffendsten Antworten gestoßen. Manchmal haben die technischen Forscher und Entwickler das Recht auf Exploration gepachtet, oft die Innovationsmanager oder Produktmanager, manchmal gibt es Einzelakteure, die jeder kennt und die den Ruf des schrulligen Entdeckers und Grüblers im Unternehmen haben. Noch nie haben wir die Antwort bekommen: jeder. Im Gegensatz dazu finden wir auf den Homepages und in den Hochglanzbroschüren meist Definitionen, die angeben, dass Innovation alle Mitarbeiter betrifft, dass jeder seinen Beitrag dazu leisten soll und dass die Innovationskraft von allen getragen wird. Was wir damit sagen möchten? Dass Innovation Zeit und auch den Freiraum für Exploration und das Erforschen von – wenn auch nur ganz kleinen – Sachverhalten braucht. Die Lust am Entdecken und Explorieren ist uns in die Wiege gelegt, und eine gelebte Innovationskultur erkennt man daran, dass jeder Mitarbeiter die Möglichkeit hat, in seinem Rahmen eigeninitiativ und im Rahmen seiner Zielvorgaben zu hinterfragen, zu erforschen und Ideen zu spinnen.

**Ressourcen**
Die notwendigen Ressourcen für das Initiieren neuer Ideen und das Umsetzen von Innovationsprojekten sind eine wesentliche Voraussetzung. Den Mitarbeitern muss vermittelt

werden, dass die Organisation Ressourcen für Innovation hat und auch bereit ist, diese in interessante Projekte zu investieren. Stehen im Unternehmen zu wenig Ressourcen für Innovation zur Verfügung und können diese nicht umgesetzt werden, so liegt dahinter immer ein Werte- und Kulturproblem und nicht wirklich ein Ressourcenproblem. Die Organisationskultur ist eine, wenn nicht die wichtigste Voraussetzung für die Umsetzung von Innovationsprojekten in Unternehmen. Jedes Unternehmen muss dabei – vor dem Hintergrund der jeweiligen Eigenheiten – einen Weg finden, wie Innovation am besten umgesetzt werden kann (Innes 2011).

**Interne Märkte**
In einer Innovationskultur braucht es den Aufbau und das Erhalten von internen Märkten, welche die Autonomie und den internen Wettbewerb für Innovation schaffen. Die notwendige Freiheit inspiriert Innovation, eine gesunde interne Konkurrenz wirkt sich positiv auf das Innovationsergebnis und die Ideenqualität aus. So sollte es zulässig sein, dass Geschäftsbereiche in gleichen Marktfeldern tätig sind und gleiche Kunden ansprechen (Prabhu et al. 2010). Darüber hinaus sollte auch die Wertschätzung für Innovationsprojekte unternehmensweit wirken und so andere Abteilungen zur Steigerung ihrer Innovationstätigkeit motivieren.

**Bereitschaft, bestehendes Vermögen zu kannibalisieren**
Innovativ zu sein bedeutet leider auch, bestehende Produkte und Services infrage zu stellen. Unternehmen, die eine ausgeprägte Innovationskultur besitzen, sind bereit, ihren Fokus vom Bewahren und Absichern bestehender Ertragsströme auf das Entwickeln einer neuen Generation von Innovationen zu lenken. Sie arbeiten an neuen Projekten, obwohl sie den Erfolg bestehender Produkte gefährden könnten, und sie verfolgen intensiv die Entwicklung neuer Technologien, auch wenn sie dadurch das Budget von anderen Investitionen abziehen müssen. Oft zeichnen sich Innovationsführer genau durch diese Eigenschaft aus. Sie sind bereit, Innovation über alle anderen Aufgaben im Unternehmen zu stellen, und verfolgen neue Ideen allen Widrigkeiten zum Trotz (Prahbu et al. 2010). Steven Sasson, der bei Kodak die Entwicklung der Digitalkamera über Jahrzehnte hinweg verfolgt hat, obwohl diese das Kerngeschäft des Unternehmens bedrohte, hat bei einem Workshop in Linz erläutert, wie er als „Feind im eigenen Haus" so lange tätig sein konnte: Er fokussierte sich auf die Chancen, welche die neue Technologie bringen könnte, und konnte die relevanten Führungskräfte immer wieder davon überzeugen, ihn in der Entwicklung zu unterstützen. Er meinte, dass das Netzwerk und eine nutzenorientierte Argumentation seine wichtigsten Werkzeuge waren, immer wieder die Genehmigung für die Fortsetzung des Projekts zu erhalten.

**Risikotoleranz und konstruktiver Umgang mit Fehlern**
Ein sehr wesentlicher Faktor für den Aufbau einer Innovationskultur ist der Umgang mit Fehlern und Risiken im Unternehmen. Durch Effizienz- und Qualitätsinitiativen in Unternehmen wurde über die letzten Jahrzehnte hinweg der Fokus stark auf „Null-Fehler-Kulturen", das Vermeiden von Risiken und die Kontrollierbarkeit von Situationen gelegt. Da ein Innovationsprozess per se ein ergebnisoffener Prozess ist und wir beim Start von

Innovationsprojekten in der Regel nicht wissen, welches Endresultat wir erwarten können, braucht es für Innovation auch eine andere Mentalität im Umgang mit Fehlern und Risiken.

Wie Tom Kelley so schön formuliert hat, gilt für Innovation das Motto „Fail Soon, Fail Often". Je früher wir also herausfinden, dass etwas so nicht funktioniert, umso eher können wir Verbesserungen und Änderungen im Kurs anstreben und vor allem eines tun: lernen! Dazu braucht es eine Haltung im Unternehmen, die nicht versucht Fehler zu vertuschen und vorzugeben, es laufe immer alles komplikationsfrei, sondern eine offene Kultur, die Scheitern nicht als negativen Ausgang eines Projekts sieht, sondern vielmehr als Zwischenschritt auf dem Weg zu wirklich exzellenten Lösungen. Nur wenn die Kultur in begrenztem Rahmen die Möglichkeit bietet, etwas auszuprobieren und dabei auch zu scheitern und zu lernen, dann werden Innovationen erwünscht sein und wirklich passieren können.

Es braucht ein klares Bekenntnis zu Risiko und ein Abwägen, wie lange Erträge von bestehenden Produkten zu erwarten sind und in welchem Ausmaß eine Auseinandersetzung mit neuen Ertragspotenzialen notwendig ist. Dies fordert vom Management oft risikoreiche Entscheidungen und ein strategisches Risikomanagement (Prabhu et al. 2010). Siehe auch Tab. 3.4.

**Tab. 3.4** Organisationale Voraussetzungen

| AUF ORGANISATIONALER EBENE | |
| --- | --- |
| **Zukunftsorientierung** der gesamten Organisation | Z. B. langfristige Strategien werden formuliert, Produktportfolios beschäftigen sich mit zukünftiger Wertschöpfung |
| **Anreizsysteme,** die Innovation und Kreativität einbeziehen und bewusst honorieren | Z. B. Kennzahlen, die Innovationserfolge messen, nicht monetäre Anreize, die kreatives Engagement belohnen |
| **Organisationale Freiräume,** die innovative Vorhaben zulassen | Z. B. bewusstes Erhalten von Organizational Slacks (d. h. unproduktiven Räumen), in denen Neues ausprobiert werden kann, Freizeiten für Innovation |
| Ausreichend **Ressourcen** für Innovation | Z. B. Budget für die Exploration radikaler Innovationsideen, Budget für risikoreiche Projekte, ausreichend Budget und kalkulierter Puffer für herkömmliche Innovationsprojekte |
| **Interne Märkte,** Innovationen beflügeln sich gegenseitig und schaffen positive interne Konkurrenz | Z. B. interne Wettbewerbe, Innovations-Präsentationen, bei denen zusätzliche Budgets oder Belohnungen für Innovation vergeben werden oder auch gleichzeitige Bearbeitung eines Kunden von mehreren Einheiten im Unternehmen |
| Die Bereitschaft, **bestehendes Vermögen zu kannibalisieren** | Z. B. Arbeit an Ideen, die bestehende Produkte obsolet machen würden (= disruptive Innovationen) |
| **Risikotoleranz** und konstruktiver Umgang mit Fehlern und Scheitern | Z. B. Verfolgen weniger risikoreicher Innovationsprojekte mit hohem Innovationsgrad (ausgewogenes Innovationsportfolio schaffen) |

### 3.3.2.2    Merkmale einer innovationsfördernden Kultur in Teams

**Positiver Austausch unter Kollegen**
Wenn die Mitarbeiter das Gefühl haben, dass sie an einem Strang ziehen und die eigene
Arbeit ein großes Ganzes unterstützt, dann wirkt sich dies positiv auf das Unternehmens-
klima aus. Ein positiver Austausch unter Kollegen verhindert Konflikte innerhalb der Organisation. Einen wesentlichen Einfluss auf das kulturelle Klima einer Organisation hat die
Peer Group, also die direkten Bezugspersonen, mit denen gearbeitet wird. Ist die Beziehung
innerhalb der Gruppe unterstützend und intellektuell anregend, so wirkt sich dies positiv
auf die Innovationsfähigkeit aus. Beziehungen in konstruktiven Peer Groups sind geprägt
von Vertrauen, Offenheit, Humor und einer guten Kommunikationskultur. Im Gegensatz
dazu hat ein feindliches Kollegenumfeld stark negative Auswirkungen auf die Innovationsaktivitäten des Einzelnen. Führungskräfte von Innovationsteams sollten dieser Stimmung
im Team aus diesem Grund eine hohe Bedeutung beimessen und sich der Sache annehmen.

**Intellektuelle Anregung im Team**
Der Austausch von Ideen im Unternehmen soll gegenseitig anregend sein und von vielen
Instanzen genährt werden. Es braucht das Bewusstsein, dass nicht die Personen, die die
Ideen haben, im Vordergrund stehen, sondern die Ideen selbst. So wird eine sachliche
Diskussion und eine intellektuelle Stimulation in der Zusammenarbeit an Innovationen
möglich. Wird Wissen im Team also offen geteilt und werden in Diskussionen auch alle
Ideen eingebracht, so können daraus wesentlich bessere Ideen entstehen, als eine einzelne
Person hätte entwickeln können. Wichtig ist, die Ideengenerierung und den Austausch im
Team auch in den Anreizsystemen zu verankern. Gibt es Teamziele, so wird die gemein-
same Ideenförderung unterstützt, gibt es lediglich Einzelprämien, so schürt dies den Wettbewerb untereinander und verhindert den Austausch.

**Partizipation**
Eine innovative Kultur zeigt sich an dem Ausmaß, in dem sich verschiedene Interessen-
gruppen in Innovationsprojekte einbringen. Wenn Innovatoren ihre Kollegen, Führungskräfte und direkten Mitarbeiter einbinden und ihre Beiträge wertschätzen, so begünstigt
dies eine offene Kommunikation und effektive Diskussionen. Oft werden Innovationsprojekte in Unternehmen aus Angst vor Kritik oder Zurückweisung wenig kommuniziert
und Personen, die sich einbringen könnten, bewusst außen vor gelassen. Eine Innovationskultur zeigt sich darin, dass der Erfolg der Innovation vor den Interessen Einzelner steht.

**Hohes Vertrauen in Teams**
Einer der stärksten Indikatoren einer Innovationskultur ist Vertrauen. Genauer gesagt das
Vertrauen, das Führungskräfte in einzelne Mitarbeiter und Teams legen. Dies meint nicht,
dass Manager blind vertrauen und keinerlei Kontrolle über die Aktivitäten in den Bereichen haben, sondern dass Korridore definiert werden, in denen sich Innovationsteams

frei bewegen und ihre eigenen Entscheidungen treffen können. Dann ist es wichtig, dass Mitarbeiter auch die Möglichkeit haben, in ihrem begrenzten Bereich freie und eigene Entscheidungen zu treffen und ihre Wege selbst zu definieren. Vielen Führungskräften fällt es immer noch schwer, die Kontrolle zu reduzieren und das Ergebnis der Initiativen ihrer Mitarbeiter abzuwarten. Hier gilt: Wer es schafft, Eigeninitiative und selbstständiges Handeln zu fördern, und auf die Talente seiner Mitarbeiter vertraut, der ist als Führungskraft in der Regel erfolgreicher.

▶   Es braucht einen Innovationskorridor,
    der vom Topmanagement vorgegeben wird und
    in dem sich die Mitarbeiter bewegen können.

**Klarer Auftrag in Innovationsprojekten**
Mitarbeiter, die kreative Aufgaben erfüllen, brauchen ein klares Bild davon, was erreicht werden soll und wo die Zielsetzungen der Innovationsinitiative liegen. Sie müssen sich bewusst sein, wann ihre Arbeit als erfolgreich bewertet wird und welchen Beitrag sie zum Gesamterfolg des Unternehmens leisten können. Dies setzt voraus, dass auch die Unternehmensführung Szenarien für die Zukunft des Unternehmens entwickelt hat und weiß, welche Stoßrichtungen in Zukunft bedeutsam werden. Nur mit einem klaren Fokus auf Innovation kann sichergestellt werden, dass die neuen Lösungen auch wirklich der Wertschaffung und gezielten Unternehmensentwicklung dienen.

**Topmanagement-Unterstützung**
Einen wesentlichen Einfluss auf die Innovationskultur hat dabei das Verhalten der Führungskräfte, da diese die Kultur maßgeblich prägen. So haben Führungskräfte die Kraft, Innovation in der Kultur des Unternehmens zu etablieren, können aber leider auch echten Schaden verursachen. Beispiele dafür sind öffentliche Kritik von Ideen, persönliche Kritik an Mitarbeitern, Ideenbringer wegen ihrer Idee anzugreifen, politisches Verhalten, das öffentlich die Innovation gutheißt, hinter den Kulissen aber verhindert. So viel zu offensichtlicher Intervention gegen innovative Initiativen. Oft passiert der Widerstand der Führungskräfte aber auf viel subtilere Art und Weise. So werden plötzlich Aufgaben umverteilt, Personen aus Projekten abgezogen, Budgetmittel ohne Angabe von Gründen gekürzt oder Personen, die sich für Innovation engagiert haben, in wenig einflussreiche Positionen gesetzt. Was dabei entsteht, ist das Gefühl, dass Innovation den Mitarbeitern schadet und ihren Arbeitsplatz gefährdet. Leicht vorstellbar, dass solche Verhaltensweisen Innovation sicher nicht fördern. Sehr häufig wird innovativen Projekten auch einfach keine Aufmerksamkeit und Wertschätzung geschenkt. Wenn sowohl Anreizsysteme als auch persönliches Lob der Führungskräfte sich ausschließlich auf umgesetzte Projekte, operatives Geschäft und erreichte Markterfolge richten, wird es bei vielen Mitarbeitern schwierig sein, sie für Innovationen im gesamten Unternehmen zu motivieren. Siehe auch Tab. 3.5.

**Tab. 3.5** Merkmale einer innovationsfördernden Kultur in Teams

| AUF TEAMEBENE | |
| --- | --- |
| Positiver **Austausch unter Kollegen** | Z. B. gegenseitige Unterstützung in Fachfragen, pragmatische Verteilung von Ressourcen, gute Stimmung im Team, Humor |
| Gegenseitige **intellektuelle Anregung** im Team | Z. B. fachliche Diskussionen über Veränderungen und neue Herausforderungen, gemeinsames Erarbeiten von neuen Lösungen im Team |
| **Partizipation** | Z. B. Einbindung unterschiedlicher Experten in Neuentwicklungen – aus fachfremden und auch verwandten Bereichen |
| Hohes **Vertrauen** in Teams | Z. B. durch flexible Budgets, einen hohen Grad an Eigenverantwortung, Selbststeuerung und Entscheidungsfähigkeit im Prozess |
| **Klarer Auftrag** in Innovationsprojekten | Z. B. verständliche Innovationsziele, die von allen mitgetragen werden können, klare Erfolgsparameter für jedes Projekt |
| Unterstützung der **Führungskräfte** | Z. B. Lob, Budgetfreigabe, schnelle Entscheidungen und Commitment |

### 3.3.2.3   Merkmale einer innovationsfördernden Kultur beim Individuum

**Hoher Stellenwert von Weiterbildung und Lernen**
Eine Innovationskultur ist zugleich eine lernende Kultur. Wer einen optimalen Rahmen für neue Ideen und zukunftsfähige Lösungen bieten möchte, ist vor allem angehalten, seine Mitarbeiter dazu zu motivieren, ständig Neues auszuprobieren und sich weiterzuentwickeln. Dies kann durch unterschiedlichste Ansätze realisiert werden. Zum einen kann natürlich ein kompetenzorientiertes Personalentwicklungskonzept unterstützen, sodass die Kompetenzprofile der Schlüsselkräfte individuell gestaltet und erweitert werden können. Es sind aber auch informelle Communitys denkbar, die sich über bestimmte Fachgebiete austauschen, oder interdisziplinäre und bereichsübergreifende Peer Groups, in denen Erfahrungen geteilt werden. Wichtig dabei ist, dass die Mitarbeiter lernen, über den eigenen Tellerrand hinauszublicken, und sie sich auf neue Inhalte und Herausforderungen einlassen. Dies fordert vom Personalmanagement auch neue Ansätze: Eine innovationsorientierte Personalentwicklung fördert den Mitarbeiter nicht unbedingt in Themen, in denen er sich komfortabel fühlt, sondern ermutigt ihn, in neue oder für ihn schwierige Wissensgebiete einzutauchen.

**Zulassen und Fördern neuer, radikaler Denkweisen**
Nicht alle Menschen besitzen das gleiche Talent, zukünftige Veränderungen zu spüren, sensibel für innovative Potenziale zu sein, Bestehendes zu kombinieren und ihre Kreativität

zu nutzen. Ein entscheidendes Merkmal innovativer Organisationen ist, dass sie solche Mitarbeiter anziehen und ihnen dabei helfen, ihr kreatives Potenzial auszuschöpfen. Optimalerweise können solche Mitarbeiter andere Mitarbeiter sogar anstecken und zu kreativen Denkweisen ermutigen. Wer Innovatoren für sein Unternehmen gewinnen möchte, muss eine Kultur bieten, in der neue und radikale Denkweisen gewünscht und wertgeschätzt sind. Ein optimales Umfeld für kreative Köpfe aufzubauen verlangt Änderungen auf vielen Ebenen: Personaleinstellungsgespräche müssen das kreative Potenzial neuer Mitarbeiter abfragen und einschätzen können, Führungskräfte sollten die kreativen Fähigkeiten ihrer Mitarbeiter erkennen und zielführend einzusetzen wissen, und Wertschätzung und Lob sollten nicht nur für Umsetzung, sondern auch für neue Ansätze und Ideen ausgesprochen werden. Darüber hinaus braucht es vielleicht neue Rollenprofile, die ein interdisziplinäres Engagement fördern und Silo- und Bereichsdenken nicht mehr zulassen. Flexibilität in Aufgabenprofilen und spannende, abwechslungsreiche Herausforderungen sorgen dafür, dass innovatives Denken angeregt wird und kreative Köpfe gerne im Unternehmen bleiben und ihr Potenzial im Sinne des Unternehmens abrufen. Was auf keinen Fall passieren sollte, beschreibt folgende Aussage eines Marketing-Mitarbeiters, den wir in einem Training kennengelernt haben, sehr treffend: „Ich bin schon innovativ, auf jeden Fall, aber nicht für das Unternehmen hier – das ist nicht gewünscht. In meiner Freizeit arbeite ich im Unternehmen meiner Brüder mit und dort werden meine Ideen geschätzt, dort kann ich meine Kreativität ausleben."

**Wertschätzung von eigeninitiativem Verhalten**
Die Innovationskraft eines Unternehmens zeigt sich oft auch darin, dass Mitarbeiter die Möglichkeit haben, Chancen zu nutzen, wenn sie auftreten. Dies verlangt vom Mitarbeiter Eigeninitiative und unternehmerisches Denken und Handeln. Möchte man als Unternehmen diese kurzfristigen Innovationspotenziale nutzen können, so braucht es ein klares Commitment zu unternehmerischem Tun. Damit geht einher, dass Mitarbeiter bestehende Prozeduren hinterfragen dürfen, eigene Lösungen spinnen können und auch die Möglichkeit haben, eigenständig Projekte umzusetzen. Wichtig ist, sich bewusst zu sein, dass Eigeninitiative und selbstständiges Handeln Kulturmerkmale sind, die gefördert werden und in die DNA des Unternehmens übergehen müssen. Ist es im Alltag nicht erwünscht, so wird es auch dann nicht genutzt werden können, wenn sich Innovationschancen auftun.

**Gute Beziehung zum direkten Vorgesetzten**
Der direkte Vorgesetzte beeinflusst mit seinem Führungsverhalten die innovative Kultur. So kann er als förderlich für neue und innovative Ideen wahrgenommen werden. Wichtig ist, dass die Führungskraft offen für Verbesserungen ist und den Mitarbeitern Freiräume gewährt. Dies tut sie, indem sie keinen kontrollierenden Führungsstil verfolgt.

**Herausfordernde Tätigkeitsprofile**
Mitarbeiter sollen das Gefühl haben, dass ihre Aufgabe herausfordernd, umfangreich und interessant ist. Sie sollen immer wieder mit neuen Aufgaben betraut werden und sich mit

**Tab. 3.6** Merkmale einer innovationsfördernden Kultur beim Individuum

| | |
|---|---|
| Hoher Stellenwert von **Weiterbildung und Lernen** | Z. B. individuelle Förderung der Mitarbeiter zur Erweiterung ihrer Kompetenzen, Lernorientierung im gesamten Unternehmen |
| Zulassen und Fördern **neuer, radikaler Denkweisen** | Z. B. offene Kommunikationskultur, Ideen-Pools zur Förderung der Ideengenerierung, Wertschätzung radikaler Ansätze |
| Wertschätzung von **eigeninitiativem Verhalten** | Z. B. Fördern unternehmerischen Verhaltens der Mitarbeiter durch Spin-offs oder kreative Einheiten, Sonderbudgets für Innovationen |
| **Gute Beziehung** zum direkten Vorgesetzten | Z. B. offene Diskussionskultur, Platz für „Spinnereien" über neue Produkte und Services |
| **Herausfordernde Tätigkeitsprofile** | Z. B. abwechslungsreiche Gestaltung der Aufgaben, Job Rotation, individuelle Entwicklungspotenziale anbieten, ohne zu überfordern |
| **Leidenschaft und Stolz** für die angebotenen Produkte und Dienstleistungen | Z. B. hohe Identifikation mit dem eigenen Produkt, durch direkte Einbindung in Entscheidungen |

der neuen Tätigkeit weiterentwickeln können. Gleichzeitig sollte die Herausforderung nicht zu anspruchsvoll und überfordernd sein. Dies führt bei vielen Mitarbeitern zu Resignation und Demotivation. Siehe auch Tab. 3.6.

**Leidenschaft und Stolz für die angebotenen Produkte und Dienstleistungen**
Die Mitarbeiter sollen das Gefühl haben, dass sie sich selber in neue Entwicklungen und Designs einbringen können und die Projekte zu ihren eigenen machen. Dadurch entsteht eine Leidenschaft für die entwickelten Produkte und Dienstleistungen. Werden die Ergebnisse später im Unternehmen oder auch am Markt vorgestellt, so sollen die involvierten Mitarbeiter auch das Gefühl haben, dass der Erfolg auch ihr persönlicher Verdienst ist.

## 3.4   Design Thinking und Innovation in Strategie und Leadership

Design Thinking wird von seinen Begründern zu Recht als Denkhaltung und Philosophie beschrieben. Dies erhebt auch die Forderung, Design Thinking nicht als bloße Innovationsmethode einzusetzen, sondern über die Veränderungen nachzudenken, die das Designdenken für die Ausrichtung und das gesamte Handeln des Unternehmens mit sich bringen kann.

Um das Potenzial von Design Thinking auf Unternehmensebene nutzen zu können, braucht es eine Verankerung auf oberster Ebene im Unternehmen – in der Strategie und den Köpfen der Führungskräfte. Erst wenn das Topmanagement sich zu Design als Wettbewerbsfaktor bekennt und Innovation auf strategischer Ebene diskutiert wird, kann die

Zukunft des Unternehmens kontinuierlich neu gestaltet werden. Dazu sind Führungskräfte nötig, die mit ihrer Haltung und Art, Menschen zu führen, Innovationen begünstigen und bewusst fördern.

### 3.4.1   Innovation auf die strategische Agenda

Viele Unternehmen sehen sich momentan in einem strategischen Dilemma. Zum einen fühlen sie sich bedroht von billiger Konkurrenz aus den aufstrebenden Märkten und unternehmen viele Anstrengungen, um mit noch höheren Automatisierungsgraden und Rationalisierungsmaßnahmen dem Preisdruck preisgünstigerer Produktionsstandorte standhalten zu können, zum anderen sehen sie sich gezwungen, den Innovationsgrad ihrer Produkte – der im globalen Wettbewerb zur einzigen wirklichen Differenzierungsmöglichkeit geworden ist – hochzuhalten.

Die wesentliche Herausforderung liegt also darin, gleichzeitig effizient und kostenbewusst sowie visionär und kreativ zu sein. Diesen Spagat zu schaffen und die richtige Balance der Ressourcen für Innovation und Ausführung zu finden, fordert Führungskräfte besonders heraus. Wird der Druck im operativen Geschäft zu groß und das tagtägliche Krisen- und Mikromanagement zu zeitintensiv, so sehen Führungskräfte oft im Weglassen der Innovation die einzige Möglichkeit, ihren Alltag zu bewältigen. Was nicht unbedingt notwendig ist, wird auf die lange Bank geschoben. Dieses Verhalten ist durchaus verständlich, zumal der Druck auf Entscheider in turbulenten Zeiten steigt und das Management von Krisen viele Ressourcen im akuten Lösungsfinden bindet. Für die langfristige Erfolgssicherung des Unternehmens bedeutet dies jedoch, dass die Werttreiber mehr und mehr ausgeschöpft werden und das Unternehmen Gefahr läuft, sich zu wenig um zukünftige Wertschaffung zu kümmern. Dieser ungesunde Fokus der Führungskräfte auf das operative Geschäft bewirkt, dass es niemanden gibt, der sich für neue Leistungsangebote und Veränderungen der Kundenbedarfe verantwortlich fühlt, und das Unternehmen irgendwann mit alten Produkten zu kämpfen hat.

Sicherzustellen, dass Innovation auf strategischer Ebene verfolgt wird, ist somit eine der wesentlichen Aufgaben von Führungskräften. Unternehmen sind dann erfolgreich, wenn sie es nicht nur schaffen, ihre bestehenden Prozesse zu optimieren, sondern zur gleichen Zeit auch neue Ideen entwickeln und umsetzen können. O'Reilly und Tushman (2004) nennen es in ihrer Arbeit das geschickte Zusammenspiel von „Exploring und Exploiting", also das Entdecken und Verwerten von Potenzialen zur selben Zeit – auf dieses Thema wurde bereits in Abschn. 3.1.3 genauer eingegangen. Genauso wie Effizienz, Wertschaffung und Ertragssteigerung auf der strategischen Agenda nicht fehlen dürfen, braucht es auch ein Bekenntnis zur Innovation, das in den Chefetagen der Unternehmen ehrlich gegeben werden muss. Fest steht: Innovation passiert im Unternehmen nur dann, wenn Innovation Aufmerksamkeit bekommt und wertgeschätzt wird – dazu ist strategische Relevanz notwendig.

**Strategische Bedeutung des Innovationsprojekts**

Die erste Frage, die man sich also stellen sollte, sofern man die Innovationskraft des Unternehmens steigern will, ist die Frage nach der strategischen Bedeutung einer Innovation. Folgende Checkliste kann Ihnen dabei helfen, sich über die strategische Relevanz Ihrer Innovationsinitiativen bewusst zu werden:

- *Steht die Innovation im Einklang mit der Organisation?*
  Die Innovation braucht ein gewisses Maß an Akzeptanz in der Organisation. Auch wenn Innovationsprojekte, insbesondere radikale, dafür bekannt sind, von der Organisation abgelehnt zu werden, braucht es in den Entscheidungsebenen die Überzeugung, dass die Innovation der Organisation einen Vorteil verschaffen kann.
- *Besitzt das Innovationsvorhaben einen klaren strategischen Vorteil?*
  Innovationen sind dadurch charakterisiert, dass sie – insbesondere in der Umsetzungsphase – auf viel Widerstand stoßen und schwierig durchzusetzen sind. Besitzt das Innovationsprojekt keinen klaren strategischen Vorteil und hieb- und stichfeste Argumente, die für die Durchsetzung sprechen, so wird es schnell in den Boden gestampft oder in einer Schublade versteckt. Nur Projekte, die strategische Relevanz haben, werden auch diese Durststrecken überwinden können.
- *Gibt es einen Bedarf für die Innovation?*
  Innovationen sind oft die Antwort auf latente Bedürfnisse, und ihr Bedarf kann nicht in konventionellen Markttests prognostiziert werden – dies ist hinlänglich bekannt. Dennoch braucht es für jede Innovation die Auseinandersetzung mit dem potenziellen Kunden und dessen Erwartungen und Wünschen. Nur so kann dieses tief greifende Kundenverständnis, die „Customer Insights", generiert werden, die uns zukünftige Verkaufsschlager entwickeln lassen.
- *Ist die Innovation umsetzbar?*
  Wie innovative Ideen umgesetzt werden können, ist am Fuzzy Front End, also im Anfangsstadium der Innovation, noch unklar. Es braucht jedoch eine Vorstellung, wie die Umsetzung angelegt werden könnte, welche Fähigkeiten und Ressourcen im eigenen Unternehmen verfügbar sind und wo Kompetenzen von außen notwendig sein könnten. Diese Auseinandersetzung stellt sicher, dass schon frühzeitig an den Aufbau von Kooperationen und Netzwerken gedacht wird.
- *Gibt es klare Erfolgsparameter für die Innovation?*
  Wenn auch der Erfolg einer Innovation nie wirklich abschätzbar ist, so sollten trotzdem Parameter definiert werden, die das erfolgreich durchgeführte Projekt beschreiben. Ist dies nicht möglich, kann auch die Formulierung eines idealen Endresultates hilfreich sein. Einen Erfolgsmaßstab bzw. eine Vision zu entwickeln ist wichtig, um auch während der Bearbeitung noch reflektieren zu können, ob es sich lohnt, das Projekt fortzusetzen.
- *Bekommt die Innovation Unterstützung vom Topmanagement?*
  Je radikaler die Innovation ist, umso wichtiger ist diese Komponente. Die Unterstützung des Top- managements stellt sicher, dass auch in schwierigen Zeiten der wesentliche

Druck zur Durchsetzung der Innovation erzeugt werden kann und die Ressourcen für die Umsetzung zur Verfügung gestellt werden.

• *Ist die Innovation in den strategischen Zielen verankert?*
Innovation braucht eine Anbindung an die Strategie des Gesamtunternehmens. In der Regel lassen sich schwierige Phasen im Innovationsprozess wesentlich leichter überbrücken, wenn das Projekt die zukünftige Entwicklung des Unternehmens positiv beeinflussen kann und mit der strategischen Agenda abgestimmt ist.

• *Hat die Innovation Zugriff auf strategische Budgettöpfe?*
Innovation hat dann strategische Relevanz im Unternehmen, wenn sie auch mit angemessenen Ressourcen ausgestattet wird. Dazu gehört auch der Zugriff auf strategische Budgettöpfe, die für das Explorieren radikaler Ideen, für Vorprojekte und Prototypen vorgesehen sind. Innovationsführer sorgen dafür, dass die Finanzplanung auch in schwierigen Zeiten Möglichkeiten für risikoreiche, aber vielversprechende Projekte offenhält.

**Innovationsstrategie-Formulierung**
Wie in Abschn. 1.4 bereits erläutert, braucht Innovation eine Verankerung in der Unternehmensstrategie und, abgeleitet aus dieser, eine Innovationsstrategie. Wer nicht weiß, wie er innovieren möchte, und Scheu davor hat, sich festzulegen, wird immer verleitet sein, Innovationsprojekte zu verschieben und zum operativen Geschäft nachrangig zu behandeln. Folgende Fragestellungen sollten deshalb in jedem Fall im Zuge einer Innovationsstrategie-Formulierung beantwortet werden:

• *Womit werden wir unseren Umsatz in zehn Jahren generieren?*
Diese Frage zielt darauf ab, die Lebensdauer der bestehenden Produkte zu hinterfragen und systematisch sicherzustellen, dass neue Generationen von Produkten die etablierten Angebote ablösen können, ohne ein Vakuum zu haben.

• *In welcher Lebensphase sind unsere momentanen Leistungsangebote?*
Diese Frage steht in engem Zusammenhang zur ersten und zielt darauf ab, ein ausgewogenes Leistungsportfolio aufzubauen. Die Diagnose der bestehenden Angebote gibt einen wichtigen Überblick über die Ertragskraft und die Zukunftsfähigkeit des Unternehmens oder einzelner Geschäftsbereiche.

• *Herrscht Ausgewogenheit im Leistungsportfolio?*
Sind die Leistungen, die aktuell angeboten werden, nicht über die Phasen im Lebenszyklus verteilt, so ist die Gefahr groß, durch Innovationen der Wettbewerber überrascht zu werden, zu viel Zeit in Produktpflege zu investieren oder zu sehr auf eines oder wenige Produkte zu setzen, die dem Unternehmen momentan passable Erträge bringen. Insbesondere in Zeiten, in denen Unternehmen von starken Marken und Produkten profitieren, für die sie seit Jahren Renditen abschöpfen können, wird die notwendige Ausgewogenheit gerne vergessen oder verdrängt und wesentliche Neuentwicklungen werden verpasst.

• *Welche Innovationsprojekte laufen im Moment – und schließen sie die richtigen Lücken?*

Wurden Defizite im aktuellen Leistungsportfolio identifiziert, so ist darauf zu achten, dass die laufenden Innovationsprojekte auch wirklich in den richtigen Bereichen angesetzt werden. Innovationen sind zwar ergebnisoffene Prozesse, sie können aber sehr wohl konkret auf strategische Ziele ausgerichtet sein. Das gezielte Fördern von Innovationen in strategisch wichtigen Bereichen oder strategischen Lücken sollte hier unbedingt im Fokus stehen.

**Erfolgsfaktoren von Innovationsstrategien**

Robert Cooper beschäftigt sich seit nunmehr Jahrzehnten mit den Erfolgsfaktoren von Innovationsprojekten und hat mit seinem Partner Scott Edgett die Faktoren identifiziert, die für die Formulierung einer Innovationsstrategie und deren Verankerung in der Unternehmensstrategie nötig sind.

- **Klar formulierte Zielsetzungen:** Festschreibung, wie die Innovationsziele erreicht werden sollen. Welchen Beitrag soll die Innovation leisten? Wann soll sie marktreif sein? Wann ist die Entwicklung ein Erfolg?
- **Strategische Innovationsfelder:** Definition der Schauplätze, in denen in den nächsten Jahren Innovation erforderlich sind. Wo müssen wir uns als Unternehmen weiterentwickeln? Wo gibt es die größten Entwicklungspotenziale? Grundlage dafür ist eine interne und externe Analyse.
- **Vorbereitung des Markteintritts:** Überlegungen, wie der Markteintritt erfolgen soll, als Pionier oder Folger? In allen Märkten gleichzeitig oder Schritt für Schritt? Wie das neue Angebot am Markt eingeführt werden soll, muss gut überlegt und geplant sein.
- **Beherzte Entscheidungen im Innovationsprojekt:** All die Vorbereitung ist nutzlos, wenn im Projekt nicht die notwendigen Entscheidungen rasch und klar getroffen werden. Ein schnelles Abwägen von Alternativen und ein rechtzeitiges Freigeben von Budgets sind nötig.
- **Strategisches Innovationsportfolio:** Mittelfristig-taktische Entscheidungen werden im Innovationsportfolio diskutiert und festgehalten. Die laufende Bewertung der Projekte, Stop-or-Go-Entscheidungen und eine Priorisierung der Ressourcenzuteilung müssen von den Innovationsverantwortlichen durchgeführt werden (Cooper und Edgett 2010).

## 3.4.2 Design Thinking als strategischer Impulsgeber und Denkhaltung in Strategieabteilungen

*Design als strategische Ressource*

Die bedeutende Rolle von Design als strategischer Wettbewerbsvorteil ist aus der Sicht des Designmanagements seit Jahrzehnten bekannt. Bereits in den 1980er-Jahren wurden insbesondere in Großbritannien zahlreiche Studien durchgeführt, welche die Wirkung von Design auf den Unternehmenserfolg bewiesen haben. Der Fokus dieser Studien lag damals noch eher auf Produktdesign, obwohl sich der Betrachtungswinkel schon bald auf

Dienstleistungen und Service Design ausdehnte. Man war sich also sicher, dass Unternehmen, die bei ihrer Leistungserstellung auf die Unterstützung von Design und Designer setzten, erfolgreicher waren als andere. Alessi und Philips, Kartell, Apple, Nokia, Bang & Olufsen oder Swatch sind nur einige der Beispiele, die beweisen, dass eine Designorientierung Produkte erfolgreicher macht, aber auch wesentliche Impulse für die Neuausrichtung des Unternehmens leisten kann. So konnte man schon bevor Design Thinking als Ansatz etabliert und bekannt gemacht wurde die Wirkung eines professionellen Designmanagements auf die Qualität und den Erfolg der Innovations- und Unternehmensprozesse sehen (Best 2011).

*Designen für Nicht-Designer*

Der Unterschied zur heutigen Anwendung des Design Thinking ist nur, dass in diesen Fällen immer professionelle Designer in die Projekte integriert und in ihren Kernbereichen, den Produktentwicklungsprozessen, eingesetzt wurden. Der Impuls für die strategische Erneuerung des Unternehmens kam somit immer aus dem Produktmanagement heraus – und Design Thinking wurde nicht bewusst auf strategischer Ebene, sondern auch für andere Aufgaben eingesetzt.

Heute, nach der Etablierung von Design Thinking für Managementaufgaben, wird dezidiert in rein wirtschaftlichen Aufgabenstellungen versucht, die Denkhaltung der Designer zu integrieren und Nicht-Designer im kreativen Problemlösen zu üben – dies ist also eine Erweiterung des Einsatzbereiches auf Aufgabenstellungen, die nicht vordergründig kreative Lösungen verlangen. Und trotzdem bietet Design Thinking auch hier verschiedene Methoden und Schritte, die sehr hilfreich sein können. Deshalb also wäre es sinnvoll, Design Thinking nicht nur in vordergründig „kreativen" Problemlösungsprozessen wie dem Produktmanagement oder der Unternehmenskommunikation einzusetzen, sondern auch als Ansatz für die Unterstützung der Strategieentwicklung zu sehen (Best 2011; Hatchuel et al. 2010)

*Design Thinking als Impulsgeber für die Strategieentwicklung*

Betrachtet man die Entwicklung des Strategischen Managements in den letzten Jahrzehnten und vor allem die Herausforderungen, die an die Strategieentwicklung im Unternehmen gestellt werden, so wird rasch klar, warum Design Thinking als Impulsgeber für strategisches Denken so hilfreich ist.

Die 1960er-Jahre werden als das Goldene Zeitalter der strategischen Planung bezeichnet. In dieser Zeit stieg das Interesse an langfristigen Planungsprozessen, und im angloamerikanischen Raum bildeten sich viele wissenschaftliche Initiativen, die auf der Suche nach Modellen und Methoden des strategischen Managements waren. Diese Anfänge brachten Ansätze hervor, die wir noch heute an Business Schools vermittelt bekommen: Ansoff-Matrix für strategisches Wachstum, die SWOT-Analyse zur strategischen Position eines Unternehmens im Markt, das BCG-Portfolio zur strategischen Steuerung des Leistungsportfolios und die Five Forces von Porter, welche die Struktur und die Wettbewerbsintensität einer Branche beleuchten (Hatchuel et al. 2010).

Darauf folgte die Ära der strategischen Prozesse – und der Betrachtungswinkel im strategischen Management wurde zunehmend umfassender. Geprägt von Henry Mintzberg wurde die Diskussion auf den Kontext der Strategieentwicklung und das Argument ausgeweitet, dass sich die soziale Realität, in der Strategien formuliert werden, ständig verändert Strategieprozesse müssen also immer in ihr Umfeld eingebettet werden (Hatchuel et al. 2010).

Während sich die ersten Strategiemodelle auf die Analyse von Informationen konzentrierten, wurde in der neueren Prozess-Ära das Strategische Denken in den Mittelpunkt gerückt. Intuition, Kreativität und Lernen spielen in diesem Ansatz eine wesentliche Rolle und die Überzeugung, dass Strategie überall im Unternehmen entstehen und entwickelt werden kann. Somit ist die Strategieentwicklung nicht länger ein Top-Down-Prozess, sondern involviert viele Mitarbeiter aus unterschiedlichen Bereichen im Unternehmen. Trotzdem ist die Strategieentwicklung immer noch stark konzentriert auf die Unternehmensebene und bindet andere Stakeholder nur wenig ein. Kooperative Strategiemodelle, die auch externe Netzwerkpartner einbinden, sind noch wenig in der Diskussion berücksichtigt worden. Dazu kommt, dass neue Herausforderungen für die strategische Planung in Unternehmen bewährte Strategiemodelle in der Praxis auf die Probe stellen. Im Wesentlichen ist die zentrale Herausforderung immer der Umgang mit Unsicherheit, die auf vielen Ebenen spürbar ist (Hatchuel et al. 2010).

*Neue Herausforderungen für strategische Entscheider*

Führungskräfte und strategische Entscheider haben also mit unterschiedlichen Formen der Unsicherheit umzugehen:

- Unsicherheit im globalen Unternehmensumfeld (auf makroökonomischer, politischer, gesellschaftlicher, technologischer und ökologischer Ebene)
- Unsicherheit in der Branche (durch Konzentrationsprozesse bei Kunden und Lieferanten, Eintritt neuer Marktteilnehmer, neue Produkte von Wettbewerbern, zunehmende Rivalität durch Preiskämpfe oder substituierende Leistungen)
- Unsicherheit über die Unternehmenssituation, die Wirkungen und Effekte von Strategien und die Reliabilität von Kennzahlen

Unsicherheit auf strategischer Ebene zu unterschätzen, ist höchst gefährlich. Oft werden die langfristigen Konsequenzen von Entwicklungen oder Entscheidungen nicht ernst genommen oder als Hype abgetan und voreilige Schlüsse gezogen, die sich als waghalsig entpuppt haben (Hatchuel et al. 2010).

**Angesehene Personen, die Veränderungen ihrer Zeit falsch eingeschätzt haben**

**Automobil:** So meinte Kaiser Wilhelm II: „Ich glaube an das Pferd. Das Automobil ist nur eine vorübergehende Erscheinung. " Und Gottlieb Daimler, ein angesehener Erfinder seiner Zeit, stellte das Wachstumspotenzial für Kraftfahrzeuge infrage: „Die weltweite Nachfrage nach Kraftfahrzeugen wird eine Million nicht überschreiten – allein schon aus Mangel an verfügbaren Chauffeuren. „

**Entwicklung des PC:** Kenneth Olsen, Präsident des amerikanischen IT-Unternehmens Digital Equipment Corporation, stellte 1977 fest: „There is no reason for any individual to have a computer in their home." Zu dieser Zeit konnte die Explosion am PC-Markt keinesfalls klar vorausgesehen werden, dennoch gab es bereits Experten, die diese Option diskutierten. Heutzutage haben wir mehr als 1,6 Milliarden PC-Anwender weltweit. Bill Gates, der mit PCs zum erfolgreichen Unternehmer wurde, meinte damals: „640 KBytes (Arbeitsspeicher) sollten für jeden genug sein … "

**Fernsehen:** Eine weitere Falscheinschätzung ist die legendäre Aussage von Darryl Zanuck, Filmproduzent bei 20th Century Fox, der 1946 behauptete: „Das Fernsehen wird nach den ersten sechs Monaten am Markt scheitern. Die Menschen werden es bald satt haben, jeden Abend in eine Sperrholzkiste zu starren. "

Unternehmen, die in ihren Strategien keine Möglichkeit finden, mit den Unsicherheiten und unklaren Optionen umzugehen, tragen das große Risiko, dass sie leicht von neuen Entwicklungen beseitigt werden könnten (Courtney et al. 1997). Der Umgang mit Unsicherheit ist also zur strategischen Notwendigkeit geworden.

▶    Worin zeigen sich aber die strategischen Herausforderungen?

- Strategische Entscheidungen werden von unvorhersehbaren Zwischenfällen, die das gesamte Unternehmen betreffen, stark beeinflusst. Dazu zählen Terroranschläge wie 9/11 oder in Paris, Nuklearkatastrophen wie der Kraftwerksunfall in Fukushima oder Naturkatastrophen wie der Tsunami in Thailand. Sie können in einer strategischen Planung nie einkalkuliert werden und haben doch massiven Einfluss auf das taktische Vorgehen im Unternehmen.
- Technologien verbreiten sich immer rascher und verursachen so Instabilität. Wenn man bedenkt, dass das Radio 38 Jahre benötigte, um 50 Millionen Anwender zu erreichen: Facebook erreichte die- selbe Anzahl von Usern in zwei Jahren.
- Produktlebenszyklen verkürzen sich, und es ist nicht mehr abschätzbar, wie lange Produkte im Portfolio gehalten werden können. Durch disruptive technologische Entwicklungen sind Produkte oft schon früher zu eliminieren als gedacht.
- Die Preisentwicklung von Rohstoffen und Halbfertigfabrikaten ist oft nicht mehr prognostizierbar. Starke Schwankungen der Rohstoffpreise stehen an der Tagesordnung und machen Preis- und somit Ertragskalkulationen schwierig.
- Die Vernetzung von Märkten, Informationen und Kommunikationsflüssen lässt die Komplexität stark ansteigen. Kleine Änderungen in einem Bereich führen zu wesentlichen Konsequenzen in anderen.
- Eine Fortschreibung der Geschichte und die Planung auf Basis von vergangenheitsbezogenen Daten sind nicht mehr möglich. Da sich die Situation schnell ändert, braucht es neue Methoden zur Einschätzung von zukünftigen Entwicklungen.
- Oft fehlt es an den richtigen Informationen, um Prognosen zu stellen und Entscheidungen treffen zu können. Bei vielen Variablen ist häufig nicht klar, wie die Zukunft

aussehen wird und welche der Optionen letztlich wirklich realisiert wird. Die Analyse schwacher Signale verhilft aufgrund der hohen Komplexität und der vielen Parameter oft auch nicht zu zuverlässigen Ergebnissen.

*Strategieentwicklung – „the Designerly Way"*

Die Geschichte zeigt uns Folgendes: Unternehmen, die uns Wohlstand gebracht und einen wesentlichen Beitrag zur Modernisierung dieser Welt geleistet haben, verstehen es, Strategie nicht traditionell zu sehen, sondern als Designansatz, der die Zukunft gestaltet. Sie verhalten sich wie Künstler, die neue Welten schaffen, und Forscher, die die Umsetzung der neuen Welten möglich machen (Best 2011).

Hatchuel et al. (2010) zeigen auf, dass Strategieentwicklung als Designprozess gesehen werden und Design Thinking wertvolle Impulse für die Strategieentwicklung liefern kann. Sie argumentieren, dass das strategische Management ohnehin nach einem integrativeren Ansatz sucht, der inklusiv, menschenzentriert und empathisch vorgeht und co-kreativ Lösungen entwickelt. Das Design Thinking mit seiner abduktiven Logik liegt zwischen dem an vergangenheitsorientierten Daten orientierten analytischen Denken und dem intuitiven Denkansatz, der Schlüsse ohne Begründung zieht (Martin 2009). Martin (2009) ist der Meinung, dass Design Thinking damit die Möglichkeit bietet, neues Wissen aufzubauen und bestehendes Wissen zu nutzen und so möglichst effizient zu neuen Lösungen zu gelangen.

Das Bedeutende an diesen Überlegungen ist, dass Design Thinking nicht nur für Produkte oder Services geeignet ist, sondern in dieser Weise auch für die Entwicklung von innovativen Strategien oder neuen strategischen Optionen verwendet werden kann. Strategieprozesse werden somit zu Designprozessen und können neue Impulse durch andere Methoden und Werkzeuge erwarten. Außerdem ist der Designprozess ein co-kreativer, iterativer Prozess, der nach bestimmten Regeln funktioniert – hier gibt es viele Möglichkeiten der Anleihe aus dem Design, von denen die Strategie profitieren kann. Insbesondere in einem Zeitalter der radikalen Unsicherheit, der stetigen Veränderungen und Krisen wird es notwendig sein, den Strategiebegriff in Unternehmen komplett neu zu definieren und sich auch auf Experimente in der Strategieentwicklung einzulassen. Alte Modelle, insbesondere jene, die sich auf die Fortschreibung vergangener Ergebnisse stützen, werden nicht mehr tragfähig sein. Aber auch informationsbezogene Modelle, die sich auf die Analyse von vergangenen Daten stützen, kommen an ihre Grenzen. Es stellt sich die Frage, wie Strategieentwicklung der Unternehmensentwicklung in positivem Sinne noch dienen kann, und dies verlangt nach neuen Impulsen (Ravasi und Lojacono 2005; Hatchuel et al. 2010; Best 2011; Schöneberger 2011).

*Strategieprozess als Design-Thinking-Prozess etablieren*

Strategische Situation verstehen, die Stakeholder der Organisation nach ihren Bedürfnissen und Ideen fragen, das Problem gemeinsam mit den Stakeholdern auf Basis der Insights definieren, Ideen für strategische Optionen entwickeln und bewerten, Prototypen für die strategischen Optionen bauen und in Szenarien die Konsequenzen der Strategieumsetzung greifbar machen, die Strategien einführen, testen und gegebenenfalls adaptieren und anpassen, falls dies notwendig ist. Dieses Vorgehen mag sich von einem zeitgemäßen Strategieprozess gar nicht so wesentlich unterscheiden. Wichtig ist, den Prozess mit Werten aus dem Design zu untermauern und Designmethoden zu verwenden. Folgende Aspekte sind zu bedenken, wenn die Strategieentwicklung vom Design-Thinking-Ansatz profitieren soll:

*Designmethoden für die Strategieentwicklung verwenden:* Im Design wird viel auf Methoden zurückgegriffen, die von Intuition, Kreativität, Reflexion, Iteration und Abduktion geprägt sind. Wichtig ist im Strategieprozess, herkömmliche Methoden durch designorientierte Ansätze zu ergänzen. (Mehr zu Methoden im Design Thinking ist in Abschn. 4.3.3 zu finden.)

*Designerly 12Way of Thinking etablieren:* Wie ein Designer zu denken, das verlangt die Integration bestimmter Werte in das eigene Handeln. Folgende Merkmale zeichnen einen Design-Thinking-Ansatz aus:

• Co-Evolution von Problem und Lösung
• Iteration und Feedback
• Visualisierung und Prototyping
• Offenheit
• Usability und menschliche Bedürfnisse im Fokus
• Interdisziplinarität
• Contextual Insights

### 3.4.3 Bedingungslose Unterstützung der Unternehmensführung

Die bedingungslose Unterstützung des Topmanagements ist der zentrale Erfolgsfaktor für Innovationen. Erfolgreiche CEOs wie Steve Jobs bei Apple oder Bill Gates bei Microsoft verstehen es oder haben es verstanden, ihre Managementteams und ihr Unternehmen zu wahren Spitzenleistungen zu treiben. Wachstum und Innovationen können nur dann externe Unterstützer und Investoren finden, wenn die handelnden Führungskräfte stark und ihre Geschäftsmodelle schlüssig sind. Eine Studie der Financial Times zeigte, dass 95 % der Befragten die Stärke des Managements als den wichtigsten Faktor bei Investitionen in Innovationsprojekte angaben (Davila et al. 2006, S. 12).

Das Topmanagement muss vor allem Entscheidungen in Bezug auf die Innovationsstrategie, das zu tragende Risiko, das Ausmaß des Investments und die Ausgewogenheit im Innovationsportfolio treffen. Diese Entscheidungen müssen in der Organisation breit kommuniziert werden, um vor allem das mittlere Management und die Mitglieder des Innovationsteams in der Umsetzung der Innovation arbeitsfähig zu machen (Davila et al. 2006, S. 12).

Innovation – und ihr Erfolg – ist letztlich immer von den Menschen abhängig, die Leidenschaft und Engagement zeigen und sich für die Innovation einsetzen. Führung ist – auf das Wesentliche reduziert – die Aufgabe, Menschen zu steuern und ihrem Tun eine

Richtung zu geben. Es ist egal, ob man mit Mitarbeitern aus Start-up-Unternehmen oder großen Konzernen spricht, alle werden auf ihre Führungskräfte hinweisen, wenn es um den vorgegebenen Innovationsweg geht. Gute Innovationsführer schaffen es, die Innovationsstrategie und das Gesamtbild des Unternehmens im Auge zu haben und dabei Wege vorzugeben, wie sich die Organisation in kleinen und großen Schritten nach vorne entwickeln kann (Davila et al. 2006, S. 13).

Die Innovationsaktivitäten sind letztlich immer abhängig von der Führung an der Spitze. Das Top- management muss wollen, dass die Innovation passiert, und den Mitarbeitern vertrauen, dass sie die Innovationen umsetzen werden. Innovationen können dabei auch nicht bewusst geplant und vorhergesagt werden, es gibt kein Patentrezept, wie Innovation funktioniert. Vielmehr ist Innovation leidenschaftliches tägliches Tun, Vertrauen auf das eigene Bauchgefühl und beherztes Entscheiden, wenn die Situation es verlangt. Große Ansagen und Kennzahlen tun der Innovation nicht gut, sie machen die Prozesse starr und unbeweglich. Ein guter Innovation Leader ist letztlich auch ein guter Change Agent. Er oder sie muss verstehen, wie die Organisation in unserem Gewässer manövrierbar bleibt, und dabei nie die Richtung aus dem Blickfeld verlieren (Davila et al. 2006, S. 13).

**Innovation Leadership** sollte auf folgende Aspekte fokussieren:

- Erwartungen, welche die Organisation herausfordern, aus der Komfortzone holen und von den Mitarbeitern verlangen, ihre bisherigen Leistungen zu übertreffen – zu forschen, zu gestalten und den Kunden zu überraschen
- Eine Vision, die der Organisation eine klare Richtung vorgibt
- Leadership Commitment, was die Ressourcenbereitstellung betrifft
- Als Führungskraft Vorbild sein
- Eine klare Entscheidungsstruktur
- Prägen einer Kultur, die offen für neue Ideen und Wandel ist
- Formulieren einer Innovationsstrategie und Ausrichten des Managementsystems und der Prozesse auf Innovation

Eine besondere Rolle im Innovationssystem kommt dem CEO zu. Er oder sie muss dafür sorgen, dass Innovation Teil der Unternehmenskultur wird. Nur eine Innovationsstrategie vorzugeben, reicht nicht aus. Der CEO muss in Innovationsinitiativen sichtbar sein und die Kultur mit seinem Verhalten prägen. Leider hat man in manchen Unternehmen das Gefühl, dass die Führungskräfte mehr Leidenschaft für Werkzeuge entwickeln können, als die Kultur mit ihrem eigenen Verhalten zu prägen. In vielen Unternehmen ist die Innovation entweder im Marketing oder der technologischen Entwicklung verankert. Egal ob auf Technik- oder Marktseite – eine funktionale Verankerung der Innovation führt immer zu ungleichen Machtverteilungen und macht die Koordination über die Abteilungen hinweg schwierig. Der CEO muss als Schirmherr der Innovation die Verantwortung teilen und ein System schaffen, in dem interdisziplinäre Arbeit passieren kann (Davila et al. 2006, S. 259).

### 3.4.4 Innovation Leadership – ein Führungsstil, der zum Gestalten anregt

Jeder kennt die Beispiele. Ein ambitionierter Mitarbeiter steigt zur Führungskraft auf und soll mit einem eigenen Team einen neuen Bereich aufbauen – und scheitert dabei kläglich. Das Team ist nach kurzer Zeit demotiviert, das Projekt kommt nicht in die Gänge, und man hat das Gefühl, die frisch gebackene Führungskraft und ihre Schäfchen irren ziellos herum (Amabile und Kramer 2012). Welche Gründe gibt es für dieses Scheitern? Warum gelingt es exzellenten Fachkräften so oft nicht, Führungsaufgaben erfolgreich zu meistern?

Schnell wird in solchen Diskussionen Führen zur Kunst statt zur Wissenschaft gemacht und behauptet, Führungsfähigkeiten seien uns ausschließlich in die Wiege gelegt. Was in jedem Fall stimmt, ist, dass die Art und Weise zu führen stark vom jeweiligen Charakter abhängig ist. Während die eine Führungskraft perfekt als Teamtrainer und Motivationsguru geeignet ist, führt die andere Person ausschließlich dadurch, dass sie ein gutes Vorbild ist. Darüber hinaus gibt es aber auch Führungskräfte, die sich darauf beschränken, durch klare Regeln und Anweisungen und ein monetäres Anreizsystem zu steuern. Welcher Führungsstil optimal ist, hängt wiederum auch von der jeweiligen Situation ab. So kommt es bei Fusionen oft auf das Fingerspitzengefühl an, bei Restrukturierungen dagegen sind Entschlossenheit und Durchgriffsvermögen von größter Bedeutung (Goleman 1999, S. 2). So wie also das Führungsverhalten an die jeweilige Herausforderung angepasst werden sollte, will auch die Führung von Innovationsteams gelernt sein.

*Transformationale Führung und Innovation Leadership*
Um zu verstehen, welche die wesentlichen Herausforderungen der Führung im Innovationsumfeld sind, vorab ein kurzer Exkurs in die Führungstheorie und Führungsansätze, die zur Erklärung von Innovation Leadership bedeutsam sind.

Wie bereits erwähnt, gibt es individuelle Vorlieben und Muster, wie Führungsaufgaben wahrgenommen werden. Eng verwoben mit der Persönlichkeit der Führungskraft und ihrer Sozialisation werden unterschiedliche Führungsrollen wahrgenommen. Bernhard Bass und Bruce Avolio (1994) haben in ihrem Modell der **transformationalen Führung** verschiedene Führungstypen beschrieben:

- **Führungskräfte als Vorbilder:** Die Führungskräfte agieren als Vorbilder, sie werden bewundert, respektiert und ihnen wird Vertrauen geschenkt. Oft stellen sie die Bedürfnisse ihrer Mitarbeiter vor die eigenen. Sie sind konsistent in ihrem Verhalten, teilen Risiken mit anderen und verhalten sich stets ethisch korrekt.
- **Führungskräfte als Teamtrainer:** Die Führungskräfte motivieren und inspirieren andere, indem sie Sinn stiften und interessante Herausforderungen für ihre Mitarbeiter bieten. Sie halten den Teamspirit hoch, vermitteln ein Zusammengehörigkeitsgefühl und sind stets positiv. Sie können andere begeistern und gemeinsame Visionen entwickeln. Sie kommunizieren ihre Erwartungen klar und zeigen Commitment für ihr Team.
- **Führungskräfte als Herausforderer:** Die Führungskräfte ermutigen ihre Mitarbeiter zu Innovation, indem sie sie vor intellektuelle Herausforderungen stellen und mit

**Führungskraft**                                                    **Mitarbeiter**

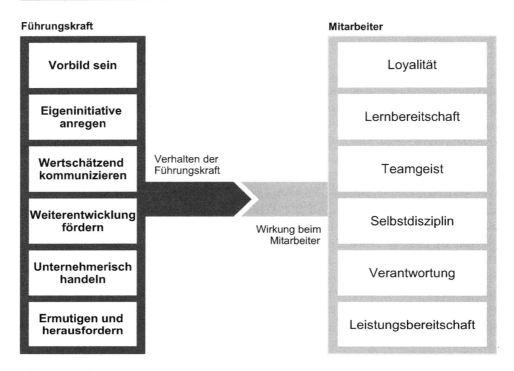

**Abb. 3.10** Beispiel für Innovation Leadership (Quelle: eigene Darstellung in Anlehnung an Pelz (2013)

interessanten Fragestellungen und Problemen aufwarten. Sie ermuntern zu herausragenden Leistungen und vermeiden öffentliche Kritik.

- **Führungskräfte als individuelle Mentoren:** Die Führungskräfte gehen stark auf individuelle Bedürfnisse ihrer Mitarbeiter zur Leistungserbringung ein. Sie agieren als Coaches und Mentoren, können gut zuhören, schaffen persönliche Lernpläne und schätzen die Diversität und Besonderheit ihrer Mitarbeiter.

Transformationale Führung zielt darauf ab, das Verhalten der Mitarbeiter zu verändern. Was mit traditionellen Zielvereinbarungen nur selten gelingt, wird mit Erfolgsfaktoren wie Vertrauen, Loyalität, intrinsischer Motivation und Teamgeist bewerkstelligt. Transformationale Führung ist kein theoretisches Konzept, sondern eine konkrete Vorgehensweise, die von herausragenden Führungskräften tatsächlich gelebt wird (Gumusluoglu und Arzu 2009).

Wie transformationale Führung im Innovationskontext wirken kann, wird in Abb. 3.10 beschrieben:

Für die erfolgreiche Realisierung von Design Thinking braucht es beherzte Führungskräfte, die mit gutem Beispiel vorangehen, offen und begeisternd sind und Innovationen bei ihren Mitarbeitern bewusst fördern.

## 3.5     Design Thinking – relevante Anreizsysteme

Kapital lässt sich beschaffen, Fabriken kann man bauen, Menschen muss man gewinnen.
(Hans Christoph von Rohr)

Um eine Innovationskultur im Unternehmen zu schaffen und zu verankern, ist die aktive
Teilnahme der Mitarbeiter erforderlich. Während einige Mitarbeiter von sich aus begeistert an neuen und kreativen Lösungen arbeiten und durch diverse Anreize noch stärker
motiviert werden, benötigen andere wiederum einen gewissen Anstoß, um mitzumachen
und danach genauso begeistert zu sein. Der Einsatz diverser Anreizsysteme kann genau
dies unterstützen und dabei helfen, eine Kultur von Kreativität und Innovation im Unternehmen aufzubauen.

Innovation im Unternehmen wird weitgehend und sehr stark durch Mechanismen
gefördert, die es erlauben, neue Ideen zu sammeln und zu entwickeln. Nach Amabile
(1997) ist dabei wichtig, eine offene und aktive Kommunikationskultur in Bezug auf
Informationen und Ideen zu schaffen. Außerdem muss kreatives Arbeiten nicht nur
belohnt und anerkannt, sondern auch fair bewertet werden – auch jene Arbeit, die
im Unternehmen als Fehler angesehen wird. Des Weiteren sind politische Probleme
und interne Kämpfe, destruktive Kritik und Wettbewerbe innerhalb der Organisation,
strikte Kontrolle durch Führungskräfte und ein Überschuss an starren Strukturen und
Prozessen zu vermeiden. Diese grundlegenden Aspekte gilt es zu beachten, um Innovation zu fördern und eine Kultur zu ermöglichen, in der Design Thinking gelebt werden
kann. Eine wichtige Rolle spielt in weiterer Folge jedoch auch die Motivation der Mitarbeiter, sich auf kreatives Arbeiten einzulassen und die Projektziele bestmöglich zu
erfüllen.

Nach Disselkamp (2012) wird ein Anreizsystem als die Gesamtheit aller Anreize
betrachtet, die von einem Individuum oder einer Gruppe gegenüber einem Empfänger
verwendet werden können. Nicht nur der direkte Vorgesetzte kann dabei einen Anreiz
setzen und Mitarbeiter zu einer Mehrleistung motivieren, sondern vielmehr das gesamte
Management.

Motivation kann dabei durch zwei grundlegende Typen von Anreizen entstehen:
einerseits durch intrinsische Anreize, wie beispielsweise Interesse an dem Thema,
Neugier, oder durch den Antrieb, sich weiterzuentwickeln und zu lernen, und andererseits durch extrinsische Anreize, wie beispielsweise monetäre Belohnung oder
Anerkennung.

▶     Grundlegende Faktoren müssen gegeben sein, damit Motivation überhaupt
      eine Überlebenschance hat.

Weitere Faktoren, welche die Motivation der Mitarbeiter beeinflussen, sind die sogenannten Hygienefaktoren nach der Theorie von Herzberg (Disselkamp 2012). Diese Faktoren
werden von den Mitarbeitern als selbstverständlich angesehen bzw. werden oftmals nicht

einmal bewusst wahrgenommen. Fallen diese Faktoren jedoch weg, führt dies zu einer negativen Beeinflussung und die Motivation sinkt. Diese Faktoren betreffen beispielsweise die Beziehungen zu den Kollegen oder Vorgesetzten, die physischen Arbeitsbedingungen oder auch die Arbeitsplatzsicherheit (Disselkamp 2012).

### 3.5.1  Motivation und kreative Leistungen

Da beim Design Thinking Kreativität und kreative Arbeit ein essenzieller Bestandteil sind, müssen im Unternehmen Anreize gesetzt werden, die im ersten Schritt die Motivation der Mitarbeiter und in weiterer Folge deren kreative Leistung positiv beeinflussen. Sehr viele Untersuchungen zeigten bereits die Wichtigkeit von Motivation in Verbindung mit kreativen Leistungen, denn bei Fehlen von Motivation ergab sich automatisch eine Senkung des kreativen Outputs (Collins und Amabile 1999; Runco 2004 a, b, 2005, in Casakin und Kreitler 2009).

Auch wenn einige Studien zeigen, dass sich extrinsische Motivation durch beispielsweise monetäre Anreize eher negativ auf die Kreativität auswirkt, können die intrinsische und extrinsische Motivation gemeinsam und richtig eingesetzt positive Effekte auf die kreative Leistung von Mitarbeitern haben (Amabile 1993). Wie bereits eingangs bei den Anreizen unterschieden, bedeutet extrinsische Motivation, dass diese nicht durch die Arbeit selbst generiert wird, sondern durch Belohnung oder Anerkennung. Intrinsische Motivation hingegen erhalten die Mitarbeiter durch die Arbeit an sich, da diese interessant, mitreißend und befriedigend für sie ist (Amabile et al. 1994, in Gatignon et al. 2016).

Nach Amabile (1997) gibt es zahlreiche Beweise aus der Forschung, die belegen, dass Menschen am kreativsten sind, wenn sie primär intrinsisch motiviert sind. Dennoch zeigen, wie bereits erwähnt, zahlreiche Untersuchungen, dass unter bestimmten Umständen eine gewisse Form von extrinsischer Motivation in Kombination mit intrinsischer Motivation insgesamt positive Effekte auf die Kreativität haben kann. Beispielsweise haben Studien in Unternehmen gezeigt, dass es extrinsische Motivatoren gibt, die Kreativität unterstützen: **Belohnung und Anerkennung für kreative Ideen, klar definierte Projektziele** und **häufiges konstruktives Feedback**.

Doch was bestimmt, ob extrinsische Motivation sich so mit intrinsischer Motivation kombinieren lässt, dass die Kreativität der Mitarbeiter positiv beeinflusst werden kann? Amabile (1997) unterscheidet dabei zwischen drei wichtigen Determinanten. Die **anfängliche intrinsische Motivation** einer Person bildet hierbei eine wichtige Basis. Ist diese zu Beginn bereits sehr hoch, so hat ein negativer Einfluss keine mindernde Auswirkung. Ist die anfängliche intrinsische Motivation jedoch eher gering, so kann ein negativer Einfluss stark mindernd auf die Kreativität wirken.

Eine weitere Determinante bildet der **eingesetzte Typus des extrinsischen Motivators**. Bei den eingesetzten extrinsischen Motivatoren Belohnung, Anerkennung und Feedback kann unterschieden werden zwischen **informatorischen extrinsischen** und **aktivieren-den extrinsischen Motivatoren**. Der informatische extrinsische Motivator betrifft die mitgeteilte Information, welche die individuelle Kompetenz eines Mitarbeiters bestätigt oder Input gibt, um die Arbeitsleistung zu verbessern. Der aktivierende extrinsische Moti-vator steigert die Beteiligung eines Mitarbeiters an der Arbeit, wie beispielsweise durch neue technische Hilfsmittel zur besseren Erledigung diverser Aufgaben. Auflagen und Einschränkungen hinsichtlich der zu erledigenden Arbeit hingegen wirken sich negativ auf die intrinsische Motivation der Mitarbeiter aus, da sie die individuelle Entscheidungs-freiheit der Mitarbeiter untergraben (Amabile 1997).

Ausschlaggebend für die positive Wirkung von extrinsischen Motivatoren ist außer-dem der **richtige Zeitpunkt des Einsatzes**. Da kreative Ideen immer von Neuheit und Angemessenheit bzw. Nützlichkeit für die Zielgruppe geprägt sind, kann gesagt werden, dass der Einsatz von extrinsischen Motivatoren in Phasen sinnvoll ist, in denen es sich nicht um die Generierung von Neuheit handelt, sondern beispielsweise um das Sammeln von Informationen oder die Validierung einer ausgewählten Lösung (Amabile 1997).

Besonders beim Finden von Ideen gilt es, extrinsische und intrinsische Anreize effektiv einzusetzen, um eine möglichst große Anzahl an passenden und hochwertigen Ideen zu sammeln. Nach Disselkamp (2012) reicht es nicht aus, mit monetären Anrei-zen die Beschäftigten zur Generierung von Ideen oder Vorschlägen zu bewegen. Es müssen sowohl die Hygienefaktoren als auch die Motivationsfaktoren gegeben sein, um die Motivation, kreativ zu sein und Ideen mit anderen auszutauschen, zu steigern. Anerkennung für erbrachte Ideen und Belohnung bei der erfolgreichen Implemen-tierung von Lösungen sind wichtige Anreize, um die Mitarbeiter nachhaltig für das Einbringen und Entwickeln von neuen Ideen zu motivieren. Wenn diese grundlegen-den Motivationsfaktoren gegeben sind, kann es außerdem hilfreich sein, einen ext-rinsischen Motivator einzusetzen, der für Vertriebsmitarbeiter beispielsweise in Form von Kennzahlen für eingebrachte Ideen durch Gespräche mit Kunden implementiert werden könnte.

Bis zu einem gewissen Grad liegt die intrinsische Motivation der Mitarbeiter auch in den Händen von Führungskräften, indem diese unter anderem eine transformationale Führung anwenden (Shin und Zhou 2003, in Gatignon et al. 2016). Diese Führungskräfte bieten ihren Mitarbeitern intellektuelle Anregung, individuelle Unterstützung, eine charismati-sche Vorbildfunktion und überzeugende Visionen (Zhang und Bartol 2010, in Gatignon et al. 2016).

Nach Bass (1990) vergrößern transformationale Führungskräfte das Spektrum der Inte-ressen der Mitarbeiter und schaffen ein Bewusstsein und eine Akzeptanz für die Mission und Vision des Unternehmens, sodass die Mitarbeiter über ihr eigenes Interesse hinaus-schauen und den Nutzen für das Unternehmen als großes Ganzes erkennen.

In Tab. 3.7 werden die Eigenschaften einer transformationalen Führungskraft nach Bass (1990) zusammenfassend dargestellt.

**Tab. 3.7** Eigenschaften einer transformationalen Führungskraft nach Bass (1990)

| Charisma | Die Führungskraft kommuniziert die Vision und Mission; flößt Stolz ein; erlangt Respekt und Vertrauen. |
|---|---|
| Inspiration | Die Führungskraft kommuniziert hohe Erwartungen; verwendet Symboliken, um Leistungen zu schärfen; drückt wichtige Ziele und Absichten einfach aus. |
| Intellektuelle Anregung | Die Führungskraft fördert Intelligenz, Rationalität und sorgfältige Herangehensweise an das Problemlösen. |
| Individuelle Unterstützung | Die Führungskraft schenkt persönliche Aufmerksamkeit; geht auf jeden Mitarbeiter individuell ein; coacht und berät. |

### 3.5.2  Bausteine eines ganzheitlichen kreativitätsfördernden Anreizsystems

Betrachtet man alle wesentlichen Elemente, die als Grundlage für Innovation und Kreativität im Unternehmen vorhanden sein sollten und die intrinsische Motivation für kreative Leistungen der Mitarbeiter positiv beeinflussen, so können die folgenden in Abb. 3.11 ersichtlichen Bausteine zusammengefasst werden.

Grundlage bilden die Faktoren, die vom Unternehmen aktiv durch bestimmte Maßnahmen gestaltet werden können. Dabei gilt es, durch Leben einer transformationalen Führung die Basis für die Entwicklung einer intrinsischen Motivation der Mitarbeiter zu legen. Genauso müssen innovationsfördernde Maßnahmen durch das Unternehmen

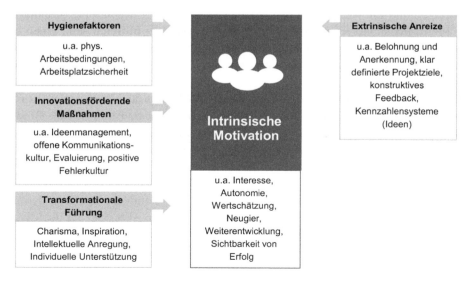

**Abb. 3.11** Bausteine, welche die intrinsische Motivation der Mitarbeiter positiv beeinflussen (Quelle: eigene Darstellung)

implementiert werden, wie beispielsweise ein effektives und nachhaltiges Ideenmanagement oder die Evaluierung von geleisteten Arbeiten und gescheiterten Projekten. Außerdem sollten Hygienefaktoren, wie zum Beispiel physische Arbeitsbedingungen oder die Arbeitsplatzsicherheit für Mitarbeiter, zufriedenstellend gegeben sein.

▶   Die Organisation als Fundament, die Führungskraft als Förderer und extrinsische Anreize als Treiber von Mitarbeitermotivation.

All diese Faktoren legen den Grundstein für die intrinsische Motivation der Mitarbeiter, die durch gewisse Aspekte wie Autonomie oder Wertschätzung ihrer Arbeit noch weiter verstärkt werden können. Eine weitere Steigerung der intrinsischen Motivation soll durch den Einsatz gezielter extrinsischer Anreize, wie z. B. Belohnung und Anerkennung für geleistete Arbeiten oder auch Kennzahlensysteme in Bezug auf Ideen, erreicht werden.

Zusammenfassend kann gesagt werden, dass es einerseits gilt, auf Ebene der Organisation gewisse Voraussetzungen zu erfüllen, um die Motivation der Mitarbeiter aufrechtzuerhalten bzw. nicht zu erdrücken, und andererseits notwendig ist, als Führungskraft die intrinsische Motivation der Mitarbeiter zu fördern und schlussendlich Anreize zu setzen, um Kreativität und Innovation innerhalb der Organisation durch motivierte Mitarbeiter voranzutreiben. Im Folgenden ein paar Fragen, die man beantworten sollte, um herauszufinden, wo Optimierungspotenziale innerhalb der Organisation, in Bezug auf die Führung oder hinsichtlich gesetzter Anreizmaßnahmen möglich wären.

**Als Organisation die Grundsteine für die Motivation der Mitarbeiter legen**

- Herrscht eine offene Kommunikationskultur in Bezug auf Informationen und Ideen?
- Gibt es politische Probleme und interne Kämpfe, welche die Kreativität negativ beeinflussen?
- Gibt es destruktive Kritik oder starke Wettbewerbe innerhalb der Organisation, welche die intrinsische Motivation der Mitarbeiter erdrücken?
- Herrschen starre Strukturen und Prozesse im Unternehmen vor, die eine kreative Arbeitsweise und Innovation verhindern?

**Als Führungskraft die intrinsische Motivation der Mitarbeiter fördern**

- Herrscht gegenseitiges Vertrauen und Respekt zwischen der Führungskraft und den Mitarbeitern?
- Werden die Vision und Mission des Unternehmens klar kommuniziert, um eine starke Identifikation der Mitarbeiter mit dem Unternehmen möglich zu machen?
- Werden Ziele und Absichten der Führungskraft einfach ausgedrückt und die Erwartungen an die Mitarbeiter kommuniziert, um Klarheit für alle zu schaffen?

- Fördert die Führungskraft das Wissen und die Weiterbildung der Mitarbeiter?
- Schenkt die Führungskraft persönliche Aufmerksamkeit und geht auf Mitarbeiter individuell ein?
- Werden die Mitarbeiter durch Führungskräfte strikt kontrolliert oder werden ihnen im Sinne einer innovationsfreundlichen Organisation Freiheiten gelassen?

**Durch Anreize Kreativität und Innovation vorantreiben**

- Wird das Einbringen von kreativen Ideen belohnt und anerkannt?
- Gibt es Kennzahlensysteme, die beispielsweise die eingebrachten Ideen durch Gespräche mit Kunden dokumentieren?
- Werden kreative Arbeiten belohnt und anerkannt?
- Wird die erfolgreiche Implementierung von Lösungen anerkannt und belohnt?
- Werden geleistete Arbeiten evaluiert und wird Feedback dazu gegeben – auch zu jenen kreativen Arbeiten, die im Unternehmen eventuell als Fehler angesehen werden?
- Gibt es klar definierte Ziele in Innovationsprojekten?
- Gibt es regelmäßiges konstruktives Feedback und Lob zum Projektfortschritt?
- Werden den Mitarbeitern genügend Arbeitsmittel und passende Räume zur Verfügung gestellt?

## Literatur

Alencar, E. M. L. S., & Bruno-Faria, M. F. (1997). Characteristics of an organizational environment which stimulate and inhibit creativity. *The Journal of Creative Behavior*, *31*, 271–281.

Alter, A. (2014.). How to build a collaborative office space like Pixar and Google. 99U. Abgerufen unter http://99u.com/articles/16408/how-to-build-a-collaborative-office-space- like-pixar-and-google. Zugegriffen: 15. Aug. 2016.

Amabile, T. (1997). Motivating creatitvity in organizations: On doing what you love and loving what you do. *California Management Review*, *40*(1), 39–58

Amabile, T., & Kramer, S. (2012). How leaders kill meaning at work. *Mc Kinsey Quarterly* (Jänner), S. 1–8

Amabile, T. M. (1993). Motivational synergy: Toward new conceptualizations of Intrinsic and extrinsic motivation in the workplace. *Human Resource Management Review*, *3*(3), 185–201.

Amabile, T. M. (1997). Motivating creativity in organizations: On doing what you love and loving what you do. *California Management Review*, *40*(1), 39–58.

Amabile, T. M., Hill, K. G., Hennessey, B. A., & Tighe, E. M. (1994). The work preference inventory: Assessing intrinsic and extrinsic motivational orientations. *Journal of Personality and Social Psychology*, *66*(5), 950–967.

Angel, R. (2006). Putting an innovation culture into practice. *Ivey Business Journal*, *70*(3), 1–5

Bass, B. M. (1990). From transactional to transformational leadership: Learning to share the vision. *Organizational Dynamics*, *18*(4), 19–31.

Bass, B., & Avolio, B. (1994). Transformational leadership and organizational culture. *The International Journal of Public Administration*, *17*(3–4), 541–554

Best, K. (2011). *What can design bring to strategy? Designing thinking as a tool for innovation and change* (S. 1–44). Rotterdam: InHolland University of Applied Research.

Birkinshaw, J., & Gibson, C. (2004). Building ambidexterity into an organization. *MIT Sloan Management Review*, (Summer), S. 47–55

Brentani, U., & Kleinschmidt, E. (2004). Corporate culture and commitment: Impact on performance of international new product development programs. *Journal of Product Innovation Management, 21*, 309–333

Ceylan, C., Dul, J., & Aytac, S. (2008). Can the office environment stimulate a manager's creativity? *Human Factors and Ergonomics in Manufacturing, 18*, 589–602.

Clark, Kim B., & Wheelwright, Steven C. (1992). Organizing and leading ‚Heavyweight' development teams. *California Management Review, 34*(3), 9–28

Collins, M. A., & Amabile, T. M. (1999). Motivation and creativity. In R. J. Sternberg (Hrsg.), *Handbook of creativity* (S. 297–312). New York: Cambridge University Press.

Cooper, R., & Edgett, S. (2010). Developing a product innovation and technology strategy for your business. *Research Technology Management, 53*, 33–40

Courtney, H., Kirkland, J., & Viguerie, P. (1997). Strategy under uncertainty. *Harvard Business Review* (Nov.-Dez.), S. 1–14

Davila, T., Epstein, M., & Shelton, R. (2006) *Making innovation work: How to manage it, measure it, and profit from it*. New Jersey: Wharton School Publishing

Disselkamp, M. (2012). *Innovationsmanagement – Instrumente und Methoden zur Umsetzung im Unternehmen*. 2. Aufl. Wiesbaden: Gabler Verlag

Dul, J., Ceylan, C., & Jaspers, F. (2011), Knowledge workers' creativity and the role of the physical work environment. *Human Resource Management, 50*(6), 715–734.

Gatignon, H., Gotteland, D., & Haon, C. (2016). *Making innovation last: Volume 2. Sustainable strategies for long term growth*. UK: Palgrave Macmillan

Golden, K. (1992). The individual and organizational culture: Strategies for action in highly-ordered contexts. *Journal of Management Studies, 29*(1), 1–21

Goleman, D. (1999). Emotionale Intelligenz. Zum Führen unerlässlich. *Harvard Business Manager, 3*, 1–11

Govindarajan, V., & Trimble, C. (2010a). *The other side of innovation: Solving the execution challenge*. Boston: Harvard Business Press

Govindarajan, V., & Trimble, C. (2010b). Stop the Innovation Wars. *Harvard Business Review*, (Juli-Aug.), S. 15–21

Gumusluoglu, L., & Ilsev, A. (2009). Transformational leadership and organizational innovation: The roles of internal and external support for innovation. *Journal of Product Innovation Management, 26*, 264–277

Hatchuel, A., Starkey, K., Tempset, S., & LeMasson, P. (2010). Strategy as innovative design. An emerging perspective. *Advances in Strategic Management, 27*, 3–28

Hunt, R., & Caster, T. (Producer & Director). (2013). Go inside Google Garage, the collaborative workplace that thrives on crazy, creative ideas [Video]. Abgerufen unter http://www.fastcompany.com/3017509/work-smart/look-inside-google-garage-the-collaborative-workspace-that-thrives-on-crazy-creat. Zugegriffen: 8. Juli 2017.

Hunter, S., Bedell, K., & Mumford, M. (2007). Climate for creativity: A quantitative review. *Creativity Research Journal, 19*(1), 69–90

Hygge, S., & Knez, I. (2001). Effects of noise, heat and indoor lighting on cognitive performance and selfreported affect. *Journal of Environmental Psychology, 21*, 291–299.

Innes, J. (2011). Why enterprises can't innovate: Helping companies learn design thinking. In A. Marcus (Hrsg.), *Design, user experience, and usability, Pt I, HCII 2011, LNCS 6769* (S. 442–448). Heidelberg: Springer

Jaruzelski, B., Loehr, J., & Homan, R. (2011). The global innovation 1000: Why culture ist he key. *Strategy + Business, 65*(1), 1–16

Jassawalla, A. R., & Sashittal, H. C. (2002). Cultures that support product-innovation processes. *The Academy of Management Executive, 16*(3), 42–54.

Kerka, F., Kriegesmann, B., & Kley, T. (2012). (K)eine einfache Frage: Wie überwinden innovative Kräfte Innovationswiderstände? In G. Beck and C. Kropp (Hrgs.), *Gesellschaft innovativ*. Wiesbaden: Springer

Khazanchi, S., Lewis, M. W., & Boyer, K. K. (2007). Innovation-supportive culture: The impact of organizational values on process innovation. *Journal of Operations Management, 25*(4), 871–884.

Knasko, S. C. (1992). Ambient odor's effect on creativity, mood, and perceived health. *Chemical Senses, 17*, 27–35.

Knez, I. (1995). Effects of indoor lighting on mood and cognition. *Journal of Environmental Psychology, 15*, 39–51.

Kotter, J. (2013). Google's best new innovation: Rules around ‚20 % time.' http://www.forbes.com/sites/johnkotter/2013/08/21/ googles-best-new-innovation-rules-around-20-time/. Zugegriffen: 11. Aug. 2016.

Kreitler, S., & Casakin, H. (2009). Motivation for creativity in design students. *Creativity Research Journal, 21*(2–3), 282–293

Kwallek, N., & Lewis, C. M. (1990). Effects of environmental colour on males and females: A red or white or green office. *Applied Ergonomics, 21*(4)(December 1990), 275–278, doi:10.1016/0003-6870(90)90197-6

Leather, P., Pyrgas, M., Beale, D., & Lawrence, C. (1998). Windows in the workplace: Sunlight, view, and occupational stress. *Environment and Behavior, 30*, 739–762.

Lichtenfeld, S., Elliot A. J., Maier, M. A., & Pekrun, R. (2012). Fertile green: Green facilitates creative performance. *Personality and Social Psychology Bulletin*. doi: 10.1177/0146167212436611

Martin, R. L. (2009). *The design of business: Why design thinking is the next competitive advantage*. Boston: Harvard Business Press.

McCoy, J.M. (2005). Linking the physical work environment to creative context. *The Journal of Creative Behavior, 39*(3), 167–189.

McCoy, J. M., & Evans, G. W. (2002). The potential role of the physical environment in fostering creativity. *Creativity Research Journal, 14*, 409–426.

Mehta, R., & Zhu, R. J. (2009). *Blue or red? Exploring the effect of color on cognitive performance. NA – Advances in Consumer Research Volume 36*, In Ann L. McGill und Sharon Shavitt, Duluth (Hrsg.), (S. 1045–1046). Minnesota: Association for Consumer Research

Miller, P., & Brankovic, A. (2010). Building a „creative culture" for sustainable innoation. Barcelona: IESE Business School, Working Paper WP-879.

Nicolai, C., Klooker, M., Panayotova, D., Hüsam, D., & Weinberg, U. (2016). Innovation in creative environments: Understanding and measuring the influence of spatial effects on design thinking-teams. In H. Plattner et al. (Hrsg.), *Design thinking research, understanding innovation*. doi: 10.1007/978-3-319-19641-1_9

O'Reilly, C. A., & Tushman, M. L. (2004). The ambidextrous organization. *Harvard Business Review, 82*(4), 74–83

O'Reilly, C., & Tushman, M. (2004). The ambidextrous organization. *Harvard Business Review, 82*(4), 74–83

O'Reilly, C., & Tushman, M. (2008). Ambitexterity as a dynamic capability: Resolving the innovator's Dilemma. *Organizational Behaviour, 28*, 185–206

Pelz, W. (2013). Auf die Probe gestellt (Transformationale Führungskompetenzen) Personalmagazin Nr. 1/2013

Prabhu, J., Tellis, G., & Chandy, R. (2010). *Creating a culture of innovation*. London: AIM Research

Puccio, G. J., Talbot, R. J., & Joniak, A. J. (2000). Examining crea- tive performance in the workplace through a person- environment fit model. *Journal of Creative Behavior*, *34*(4), 227–247.

Raisch, S., Birkinshaw, J., Probst, G., & Tushman, M. (2009). Organizational ambidexterity: Balancing exploitation and exploration for sustained performance. *Organization Science*, *20*(4), 685–695

Ravasi, Davide, & Lojacono, Gabriella (2005) Managing design and designers for strategic renewal. *Long Range Planning*, *38*, 51–77

Runco, M. A. (2004a). Creativity as an extracognitive phenomenon. In L. V. Shavinina and M. Ferrari (Hrsg.), *Beyond knowledge: Extracognitive aspects of developing high ability* (S. 17–25). Mahwah, NJ: Lawrence Erlbaum Associates Publishers.

Runco, M. A. (2004b). Creativity. *Annual Review of Psychology*, *55*, 657–687.

Runco, M. A. (2005). Motivation, competence, and creativity. In A. J. Elliot and C. S. Dweck (Hrsg.), *Handbook of competence and motivation* (S. 609–623). New York: Guilford.

Sayiner, S. (2015). Physical space drives innovation: How the environment can increase an organization's productivity, Creativity, and innovation. *Intersect*, *8*(2), 1–18. http://web.stanford.edu/group/ojs3/cgi-bin/ojs/index.php/intersect/article/view/699/621.

Schein, E. (1992). *Organizational culture and leadership*. 2. Aufl. San Francisco: Jossey-Bass

Schönberger, J. (2011). *Strategisches design*. Wiesbaden: Springer

Schumpeter, J. (2005). *Kapitalismus, Sozialismus und Demokratie*. Stuttgart: UTB

Shibata, S., & Suzuki, N. (2002). Effects of the foliage plant on task performance and mood. *Journal of Environmental Psychology*, *22*, 265–272.

Shibata, S., & Suzuki, N. (2004). Effects of an indoor plant on creative task performance and mood. *Scandinavian Journal of Psychology, 45,* 373–381.

Shin, S. J., & Zhou, J. (2003). Transformational leadership, conservation, and creativity: Evidence from korea. *Academy of Management Journal*, *46*(6), 703–714.

Siguaw, J. A., Simpson, P. M., & Enz, C. A. (2006). Conceptualizing innovation orientation: A framework for study and integration of innovation research. *Journal of Product Innovation Management, 23*(6), 556–574.

Smith, W., & Tushman, M. (2005). Managing strategic contradictions: A top management model for managing innovation streams. *Organization Science*, *16*(5), 522–536

Stokols, D., Clitheroe, C., & Zmuidzinas, M. (2002). Qualities of work environments that promote perceived support for creativity. *Creativity Research Journal*, *14*, 137–147.

Stone, N. J., & Irvine, J. M. (1994). Direct and indirect window access, task type, and performance. *Journal of Environmental Psychology*, *14*, 57–63.

Thoring, K., Luippold, C., & Mueller, R. M. (2012). Creative Space in design education: A Typology of spatial functions. International Conference on Engineering and Product Design Education

Vyas, D., van der Veer, G., Heylen, D., & Nijholt, A. (2009). Space as a resource in creative design practices. Human-Computer Interaction – INTERACT 2009, 12th IFIP TC 13 International Conference, Uppsala, Sweden, Aug. 24–28, 2009, Proceedings, Part II

Walden, R, (2011). Auch mal im Garten arbeiten. In: Deutsches Architektenblatt (08/2011), pp. 14–17

Yang, M. C. (2005). A study of prototypes, design activity, and design outcome. *Design Studies*, *26*, 649–669. doi:10.1016/j.destud.2005.04.005

Zhang, X., & Bartol, K. M. (2010). Linking empowering leadership and employee creativity: The influence of psychological empowerment, intrinsic motivation, and creative process engagement. *Academy of Management Journal*, *53*(1), 107–128.

# Das externe Umfeld als Initiator

**4**

Veränderungen als Chance und Ausgangspunkt für neue, zukunftsfähige Konzepte

*The designer … has a passion for doing something that fits some-body's needs, but that is not just a simple fix. The designer has a dream that goes beyond what exists, rather than fixing what exists … the designer wants to create a solution that fits in a deeper situational or social sense. (David Kelley)*

### Zusammenfassung

Im Innovationsprozess werden Informationen vom externen Umfeld verarbeitet und in die Entwicklung neuer Lösungen gesteckt. Es muss dabei hinterfragt werden, welche Informationen relevant sind und wie diese für das Unternehmen in einen Wert verwandelt werden können. In einem Innovationsprozess ist es wichtig zu berücksichtigen, welche Trends und Entwicklungen sich in unserer Gesellschaft gerade zeigen und wer die bestehenden und potenziellen Kunden sind. Es ist ebenso entscheidend, das übergeordnete Marktumfeld mit seinen Wettbewerbern und das Umfeld der Verwendung zu kennen. Ausschlaggebend für den Erfolg einer Innovation ist dabei die Fähigkeit, aus Informationen über Trends, den Markt und den Kunden einen Wert für das eigene Unternehmen und neue Lösungen zu schaffen.

Wirft man einen Blick auf die großen Erfindungen und Innovationen unserer Zeit, dann erkennt man, dass diese oft nicht aus dem viel besagten Geniestreich eines Einzelnen entstanden sind, sondern ihre Quelle in unserem Lebensumfeld haben und durch des Beobachten der Umstände entstanden sind. In vielen Fällen sind Innovationen also nicht aus internen Entwicklungen hervorgegangen sondern haben ihren Ursprung in der Exploration externer Veränderungen. Gesellschaftliche Trends, kulturelle Phänomene, politische

© Springer Fachmedien Wiesbaden GmbH 2017
D. Freudenthaler-Mayrhofer, T. Sposato, *Corporate Design Thinking*,
https://doi.org/10.1007/978-3-658-12980-4_4

Rahmenbedingungen, geänderte Kundenwünsche und ein herausforderndes Anwendungs-
umfeld sind oft Quelle und Ursprung neuer Entwicklungen.

Kein Unternehmen besitzt die Möglichkeit, sich diesen Entwicklungen zu entziehen,
und die Anpassung an sich verändernde Umstände ist für Organisationen lebensnotwen-
dig. Wie schon Charles Darwin bei seinen Beobachtungen zur Evolutionstheorie festge-
stellt hat, ist alles Leben Veränderungen ausgesetzt – und dafür gilt:

> It is not the strongest of the species, nor the most intelligent that survives. It is the one that is
> most adaptable to change.

Auch in Design-Thinking-Prozessen ist die Exploration des Umfelds ein wichtiger Faktor –
und viele Modelle schreiben der Problemexploration sogar 80 Prozent des Prozesses zu. Wie
umfangreich die Sammlung und Recherche externer Impulse auch sein mag, sie ist integra-
tiver Bestandteil jedes erfolgreichen Innovationsprozesses und muss in jedem Fall durchgeführt werden. Dabei reicht es nicht aus, nur den Kunden und seine unmittelbaren Bedürfnisse
zu betrachten, der Betrachtungwinkel muss in jedem Fall weiter gefasst werden. Warum?
Weil der Kunde mit seinen Aussagen, Meinungen und Bedürfnissen nicht in einem Vakuum
lebt und wiederum von Trends und Marktentwicklungen in seinem Umfeld beeinflusst wird.
Deshalb braucht es für die Exploration des externen Umfelds drei Betrachtungsebenen:

- Welche globalen und generellen Trends prägen unser Umfeld und wie könnten sich
  diese auf unser Problem auswirken?
- Welche unmittelbaren Marktentwicklungen gibt es und wie verhalten sich die Entwicklungen in unserer Branche?
- Wie steht es um die Bedürfnisse der bestehenden und potenziellen Kunden, welchen
  Veränderungen sind sie ausgesetzt und von welchen Entwicklungen werden sie aktuell
  beeinflusst?

Um innovative Lösungen zu entwickeln, die letztlich wirklich auch an einen realen Bedarf am
Markt oder beim Kunden anknüpfen, braucht es die intensive Auseinandersetzung mit dem
externen Umfeld. Dafür reicht es nicht aus, breite Marktforschungsberichte von Dienstleistern
anfertigen zu lassen und diese vom Schreibtisch aus zu studieren und analytisch auszuwerten,
es ist ein echtes und leidenschaftliches Interesse an dem, was im Kontext des eigenen Schaf-
fens passiert, erforderlich und die Neugier, Veränderungen und vor allem Potenziale aufzusaugen. Wie ein absoluter Anfänger – oder wie es David Kelley mit „Thinking Like a Travel-
ler" sehr schön bezeichnet – sollte man die Entwicklungen in seinem Umfeld immer wieder
aufnehmen, frei von Vorurteilen und schnellen Schlüssen. Dies braucht zwar Zeit, ist aber
die Grundvoraussetzung, um Innovationen hervorzubringen, die Kunden wirklich begeistern.

## 4.1  Megatrends im Umfeld von Unternehmen

In den Medien hört man immer wieder von Megatrends, die uns umgeben und sowohl
unser privates als auch berufliches Leben beeinflussen. Doch was genau sind Megatrends

und wie beeinflussen sie Unternehmen? Um den Begriff Megatrend abzugrenzen, muss zuallererst genauer definiert werden, was eigentlich Trends sind. Nach Horx Zukunftsinstitut (2010) sind Trends eine Veränderungsbewegung oder ein Wandlungsprozess in unterschiedlichsten Bereichen des Lebens, wie beispielsweise der Ökonomie, der Politik oder der Konsumwelt.

### 4.1.1 Trend-Typologien

▶    Zusammenhängende Muster, die sich in unserer Gesellschaft verbreiten und entwickeln.

Der Begriff Megatrend wurde von John Naisbitt ins Leben gerufen, der ein erfolgreiches Dienstleistungsunternehmen in den USA, namens Urban Research Institute, betrieb. Dessen Dienstleistung war es, amerikanische Lokal- und Regierungsbehörden mit Daten über Trends in der städtischen Entwicklung der USA zu beliefern. Durch diese Tätigkeit entdeckte er immer mehr zusammenhängende Muster. Diese Muster nannte er Megatrends (Horx 2011). Eine genauere Definition von Megatrends nach Naisbitt und Aburdene (1992) bezeichnete diese als tief greifende und nachhaltige gesellschaftliche, ökonomische, politische und technologische Veränderungen, die sich langsam entfalten und deren Auswirkungen über Jahrzehnte hinweg spürbar bleiben (Naisbitt und Aburdene 1992).

Damit ein Trend als Megatrend bezeichnet werden kann, müssen nach Horx Zukunftsinstitut (2010) und dem Zukunftsinstitut (k.A.) drei Voraussetzungen gegeben sein:

• Der Trend hat eine Halbwertszeit von mindestens 25 bis 30 Jahren.
• Der Trend spielt in allen Lebensbereichen eine Rolle und zeigt in allen Lebensbereichen Auswirkungen.
• Der Trend hat einen globalen Charakter, auch wenn er nicht überall gleichzeitig stark ausgeprägt ist.

Megatrends sind demnach Veränderungsprozesse, die langfristig und nachhaltig die Welt verändern – und dies durch alle gesellschaftlichen Bereiche hindurch (Zukunftsinstitut 2015). Dem Zukunftsinstitut (2015) zufolge gibt es aktuell zwölf große Megatrends, die sich in kleinere Subtrends unterteilen:

1. Neo-Ökologie
2. Konnektivität
3. Individualisierung
4. Gender Shift
5. Globalisierung
6. Silver Society
7. Urbanisierung
8. Gesundheit

9. New Work
10. Wissenskultur
11. Mobilität
12. Sicherheit

Im Folgenden sollen diese zwölf Megatrends und ihre Subtrends genauer erklärt werden.

**Neo-Ökologie – vom Bio-Boom bis zu Zero Waste**
Der Begriff Neo-Ökologie beschreibt dem Zukunftsinstitut (2015) zufolge den großen gesellschaftlichen Veränderungsprozess hin zu einem ressourceneffizienten, nachhaltigen Wirtschaften.

> Unter den veränderten Voraussetzungen von Globalisierung, Klimawandel, Verknappung bzw. Verteuerung von Rohstoffen verändern sich die Prioritäten von Wirtschaft und Gesellschaft. Verstärktes Umwelt- und Verantwortungsbewusstsein der Konsumenten führt zusätzlich dazu, dass Wachstum künftig aus einem neuen Mix von Ökonomie, Ökologie und gesellschaftlichem Engagement generiert wird. Nachhaltigkeit und Umweltaspekte werden immer öfter zum entscheidenden Kaufkriterium. (Winterhoff et al. 2009)

Das öffentliche Bewusstsein für Klima, Nachhaltigkeit, alternative Energien und klimafreundliche Produkte zeigte in den letzten Jahren ein stetiges Wachstum in unserer Gesellschaft. Der Verkauf von nachhaltigen und fairen Produkten boomt und das Interesse für Autos mit Elektro- oder Hybridmotoren steigt. Passivhäuser werden immer beliebter, Bioplastik und Ökomode finden großen Anklang (Gatterer 2012).

Diese immer stärker werdende Bedeutung von Nachhaltigkeit, Fairtrade und grünen Produkten in unserer Gesellschaft hat zur Folge, dass auch künftig bei Innovationen darauf geachtet werden sollte, wie diese möglichst nachhaltig und umweltschonend hergestellt werden können. Denn diese Aspekte spielen eine große Rolle für den zukünftigen Erfolg des Produktes und die Wettbewerbsfähigkeit des Unternehmens.

▶     Subtrends nach Zukunftsinstitut (2015): Nachhaltigkeitsgesellschaft, Post-Carbon-Gesellschaft, Bio-Boom, Gutbürger, Slow Culture, Maker Movement, Sharing Economy, Postwachstumsökonomie, Social Business, Fair Trade, Swapping, Zero Waste, Green Tech, Urban Farming, E-Mobility, Circular Economy

**Konnektivität – von Augmented Reality bis zum Internet der Dinge**
Was einst mit dem Internet als reiner Informationsaustausch begann, entwickelt sich heutzutage immer stärker zu einer komplett vernetzten Welt. Vor einigen Jahren noch informierte man sich einfach über ein Produkt im Internet, während man es heute bereits online kauft und es rezensiert. Die Informationen über dieses Produkt werden im Internet gesammelt. Diese gesammelten Informationen sind ein wertvolles Gut für diverse Zwecke. Marktforschungen können durchgeführt oder genauestens abgestimmte Werbungen auf Webseiten platziert werden.

Das Internet bildet außerdem die Basis zur Vernetzung verschiedenster Dinge: Autos beziehen automatische Updates, Fernseher werden an das WLAN angeschlossen, das eigene Leben wird vermessen, die Schritte werden von Sport-Apps gezählt, Schlafphasen werden ausgewertet. Und in Zukunft wird diese Vernetzung noch stärker in unseren Alltag dringen: Kaffeemaschinen, die über das Smartphone programmiert werden und melden, wenn die Kaffeebohnen zu Ende gehen, Kühlschränke, die automatisch verbrauchte Nahrungsmittel nachbestellen, vollständig gesammelte Krankenakten in digitaler Form.

Dieses Vorhandensein von einer Fülle an Daten und die Vernetzung dieser Daten untereinander sind weitere Aspekte, die beim Schaffen von Innovationen beachtet werden müssen. Die Digitalisierung und Datenmengen werden weiter und stärker in unser Leben treten – und es bedarf einer Integration und Berücksichtigung dieser Trends.

▶     Subtrends nach Zukunftsinstitut (2015): Augmented Reality, Real-Digital, E-Commerce, Carsharing, Crowdfunding, Fintech, Industrie 4.0, Big Data, Cybercrime, Privacy, Predictive Analytics, Selftracking, E-Health, Me-Cloud, Open Innovation, Pop-up Money, Swapping, Smart Devices, Internet der Dinge, Social Networks

**Individualisierung – von Lebensqualität bis zu Diversity**

In modernen Gesellschaften sinkt die Abhängigkeit des Einzelnen von traditionellen Bindungen. Pflichtkultur wird ersetzt durch Multioptionalität, also eine neue Vielfalt an Möglichkeiten, sein Leben selbstbestimmt zu gestalten. Dank des breiten Wohlstandszuwachses seit den 1960er-Jahren eröffnen sich für die Menschen neue Gestaltungsspielräume, Freiheiten und Wahlmöglichkeiten. Auf den Märkten manifestiert sich Individualisierung durch gehobene Ansprüche seitens der Konsumenten sowie Produktdiversifizierung und -personalisierung seitens der Anbieter. (Winterhoff et al. 2009)

Der Aufstieg des Ich. In allen entwickelten Wohlstandsgesellschaften setzt sich die „Kultur der Wahl" durch: Der Einzelne kann und MUSS immer mehr Lebensentscheidungen autonom treffen, in Bezug auf Partnerschaft, Beruf, Bildung, Wohnort eigenständig handeln. Diese Entwicklung wird als „Zerfall von Moral" missverstanden – es geht aber um neue Sozialtechniken in einer Gesellschaft höherer Differenzierung. Individualisierung spiegelt sich zum Beispiel in der Differenzierung der Haushaltsformen und den dazugehörigen Puzzle-Lebensstilen oder in einem Wertewandel hin zu den sogenannten soft-individualistischen Werten.

Ein großes Ziel hinter dieser Entwicklung ist die Steigerung der eigenen Lebensqualität und auch die Selbstverwirklichung. Die schönste Wohnung oder das größte Auto sind nicht länger erklärte Ziele von vielen, sondern vielmehr ein schönes Freizeitleben, die Zeit mit Freunden, Weiterbildung oder der Traum, etwas Neues zu schaffen.

▶     Subtrends nach Zukunftsinstitut (2015): Single-Gesellschaft, Lebensqualität, Selftracking, Identitätsmanagement, Me-Cloud, Small-World-Networks, Maker Movement, Diversity, Liquid Youth, Multigrafie, Tutorial-Learning, Regenbogenfamilien, Wir-Kultur

**Gender Shift – von neuen Müttern bis zu Superdaddys**

> Die große Mehrheit der Österreicher (63 %) ordnet dem Begriff „weiblich" mehr Zukunft zu
> als dem Begriff „männlich" (41 %). Dies steht in einem unmittelbaren Zusammenhang mit
> dem semantischen Netzwerk des Begriffs „weiblich": Nicht das Weibliche per se hat Zukunft,
> sondern die mit ‚weiblich in Zusammenhang stehenden Werte wie Orientierung, Gestaltung,
> Selbstverwirklichung, Kreativität sowie Nachhaltigkeit'. (Gatterer 2012)

Die Gleichberechtigung von Mann und Frau durchdringt alle Bereichen des Lebens immer
stärker. Dass Frauen viele Jobs übernehmen, die vor einigen Jahren noch eine reine Män-
nerdomäne waren, ist bereits selbstverständlich. Genauso gibt es vereinzelt Männer, die zu
Hause bei den Kindern bleiben – es ist also zu einem Rollentausch gekommen. Durch die
steigende gesellschaftliche Akzeptanz und die Unabhängigkeit der Frauen entstehen neue
Familienmodelle, die vor einigen Jahren noch nicht existierten.

Bei beiden Geschlechterrollen ist in den letzten Jahren ein Ausbrechen zu erkennen –
von stereotypen Rollenbildern hin zu einem veränderten, neuen und facettenreichen Verständnis von Mann und Frau. Nicht das Geschlecht bestimmt die Verhaltens- und Lebensweisen, sondern die Persönlichkeit, Erfahrung und Lebensumwelt. Genauso gilt dies für
das Geschlecht, denn es ist nicht mehr angeboren, sondern eine individuelle Entscheidung,
welche die Person im Laufe ihres Lebens treffen kann.

▶      Subtrends nach Zukunftsinstitut (2015): Superdaddys, Alpha-Softies, Sexde-
       sign, Proll-Professionals, Work-Life-Blending, Diversity, Female Shift, Womano-
       mics, Tiger Woman, Regenbogenfamilien, Neue Mütter, Phasenfamilien

**Globalisierung – von Glokalisierung bis zu Global Citys**

> Globalisierung bezeichnet Prozesse der Zunahme sowie der geografischen Ausdehnung
> grenzüberschreitender Interaktion. (Kessler 2016)

Nach Kessler (2016) geht es bei der Globalisierung also um eine Zunahme von grenzüber-
schreitender Interaktion zwischen Individuen, die auch die Ströme von Gütern, Dienstleistungen, Kapital, Informationen und Personen umfasst. Die Interaktion und die Ströme
betreffen diverse Bereiche, wie unter anderem die Wirtschaft, die Politik, die Bildung oder
die Wissenschaft.

Koch (2014) beschreibt Globalisierung als dynamischen Prozess, der die wirtschaftliche Vernetzung der Welt durch den zunehmenden Austausch von Gütern, Dienstleistungen, Kapital und Arbeitskräften vorantreibt. Dadurch kommt es zu einer ständigen
Verringerung der wirtschaftlichen Bedeutung nationaler Grenzen und einer Verstärkung
des internationalen Wettbewerbs. Durch das Zusammenwachsen wichtiger Teilmärkte
wird die internationale Arbeitsteilung immer stärker genutzt und der weltweite Einsatz
von Ressourcen stetig verbessert. Nationale und internationale politische Akteure müssen
durch neu entstehende Chancen und Risiken ständig veränderte Rollen bei der Gestaltung
der Globalisierung übernehmen, was automatisch eine Zunahme interkultureller Interaktionen und Herausforderungen mit sich bringt.

▶   Subtrends nach Zukunftsinstitut (2015): Glokalisierung, Multipolare Weltord-
    nung, Cybercrime, On-demand Business, Near-Shoring, Schattenökonomie,
    Pop-up Money, Fair Trade, Social Business, Postwachstumsökonomie, Womano-
    mics, Rising Africa, Weltmacht China, Global Citys, Migration


**Silver Society – von Forever Youngsters bis E-Health**
Durch die steigende Lebenserwartung wird unsere Gesellschaft immer älter, jedoch sind
die heutigen neuen Rentner und Pensionäre jung geblieben und offen für Neues. Obwohl
die Entwicklung der „Überalterung" oder „Vergreisung" in der Öffentlichkeit eher negativ
bewertet wird, so bringt diese Entwicklung positive und chancenreiche Dinge mit sich.
Das „Downaging" gibt den älteren Personen ein neues Lebensgefühl, denn das subjektiv
empfundene und gefühlte Alter ist um zehn bis 15 Jahre jünger als das tatsächliche (Siegel
2013). Nach Horx (2007) kommt es zu keiner „Vergreisung" der Gesellschaft, sondern
es entwickeln sich vielmehr neue Lebensmuster, die eine Verjüngung des Verhaltens, der
Werte und der inneren Einstellungen mit sich bringen.

Genauso geschieht dies beispielsweise bei Silver Potentials, die von Unternehmen, die
aufgrund des stetig anwachsenden Fachkräftemangels keinen Zugang mehr zu speziellen Arbeitskräften haben, immer stärker gefragt sind. Sie zeichnen sich durch ihre hohe
Motivation und Freude bei der Arbeit aus und bringen jahrelang angeeignetes Expertenwissen mit. Auch in anderen Bereichen führt die Silver Society zu Änderungen, denn das
Konsumverhalten von Jung und Alt zum Beispiel kann nicht mehr exakt unterschieden
werden. Die Zielgruppen der Zukunft sind vielmehr altersunabhängig.

▶   Subtrends nach Zukunftsinstitut (2015): Downaging, Ageless Consuming,
    Forever Youngsters, E-Health, Ambient Assisted Living, Slow Culture, Diversity,
    Liquid Youth, Silver Potentials, Healthness, Universal Design

**Urbanisierung – von Landflucht bis Urban Farming**

> Im Jahr 1900 lebten etwa 10 % der Weltbevölkerung in Städten, heute sind es mehr als 53 %,
> und im Jahr 2050 werden es 75 % sein. (Vereinte Nationen 2011)

Nach Taubenböck und Wurm (2015) ist die Urbanisierung demnach ein elementarer
Teil des globalen Wandels. Stimmen die Prognosen der Vereinten Nationen, so wird bis
2050 das komplette globale Bevölkerungswachstum von 1,8 Milliarden Menschen von
Städten absorbiert werden – und es werden über 6 Milliarden Menschen in der Stadt
wohnen. Gleichzeitig wird ein Rückgang der Bevölkerung auf dem Land bis 2050 um 10 %
erwartet (Taubenböck und Wurm 2015).

Stadtbewohner jedoch möchten nicht auf gewisse Möglichkeiten verzichten, die beispielsweise ein Leben auf dem Land mit sich bringen würde. So entstehen in der Stadt
Gärten auf Terrassen oder Dächern, damit die Bewohner frisches Gemüse anbauen und
ernten können. Die Stadtplanung der Zukunft muss sich nach Horx (2007) auf vielfältige
Art und Weise den Herausforderungen der Urbanisierung stellen. In China zum Beispiel

bilden sich Neo-Citys, in denen Ökologie, Infrastruktur und Wohnformen auf komplexere Weise integriert werden, als dies in der „industriellen Stadt" mit ihren Unterteilungen in Wohn-, Einkaufs- und Industrieviertel möglich ist.

▶   Subtrends nach Zukunftsinstitut (2015): Bevölkerungswachstum, Collaborative Living, Third Places, Urban Manufacturing, Urban Mining, Urban Farming, E-Mobility, Bike-Boom, Mega Citys, Global Citys, Landflucht, Schrumpfende Städte, Smart Citys

### Gesundheit – von Detoxing bis zu Selftracking

Das eigene Wohlbefinden und die Gesundheit bekommen in der heutigen Zeit eine neue Bedeutung: Sie werden von einem „Zustand" zu einem aktiven Lebensgefühl, von der „Abwesenheit von Krankheit" zum persönlichen Empowerment. Der krisengeschüttelte Gesundheitssektor wächst zum Kernsektor der kommenden Ökonomie heran. Rund um einen erweiterten Gesundheitsbegriff entwickeln sich neue, expandierende Märkte und Produktwelten (Horx 2007).

Ein ganzheitliches Verständnis für die Auswirkungen des eigenen Seins und Tuns auf die Gesundheit breitet sich in der Gesellschaft aus, und diverse Angebote, wie beispielsweise Apps zur gesunden Ernähung oder mit Yoga-Übungen, erfreuen sich besonderer Beliebtheit. Ein gesunder Lebensstil und das Schöpfen von Kraft und Energie sind Ziele vieler Menschen, um den Stress des beruflichen Alltags auszugleichen.

▶   Subtrends nach Zukunftsinstitut (2015): Sportivity, Detoxing, Komplementär-medizin, Lebensqualität, Selftracking, E-Health, Ambient Assisted Living, Slow Culture, Work-Life-Blending, Corporate Health, Healthness, Foodies, Lebens-energie, Achtsamkeit

### New Work – von Co-Working bis zu Open Innovation

> Das Warten auf Vollbeschäftigung traditioneller Art könnte sich als ein ‚Warten auf Godot' erweisen. Dies legt es nahe, Denken und soziale Fantasie auf neue Formen der Arbeit und Tätigkeit zu richten – auf die Gestaltung einer Gesellschaft nach der herkömmlichen Arbeitsgesellschaft. (Willke 1999)

Die Globalisierung, der technische Fortschitt, der demografische Wandel und institutionelle Veränderungen prägen die Zukunft der Arbeit. Es entwickelt sich eine vielfältige Arbeitswelt mit enormen Unterschieden der Arbeitsbedingungen je nach Branche und Beruf, wobei vor allem kreative, interaktive und komplexere Tätigkeiten und hierfür benötige Arbeitskräfte den Fokus bilden werden (Eichhorst und Buhlmann 2015).

Das neue Arbeiten wird nach dem deutschen Bundesministerium für Arbeit und Soziales (2015) vernetzter, digitaler und flexibler sein, denn durch den kulturellen und gesellschaftlichen Wandel entstehen neue Ansprüche an die Arbeit. Die neue Vielfalt an Lebensformen, der Wunsch von Individuen nach mehr Flexibilität und Work-Life-Balance, stärkere Internationalisierung sowie räumlich und zeitlich entkoppeltes Arbeiten erfordern neue

Arbeitsmodelle und ein Umdenken von Unternehmen in Hinblick auf starre Strukturen und Prozesse.

Die Arbeit der Zukunft ist nach Horx (2007) unter anderem geprägt von einer Flexibilisierung, einem erhöhten Anteil an Selbstständigen, hoher Diversität hinsichtlich des Geschlechts, Alters, des ethnischen Hintergrunds und der Weltanschauung, einem Verschwimmen der Grenzen von Lebens- und Arbeitswelt und einem kooperativen Individualismus, also einem Individuum mit hoher Selbstkenntnis und Kooperationsfähigkeit.

▶   Subtrends nach Zukunftsinstitut (2015): Work-Design, Outsourcing-Gesellschaft, Start-up-Culture, Slash-Slash-Biografien, Permanent Beta, Silver Potentials, Corporate Health, Work-Life-Blending, Diversity, Female Shift, Womanomics, Co-Working, Service-Ökonomie, Social Business, Kollaboration, Open Innovation, Talentismus, On-Demand Business, Flexicurity, Antifragilität, Urban Manufacturing, Power of Place, Kreativökonomie

**Wissenskultur – von MOOCs bis zu Sharing Economy**
Überall auf der Welt bringen digitale Medien einen immer leichteren Zugang zu einer stetig größer werdenden Menge an Informationen mit sich (Zukunftsinstitut 2016). Wissen ist für jedermann zugänglich und verbreitet sich in Zeiten der Digitalisierung auf sehr schnelle Art und Weise. MOOCs (Massive Open Online Courses) bieten die Möglichkeit, Kurse und Vorlesungen renommierter internationaler Universitäten zu besuchen und Fachwissen in unterschiedlichsten Bereichen zu erlangen.

In Zeiten der Sharing Economy wird Wissen geteilt und dazu eingeladen, das zur Verfügung gestellte Wissen als kollektives Gut weiterzuentwickeln. Zahlreiche Blogs und Tutorials werden täglich genutzt, um Neues zu lernen, und bieten die Möglichkeit, jedermann zum Lehrenden zu machen. Life-Long-Learning ist im dynamischen Arbeitsumfeld mit ständigen Fortschritten und Entwicklungen ein Muss, und Unternehmen stehen unter einem Wettbewerbsdruck, neue Programme und Konzepte zu entwickeln, um Talente im Unternehmen zu managen.

▶   Subtrends nach Zukunftsinstitut (2015): Open Science, Informationsdesign, Bildungsbusiness, Massive Open Online Course (MOOC), Gamification, Predictive Analytics, Talentismus, Open Innovation, Kollaboration, Sharing Economy, Female Shift, Life-Long-Learning, Tutorial-Learning, Creativiteens, Neugiermanagement

**Mobilität – von Carsharing bis Wearables**

Gesellschaften im 21. Jahrhundert sind mehr denn je durch einen erhöhten Mobilitäts-bedarf gekennzeichnet, Mobilität und Beschleunigung sind die Matrix moderner und fortschrittsorientierter Gesellschaften. Angesichts der Herausforderungen, die sich aus dem Megatrend Neo-Ökologie ergeben, muss man sich allerdings schon heute intensiv um die Entwicklung nachhaltiger Mobilitätskonzepte bemühen, um langfristig wettbewerbsfähig zu bleiben. (Winterhoff et al. 2009)

Technologische Fortschritte und die veränderten Bedürfnisse der Gesellschaft verlangen neue Mobilitätskonzepte und neue Leistungsangebote. Der Besitz eines Auto wird durch die zunehmende Urbanisierung und den Trend der Neo-Ökologie immer unwichtiger, und die Nachfrage nach einem flexibel verfügbaren Verkehrsmittel, wie es beispielsweise das Carsharing bietet, wird immer größer.

Systeme, die ein (teil-)autonomes Fahren ermöglichen, sind bereits in einer Testphase und versprechen in Zukunft mehr Sicherheit im Verkehr und durch einen technisch unterstützten Fahrstil eine Steigerung der Ressourceneffizienz (Zukunftsinstitut 2016).

▶   Subtrends nach Zukunftsinstitut (2015): 24/7-Gesellschaft, Carsharing, Autonomes Fahren, Third Places, Power of Place, Wearables, Langsamverkehr, E-Mobility, Bike-Boom, Unterwegsmärkte, Mobile Commerce, Mixed Mobility, End-to-End-Tourismus

**Sicherheit – von Big Data bis zu Super-Safe-Society**
Durch die zunehmende Digitalisierung und das Preisgeben persönlicher Daten für diverse Onlinedienste steigt die Sorge über den Diebstahl und Missbrauch dieser. Die Gesellschaft weiß über die Möglichkeiten des Hackings Bescheid und fürchtet Cyberangriffe und den Handel mit Daten. Sicherheit spielt daher eine besondere Rolle im digitalen Zeitalter. IT Security und Trust-Technologien sind gefragt, um Cybercrime abzuhalten.

Auch im Gesundheitssektor spielen digitale Daten eine wichtige Rolle und spalten die Meinung der Gesellschaft. E-Health ermöglicht eine bessere Interaktion zwischen Patienten und Dienstleistern, schnelle und sichere Übertragung sowie die Speicherung und Verarbeitung komplexer Datenmengen (Zukunftsinstitut 2016). Doch auf der anderen Seite sind auch diese Daten vor Cyberangriffen nicht gefeit und könnten den Menschen in weiterer Folge durch und durch gläsern machen. Auch Informationen könnten in die falschen Hände gelangen.

▶   Subtrends nach Zukunftsinstitut (2015): Super-Safe-Society, Trust Technology, Transparenz-Märkte, E-Health, Identitätsmanagement, Digital Reputation, Predictive Analytics, Privacy, Cybercrime, Big Data, Industrie 4.0, Flexicurity, Antifragilität, Simplexity

## 4.1.2   Erkennen und Verwerten von Trends

Das Erkennen von Trends und Entwicklungen unserer Gesellschaft ist für Unternehmen ein erster wesentlicher Schritt in die richtige Richtung, um Innovationen hervorzubringen und am Markt gegenüber der Konkurrenz bestehen zu können. Doch um langfristig erfolgreich sein zu können, müssen die Erkenntnisse aus den Trendrecherchen von den Unternehmen richtig gedeutet, bewertet und miteinander kombiniert werden, um schlussendlich einen Wert für das Unternehmen zu generieren.

Cohen und Levinthal (1990) sprechen dabei von der sogenannten „**Absorptive Capacity**", die ein Unternehmen haben muss, um den Wert von neuen und externen Informationen zu erkennen, zu verwerten und ihn in einen wirtschaftlichen Nutzen zu verwandeln. Die Fähigkeit, externe Informationen auszuschöpfen, das heißt sie zu evaluieren und zum eigenen Vorteil zu verwenden, ist ein essenzieller Bestandteil innovativer Unternehmen.

Zahra und George (2002) beschreiben „Absorptive Capacity" mit organisationalen Routinen und Prozessen, durch die Unternehmen Wissen akquirieren, assimilieren, transformieren und ausschöpfen, um so in weiterer Folge eine dynamische Leistungsfähigkeit zu entwickeln. Nur wenn diese vier Eigenschaften – nämlich die Aneignung, die Verarbeitung, die Transformation und die Ausschöpfung von neuen Informationen – von Unternehmen erfüllt werden, sind sie in der Lage, eine dynamische Leistungsfähigkeit zu entwickeln und organisationale Veränderung und Entwicklung voranzutreiben.

Nach Zahra und George (2002) wird das Modell in zwei Faktoren unterschieden, nämlich in die potenzielle Absorptionsfähigkeit und die realisierte Absorptionsfähigkeit. Die potenzielle Absorptionsfähigkeit meint dabei die grundlegende Empfänglichkeit des Unternehmens für externes Wissen und die Fähigkeit, extern generiertes Wissen zu identifizieren und aufzunehmen, sowie die Routinen und Prozesse zur Analyse. Die realisierte Absorptionsfähigkeit umschreibt die Nutzung des gewonnenen Wissens und die Integration des transformierten Wissens in die eigenen Aktivitäten, sodass bestehende Fähigkeiten verbessert und erweitert werden können (Schreyögg und Schmidt 2010).

Schreyögg und Schmidt (2010) geben einen Überblick über die spezifischen Teilfähigkeiten, über die Unternehmen verfügen müssen, um ihre Absorptionsfähigkeit zu entwickeln. Dabei gilt es neues Wissen aus der Unternehmensumwelt zu identifizieren, von externen Partnern, wie beispielsweise „Lead Usern", zu lernen und dieses Wissen in das Unternehmen zu transferieren. Um das Wissen im Unternehmen zu verarbeiten und zu transformieren, muss es zu einer Wissensteilung, einer darauffolgenden Interpretation, Selektion und Wissensverarbeitung und -speicherung kommen, was beispielsweise durch den Einsatz von funktionsübergreifenden Projektteams erfolgreich gemeistert werden kann. Um danach das Wissen für den eigenen Nutzen auszuschöpfen, bedarf es einer effektiven Implementierung, einer Übertragung, die beispielsweise durch „Change Agents" unterstützt werden kann, und einer Reflexion durch Feedbacksitzungen oder Konfrontationstreffen.

Zukünftige Trends und Entwicklungen zu erkennen, ist daher nur der erste Schritt einer dynamischen Fähigkeit, sich ständig weiterzuentwickeln und Innovationen hervorzubringen. Dieses Wissen aus Trendrecherchen und -analysen gilt es zu assimilieren und zu transformieren, um einen wirtschaftlichen Nutzen daraus zu ziehen und die Informationen zum Vorteil des Unternehmens zu verwerten.

## 4.2    Die Marktentwicklung als Potenzial für Design Thinking

Gestaltungsprozesse und somit auch Design Thinking als Ansatz zur Entwicklung neuer Lösungen bewegen sich ständig im Spannungsfeld zwischen dem angestrebten Ergebnis, also dem Produkt, und dem Markt, für den das Produkt oder der Service entwickelt werden soll. Der Designprozess stellt somit eine sogenannte Co-Evolution zwischen Problem und Lösung dar und ist das Bindeglied zwischen Veränderungen und Besonderheiten des Marktes und dem gewünschten Produkt. In allen Schritten des Designprozesses werden Informationen vom Markt verarbeitet und in eine neue Lösung übersetzt. Wenn wir Markt- und Kundenbedürfnisse also in eine Problembeschreibung und später einen Prototypen umwandeln, so müssen sich die umgesetzten Ideen letztlich in demjenigen Umfeld bewei- sen, aus dem sie stammen – dem Markt (Freudenthaler 2013, S. 12).

### 4.2.1   Marktorientierte Innovationen sind erfolgreicher

In der gängigen Marketing- und Designliteratur ist man sich einig darüber, dass der Markt als Erfolgsfaktor für Innovationen wesentlich ist. Oft wird der „Markt" dabei nicht wirk- lich zur Diskussion gestellt, wir gehen meist davon aus, unseren Markt zu kennen, ohne uns bewusst damit auseinander- gesetzt zu haben.

- Was aber ist der „Markt" für ein neues Produkt oder einen neuen Service?
- Wie kann man den Markt und seine Teilnehmer charakterisieren?

Viel zu oft werden diese Fragen außer Acht gelassen, und die Recherchen, die über das Umfeld der Innovation getätigt werden, verlaufen wenig fokussiert und haften oft an alten, nicht mehr gültigen Marktbedingungen und Regeln des Wettbewerbs. Das Marketing ver- steht unter einem Markt die bestehenden und potenziellen Kunden sowie Wettbewerber, die sich im Umfeld des Unternehmens befinden. Für Innovations- und Designaufgaben ist dieses Marktverständnis etwas verkürzt, da es eine wichtige Dimension für Gestaltungs- aufgaben vernachlässigt – den Anwendungskontext. Aus diesem Grund sollten für die Definition des Marktes aus Sicht des Design Thinking folgende Parameter berücksichtigt werden:

- die bestehenden und potenziellen Kunden,
- das übergeordnete Marktumfeld mit seinen Wettbewerbern und
- das Umfeld der Verwendung (siehe Abb. 4.1).

Marktorientierung besagt, dass diejenigen Unternehmen erfolgreicher sind, die ihr Tun an die Bedingungen des Marktes anpassen. Dies bedeutet konkret, als Unternehmen Lösun- gen anzubieten, die bestehenden oder potenziellen Kundengruppen einen hohen Nutzen bieten und sich von den Leistungen der Wettbewerber differenzieren. Dazu sollte ein Anwendungserlebnis vermittelt werden, das den Kunden und/oder Anwendern des Pro- dukts als unverwechselbar in Erinnerung bleibt.

   Zahlreiche Untersuchungen zeigen: Wer sich an den Kunden ausrichtet und ihnen ein einzigartiges Anwendungserlebnis bietet, das sich zudem von den Angeboten der Kon- kurrenz eindeutig unterscheidet, der ist erfolgreicher als der Rest. Die Orientierung der

**Abb. 4.1** Markt aus Sicht des Design Thinking (Quelle: eigene Darstellung)

Unternehmensagenden am Markt ist demnach bewiesener Erfolgsfaktor. Dass der Markt Quelle des Erfolgs ist und Unternehmen, die sich am Markt orientierten, sich langfristig besser entwickeln, wird in der Theorie der Marktorientierung beschrieben. Kohli und Jaworski formulieren in ihrer Theorie der Marktorientierung zum ersten Mal in den 1990er-Jahren die These, dass Unternehmen, die ihre Aktivitäten am Markt ausrichten und Informationen über den Markt beschaffen, wirtschaftlich erfolgreicher sind als andere (Kohli und Jaworski 1990, S. 1ff.). Narver und Slater folgen mit einer ersten größeren Untersuchung und beweisen den Zusammenhang: Wer sich am Markt orientiert, ist profitabler (Narver et al. 2004, S. 334f.). Im Zentrum der Diskussion steht die Fähigkeit, aus Informationen über Markt und Kunden Potenziale für neues Geschäft abzuleiten (Atuahene-Gima 1995, S. 275ff.)

▶  **Market-Driven oder Driving-Markets – wer treibt hier wen?** Wird der für das Innovationsvorhaben relevante Markt definiert, so ist dabei unbedingt die Dynamik des Marktes zu beachten.

- Wie schnell verändern sich die Bedingungen in der Branche, in der ich mich bewege?
- Wie volatil sind Wettbewerbsentwicklungen?
- Wie schnell ändern sich die Kundenbedürfnisse?

In der Literatur findet man unterschiedliche Zugänge, einen Markt zu betrachten. Der erste und ältere Ansatz ist, den Markt als statisches Gebilde zu sehen, das von außen auf das Unternehmen und seine Aktivitäten einwirkt. In diesem Ansatz wird der Markt auch eher als gegeben angesehen, wir gehen davon aus, dass wir den Markt als solchen nicht verändern können, und passen uns den Umfeldgegebenheiten optimal an. In diesem Ansatz sind wir der Überzeugung, dass Kundenbedürfnisse und die Regeln des Markes nicht beeinflussbar sind.

Der zweite und neuere Ansatz ist, den Markt als dynamisches Kons-trukt zu betrachten, das sich im Zeitablauf aus sich heraus ändert, aber auch durch die Einwirkung des Unternehmens verändert und beeinflusst werden kann. Nach dieser Marktauffassung ist der Markt ein sich ständig wandelndes Phänomen, das durch eine Innovation verändert werden kann, genauso wie Veränderungen auf Marktseite die Anforderungen an Produkte beeinflussen (vgl. Baker und Sinkula 2002, S. 5ff.). Dieses Ver-ständnis beschreibt die Realität besser. Deshalb sollten mögliche Verän-derungen des Marktumfelds unbedingt verfolgt werden.

Dazu kommt, dass die Sammlung und Verwertung von Marktinformationen wichtige Stellhebel für die Realisierung einer Marktorientierung sind und auch zu Voraussetzungen für Innovationserfolge werden. Wer es versäumt, Marktinformationen in den Designpro-zess zu integrieren, wird es nicht schaffen, Produkte zu entwickeln, die sich vom Angebot am Markt abheben und Kunden begeistern.

Folgende Fragen sind demnach bei der Umsetzung marktorientierter Innovationen zu berücksichtigen:

- Was ist mein Markt und wie möchte ich ihn bearbeiten?
- Welchen Bedarf haben meine Kunden und wie verhalten sich meine Wettbewerber?
- Welches Erlebnis haben Kunden bei der Anwendung des Produkts und wie kann ich dieses Erlebnis einzigartig gestalten?
- Welche Informationen benötige ich vom Markt und vom Kunden, um herausragende Produkte und Leistungen bieten zu können?

## 4.2.2   Der Markt als Quelle für neue Ideen

Die Entwicklungen des Marktes sind also der Dreh- und Angelpunkt für Innovationen. Sei es eine neue Technologie, die am Markt verfügbar ist und Potenzial für neue Produkt-konzepte bietet, oder die veränderten Bedürfnisse der Anwender, die für das Unternehmen neue Geschäftsmodelle möglich machen. Der Markt ist demnach die Quelle für jede Inno-vationstätigkeit – und sollte somit auch regelmäßiger Betrachtung unterzogen werden.

Insbesondere in Innovationsprojekten, in denen der Kunde oder der Markt für das neue Produkt oder die neue Dienstleistung noch nicht klar zu definieren ist, wird der Aufbau von Wissen über den neuen Markt zum entscheidenden Erfolgsfaktor. Diverse Forscher haben sich damit auseinandergesetzt und immer wieder bewiesen, wie wichtig die Integration von Kunden- und Marktwissen in neuen Entwicklungsprojekten ist (Freudenthaler 2013, S. 40).

Auch wenn die Bedeutung der Marktorientierung erwiesen und es unumstritten ist, dass der Kunde im Zentrum neuer Entwicklungen stehen sollte, so zeigen doch zahlreiche Untersuchungen, dass Unternehmen große Probleme in der Umsetzung haben. Immer wieder werden Produkte für die Schublade entwickelt, immer noch gibt es neue Konzepte, die nur aus einem technischen Antrieb heraus entwickelt werden und in denen es nie eine Auseinandersetzung mit einem potenziellen Markt oder Kunden gab. Als Gründe werden fehlende Disziplin, Zeit- und Kostenargumente, ungünstige Unternehmenskultur, schlechte Erfahrungen in früheren Projekten und Schwierigkeiten in der Erfassung von Kundenbedürfnissen genannt. Es scheint, als sei die Herausforderung vielen Unternehmen bewusst, sie scheitern jedoch immer noch an der tatsächlichen Umsetzung (Adams et al. 1998, S. 404).

Den Markt wirklich kennenzulernen und daraus Potenziale für Innovation abzuleiten, verlangt ein Bewegen aus der eigenen Komfortzone. Wer glaubt, dass gute Designs vom Schreibtisch aus entwickelt werden und Innovationen nutzerzentriert sein können, wenn der Erfinder nie in Kontakt mit dem Anwender gekommen ist, der irrt gewaltig. In den vielen Unternehmensprojekten, die wir über die Zeit hinweg betreut haben, hat sich immer wieder eines bestätigt: Wer beim Anwender vor Ort ist und keine Scheu hat, mit dem Kunden und dem Markt in Kontakt zu kommen, der besitzt ein wirkliches Gespür für die Chancen am Markt und kann seine Intuition für die Entwicklung neuer Lösungen nutzen.

Wie die Marktentwicklung letztlich laufend mitverfolgt wird, hängt wieder wesentlich von den Voraussetzungen des Unternehmens und der Branche ab. Es gibt in der Managementliteratur viele gängige Modelle, den Markt zu analysieren. Das PEST-Modell zur Analyse des globalen Unternehmensumfelds, die Branchenstrukturanalyse oder besser bekannt als Porter's Five Forces, welche die Wettbewerbskräfte einer Branche offenlegt, und viele andere. Ihnen allen ist gemein, dass sie sich auf die bestehende Situation am Markt fokussieren und eine Analyse der Ausgangssituation schaffen möchten. Für die Analyse des Marktes aus Innovationssicht ist es jedoch unabdingbar, sich mit den zukünftigen Bedingungen des Marktes, also den Marktpotenzialen auseinanderzusetzen. Der Informationsbedarf für Innovation ist – im Gegensatz zu anderen Managemententscheidungen – immer in die Zukunft gerichtet, da Innovationen ja per se Angebote für die zukünftige Wertschaffung im Unternehmen darstellen. Wer das Marktpotenzial im Rahmen eines Design-Thinking-Ansatzes erforschen möchte, der sollte sich deshalb weniger für die momentanen Umstände interessieren, sondern vielmehr ein feines Gespür für Veränderungen und Trends am Markt entwickeln. Wie bereits in Abschn. 4.1 erläutert, gibt es wesentliche Megatrends, die unsere globale Wirtschaft in den nächsten Jahren prägen werden. Bei der Auseinandersetzung mit dem Markt wird es wichtig sein zu hinterfragen, welche Veränderungen diese Megatrends in den nächsten Jahren auf den für ein Unternehmen relevanten Märkten bringen werden und wie das Unternehmen mit den Chancen nutzenstiftend umgehen, aber auch Risiken vorzeitig durch innovative Lösungen kompensieren kann (siehe Abb. 4.2).

Folgende Einflüsse sollten laufend beobachten werden, um Marktveränderungen aufzunehmen:

**Wirtschaftliche Entwicklung:** Berücksichtigt werden sollte die Marktgröße, da diese das Marktpotenzial bestimmt und potenzielle Absatzzahlen beeinflusst. Zudem spielen Einkommen und Kaufkraft im jeweiligen Markt eine große Rolle, da sie die Preisbereitschaft

**Abb. 4.2** Marktveränderungen als Quelle für neue Ideen (Quelle: eigene Darstellung)

der Kunden bestimmen. Diese legt fest, welche Produktsortimente angeboten und welche Materialen bzw. Fertigungstechniken verwendet werden können. Die wirtschaftliche Infrastruktur bestimmt, wie die Logistik neuer Produkte aufgebaut und wie die Verpackung oder der Transport gestaltet werden können. Nationale Ressourcen und Rohstoffe beeinflussen oft als Inputfaktoren die Anforderungen an das Produkt, sie können Adaptionen der Produktspezifikation verlangen. Die Beschaffenheit der Absatzkanäle gibt vor, wie das Produkt später vertrieben werden kann und welche Vertriebsstrategien sich anbieten.

**Kulturelle Veränderungen:** In erster Linie sind die Werte, Normen und Verhaltensmuster zu beachten, die am jeweiligen Zielmarkt vorherrschen. Sie liefern wesentliche Vorgabe für die Produktkonzeption. Darüber hinaus sind lokale ästhetische Merkmale und Geschmäcker zu berücksichtigen, genauso wie die Besonderheiten, die sich durch die Sprache oder durch Bedeutungen von Zeichen ergeben. Unterschiedliche Bedeutungen und Werte von Symbolen und Gegenständen führen oft dazu, dass das Augenmerk im Innovationsprozess auf falsche Aspekte gelegt wird. Für Kulturen, die sich sehr von der eigenen Kultur unterscheiden, empfiehlt es sich, auf jeden Fall lokale Ansprechpersonen in wesentliche Schritte zu integrieren.

**Gesellschaftlicher Wandel:** Die gesellschaftliche Entwicklung zeigt sich in der Bevölkerungsstruktur und Demografie eines Landes. Alternde Gesellschaften haben demnach eine andere Nachfrage als Märkte, in denen die Jugend dominiert. Ähnlich verhält es sich mit der Einkommensverteilung und den sozialen Schichten. Sie geben Aufschluss über Lebensstil und unterschiedliche Bedürfnisse von Kundengruppen. Geschlechterrollen, Bildungsstand, Familiengefüge und soziale Beziehungen bestimmen maßgeblich, wie Kaufentscheidungen getroffen werden und wer Einfluss darauf nimmt. Märkte mit geringem Bildungsniveau verlangen beispielsweise Produkte, die in der Bedienung darauf eingehen. Veränderungen im sozialen Umfeld haben immer einen Einfluss auf die Entwicklung der Nachfrage in einem Markt und sind in sehr vielen Fällen Quelle neuer Ideen.

**Politisches Umfeld und rechtliche Rahmenbedingungen:** Die politische Stabilität bestimmt, wie zuverlässig die rechtlichen und wirtschaftspolitischen Rahmenbedingungen in einem Land sind. Das behördliche Milieu und die Regierungsprogramme bilden den regulativen Rahmen und können über geänderte Gesetze, Steuern oder Förderprogramme die Attraktivität von Angeboten drastisch verändern. Normen und Regelungen, die von der Regierung erlassen werden, bestimmen oft, ob es sich überhaupt lohnt, einen Markt zu bearbeiten.

**Technische Neuerungen:** Der technologische Standard bildet oft den Ausgangspunkt für Innovationsprojekte, weil er Aufschluss über den Stand der technologischen Entwicklung gibt. Was in einem Markt als Innovation wahrgenommen wird, hängt in vielen Fällen vom technologischen Wissensstand der Kunden und Wettbewerber ab. Unbedingt zu beachten sind in Innovationsprojekten die Veränderungen von technologischen Standards (disruptive Innovationen) sowie Änderungen von Normen und Industriestandards. Sie können die Nutzbarkeit bestehender Lösungen unmöglich machen und ihren Wert maßgeblich senken – dies bietet wiederum Potenzial für neue Innovationen.

**Verändertes Umweltbewusstsein und ökologische Entwicklungen:** Ökologische Aspekte können in zweierlei Hinsicht Quelle für Ideen sein. Zum einen nehmen Konsumenten Umweltkatastrophen und ökologische Probleme heute viel bewusster wahr und setzen sich für Initiativen ein, die der Verschmutzung der Natur und der Veränderung des Klimas durch wirtschaftliche Produktion, aber auch menschliche Konsumation entgegenwirken möchten. Durch steigendes Umweltbewusstsein, aber auch direkte Betroffenheit, wie Einwohner von Megastädte sie oft erleben, verändern sich die Anforderungen an ökologisch einwandfreie Lösungen. Zum anderen können politische Entscheidungsträger durch die Formulierung von Normen und Gesetzen sehr stark beeinflussen, welche Umweltschutzinitiativen bzw. welche Themen gefördert werden. Durch die gezielte Vergabe von Förderungen werden somit oft bewusste Impulse für Unternehmen zum Entwickeln neuer Lösungen gesetzt.

**Eintritt neuer Mitbewerber und Wettbewerbsintensität:** Für Innovationsprojekte ist die Wettbewerbsintensität ein wichtiger Aspekt, der betrachtet werden sollte. Wie ein Markt eine neue Lösung aufnimmt, hängt zu einem Großteil auch davon ab, wie der Wettbewerb sich gestaltet. Befinden wir uns, wie Kim und Mauborgne beschreiben, in einem Red Ocean, so wird es schwer möglich sein, durch inkrementelle Innovationen erfolgreich zu sein, da der Markt gesättigt und die Optimierung der Produkte schon hoch ist. Beim Eintritt in neue, unbekannte Märkte und der Entwicklung von Ideen für ebendiese ist die Analyse lokaler Wettbewerber von besonderer Bedeutung. Die lokalen Anbieter geben meist Aufschluss über die Regeln des lokalen Wettbewerbs und zeigen somit oft auf, welche Produktadaptionen oder Varianten benötigt werden könnten.

**Neue Kundenbedürfnisse und verändertes Kaufverhalten:** Der Kunde, seine physischen sowie psychischen Merkmale und sein Verhalten beim Kauf und Konsum von Produkten sind wahrscheinlich die größte Quelle von neuen Ideen, weshalb dem Kunden als Ausgangspunkt im Designprozess auch noch ein eigenes Kapitel gewidmet ist (siehe Abschn. 4.3). Während sich frühere Modelle der Konsumentenforschung stark auf des

Verhalten beim Kauf konzentriert haben, weiß man heute, dass ein gutes Verständnis für den Kunden als Mensch wichtig ist. Unter dem Begriff *Human-Centered Design* (siehe Abschn. 1.2) werden psychische, physische und ideologische Aspekte diskutiert, die die Schnittstelle zwischen dem Menschen und dem Produkt oder dem Service mitbestimmen. So sind Körperbau, Größe, Gewicht, das eigene Körpergefühl genauso wichtig wie das emotionale Wohlbefinden, das Selbstbewusstsein, die persönlichen Wünsche, Ängste und Sehnsüchte. Sie bilden die Quelle für fast alle strategischen Innovationen, weil sie auf Motive abzielen, die noch weitgehend unbewusst und trotzdem vorhanden sind, im Marketing als latente Bedürfnisse bezeichnet. Wie sich Kunden letztlich entscheiden und welche Produkte sie kaufen, hängt auch wesentlich vom Umfeld ab, in dem sie sich bewegen, also allen vorab genannten Aspekten. Diese beeinflussen, welches Markenbewusstsein ein Kunde hat (z. B. Kultur und Gesellschaft), welche Preisbereitschaft er oder sie besitzt (z. B. Wirtschaft) und welcher Wert einzelnen Produktattributen beigemessen wird (z. B. Ökologie und Technologie). Nur den Kunden als Quelle für neue Ideen zu betrachten, ist deshalb zu kurz gefasst, es braucht eine Miteinbeziehung aller wesentlichen Faktoren.

**Veränderte Rahmenbedingungen bei der Anwendung:** Wie ein Kunde mit dem Produkt interagiert und welche Erlebnisse er bei der Anwendung eines Produktes hat, ist eine wesentliche Inspirationsquelle für Designprozesse. Ausgehend von der Softwareentwicklung und dem Interaction Design, das sich in diesem Zusammenhang bald entwickelt hat, steht im Zentrum der Anwendung die Schnittstelle zwischen dem Menschen und der Maschine, wie es im IT-Bereich heißt, oder eben auch dem Service oder dem Produkt. Diese Situation, in der der Kunde direkt mit der Leistung in Kontakt kommt, ist eine der oder sogar die wichtigste Quelle für Produktverbesserungen oder neue Ideen. Dabei ist es zum Beispiel ratsam, unterschiedliche Anwendungen zu studieren und zu recherchieren, wofür Produkte zweckentfremdet werden können, wie reibungslos der Prozess der Anwendung abläuft, aber auch, wie die Emotionen beim Verwenden sind und wie lange Produkte oder Services letztlich angewendet werden. Zudem gibt die Infrastruktur, in der Produkte oder Services funktionieren müssen, auch viel preis über die Möglichkeiten im Innovationsprojekt (z. B. Klima, geografischer Rahmen und unmittelbare Infrastruktur wie Straßen, Wohnungen, Energieversorgung, natürlich Ressourcen).

### 4.2.3   Der Markt als Taktgeber und Maßstab für den Innovationserfolg

Eine der wesentlichen Herausforderungen in Innovationsprojekten ist die Bestimmung des richtigen Zeitpunkts für den Markteintritt. Den Markt mit seinen Bedingungen zu verstehen bedeutet also auch, ein Gespür dafür zu bekommen, wann der Markt „reif" für die Innovation ist. In optimaler Symbiose mit den unternehmensinternen Prozessen muss der richtige Zeitpunkt für den Markteintritt erarbeitet werden. Wichtig ist: Die kürzeste Time-to-Market ist dabei nicht immer die Prämisse, die zum Erfolg führt. Auch Produkte, die ihrer Zeit voraus sind und zu früh am Markt eingeführt werden, können scheitern. Der Markt ist dabei immer der Taktgeber für den Erfolg von Innovationen, und die Erforschung der Marktbedingungen hat die Aufgabe, den Markt und seine Akteure zu verstehen und einschätzen zu lernen. Zudem ist zu entscheiden, ob der Eintritt in den Markt in allen Märkten zugleich erfolgen soll oder ob es eine schrittweise Einführung geben sollte. Häufig sind die Märkte in ihrer Entwicklung nicht gleich getaktet, und es gibt Lead-Märkte, die früher für eine Innovation bereit sind als andere. In Bezug auf das Timing ist ebenfalls zu überlegen, ob man der Erste sein möchte, der mit einer Innovation in den Markt geht und somit als Pionier den Markt bearbeitet, oder ob es sich anbietet, zu einem späteren Zeitpunkt als Folger einzutreten. Wie man das Timing für den Markteintritt gestaltet, bestimmt auch maßgeblich, welche Ressourcen und Fähigkeiten man für die Innovationseinführung braucht – oder umgekehrt. Wer nicht genügend Ressourcen und die notwendigen Fähigkeiten für die Durchsetzung einer Innovation mitbringt, sollte sich strategisch für andere Alternativen entscheiden.

Folgende Alternativen bieten sich für den Markteintritt aus Unternehmenssicht:

**Pionier:** Der Pionier tritt als Erster in einen neuen Markt ein. Dies ermöglicht ihm ein Quasi-Monopol, da zu diesem Zeitpunkt noch kein vergleichbares Produkt am Markt zur Verfügung steht. In der ersten Zeit nach der Einführung, bis zum Eintritt des ersten Folgers, kann deshalb ein relativ hoher Preis realisiert werden, der die Amortisation der Entwicklungs- und Markteinführungskosten wahrscheinlicher macht. Voraussetzung für eine erfolgreiche Pionierstrategie ist die relativ schnelle Adaption der Kunden an das neue Produkt.

**Fast Follower:** Der frühe Folger gilt als der größte und für den Pionier gefährlichste Konkurrent. Er hat aufgrund der zeitlichen Verzögerung die Möglichkeit, sein Produkt im Vergleich zum Pionier zu verbessern und die Kinderkrankheiten bereits auszumerzen bzw. kleine Anpassungen an Kundenwünsche aus den Erfahrungen des Pioniers vorzunehmen. Diese Lerneffekte, soweit er sie nutzt, ermöglichen es dem frühen Folger oft, einen noch wesentlichen Marktanteil zu erlangen und dem Pionier oft sogar den Rang abzulaufen. Ist der Markteintritt des Pioniers jedoch gut gelungen und bietet sein Produkt wenig Notwendigkeit für Nachbesserungen bzw. hat er diese bereits selbst vorgenommen, so wird es für den Fast Follower schwierig sein, sich aus Kundensicht noch eine starke Position zu erarbeiten. Im fehlen dann der Charme und die Bekanntheit des Ersten am Markt.

**Late Follower:** Der späte Folger tritt oft erst nach Jahren in den Markt ein. In vielen Fällen ist der späte Folger ein finanzstarkes Unternehmen, das mit viel Beharrlichkeit und Marketingbudget die Einführung seiner Produkte am Markt verfolgen kann. Oft ist der Erfolg einer Late-Follower-Strategie einfach auch durch eine unerwartet positive Marktentwicklung und das somit gegebene Potenzial eines späteren Markteintrtts gegeben.

Um diese schwierige Entscheidung treffen zu können, ist es wichtig zu verstehen, wie sich Produkte am Markt verbreiten bzw. wie sie von Kunden angenommen werden. Mit diesem Phänomen beschäftigt sich die Diffusionstheorie, die aus Unternehmens- und Produktsicht beschreibt, wann und wie schnell sich ein Produkt am Markt verbreitet, und aus Kundensicht diskutiert, wie schnell und unter welchen Bedingungen Kunden ein neues Produkt oder einen neuen Service annehmen.

Everett Rogers, der Begründer der Diffusionstheorie, beschreibt in seinem Werk „Diffusion of Innovations", wie sich eine Innovation über verschiedene Kanäle und über unterschiedliche Personen in einem sozialen System verbreitet. Er nennt vier Elemente, die die Verbreitung einer Idee bestimmen: die Innovation selbst, die Kommunikationskanäle, die zum Verbreiten der Idee genutzt werden, die Zeit und das Ökosystem der Innovation. Damit sich eine Innovation am Markt etablieren kann, muss sie von möglichst vielen Akteuren angenommen worden sein – dies bezeichnet Rogers als die kritische Masse. Die unterschiedlichen Kategorien von Kundengruppen, die er identifiziert, sind Innovators, Early Adopters, Early Majority, Late Majority, Laggards (Rogers 1995). Siehe auch Abb. 4.3.

- *Innovators (Innovatoren)*
  Tritt in einem sozialen System eine Innovation auf, z. B. eine neue Idee oder Verhaltensweise oder ein neues Produkt, so wird diese zuerst von den sogenannten Innovatoren angenommen. Sie sind gekennzeichnet durch eine ausgeprägte Innovations- und Risikofreudigkeit sowie eine geringe Markentreue und verfügen über ein relativ großes Kaufvolumen. Erst wenn die Innovatoren eine Innovation übernommen haben, hat diese eine Chance auf weitere Verbreitung.
- *Early Adopters (frühe Übernehmer)*
  Adoptionskategorie, die direkt der Kategorie der Innovatoren folgt. Die Adoptionsgeschwindigkeit der frühen Unternehmer ist hoch, jedoch nicht am höchsten. Diese Gruppe ist für Trends empfänglich, folgt aktiv neuen Entwicklungen im Markt und neigt dazu, Innovatoren schnell zu folgen. Diese frühen Übernehmer ergreifen jedoch bei der Annahme und Einführung einer bestimmten Idee bzw. eines Produkts nicht die Initiative.
- *Early Majority (frühe Mehrheit)*
  Gruppe von Verbrauchern, die direkt den Innovatoren und Frühadoptern folgt und deren Adoptionsgeschwindigkeit immer noch recht hoch ist. Obgleich diese Verbraucher für

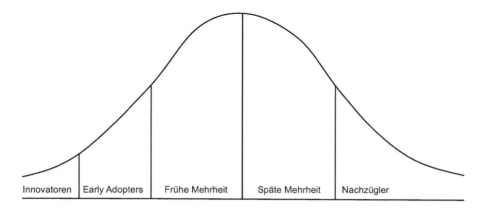

**Abb. 4.3** Produktdiffusion und Kundenadaption nach Rogers (Quelle: eigene Darstellung in Anlehnung an Rogers (1995))

bestimmte neue Entwicklungen empfänglich sind, sind sie bei der Annahme und Einführung nicht führend.

- *Late Majority (späte Mehrheit)*
Verbraucher mit der langsamsten Adoptionsschwindigkeit – mit Ausnahme der Nachzügler. Diese Gruppe reagiert auf bestimmte Ideen oder Produkte relativ unsensibel und im Hinblick auf ihre Akzeptanz und Einführung langsam.
- *Laggards (Nachzügler)*
Verbrauchergruppe mit der langsamsten Adoptionsgeschwindigkeit. Auf der Grundlage einer normal verteilten Adoptionskurve stellt diese Gruppe die letzten 16 % der Verbraucher dar. Folglich ist diese Gruppe im Hinblick auf die Akzeptanz und Einführung bestimmter Ideen oder Produkte sehr zurückhaltend.

Egal wann und wie schnell Kunden ein Produkt akzeptieren, damit sie es vollkommen in ihren Alltag aufnehmen, muss es gewisse Stufen durchlaufen:

- **Aufmerksamkeit:** von einer Innovation erfahren
- **Interesse und Überzeugung:** von einer Innovation im positiven oder negativen Sinn überzeugt werden
- **Bewertung und Entscheidung:** sich für oder gegen eine Innovation entscheiden
- **Versuch:** die Innovation implementieren
- **Adoption und Übernahme:** die Innovationsentscheidung bestätigen und weiter nutzen oder rückgängig machen

Ob Kunden ein neues Angebot akzeptieren oder nicht, hängt maßgeblich vom Grad der Neuheit ab. Radikale Innovationen weichen von dem Schema ab, mit dem Kunden den Produktnutzen, die Produktfunktionen oder das Nutzungsverhalten bewerten. Gibt es keine Hilfestellung, dies auch beim neuen Angebot zu machen, so kann der notwendige Lernprozess zur Anpassung für Kunden eine Adoptionsbarriere darstellen (Veryzer 2005).

▶       Der Grad der Neuheit hat einen großen Einfluss auf die Evaluation und Übernahme und damit auf die Akzeptanz der Innovation bei den Zielkunden.

Ob eine Innovation ein Erfolg wird und wie der Innovationserfolg letztlich definiert werden kann, ist schwierig zu bestimmen. So können die erfolgte Entwicklung aus technischer Sicht, die Industrialisierung und Überleitung in den Produktionsprozess, die erfolgte Markteinführung, die erfolgte Amortisation der eingesetzten Kosten oder die Gewinne, die mit dem Produkt erwirtschaftet werden, zur Bewertung von Innovationen herangezogen werden. Fest steht: Forschung und Entwicklung, Produktion, Marketing, Vertrieb oder Finanzmanagement werden unterschiedliche Maßstäbe an die Bewertung heranziehen. Wichtig ist, dass schon zu Beginn des Prozesses definiert wird, welche Art von Erfolg erzielt werden sollte, und dass dies in der Definition und Bewertung des Marktes berücksichtigt wird. Wird das Produkt als Nischenprodukt mit kleinen, aber feinen Margen positioniert, sollte der Service für den Massenmarkt kompatibel sein? Egal welche Strategie vom Unternehmen letztlich verfolgt wird, eines sollte nie außer Acht gelassen werden: Der Erfolg einer Innovation kann nie vom Unternehmen allein bestimmt werden, der Markt ist dabei Quelle, aber auch Taktgeber und wesentlicher Bestimmungsfaktor.

### 4.2.4  Marktinformationen für Design Thinking nutzen

Um Marktinformationen für Innovationsprojekte greifbar zu machen, braucht es eine Verankerung des Informationsmanagements im Innovationsprozess. Während des gesamten Prozesses muss sichergestellt werden, dass die richtigen Informationen, optimal aufbereitet und visualisiert, zum passenden Zeitpunkt eingespielt werden. Dabei ist zu bedenken, dass Informationen für kreative Prozesse und Gestaltungsaufgaben in anderer Art und Weise benötigt werden, wie das für herkömmliche Aufgaben im Unternehmen gilt.

#### 4.2.4.1  Marktinformationsmanagement für Design Thinking

Unter dem Begriff des Marktinformationsmanagements verstehen Kohli und Jaworski (1990) sowie Baker und Sinkula (2002)

> das Planen, Gestalten und Steuern von Marktinformationen zur Erreichung der Transformation vom Markt in die Organisation.

Design ist von Natur aus eine informationsverarbeitende Tätigkeit (Leenders et al. 2003), und ein wichtiger Bestandteil des Designprozesses ist somit die Verwendung von Marktinformationen (Moorman 1995). Informationen im Designprozess zu verarbeiten bedeutet, Informationen über bestehende und zukünftige Bedürfnisse der Kunden, externe Marktfaktoren, wie z. B. Wettbewerber, in die Entscheidungsfindung miteinzubeziehen (Moorman et al. 1993). Dennoch versäumen immer noch viele Unternehmen die Verarbeitung von Marktinformationen in Innovationsprojekten und stützen sich in kreativen Problemlösungen zu sehr auf eigene Erfahrungen und Intuition. Diese beiden Aspekte sind sicher wesentlich für Innovation, reichen jedoch in der Regel nicht aus und sollten unbedingt um die Marktperspektive erweitert werden. Damit Marktinformationsmanagement effektiv gestaltet werden kann, müssen die Projektleiter und Moderatoren in Innovationsprojekten wissen, wie notwendige Informationen am besten identifiziert, gesammelt und für den Designprozess nutzbar gemacht werden können. Diese Aufgabe wird in vielen Innovationsprojekten noch immer sträflich vernachlässigt (Ottum und Moore 1997). Besonders schwierig wird die Aufgabe dann, wenn unterschiedliche Kulturen und Nationalitäten im Designprozess mitwirken oder – noch schlimmer – Informationen aus fremden Kulturen ohne die Integration lokaler Ansprechpartner interpretiert werden. Hier ist die Wahrscheinlichkeit von Fehlinterpretationen, falschen Schlüssen und unzulässigen Übersetzungen extrem hoch. Viel zu oft sind Innovationsprojekte gerade deshalb gescheitert, weil die Lösung vor dem jeweiligen Markthintergrund nie reflektiert und getestet wurde.

**Whirlpool World Washer**

Die Liste der gescheiterten Produktinnovationen für neue Märkte, insbesondere Emerging Markets, ist hoch. Innovationen haben ein hohes Risiko zu scheitern, für Entwicklungsländer und aufstrebende Märkte liegt die Floprate bei 95 %. Die Gründe für das Scheitern sind oft in einem fehlenden Marktinformationsmanagement zu finden. Zwar wurden in den meisten Fällen Marktrecherchen durchgeführt, die Schlüsse, die aus dem Datenmaterial gezogen wurden, waren jedoch meistens falsch und gingen am Marktbedarf vorbei. So auch bei einem Waschmaschinen-Modell, das Whirlpool für den indischen Markt entwickeln wollte. Der Whirlpool World Washer sollte ein günstiges Einstiegsmodell sein, um die Versorgung mit Waschmaschinen in aufstrebenden Märkten zu ermöglichen. Einen günstigen Preis bei trotzdem guter Qualität zu bieten, war das Ziel von Whirlpool. Dies gelang auch grundsätzlich – und das Produkt war in der westlichen Welt durchaus gut einsetzbar. Die Anwendung am indischen Markt gestaltete sich aber aus folgenden Gründen schwierig:

- Das Volumen der indischen Saris war nicht berücksichtigt worden – ein wesentliches und wertvolles Kleidungsstück indischer Frauen konnte somit mit dem World Washer nicht gewaschen werden und verringerte den Produktnutzen aus Sicht der Anwenderinnen.
- Das Waschprogramm war nicht auf die Stromausfälle im indischen Netz vorbereitet: Nach einem Stromausfall begann das Waschprogramm immer wieder von vorne – ein riesiger Energie- und Waschmittelverlust für ohnehin preissensible indische Familien.

Diese beiden Faktoren, die nur vor Ort und bei Anwendung der Waschmaschine hätten identifiziert werden können, waren im Designprozess nicht berücksichtigt worden und verringerten den wahrgenommenen Wert des Produkts aus Kundensicht wesentlich. Der Worldwasher konnte sich erst nach Behebung dieser Mängel am Markt etablieren (Bhan 2015).

Für das Marktinformationsmanagement mit Innovationsprojekten gilt deshalb, folgende drei Schritte unbedingt zu berücksichtigen:

- *Bestimmen des designrelevanten **Informationsbedarfs** für das Projekt:*
  In einem ersten Schritt ist darauf zu achten, den Informationsbedarf für das Projekt auch gezielt festzulegen. Viel zu oft werden zwar Recherchen im Designprojekt durchgeführt, die aber später nicht oder schlecht verwertbar sind. Der Grund dafür ist in den meisten Fällen die schlechte Vorbereitung der Design Research. Folgende Fragen sind bei der Bestimmung des Informationsbedarfs wesentlich:
  - Welche zentralen Fragestellungen können für das Projekt definiert werden?
  - Welche Informationen sind zur Beantwortung bereits vorhanden, welche nicht?
  - Wo ergeben sich wichtige Informationsdefizite und wie können diese gedeckt werden?

- *Erhebung der notwendigen Informationen mit geeigneten Design-Research-Methoden:*
  In einem zweiten Schritt werden die benötigten Informationen erhoben. Für die Design Research gibt es eine Fülle von Methoden, die zur Verfügung stehen. Trotzdem werden in den meisten Fällen Desk Research und Fragebögen verwendet. Diese Methoden haben durchaus ihren Sinn, sollten aber nur dann verwendet werden, wenn sie für den nötigen Informationsbedarf auch wirklich passen. Die Auswahl der richtigen Methoden ist ein kritischer Schritt im Marktinformationsmanagement und sollte nicht leichtfertig unternommen werden. Ebenso ist darauf zu achten, dass die Entwicklung des Erhebungsinstruments sorgfältig erfolgt. Schlechte Fragebögen oder unfokussierte Beobachtungsleitfäden bringen ebenso schlechte Ergebnisse und sind für den Designprozess unbrauchbar oder fehlleitend.
- *Interpretation der Informationen und Verarbeitung im Designprozess:*
  In einem dritten Schritt ist dafür zu sorgen, dass die Informationen auch wirklich im Designprozess verwertet werden. Das Angebot an Informationen ist in Recherchen schon lange nicht mehr das Problem, sondern die Identifikation der wirklich wichtigen Aspekte. Die Auswertung und Interpretation der Daten ist deshalb zu einem essenziellen Schritt im Erhebungsprozess geworden. Im Design Thinking ist die Suche nach sogenannten Customer oder User Insights immer im Mittelpunkt – die wirklich tief greifenden Erkenntnisse, die Motive hinter den Bedürfnissen der Kunden, die Entwicklungen hinter den sichtbaren Trends am Markt sind von größter Bedeutung.

### 4.2.4.2   Methoden zur Erhebung von Marktinformationen

Für die Erhebung von Marktinformationen steht eine Fülle von Methoden zur Verfügung. Die meisten von ihnen stammen aus dem Marketing und dem strategischen Management und dienen der Marktanalyse aus wirtschaftlicher Sicht. Wichtig ist, sich bewusst zu sein, dass für die Recherche des Marktes für Designprojekte andere Informationen benötigt werden oder sie besondere Anforderungen an die Beschaffenheit der Daten mit sich bringt. So sind für innovative Problemstellungen in der Regel tief greifende Informationen wichtig, Details zu Personen und deren Bedürfnissen, Hintergründe über die Entwicklung von Märkten, Gesellschaften und Kulturen, besondere semantische Bedeutungen, Artefakte oder auch visuelle und ästhetische Vorlieben. Grundsätzlich spielt die Visualisierung der Erkenntnisse im Designprozess eine erhebliche Rolle. Bei der Sammlung von Informationen ist deshalb darauf zu achten, auch Bild- und Videomaterial zu integrieren und Fotos zur Dokumentation der Recherche zu machen.

### Desk Research

Für den Beginn der Recherche ist eine Desk Research anzuraten. Darunter versteht man die Suche und Verarbeitung von bestehendem Datenmaterial wie Unternehmensdokumente, Branchenberichte, Marktstudien von spezialisierten Instituten, Publikationen, wissenschaftliche Artikel, Bücher, Studien, Broschüren, Dokumentationen aus vergangenen Projekten, Berichte über neue technologische Entwicklungen, Veröffentlichungen der statistischen Zentralämter über Wirtschaftsentwicklung und Demografie u.v.a. Im Zeitalter der Digitalisierung ist die Verfügbarkeit von Sekundärdaten nicht die Herausforderung, sondern die gezielte Suche nach Informationen und die Identifikation der wirklich wichtigen und qualitativ hochwertigen Daten. Deshalb ist es wichtig zu prüfen, woher die Daten stammen und wie sie erhoben wurden, bevor man diese als Entscheidungsgrundlage verwendet.

Trotzdem ist die Desk Research ein guter erster Schritt, um sich in eine Fragestellung einzuarbeiten, sie gibt relativ schnell, kostengünstig und ohne großen Aufwand einen ersten Überblick über die vergangene Entwicklung, Geschichte und aktuelle Situation und dient oft zur Klärung der Problemstellung. Wichtig ist, im Sinne der Design Research die einbezogenen Daten durchaus breit zu streuen und auf Quellen aus unterschiedlichen Perspektiven und Disziplinen zurückzugreifen. Wie so oft gibt es nicht nur die eine Wahrheit, sondern eine Fülle von Erklärungsversuchen, die auf jeden Fall bekannt sein sollten. Damit die Recherche nicht ausartet und sich letztendlich doch als zeitraubendes Unterfangen herausstellt, sollten in jedem Fall vorab Informationsbedarfe und zentrale Fragestellungen definiert werden, welche die Recherche auf die richtigen Ziele fokussieren lassen.

• Welche Themen sollen abgesteckt werden?
• Was braucht es als Orientierungsrahmen?
• Wo liegen die Informationsdefizite?

Wenn eine Desk Research richtig vorbereitet und gut strukturiert wird, so ist sie in der Folge relativ leicht durchzuführen. Für die Verarbeitung der Sekundärdaten bieten sich Mood Boards an. Sie geben einen guten Überblick über die Ergebnisse und visualisieren die wichtigsten Erkenntnisse – diese Aufbereitung liefert die optimale Voraussetzung für die Unterstützung von Kreativprozessen.

**Contextual Maps**
Eine Contextual Map stellt eine assoziative Landkarte zu einem Thema dar. Sie strebt nach der Visualisierung sämtlicher Elemente im Umfeld einer Situation, die in einem Zusammenhang mit dem Projekt stehen könnten. Dies dient dazu, einen ersten guten Überblick zu bekommen und eine Situation vollständig zu erfassen. Darüber hinaus hilft sie Entscheidungsträgern dabei, große und komplexe Systeme zu verstehen. Eine Contextual Map versucht dem Betrachter einen guten Gesamtüberblick über die wesentlichen Komponenten zu geben, bevor dieser in die Details einsteigt. Die Erstellung einer Contextual Map bietet sich im Anschluss an eine Desk Research an. Sie hilft dabei, die Ergebnisse nach Themen zu sortieren und zu verdichten. In den meisten Fällen ist es sinnvoll, die einzelnen Elemente zu Clustern zusammenzuführen, in eine hierarchische Ordnung zu bringen oder zu priorisieren.

Unterstützend bietet es sich an, mit Bildmaterial, Fotos und Skizzen zu arbeiten, um dem Recherchereport auch eine ansprechende Gestaltung zu verpassen. So sind in der praktischen Umsetzung oft Skizzen von Produktionsstraßen oder Shops enthalten, Schaufenster abgebildet oder Werbebotschaften und Printmedien enthalten, die zum Thema passen.

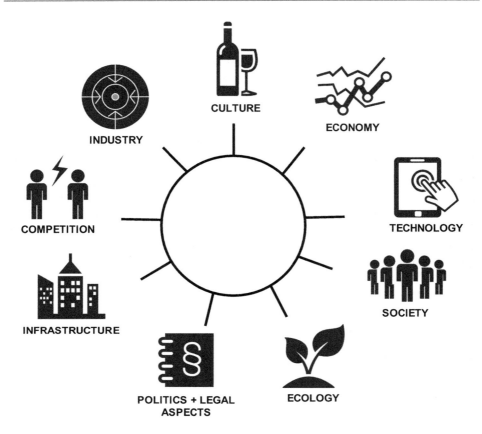

**Abb. 4.4** Contextual Map (Quelle: eigene Darstellung (Icons: shutterstock.com | Kapreski, pking4th, RedKoala, bioraven))

Werden Contextual Maps zu vordefinierten Analysethemen in regelmäßigen Abständen wiederholt, so können daraus Veränderungen gut abgeleitet werden (siehe Abb. 4.4).

**Beobachtung**
Unter Beobachtung versteht man den systematischen Prozess des Zusehens und Erfassens von Verhaltensweisen und kulturellen Phänomenen, entweder ohne zu fragen, zu kommunizieren oder zu interagieren oder als Teil der Situation (teilnehmende vs. nicht teilnehmende Beobachtung). Die Erfassung von Situationen in ihrem realen Umfeld führt zu vielen wichtigen Eindrücken, sie zeigt Verhaltensweisen und Einstellungen auf, ohne direkt ins Geschehen einzugreifen, aber doch den sozialen Kontext erfassend (Beckman und Barry 2007).

Beobachtungen müssen sorgfältig geplant werden, Situationen ausgewählt und der Fokus der Beobachtung muss definiert werden. Wichtig ist, dass sich der Beobachter respektvoll verhält und sich – egal bei welcher Form der Beobachtung – immer im

Hintergrund hält. Für die Durchführung einer Beobachtung empfiehlt sich die **Ergänzung der traditionellen Beobachtung um zwei Methoden:**

**Photo Ethnography:** Zum einen sollte die Beobachtung mit Dokumentationen angereichert werden. Forschungstagebücher und Mitschriften, wie sie üblicherweise gemacht werden, geben einen guten Aufschluss, sie werden aber wesentlich aussagekräftiger, wenn sie um Bilder, Videos oder Skizzen ergänzt werden. In der Ethnografie spricht man von Photo Ethnography und meint damit, tägliche Erfahrungen mittels Videokamera oder Fotoapparat festzuhalten. Forscher erfassen entweder ihre eigenen Verhaltensweisen, Motivationen, Haltungen und Eindrücke oder die von Zielobjekten. Oft wird die Dokumentation auch über eine bestimmte Zeit hinweg durchgeführt.

Photo Ethnography kann Situationen aus unterschiedlichen Perspektiven erfassen („wie nehmen ältere Personen sich selbst wahr?"). Die Analyse der gesammelten Materialien gibt Insights in Lebensumstände, Bedürfnisse und Motivationen von Personen und ergänzt die schriftliche Dokumentation wesentlich. Photo Ethnography soll immer Teil eines weiter gefassten Forschungskonzepts sein. Am besten wird es mit anderen Methoden kombiniert und für tief greifende Eindrücke von Personen und Situationen verwendet.

**Contextual Interviews:** Zum anderen eignet sich die Kombination von Beobachtungen mit persönlichen Interviews. Da in Beobachtungen viele Dinge wahrgenommen werden, die Frage nach dem Warum aber in der Regel offenbleibt, können genau diese offenen Punkte in anschließenden Interviews, die im realen Kontext mit den Ansprechpersonen geführt werden, geklärt werden. Wichtig ist, Contextual Interviews am Ort der Beobachtung durchzuführen, direkt mit der Beobachtung zu verzahnen und somit ein sehr detailliertes und tief greifendes Bild einer Situation und einer Person zeichnen zu können. Bei Contextual Interviews ist dabei darauf zu achten, dass die Fragen auch wirklich beim Explorieren und Hinterfragen helfen und öffnend, inspirierend und narrativ formuliert sind.

## 4.3    Der Kunde im Fokus von Design Thinking

> Das Bedürfnis gilt als die Ursache der Entstehung. In Wahrheit ist es oft nur die Wirkung des Entstandenen. (Friedrich Nietzsche)

Innovationen werden gemacht, um von Kunden gekauft oder in Anspruch genommen zu werden. Kunden nehmen diese in Anspruch, um individuelle Bedürfnisse zu befriedigen und bestimmte Ziele zu erreichen. Diese Bedürfnisse können bereits bestehen oder auch erst mit der Innovation entstehen. Als Steve Jobs Anfang des Jahres 2010 das übergroße iPhone namens iPad präsentierte, wusste niemand – auch die Fachpresse nicht – was man damit machen soll. Tatsächlich war damit die „Tablet-Generation" geboren – und Apple hatte anscheinend Bedürfnisse der Kunden befriedigt, die ihnen vorher selbst nicht bewusst waren. Eine Herausforderung zu Beginn des Innovationsprozesses ist es daher, diese sich ständig wandelnden Bedürfnisse, die oftmals von Kunden nicht artikulier- oder beschreibbar sind, herauszufinden und für den Erfolg einer Innovation zu nutzen.

Einer der Hauptgründe für das Scheitern von Innovationen ist die fehlende Orientierung an den Bedürfnissen der Kunden (Reichwald et al. 2007). Menschen nutzen Produkte oder Dienstleistungen, um gewisse Bedürfnisse zu befriedigen und Motive zu verfolgen. Diese individuellen Bedürfnisse und auch Lebensweisen beeinflussen das Urteil über ein für den Kunden geeignetes oder nicht geeignetes Produkt. Allerdings bilden nicht nur persönliche Faktoren ein wichtiges Kriterium für den Erfolg oder Misserfolg einer Innovation, sondern auch der situative Kontext, in dem ein Produkt verwendet wird oder ein Prozess abläuft. Hinzu kommen der kulturelle und gesellschaftliche Aspekt mit unterschiedlichsten Normen, Gesetzen und Verhaltensweisen, die bei der Entwicklung und Vermarktung einer Innovation eine entscheidende Rolle spielen.

Diese persönlichen, situativen und systemischen Faktoren haben jedoch eine Gemeinsamkeit: Der Mensch bildet den Mittelpunkt. Genau deshalb gilt es, diesen Menschen, also den Kunden, auch zum Teil des Innovationsprozesses zu machen. Dadurch können wertvolle Informationen über ihn und das insgesamt angesprochene Kundensegment gesammelt und bei der Entwicklung und Weiterentwicklung der Innovation zum Vorteil genutzt werden.

> All innovator activity is ultimately social in nature.
> Never go hunting alone. (Meinel und Leifer 2015)

Dass der Mensch im Fokus von Innovation stehen sollte, spiegelt sich auch in der ersten Grundregel von Design Thinking wider, die Meinel und Leifer (2015) als „The Human Rule" bezeichnen. Demnach ist ein großer Teil des Erfolges von Innovationen dem „Human-Centric Point of View" im Design Thinking zuzuschreiben und dem Grundgedanken, dass Menschen und deren Bedürfnisinformation das wertvollste Gut im Designprozess darstellen.

Um diese Informationen herausfinden zu können, die zumeist impliziten Charakters sind, bedarf es Empathie, um sich in den Kunden einzufühlen, und Methoden, die eine Zusammenarbeit mit diesem erlauben. Nur durch das Sammeln von Informationen aus mehreren Quellen und das Beobachten von Kundenverhalten wird es möglich, die versteckten Informationen über deren Bedürfnisse und Motive, sogenannte „Customer Insights", herauszufinden und sie für die positive Weiterentwicklung der Innovation zu verwenden.

Ein weiterer Vorteil, der sich als Nebenprodukt aus der Einbindung des Kunden in den Innovationsprozess ergibt, sei im Speziellen bei Innovationen für interne Kunden genannt. Solche Innovationen innerhalb eines Unternehmens bringen meistens Veränderungen mit sich, und die internen Kunden müssen vom positiven Effekt dieser Veränderung überzeugt sein, damit sie diese auch akzeptieren und annehmen. Denn sehr schnell kann es bei

Veränderungen zu einer Abwehrreaktion kommen und die Innovation scheitern. Bindet man jedoch den Kunden in den Innovationsprozess mit ein, wird die Akzeptanz erhöht, da der Kunde einen wesentlichen Beitrag zur Entwicklung geleistet hat und ein Teil davon ist. Dadurch bilden sich auch sogenannte „Change Agents", die intern die Innovation und gleichzeitige Veränderung anpreisen und vorantreiben.

Wie aber können Kunden nun erfolgreich in den Innovationsprozess integriert werden und wo helfen sie am meisten? Eine Studie, die von Gruner und Homburg (2000) durchgeführt wurde, zeigte einerseits, dass die Einbindung des Kunden den Erfolg eines Produktes signifikant positiv beeinflusst, und andererseits, dass auch der Zeitpunkt im Innovationsprozess ausschlaggebend für den Erfolg eines Produktes ist. Als besonders geeignet erwiesen sich die frühen Phasen der Ideengenerierung und Konzeptentwicklung sowie die späteren Phasen der Prototypenentwicklung und des Testens.

Wie man den richtigen Kunden findet, sich in ihn einfühlt und in Erfahrung bringt, welche Rolle er in den einzelnen Phasen des Designprozesses spielen kann, soll im Folgenden genauer erklärt werden. Des Weiteren werden konkrete Methoden vorgestellt, um „Customer Insights" zu sammeln und zu dokumentieren.

### 4.3.1   Customer Profiling

Wie bereits erwähnt, muss sich eine Innovation neben anderen wichtigen Faktoren auch an den Bedürfnissen und Wünschen der Kunden orientieren, um erfolgreich sein zu können. Um die Kunden und deren Bedürfnisse genauer herausfinden zu können, bedarf es zuvor einer Marktsegmentierung und Zielgruppendefinition.

Die Grundlage einer Marktsegmentierung bildet grundsätzlich die Festlegung eines relevanten Marktes nach sachlichen, zeitlichen und räumlichen Gesichtspunkten. Dieser definierte Markt wird in weiterer Folge bezüglich der Marktreaktion in intern homogene und untereinander heterogene Untergruppen (Marktsegmente) unterteilt (Meffert 2015). Innerhalb dieser Marktsegmentierung werden wiederum Zielgruppen definiert, die für die weitere Marktbearbeitung eine wichtige Rolle spielen.

Um „Customer Insights" für den Innovationsprozess zu sammeln und zu analysieren, reichen eine klassische Marktsegmentierung und Zielgruppendefinition alleine jedoch nicht aus. Es müssen konkrete Personen mit individuellen Motiven, Bedürfnissen und Lebensstilen definiert und durch den Designprozess hindurch als „ideale" Kunden verwendet werden, um Entscheidungen zu treffen und den gesamten Prozess auf diese auszurichten.

Diese Problematik der Segmentierung und ihre mangelnde Tiefgründigkeit, was das Verhalten, die Bedürfnisse und weitere implizite Eigenschaften der individuellen Kunden betrifft, spricht Jenkinson (1994) an. Die Methode der Segmentierung des Marktes wird von ihm als analytischer Reduktionismus beschrieben, was bedeuten soll, dass die Essenz der Segmentierung die Teilung von einem größeren Ganzen in kleinere unterschiedliche Segmente ist. Diese Segmente müssen aufgrund ihrer Heterogenität untereinander unterschiedlich behandelt werden. Die Frage, die sich schon Jenkinson damals stellte, ist, inwieweit die Segmentierung die impliziten Eigenschaften, Bedürfnisse und Verhaltensweisen des individuellen Konsumenten behandelt.

Vielmehr sollte die Festlegung von Marktsegmenten und Zielgruppen als Grundlage dienen, um in weiterer Folge einzelne konkrete Kundenprofile zu definieren, die durch die Gewinnung von „Customer Insights" spezifiziert und als „Persona" für alle Teammitglieder in einem Designprozess festgehalten werden.

**Kundensegmente und Zielgruppen**

Wie eingehend beschrieben, werden Kundensegmente gebildet, um einen Markt in in sich homogene Gruppen zu unterteilen. Diese Gruppen unterscheiden sich hinsichtlich ihrer spezifischen verhaltensorientierten, psychografischen, soziodemografischen und geografischen Kriterien (Meffert et al. 2015). Innerhalb dieser Kundensegmente werden Zielgruppen definiert, die aus relevanten Kunden bestehen und von denen eine Homogenität bezüglich ihrer Eigenschaften, Lebensstile, Bedürfnisse und Motive angenommen wird.

Eine sehr bekannte Methode zur Marktsegmentierung und Zielgruppendefinition stellt der Milieu-Ansatz des SINUS-Institutes dar (siehe Abb. 4.6). Seit 1979 wird von diesem Institut in regelmäßigen Zeiträumen eine Segmentierung der Bevölkerung anhand von kombinierten Werte- und Sozialschichtgruppen vorgenommen. Das Ziel dieser Methode ist es, die „Lebenswelt" von Zielgruppen unter Berücksichtigung von sich ständig verändernden Einstellungen und Wertorientierungen möglichst adäquat zu erfassen. Die „Lebenswelt" bildet sich hierbei durch relevante Erlebnisbereiche, mit denen das Individuum täglich in Berührung kommt und welche sehr stark zur Entwicklung und Veränderung von Einstellungen, Werthaltungen und Verhaltensmustern beitragen (Meffert et al. 2015).

Wie man anhand Abb. 4.5 erkennen kann, wird die Bevölkerung beim Milieu-Ansatz in untereinander heterogene Gruppen betreffend sozialer Lage und Grundorientierung unterteilt. Eine Gruppe wird beispielsweise als „Etablierte" bezeichnet, die sich innerhalb der Gesamtbevölkerung in der oberen Mittelschicht bzw. Oberschicht befinden, großen Wert auf Selbstverwirklichung legen und im Leben stets auf der Suche nach Genuss sind. Eine stark konträre Gruppe bilden die „Traditionellen", die sich zum Großteil in der Unterschicht bzw. unteren Mittelschicht befinden, sehr pflichtbewusst sind und stets nach Ordnung streben.

Vorteile dieser Methode und genauen Beschreibung der Zielgruppe anhand von Kundentypologien sind die erhöhte Vorstellungskraft, die Nähe zum Kaufverhalten und der unmittelbare Bezug zum Mediennutzungsverhalten. Weiterhin sind die Informationen zu den einzelnen Typologien leicht zugänglich und ersparen es Unternehmen, aufwendige Kundenuntersuchungen durchführen zu müssen. Zwei wesentliche Nachteile der Zielgruppendefinition auf Basis von Sinus Milieus können jedoch schwerwiegende Folgen für den Innovationsprozess haben: Die Typologien sind oftmals sehr allgemein und bei einzelnen Merkmalen ungenau (Flaig und Barth 2014).

Genau solche Allgemeinheit oder Oberflächlichkeit in der Zielgruppendefinition kann dazu führen, dass die Bedürfnisse der Kunden versteckt und unbeachtet bleiben – und dies ist, wie eingangs erwähnt, einer der Hauptgründe für das Scheitern von Innovationen.

Es bedarf daher auf Basis der Zielgruppendefinition einer tiefgründigeren Beschreibung des einzelnen Kunden, die auch die impliziten Bedürfnisse, Wünsche und Motive berücksichtigt und das Individuum selbst betrachtet. Diese Erkenntnisse aus Zielgruppe und Individuum erschaffen ein ganzheitliches Kundenprofil (siehe Abb. 4.6).

**Ganzheitliche Kundenprofile erstellen**
Um ein ganzheitliches Kundenprofil für den weiteren Innovationsprozess zu erstellen, bedarf es einerseits auf der Makroebene einer Definition des Kundensegments und der Zielgruppe, die eine genaue Beschreibung anhand der verfügbaren expliziten Informationen beinhaltet. Andererseits muss auch eine genaue Betrachtung der Mikroebene erfolgen, die das einzelne Individuum mit seinen impliziten Bedürfnisinformationen („Customer Insights") betrifft.

Das explizite Wissen, das über Kunden verfügbar ist, unterteilt die Gesamtbevölkerung in einzelne Segmente. Diese Unterteilung findet durch einen Top-Down-Prozess statt (Jenkinson 1994). Die Kunden, die Teil der Segmente sein sollen, werden nach gemeinsamen Eigenschaften ausgewählt und zugeteilt.

Das implizite Wissen jedoch, das die wirklichen und tiefgründigeren Bedürfnisinformationen des Kunden betrifft, gilt es durch verschiedenste Wege und der Kernkompetenz im Design Thinking – der Empathie – herauszufinden. Der Fokus liegt auf dem einzelnen Individuum, von dem man im Sinne eines Bottom-Up-Prozesses auf das gesamte, betreffend der expliziten Informationen homogene Kundensegment schließen kann.

Um zu den versteckten und impliziten Informationen des Kunden zu gelangen, reicht es nicht aus, sich nur einer Methode bzw. Quelle zu bedienen. Informationen aus mehreren Quellen sind notwendig, um ein möglichst vollständiges Bild über die implizite „Bedürfnislandschaft" des Kunden zu bekommen. Unter anderem können folgende Kanäle genützt werden, um Informationen zu sammeln (Gündling 1996):

- Befragung des Kunden
- Beobachtung des Kunden
- Gemeinsame Gespräche mit dem Kunden im Unternehmen
- Den Kunden in seiner gewohnten Umgebung begleiten
- Simulation der Wirklichkeit
- Testen
- Erfahrung und Intuition

Durch die Zusammenführung dieser Informationen aus Makro- und Mikroebene entsteht ein ganzheitliches Kundenprofil, das die Grundlage für den Innovationsprozess bildet. Anzumerken ist dabei, dass dieses Kundenprofil im Laufe des Prozesses auch erweitert werden kann aufgrund von neu erworbenen Kenntnissen über die Kunden. Durch das

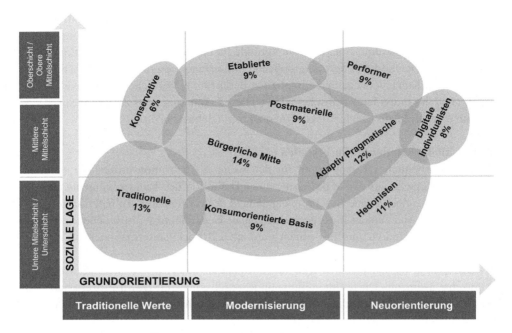

**Abb. 4.5** Sinus Milieus in Österreich im Jahr 2011 (Quelle: eigene Darstellung in Anlehnung an Flaig und Barth 2014 nach INTEGRAL Marktforschung 2011)

Einbinden der Kunden in den Innovationsprozess können durch Beobachtung, Gespräche und diverse Methoden immer wieder neue Informationen gewonnen werden, die einen wertvollen Beitrag zum Endergebnis liefern.

Auf Basis des entwickelten Kundenprofils eignen sich in weiterer Folge des Innovationsprozesses konkrete Personas, um im Team ein gemeinsames Verständnis für das definierte Kundenprofil zu schaffen und sämtliche Aktivitäten im Designprozess auf diesen Kunden und dessen Bedürfnisse und Motive auszurichten.

**Personas als Methode zur Kundenprofilierung**

Die „Persona" stammt ursprünglich aus dem Bereich der Mensch-Maschine-Interaktion und stellt den Archetyp eines tatsächlichen Users mit genau definierten Charakteristiken dar. Die Definition und Verwendung von Personas hilft Designern, sich im Designprozess auf potenzielle User und deren Bedürfnisse und Ziele zu fokussieren, während sie ein bestimmtes Produkt gestalten. Diese fiktiven Personas werden mit genauen Attributen beschrieben wie Name, Alter, Geschlecht, Familienstand, Freundeskreis, Interessen, Erfahrung etc. (Campos und Paiva 2011).

Der Einsatz von Personas als Designmethode wurde in den letzten Jahren immer populärer und wird im Speziellen im User-Centered Design sehr gerne eingesetzt, wo die kontinuierliche Orientierung an den Bedürfnissen der Kunden eine essenzielle Rolle spielt.

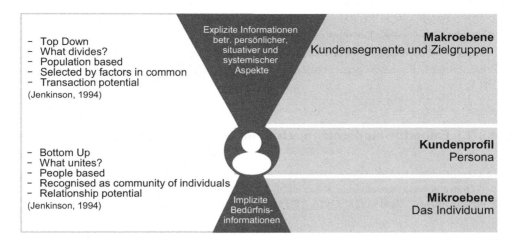

Explizite Informationen betr. persönlicher, situativer und systemischer Aspekte

- Top Down
- What divides?
- Population based
- Selected by factors in common
- Transaction potential

(Jenkinson, 1994)

**Makroebene**
Kundensegmente und Zielgruppen

- Bottom Up
- What unites?
- People based
- Recognised as community of individuals
- Relationship potential

(Jenkinson, 1994)

**Kundenprofil**
Persona

Implizite Bedürfnis- informationen

**Mikroebene**
Das Individuum

**Abb. 4.6** Kundenprofile Top-Down und Bottom-Up (Quelle: eigene Darstellung)

Diese Orientierung trägt, wie bereits erwähnt, sehr stark zum Erfolg von Innovationen bei, und Personas sollten daher im Innovationsprozess als Basis und Konkretisierung des Kundenprofils eingesetzt werden.

Eine Untersuchung von Chen et al. (2011) zeigte, dass die Verwendung von Personas einen positiven Einfluss auf den Designprozess, im Speziellen auf die Phase der Ideengenerierung, hat. Die Vergleichsstudie verdeutlichte, dass Personas die Effektivität von Brainstorming in zweierlei Aspekten erhöhten: Es half Designern, während des Brainstormings beim ihnen aufgetragenen Designgegenstand zu bleiben, und es half der Gruppe an Designern, sich für ein gemeinsames Konzept zu entscheiden, und lieferte vergleichsweise schon sehr vollständige Konzeptvorschläge. Obendrein konnten Personas die Qualität der Ideen in Bezug auf deren Relevanz für potenzielle User verbessern.

Der Einsatz von Personas im Designprozess hat also nicht nur den Nutzen, dass der Fokus laufend auf dem Kunden bleibt, sondern auch, dass im Team ein gemeinsames Verständnis vom potenziellen Kunden entsteht.

Personas werden meist auf maximal einer Seite genau beschrieben und enthalten folgende Informationen:

- Name
- Foto
- Wichtige Aspekte der Lebensgeschichte
- Ziele
- Relevante Verhaltensweisen

Zusätzliche Seiten könnten den Lebensstil der Person, ihre gewohnten Aufenthaltsorte, typische Objekte und Aktivitäten enthalten (siehe Abb. 4.7).

Diese beschriebene Persona dient dann als dauerhafte Referenz für die Kunden über sämtliche Phasen des Designprozesses hinweg. Personas dienen jedoch nicht nur als Arbeitsmethode, sondern bieten auch eine überzeugende menschliche Referenz bei der Präsentation von Rechercheergebnissen und Szenarien an Kunden (Martin und Hanington 2013).

### 4.3.2   Empathie als Kernkompetenz im Design Thinking

> Certain themes and variations – techniques of observation, principles of empathy, and efforts to move beyond the individual – can all be thought of as ways of preparing the mind of the design thinker to find insight. (Brown 2009)

Erkenntnisse, die durch Empathie und durch die Interaktion mit potenziellen Kunden gewonnen werden, bilden im Design Thinking eine äußerst wichtige Form von Wissen (Köppen und Meinel 2015).

Empathie bedeutet unter anderem (Fuchs 2014):

- über den inneren Zustand einer anderen Person, einschließlich ihrer Gedanken und Gefühle, Bescheid zu wissen;
- zu fühlen, wie eine anderen Person fühlt;
- sich in die Lage einer anderen Person einzufühlen und
- eine Vorstellung darüber zu haben, wie eine andere Person fühlt und denkt.

Nach Köppen und Meinel (2015) kann Empathie in zwei unterschiedliche Formen unterteilt werden, nämlich die interne und externe Empathie. Empathie ist einerseits innerhalb des Teams erforderlich und andererseits gegenüber den Kunden, für die die Innovation gemacht wird.

Empathie bedeutet nicht, dass man weiß, wie man sich als andere Person in einer bestimmten Situation fühlt, sondern Empathie ist vielmehr der Versuch, die individuelle Perspektive des anderen und wie eine bestimmte Situation wahrgenommen wird, zu rekonstruieren. Das ultimative Ziel von Empathie ist es, ein gemeinsames Verständnis zu schaffen (Köppen und Meinel 2015).

Im Design-Thinking-Prozess spielt Empathie vor allem in der ersten Phase der „Discovery" eine wichtige Rolle, um den Ursprung des zu lösenden Problems zu erforschen und ein tiefes Verständnis für den Kunden und dessen Bedürfnisse zu bekommen. Diese Erkenntnisse werden in der Phase „Interpretation" zusammengefasst und eine oder mehrere „Personas" definiert, die den „idealen" Kunden beschreiben. Aus der Perspektive dieser „Personas" werden im weiteren Designprozess Entscheidungen getroffen. Bei den weiteren Phasen „Ideation", „Experimentation" und „Evolution" handelt es sich um die Ideengenerierung, die relativ früh im Designprozess als Prototypen umgesetzt werden, um sie mit realen Personen zu testen, die den definierten „Personas" sehr ähnlich sind (Köppen und Meinel 2015). Diese dadurch gewonnenen weiteren „Insights" werden zur

*"Hier kann ein wichtiges Zitat der Person stehen, welches von Bedeutung für die Problemlösung ist. Dies kann eine Essenz oder eine grundlegende Erkenntnis über diese Person sein."*

Hier werden wichtige Informationen zur Person detaillierter beschrieben. Es wird auf relevante Verhaltensweisen der Person eingegangen und berufliche als auch private Ziele genauer erklärt. Zusätzlich können der Lebensstil der Person erläutert werden als auch ihre gewohnten Aufenthaltsorte, typische Aktivitäten und Objekte näher beschrieben werden. Der Text kann außerdem geäußerte Wünsche und Hoffnungen beinhalten, welche wichtig für den Innovationsprozess sind.

Die unten angeführten Aktivitäten oder auch Interessen können in Bezug zu einem Produkt oder auch einer Dienstleistung stehen. In diesem Beispiel beziehen sich die Aktivitäten auf ein Smartphone. Das spezifische Wissen oder Know How kann sich entweder auf einen gewissen Themenbereich beziehen oder auch allgemein bleiben.

**Susanne**
Beruf

**Daten & Fakten**

Geburtsdatum
Familienstand
Ausbildung
Hobbies
Berufliche Ziele
Private Ziele
Wünsche
Lebensstil

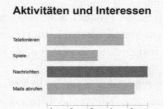

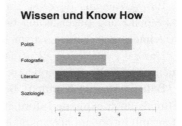

**Abb. 4.7** Beispiel einer Persona (Quelle: eigene Darstellung (Foto der Person Copyright: shutterstock.com – Ollyy)

Weiterentwicklung verwendet, um die Innovation schlussendlich optimal auf die Bedürfnisse der Kunden abzustimmen und die Chancen zum Erfolg des Produktes oder Prozesses zu vergrößern.

Das Ziel von Empathie ist das gemeinsame Verständnis, für das man sorgfältig zuhören muss und dem „Anders-Sein" von anderen offen gegenüberstehen und es akzeptieren muss (Köppen und Meinel 2015).

**Customer Insights**

Sometimes you have to ask questions in order to know what questions to ask. (Chavan et al. 2009)

Customer Insights – Erkenntnisse über Kundenverhalten, Kundenerwartungen und Kundenbedürfnisse (Riekhof 2010) – können aus verschiedensten Informationsquellen generiert werden und bilden eine wertvolle Grundlage für den Innovationsprozess. Hierbei handelt es sich nicht nur um die leicht zugänglichen Informationen, die Eigenschaften der Zielgruppe betreffend, oder die von den Kunden artikulierten expliziten Informationen, sondern um die versteckten und echten Kundenbedürfnisse und Motive.

Erst wenn man zu diesen versteckten und tiefgründigeren Einblicken des Kunden gelangt, bildet sich ein neues Verständnis für diesen, und man stößt auf neue Fragen, die essenziell für die Weiterentwicklung einer Innovation während des Designprozesses sind.

Aus der Psychologie weiß man, dass die menschliche Aufmerksamkeit und Wahrnehmung selektiv sind und von uns nur denjenigen Dingen Aufmerksamkeit geschenkt wird,
die von uns als potenziell wichtig erachtet werden. Nur ein geringer Anteil erfüllt dieses
Kriterium, wird wahrgenommen, worauf ein Handeln erfolgt, und der Rest wird bereits im
Laufe unbewusster Informationsverarbeitungsprozesse gefiltert und nicht von uns wahrgenommen. Durch diese aussortierten Aspekte erfolgt auch kein Handeln. Neuropsycho-
logische Befunde belegen die Wichtigkeit dieser impliziten Vorselektion an den Entschei-
dungsprozessen des Menschen: Um an die kleine Menge der Informationen zu gelangen,
die unser Gehirn als wichtig einstuft und wahrnimmt, müssen Botschaften und Produkt-
eigenschaften einen klaren Bezug zu uns aufweisen, uns involvieren und einen Mehrwert
anbieten (Riekhof 2010).

Ein Verständnis für diese impliziten Bedingungen, die schlussendlich zwischen der
Akzeptanz und Begeisterung für ein neues Produkt bzw. einen neuen Prozess oder der
Ablehnung entscheiden, ist von klarem Vorteil für den Erfolg einer Innovation.

Um diese impliziten „Customer Insights" zu generieren, müssen Informationen aus
mehreren Quellen konvergieren:

**Befragung des Kunden:** Befragungen der Kunden liefern erste wichtige, jedoch
oftmals noch explizite Informationen über Kundenbedürfnisse und Motive. In Verbindung mit Informationen aus anderen Quellen und Methoden können sich durch die Befra-
gungsergebnisse allerdings Erkenntnisse über das implizite Wissen des Kunden auftun.

**Beobachtung des Kunden:** Weitere wertvolle Informationen können aus der Beobachtung des Kunden in einer bestimmten Situation des Alltags bzw. einer Situation, die den
konkreten Einsatz der Innovation betrifft, entstehen.

**Gemeinsame Gespräche mit dem Kunden im Unternehmen** Regelmäßig stattfindende
Gespräche mit dem Kunden betreffend neuer interner Erkenntnisse, erster Ideen zu Beginn
des Innovationsprozesses oder auch betreffend eines Prototypen generieren neue Einblicke.

**Den Kunden in seiner gewohnten Umgebung begleiten:** Der Kunde wird in seiner
gewohnten Umgebung und seinem Alltag begleitet, um Einsichten in verschiedenste Verhaltensweisen, Rituale oder auch wichtige soziale Prozesse zu bekommen.

**Simulation der Wirklichkeit:** Ein weiterer Weg, um zu den impliziten Bedürfnisinformationen des Kunden zu gelangen, sind nachgebaute Modelle der Wirklichkeit, die es
ermöglichen, sich in die jeweilige Situation des potenziellen Kundens hineinzuversetzen
(Gündling 1996).

**Testen**: Sehr oft schaffen es Kunden auch erst durch das Testen von Produkten bzw.
ersten Prototypen oder Durchlaufen von Prozessen genauer zu erforschen, was für sie
bei einem konkreten Produkt bzw. Prozess von Vor- oder Nachteil ist (Thomke und von
Hippel 2002).

**Erfahrung und Intuition:** Wissen aus langjähriger Erfahrung und eine innere Intuition
spielen eine weitere wichtige Rolle, um zu den wahren und echten Einblicken in den
Kunden zu kommen.

Schlussendlich sind eine Zusammenführung dieser Erkenntnisse, eine Analyse und ein
Erkennen von Zusammenhängen erforderlich, um einen strukturierten Überblick über die

impliziten Bedürfnisinformationen zu bekommen und diese zur Vervollständigung des ganzheitlichen Kundenprofils zu verwenden.

**Empathy Maps**

Die „Empathy Map" ist eine von zahlreichen Methoden, die verwendet werden können, um die Einsichten in einen Kunden gesammelt dazustellen und in weiterer Folge überraschende Erkenntnisse oder wichtige Zusammenhänge zu entdecken.

Verwenden Sie eine Flipchart und teilen Sie das Blatt in vier Bereiche, im Mittelpunkt des Blattes steht der Kunde. Danach sollen diese vier Bereiche mit den gesammelten Einblicken und Informationen über den Kunden befüllt werden. Diese Informationen können unter anderem aus Interviews, Beobachtungen oder auch Erfahrungen mit den Kunden stammen. Ein Beispiel der Empathy Map wird in Abschn. 6.5.6 genauer vorgestellt.

- Say: Welche Aussagen trifft der Kunde?
- Think: Was denkt der Kunde? Was verraten diese Gedanken über seine Meinungen und Vorstellungen?
- Do: Welche Verhaltensweisen und Reaktionen zeichnen den Kunden aus?
- Feel: Was fühlt der Kunde?

Die Gedanken/Meinungen und Gefühle des Kunden sind im ersten Moment oftmals schwierig zu benennen oder zu erfassen. Es bedarf genauer Beobachtung und Aufmerksamkeit, um kleine Hinweise darauf zu bekommen, wie beispielsweise durch deren Körperhaltung, Stimmlage oder der Wortwahl.

Aus den gesammelten tieferen Einblicken in den Kunden werden danach Bedürfnisse und Erkenntnisse formuliert. Als Bedürfnisse werden hierbei emotionale und physische Aspekte formuliert, die als Verben (Aktivitäten und Wünsche, welche die Bedürfnisse ansprechen) und nicht als Nomen (konkrete Lösungen) aufgeschrieben werden. Erkenntnisse entstehen oftmals durch Widersprüche, die sich beim Befüllen der Empathy Map auftun. Diese Widersprüche können innerhalb eines Bereiches oder zweier Bereiche entstehen. Durch das Hinterfragen dieser Gegensätze können wichtige Erkenntnisse für den weiteren Innovationsprozess gewonnen werden (d.School 2010).

### 4.3.3   Der Kunde als Begleiter des Innovationsprozesses

Um laufend neue Erkenntnisse über und von den Kunden zu gewinnen, ist es von klarem Vorteil, diese Teil des Innovationsprozesses werden zu lassen. Im Sinne des „Human-Centered Design" kooperieren hier Design, Forscher und diverse Experten mit potenziellen Kunden, die deren Erfahrungen, Ideen und Wissen in den Innovationsprozess bringen, um gemeinsam das Problem zu definieren und die Lösung zu entwickeln. Dieser Ansatz kann Unternehmen dabei helfen, Informationen in Erfahrung zu bringen, die sie zuvor eventuell noch als unwichtig erachteten oder an die sie vielleicht gar nicht dachten (Steen 2011).

Der Kunde kann im Laufe der Phasen eines Design-Thinking-Prozesses auf unterschiedlichste Art und Weise eingesetzt werden. Diverse Methoden, die auf den Büchern von Kumar (2013), Martin und Hanington (2013) und dem LUMA Institute (2012) basieren, helfen außerdem dabei, konkrete Ergebnisse zu erzielen und diese für die (Weiter-) Entwicklung der Innovation zu nutzen.

**Der Kunde als Lieferant von Bedürfnisinformation (Discovery)**
In der ersten Phase geht es darum, durch Empathie und diverse Methoden ein tieferes Verständnis für die Problemstellung und den Kunden zu gewinnen.

*„Journaling"*
Beim „Journaling" werden analoge oder digitale Tagebücher von potenziellen Kunden geführt und stellen Artefakte dar, die persönliche Details über den Alltag und bestimmte Ereignisse verraten (Martin und Hanington 2012).

Tagebücher werden von Menschen verfasst, um über deren Leben zu reflektieren, ihren Alltag zu dokumentieren sowie Erkenntnisse niederzuschreiben. Tagebücher sind demnach ein sehr wertvolles Artefakt, um mehr über die Person und deren innere Wünsche und Motive zu erfahren.

Da Tagebücher von den Personen alleine und an einem beliebigen Ort geführt werden können, hat der Verfasser in aller Ruhe Zeit, über Dinge nachzudenken, diese niederzuschreiben und dadurch Einsichten in die innere Gefühlswelt zuzulassen. Die Tagebücher können über mehrere Tage oder auch Wochen geführt werden. Hierbei sind nicht nur analoge Tagebücher in Form von Notizbüchern gewünscht, sondern auch digitale, welche die Einbindung von Videos, Bildern oder auch Sprachaufzeichnungen erlauben.

Die Methode des „Journaling" erlaubt es, neben dem Gewinnen von Bedürfnisinformationen über einen gewissen Zeitraum, auch zu offenbaren, was die jeweiligen Personen denken und fühlen. Des Weiteren wird die Empathie für diese Person verstärkt.

*Weitere Methoden:*

- **Bildkarten:** Die Karten, die Bilder und Worte enthalten, helfen den Probanden dabei, über wahre Geschichten aus ihrem Leben zu reflektieren und diese detailliert und im Kontext zu erzählen.
- **Cardsorting:** Diese Methode ist eine partizipative Technik, bei der Teilnehmer Objekte kategorisieren und Konzepte in Beziehung setzen und deren mentale Modelle sichtbar machen.
- **Collage:** Das Erstellen von Collagen kann den Probanden dabei helfen, ihre Gedanken, Gefühle, Wünsche sowie andere schwierig zu artikulierenden Aspekte ihres Lebens mit traditionellen Mitteln visuell auszudrücken.
- **Contextual Inquiry:** Bei der Methode des Contextual Inquiry werden Interview und Beobachtung von potenziellen Kunden in deren gewohntem Umfeld kombiniert.

- **Critial Incident Technique:** Bei dieser Methode werden potenzielle Nutzer bei der Verwendung des Produktes in einem kritischen Moment beobachtet und daraus neue Informationen gewonnen.
- **Cultural Probes:** Cultural Probes umfassen eine beliebige Anzahl an Materialien und Gegenständen, die Menschen inspirieren sollen, ihre persönlichen Kontexte und Umstände zu überdenken, und unterstützen dadurch ein empathisches Verstehen.
- **Ethnographic Interview:** Unterhaltungen und Interviews mit Menschen über Alltag und Erfahrungen, um deren Perspektive kennenzulernen.
- **Experience Simulation:** Simulierte Wirklichkeit eines Ablaufs oder einer konkreten Situation, um zu beobachten, wie sich Kunden dabei verhalten bzw. interagieren.
- **Explorative Research:** Um in den frühen Phasen eines Projektes eine empathische Wissensbasis zu schaffen, kann diese Forschungsmethode in Form von Nutzer- und Produktstudien eingesetzt werden.
- **Field Activity:** Beobachtung, wie sich Kunden bei einer konkreten Aufgabenstellung verhalten, und anschließendes Interview, um Informationen bezüglich ihrer Erfahrung zu sammeln.
- **Field Visit:** Beobachtung von Menschen in echten Situationen, um relevante Verhaltensmuster und Reaktionen hautnah zu erleben.
- **Five Human Factors:** Beobachtungen betreffend physischer, kognitiver, sozialer, kultureller und emotionaler Faktoren, die das Kundenverhalten beeinflussen.
- **Fokusgruppen:** Eine kleine Gruppe ausgewählter Kunden spricht unter der Anleitung eines Moderators über Erfahrungen, Geschichten, Erinnerungen, Wahrnehmungen, Wünsche und Bedürfnisse, um tiefere Einblicke in die Menschen zu erlangen.
- **Generative Research:** Bei dieser Methode erhalten Kunden die Gelegenheit, ihre Gefühle, Träume, Bedürfnisse und Wünsche kreativ auszudrücken, und liefern somit wertvolle Informationen für den weiteren Designprozess.
- **Image Sorting:** Sortieren von Karten mit symbolischen Bildern, um Gedanken, Werte und Einstellungen der Kunden gegenüber unterschiedlichen Themen besser verstehen zu können.
- **KJ-Methode:** Bei der KJ-Methode werden von den Gruppenmitgliedern still so viele Probleme, Erkenntnisse und Meinungen wie möglich auf Post-Its geschrieben, um sie danach in der Gruppe zu organisieren und zu besprechen.
- **Laddering:** Das Laddering ist eine Interviewtechnik, durch die explizite Verbindungen zwischen Produktattributen, Vorteilen und Folgen der Nutzung eines Produktes und den persönlichen Werten eines Kunden hergestellt werden können.
- **Liebes- und Abschiedsbrief:** Bei dieser Methode schreibt der Kunde einen Brief an das Produkt, durch den tiefe Einblicke in die Wünsche und Erwartungen des Kunden an das Produkt entstehen können.
- **POEMS:** Beobachtung von Menschen (People), Objekten (Objects), Umwelten (Environments), Botschaften (Messages) und Leistungen (Services) in einem bestimmten Kontext.

- **Research Planning Survey:** Vorbereitende Befragungen als Grundlage zur Vorauswahl von geeigneten Kunden und zur Identifikation von weiteren relevante Forschungsbereichen.
- **Schattentage:** Diese Methode gibt Einblick in die Aktivitäten und Entscheidungsmuster von Probanden, indem sie in ihrem alltäglichem Leben begleitet werden.
- **Triadenmethode:** Diese Methode ist eine Interviewtechnik, die tief verwurzelte Einstellungen, Wahrnehmungen und Gefühle einer Person gegenüber Produkten oder Dienstleistungen offenbart.
- **Verdeckte Beobachtung:** Bei dieser Methode werden heimlich und möglichst unbemerkt Informationen durch Zusehen und Zuhören gesammelt, ohne direkt teilzunehmen oder in das beobachtete System einzugreifen.
- **Video Ethnography:** Videodokumentationen, die Einblicke in Kundenverhalten und Abläufe zulassen.

**Der Kunde als Ideengenerator (Ideation)**

In der Phase der „Ideation" soll eine Fülle an Ideen gesammelt und analysiert werden, um die erste Basis für das weiterzuentwickelnde Konzept zu bilden.

*Ideation Game*

Potenzielle Kunden spielen ein Spiel, das zuvor projektintern konzipiert und entwickelt wurde. Es lässt einen Perspektivenwechsel zu und soll die Ideengenerierung fördern (Kumar 2013).

Klassische Brettspiele sind für die beteiligten Spieler nicht nur ein Vergnügen, sondern sie helfen auch dabei, die Fähigkeiten hinsichtlich der Strategieentwicklung, der Problemlösung, der Taktik sowie des kreativen Denkens zu fördern.

Bevor das Spiel von den Teilnehmern gespielt werden kann, muss es vom projektinternen Team konzipiert werden. Dabei muss die Absicht des Spieles definiert und der Spieltyp (Memory, Kartenspiel, Rollenspiel etc.) bestimmt werden. Danach müssen die Schlüsselelemente des Spieles festgelegt werden. Dabei muss beachtet werden, dass das ultimative Ziel, mit dem die Spieler das Spiel spielen, das Generieren von so vielen Ideen wie möglich ist.

Effekte dieser Methode sind das Schaffen von neuen Perspektiven sowie die Erweiterung des gedanklichen Horizontes. Des Weiteren wird auf spielerische Art und Weise das kreative Denken gefördert und es werden Ideen generiert.

*Weitere Methoden*

- **Behavioral Prototype:** Simulieren von Wirklichkeit, um erste Ideen mit den Kunden zu testen und Erkenntnisse über deren Verhalten zu gewinnen.
- **Bodystorming:** Diese Methode ist eine Variante des Brainstormings als körperliche Erfahrung, bei der Rollenspiele und Simulation für neue Ideen kombiniert werden.

- **Brainstorming:** Beim Brainstorming werden nach dem Motto „Quantität vor Qualität" möglichst viele Ideen in einer kurzen Zeit gesammelt – ohne Urteil oder Kritik.
- **Concept Evaluation:** Bewerten von Ideen hinsichtlich deren Bedeutung für den Kunden.
- **Concept Mapping:** Mit einer Concept Map können Ideen, Objekte und Ereignisse miteinander verbunden werden, um neues Wissen über deren Beziehungen zueinander zu generieren.
- **Concept Metaphors and Analogies:** Ideengenerierung durch die Verwendung von Metaphern und Analogien.
- **Concept Poster:** Die Methode des Concept Posters vereint und visualisiert wichtige Gedanken und Aspekte einer vielversprechenden Idee.
- **Concept Prototype:** Entwickeln eines frühen Prototypen einer Idee, um Feedback vom Kunden zu bekommen.
- **Designcharrette:** Bei dieser Methode werden in einem Workshop-Setting neue Ideen gesammelt und gegenseitig befruchtet und können dadurch zu überlegenen Designkonzepten führen.
- **Ideation Session:** Im Vergleich zum Brainstorming ein strukturierterer Ansatz, um auf Basis von definierten Kundeninformationen und Prinzipien zahlreiche Ideen zu generieren.
- **Mindmap:** Bei dieser Methode werden Ideen und Möglichkeiten gesammelt, die sich um ein verbindendes Attribut ausweiten, visuell organisiert werden, dadurch kann ein besseres Verständnis entstehen.
- **Puppet Scenario:** Kollaboratives Entwickeln von aktuellen und zukünftigen Szenarien, die daraufhin mit einem Puppenspiel genauer erforscht werden.

**Der Kunde als Macher (Experimentation)**

In der Phase des Experimentierens sollen erste vielversprechende Konzepte durch die Erstellung von Prototypen umgesetzt und auf ihr Potenzial geprüft werden.

*„Video Prototyping"*

Die Methode des „Video Prototyping" erlaubt es, potenzielle Ideen oder Konzepte zu visualisieren und eine Grundlage für deren Weiterentwicklung zu schaffen.

Durch den Video-Prototypen kann eine Idee bereits in sehr frühen Stadien des Innovationsprozesses auf deren Realisierbarkeit getestet werden. Innerhalb von ein bis drei Stunden werden Prototypen in Form eines Videos gemacht, um erste vielversprechende Ideen auf ihr Potenzial zu testen und wertvolles Feedback für die Weiterentwicklung zu generieren.

Eine Evaluierung des Prototypen durch das Team ermöglicht es, neue Erkenntnisse zu gewinnen und diese im weiteren Prozess zu berücksichtigen.

Diese Methode fördert Iterationen, in denen das Feedback direkt wieder mit dem Video-Prototypen umgesetzt und getestet wird. Außerdem werden durch den Einsatz eines Prototypen aus abstrakten Ideen sehr rasch und einfach konkrete visuelle Lösungen, die den Austausch und die Kollaboration innerhalb des Teams begünstigen.

*Weitere Methoden:*

- **Creative Toolkit:** Creative Toolkits, wie beispielsweise LEGO Serious Play oder auch Zeichenkits, enthalten Objekte, die für das gemeinschaftliche Modellieren eingesetzt werden und dem Visualisieren von potenziellen Konzepten dienen.
- **Experience Prototyping:** Das Experiene Prototyping fördert die aktive Teilnahme am Design und sorgt für ein realistisches Szenario der Benutzung und aktivere, gefühltere Erfahrungen von Nutzern.
- **Flexibles Modellieren:** Das flexible Modellieren ist eine partizipative Methode, bei der Nutzer ein Produkt aus einzelnen vorgegebenen Elementen konfigurieren können.
- **Image Board:** Eine Zusammenstellung an Bildern und Grafiken wird verwendet, um den Stil, die Zielgruppe, den Kontext oder andere Aspekte des zu entwickelnden Produktes zu beschreiben.
- **Prototyping:** Die Methode des „Prototyping" ist eine greifbare Darstellung von Artefakten zur schnellen Entwicklung und Prüfung von ersten vielversprechenden Ideen. Lo-Fi-Prototypen (Low-Fidelity-Prototypen) können einfache Skizzen oder Papierprototypen sein, während Hi-Fi-Prototypen (High-Fidelity-Prototypen) bereits ausgefeilter sind und manchmal auch schon über einfache Funktionalitäten verfügen.

**Der Kunde als Tester (Evolution)**

In der Phase der „Evolution" geht es um das Testen von umgesetzten Prototypen und das Entdecken von Möglichkeiten zur Weiterentwicklung.

*Graffitiwände*

Als Graffitiwand dient eine Leinwand, auf der die Teilnehmer geschriebene oder visuelle Kommentare über eine Umgebung oder ein System direkt im Kontext der Nutzung hinterlassen können (Martin und Hanington 2012).

Durch den Einsatz von Graffitiwänden wird die Äußerung von formlosen und anonymen Bemerkungen über einen Raum, ein System oder auch eine Einrichtung gefördert. Dafür wird ein großformatiges Papier an einer Wand befestigt und ein Marker zum Hinterlassen von Kommentaren dazu gehängt bzw. gelegt.

Diese Methode eignet sich besonders gut für Situationen, in denen die Privatsphäre von Personen zu wahren ist oder persönliche Verhaltensweisen ethische Probleme aufwerfen könnten. Durch das Aufschreiben der Kommentare von Probanden kann ehrliches Feedback zur Wahrnehmung der Räume oder bestimmten Verhaltensweisen gesammelt werden.

Graffitiwände stellen eine sehr kostengünstige und zeitsparende Methode dar, die das Sammeln von wertvollen Informationen über eine breite Masse an Personen ermöglicht. Aufgrund der Anonymität der Kommentare wird die Chance, ehrliches Feedback zu erhalten, stark erhöht.

*Weitere Methoden:*

- **Critique:** Durch wertvolles Feedback bzw. Kritik von Kunden an der geplanten Lösung können neue Möglichkeiten zur Weiterentwicklung und Verbesserung gefunden werden.
- **Evaluierendes Research:** Diese Methode schließt Tests von Prototypen, Produkten oder Schnittstellen durch potenzielle Kunden ein, um deren Erwartungen gegenüber dem gestalteten Artefakt zu messen.
- **Pilot Testing:** Testen von Prototypen mit der Zielgruppe in einer realen Situation am Markt, um herauszufinden, wie erfolgreich sie sind und wie Kunden diese empfinden.
- **RITE-Test:** RITE (Rapid Iterative Testing and Evaluation) ist eine Methode, um Probleme festzustellen und zu evaluieren, eine schnelle Lösung zu finden und eine empirischen Verifizierung der Wirksamkeit der Lösung durch die Abfolge Testen/Lösen/Testen/Lösen zu bekommen.
- **Solution Prototype:** Der Kunde wird mit ersten konkreten Lösungen in Form von Prototypen konfrontiert und beobachtet, um Erkenntnisse über dessen Verhalten und direktes Feedback zum Prototypen zu erhalten.
- **Solution Evaluation:** Bewertung von Problemlösungskonzepten hinsichtlich deren Bedeutung für den Kunden.
- **Think-Aloud-Protokoll:** Bei dieser Methode verbalisieren die Probanden, was sie bei der Durchführung einer Aufgabe tun und denken, und offenbaren außerdem Aspekte, die sie erfreuen, verwirren oder frustrieren.

## Literatur

Adams, M., Day, G., & Dougherty, D. (1998). Enhancing new product development performance. An organizational learning perspective. *Journal of Product Innovation Management, 15*, 403–422.

Atuahene-Gima, K. (1995). An exploratory analysis of the impact of market orientation on new product performance. A contingency approach. *Journal of Product Innovation Management, 12*, 275–293.

Baker, W., & Sinkula, J. (2002). Market orientation, learning orientation and product innovation: Delving into the organization's black box. *Journal of Market-focused Management, 5*, 5–23.

Beckman, S., & Barry, M. (2007). Innovation as a learning process: Embedding design thinking. *California Management Review, 50*(1), 25–56.

Bhan, N. (2015). World washer. Whirlpool enters the Indian market. www.nitibhan.com Zugegriffen: 15. Aug. 2016.

Brown, T. (2009). *Change by design: How design thinking transforms organizations and inspires innovation.* New York City: Harper Business.

Bundesministerium für Arbeit und Soziales. (2015). Arbeit weiter denken. Grünbuch Arbeiten 4.0. Abgerufen unter. http://www.bmas.de/SharedDocs/Downloads/DE/PDF-Publikationen-DinA4/gruenbuch-arbeiten-vier-null.pdf?__blob=publicationFile. Zugegriffen: 20. Juli 2016.

Campos, J., & Paiva, A. (2011). A personal approach: The persona technique in a companion's design lifecycle. In P. Campos et al. (Hrsg.), INTERACT 2011, Part III, LNCS 6948, (S. 73–90). IFIP International Federation for Information Processing 2011.

Chavan, A. L., Gorney, D., Prabhu, B., & Arora, S. (2009). The washing machine that ate my sari — mistakes in cross-cultural design. *Interactions 01/2009*, *16*(1), 26–31. doi:10.1145/1456202.1456209.

Chen, X. et al. (2011). Can persona facilitate ideation? A comparative study on effects of personas in brainstorming. In P. Campos et al. (Hrsg.), INTERACT 2011, Part IV, LNCS 6949, (S. 491–494). IFIP International Federation for Information Processing 2011.

Cohen, W. M., & Levinthal, D. A. (1990). Absorptive capacity: A new perspective on learning and innovation. *Administrative Science Quarterly*, *35*(1), Special Issue: Technology, Organizations, and Innovation. (Mar., 1990), 128–152.

d.School (2010) Bootcamp Bootleg. Stanford: Hasso Plattner Institute of Design.

Eichhorst, W., & Buhlmann, F. (2015). Die Zukunft der Arbeit und der Wandel der Arbeitswelt. In IZA Standpunkte Nr. 77. Abgerufen unter. http://ftp.iza.org/sp77.pdf. Zugegriffen: 20. Juli 2016.

Flaig, B. B., & Barth, B. (2014). Die Sinus-Milieus® 3.0 – Hintergründe und Fakten zum aktuellen Sinus-Milieu-Modell. In M. Halfmann (Hrsg.), Zielgruppen im Konsumentenmarketing. Wiesbaden: Springer Fachmedien. DOI 10.1007/978-3-658-00625-9_8.

Freudenthaler, D. (2013). Produktdesign für aufstrebende märkte. Markttrends, kunden und produktanwender integrieren. Linz: Trauner Verlag.

Fuchs, K. A. (2014). *Emotionserkennung und Empathie – Eine multimethodale psychologische Studie am Beispiel von Psychopathie und sozialer Ängstlichkeit*. Wiesbaden: Springer Fachmedien.

Gatterer, H. (2012). Megatrends bezeugen den Wandel. In P. Granig, und E. Hartlieb (Hrsg.), *Die Kunst der Innovation Fachmedien*. Wiesbaden: Springer.

Gruner, K. E., & Homburg, C. (2000). Does customer interaction enhance new product success?. *Journal of Business Research*, *49*, 1–14. 2000 elsevier science.

Gündling, C. (1996). *Maximale Kundenorientierung: Instrumente und individuelle Problemlösungen, Erfolgsstories*. Stuttgart: Schäffer-Poeschel Verlag.

Horx, M. (2007). Die Macht der Megatrends. Abgerufen unter. https://www.entega.de/fileadmin/downloads/industriekunden/megatrends_horx.pdf. Zugegriffen: 17. Juli 2016..

Horx, M. (2011). *Das Megatrend Prinzip. Wie die Welt von morgen entsteht.* Deutsche: Verlags-Anstalt.

Horx Zukunftsinstitut GmbH. (2010). Trend-Definitionen. Abgerufen unter. http://www.horx.com/zukunftsforschung/Docs/02-M-03-Trend-Definitionen.pdf. Zugegriffen: 17. Juli 2016.

INTEGRAL Marktforschung. (2011). Die sinus-milieus® in osterreich. http://www.integral.co.at/downloads/Sinus-Milieus/2011/09/Folder_Sinus_Oesterreich_-_Sep_2011.pdf. Zugegriffen: 2. Aug. 2016.

Jenkinson A. (1994). *Beyond segmentation. Journal of targeting, measurement and analysis for marketing, volume three. number One.* London: Henry Stewart Publications.

Kessler, J. (2016). *Theorie und Empirie der Globalisierung*. Wiesbaden: Springer Fachmedien.

Koch, E. (2014). *Globalisierung: Wirtschaft und Politik, Chancen – Risiken – Antworten.* Wiesbaden: Springer Fachmedien.

Kohli, A., & Jaworkski, B. (1990) Market orientation. The construct, research propositions and managerial implications. *Journal of Marketing*, *54*, 1–18.

Köppen, E., & Meinel, C. (2015) Empathy via design thinking: Creation of sense and knowledge. In H. Plattner et al. *Design Thinking Research, Understanding Innovation*. Switzerland: Springer International Publishing.

Kumar, V. (2013). *101 design methods: A structured approach for driving innovation in your organization*. Hoboken: NJ: John Wiley & Sons, Inc.

Leenders, R., vanEngelen, J., & Kratzer, J. (2003). Virtuality, communication and new product team creativity. A social network perspective. *Journal of Engineering and Technology Management*, *20*(1–2), 69–92.

LUMA Institute. (2012). Innovating for people: Handbook of human-centered design methods. Pittsburgh: LUMA Institute.

Martin, B., & Hanington, B. (2013). Designmethoden: 100 recherchemethoden und analysetechniken für erfolgreiche ghestaltung. München: Stiebner Verlag GmbH.

Meffert, H. et al. (2015). *Marketing – Grundlagen marktorientierter Unternehmensführung*. 12. Aufl. Wiesbaden: Springer Fachmedien.

Meinel, C., & Leifer L. (2015). Introduction – design thinking is mainly about building innovators. In H. Plattner et al. 2015. *Design Thinking Research, Understanding Innovation*. Switzerland: Springer International Publishing.

Moorman, C. (1995). Organizational market information process. Cultural antecedents and new product outcomes. *Journal of Marketing Research, 32*, 318–335.

Moorman, C., Deshpande, R., & Zaltman, G. (1993). Factors affecting trust in market research relationships. *Journal of Marketing, 57*(1), 81–102.

Naisbitt, J., & Aburdene, P. (1992). Megatrends 2000 - Zehn perspektiven für den Weg ins nächste Jahrtausend (5. Aufl.). Düsseldorf: Econ.

Narver, J., & Slater, S. (1990). The effect of a market orientation on business profitability. *Journal of Marketing, 54*(10), 20–35.

Narver, J., Slater, S., & MacLachlan, D. (2004). Responsive and proactive market orientation and new product success. *Journal of Innovation Management, 21*, 334–347.

Ottum, B., & Moore, W. (1997). The role of market information in new product success/failure. *Journal of Product Innovation Management, 14*, 258–273.

Reichwald, R. et al. (2007). Der Kunde als Innovationspartner – Konsumenten integrieren, Flop-Raten reduzieren, Angebote verbessern. Wiesbaden: Betriebswirtschaftlicher Verlag Dr. Th. Gabler

Riekhof, H.-C. (2010). *Customer Insights: Wissen wie der Kunde tickt. Mehr Erfolg durch Markt-Wirkungsmodelle*. Wiesbaden GmbH: Gabler Verlag – Springer Fachmedien.

Rogers, E. (1995). *Diffusion of innovations*. New York: The Free Press.

Schreyögg, G., & Schmidt, S. (2010). Absorptive Capacity – Schlüsselpraktiken für die Innovationsfähigkeit von Unternehmen *Wirtschaftswisenschaftliches Studium, 39*(10), 474–479.

Siegel, M. R. (2013). Älter werden? Ja, gerne! Megatrend Silver Society. Abgerufen unter. http://www.mrsthink.com/download/2013/schwerpunktthema_35.pdf. Zugegriffen: 20. Juli 2016.

Steen, M. (2012). Human-centered design as a fragile encounter. *Design Issues, 28* (1), Winter 2012.

Taubenböck, H., & Wurm, M. (2015). Globale Urbanisierung – Markenzeichen des 21. Jahrhunderts. In Taubenböck et al. (Hrsg.), *Globale Urbanisierung*. Berlin Heidelberg: Springer-Verlag.

Thomke, S., & von Hippel, E. (2002). Customers as innovators: A new way to create value. *Harvard Business Review, 80*(4), (April 2002).

TUWM/Resources/GHG_Index_Mar_9_2011.pdf Zugri: 13. Nov 2014.

Vereinte Nationen. (2011). World urbanization prospects – The 2011 revision. Greenhouse gas emissions per capita. http://siteresources.worldbank.org/IN-. Zugegriffen: 20. Juli 2016.

Veryzer, R. (2005). The roles of marketing and industrial design in discontinuous new product development. An examination of fundamental relationships. *Journal of Product Innovation Management, 22*, 128–143.

Willke, G. (1999). Die Zukunft unserer Arbeit. Frankfurt am Main: Campus-Verlag.

Winterhoff, M., Kahner, C., Ulrich, C., Sayler, P., & Wenzel, E. (2009). Zukunft der Mobilität 2020. Die Automobilindustrie im Umbruch? Abgerufen unter. http://www.adlittle.at/uploads/tx_extthought-leadership/ADL_Zukunft_der_Mobilitaet_2020_Langfassung.pdf. Zugegriffen: 18. Juli 2016.

Zahra, S. A., & George, G. (2002). Absorptive capacity: A review, reconzeptualization, and extension. *Academy of Management Review, 27*(2), 185–203.

Zukunftsinstitut. (2015). Megatrend Dokumentation. Frankfurt: Zukunftsinstitut GmbH.

Zukunftsinstitut. (2016). Megatrend Glossar. Abgerufen unter. http://www.zukunftsinstitut.de/mtglossar/. Zugegriffen: 17. Juli 2016.

# Corporate Design Thinking in der Umsetzung

**5**

## Kundenorientierte Innovationen in etablierten Unternehmensstrukturen initiieren und umsetzen

*Jede große Idee durchläuft drei Phasen: Lächerlichkeit, Opposition und schließlich begeisterte Annahme. (Arthur Schopenhauer)*

### Zusammenfassung

Corporate Design Thinking und dessen Etablierung und Verankerung im gesamten Unternehmen bringt neue Denkhaltungen, Prozesse und Methoden mit sich. Dies führt unausweichlich zu Veränderungen, ohne die eine Umsetzung nicht möglich ist. Dabei prallen unterschiedliche Richtungen aufeinander, die es für ein erfolgreiches innovatives Unternehmen jedoch zu verfolgen und vereinbaren gilt. Operative Exzellenz mit möglichst effizienten Prozessen, Abläufen und Strukturen steht dem Innovationserfolg mit seinen Unsicherheiten, seiner Offenheit und Unberechenbarkeit gegenüber. Die langsame und sorgfältige Heranführung des Unternehmens und das Bewältigen von Problemen und Herausforderungen am Weg sind durch gezielte Maßnahmen erfolgreich zu meistern, um schlussendlich Corporate Design Thinking im Unternehmen ganzheitlich zu verwurzeln.

Welche neue Denkhaltung Design Thinking ins Unternehmen bringen kann und wie dieser neue Innovationsansatz die handelnden Personen, die Organisation und ihre Verbindungen zur Außenwelt beeinflusst, wurde bereits in der vorangegangenen Kapiteln ausführlich beschrieben. Den letzten und nicht weniger wichtigen Schritt, der für eine umfassende Einführung von Corporate Design Thinking notwendig ist, erläutern wir in diesem Kapitel: die erfolgreiche Umsetzung von Design Thinking im Unternehmen.

Neue Denkhaltungen, Prozesse und Methoden bringen – wie auch innovative Produkte oder Services – Unruhe in bestehende Strukturen und fordern diese heraus. Zum einen ist

© Springer Fachmedien Wiesbaden GmbH 2017

D. Freudenthaler-Mayrhofer, T. Sposato, *Corporate Design Thinking*,

https://doi.org/10.1007/978-3-658-12980-4_5

der Prozess, der verändert und anders gestaltet wird, direkt betroffen, es gibt aber auch viele andere Anspruchsgruppen im Unternehmen, die vom neuen Innovationsansatz betroffen sind oder deren Ziele damit sogar im Widerspruch stehen. Um die Implementierung von neuen Lösungen im Unternehmen voranzutreiben und erfolgreich gestalten zu können, braucht es ein umfassendes Bewusstsein für die Hebel und Treiber der Innovationsimplementierung.

- Welche Veränderungen bringt der neue Innovationsansatz mit sich, und was ist nötig, damit der Prozess in der operativen Umsetzung erfolgreich bewältigt werden kann?
- Welche Voraussetzungen müssen in der Organisation gegeben sein, um das Spannungs-feld zwischen bestehenden und neuen Einheiten erfolgreich zu steuern?
- Mit welchen Konflikten und Hindernissen ist zu rechnen, wenn die Innovation auf die Routineorganisation trifft, und wie können diese überwunden werden?
- Wie können die erfolgreiche Innovationsdurchsetzung und die Einführung von Corpo-rate Design Thinking in der Praxis aussehen?
- Gibt es Fälle, welche die Facetten des Corporate Design Thinking in der unternehme-rischen Praxis aufzeigen?

Diesen Fragestellungen widmet sich das letzte inhaltliche Kapitel dieses Buches. Es zeigt die Ergebnisse aus der Forschung genauso wie die langjährige praktische Erfahrung der Autorinnen in diesem Themenbereich. Sehr praxisnah und umsetzungsorientiert werden die Herausforderungen der Innovationsimplementierung diskutiert und schließlich die Fallbeispiele kurz vorgestellt, die in den fortfolgenden Kapiteln behandelt werden.

## 5.1 Einführung von Design Thinking im Unternehmen – notwendige Veränderungen meistern

Nur vom Verwandelten können Verwandlungen ausgehen. (Søren Aabye Kierkegaard)

Design Thinking hat sich fest in den Innovation Communities etabliert, und viele Unter-nehmen haben in den letzten Jahren begonnen, den Ansatz anzuwenden. Die ersten Berührungspunkte zu Design Thinking haben die meisten Mitarbeiter im Rahmen von Seminaren, Workshops oder betrieblichen Weiterbildungsmaßnahmen, in denen sie ent-weder gezielt in der Design-Thinking-Methode geschult werden oder Design Thinking als Ansatz zum Lösen von innovativen Problemstellungen kennenlernen. Berater wie auch Hochschulen haben das Thema aufgegriffen und bieten Design-Thinking-Bootcamps, individualisierte Design-Thinking-Workshops im Unternehmen oder Design Jams an, in denen zufällig zusammengewürfelte Teams gemeinsam an herausfordernden Problemstel-lungen arbeiten. All diese Formate finden vorerst in einem sehr abgegrenzten Bereich statt, sie behandeln den Design-Thinking- Ansatz in einem geschützten Raum, oft an fiktiven oder klar abgegrenzten Problemstellungen, immer in einem vorgegebenen Umfeld, das sicherstellt, dass am Ende der vordefinierten Zeit ein Ergebnis vorliegt. Je nach gewähltem Format gibt es mehr oder weniger Zeit für intensive Exploration, Recherche im realen Anwenderumfeld, Iterationen und Feedback, das Entwickeln und Testen von Prototypen. Gemein ist allen Formaten jedoch, dass sie in einer abgegrenzten Testumgebung stattfinden und deshalb so gut funktionieren, weil sie abgeschottet von den Mühen des Alltags und den Widerständen des organisatorischen Trotts stattfinden.

So ist es auch nicht überraschend, dass in diesen Umgebungen Design Thinking meist als inspirierend, belebend, begeisternd, ganz anders und besonders kreativ wahrgenommen wird. Wenn auch die intensive Zeit als anstrengend erlebt wird, so sind der wahrgenommene Erfolg und die Freude über das eigene geschaffene Werk in so kurzer Zeit groß.

*Was aber, wenn Design Thinking auf die Unternehmensrealität trifft? Was, wenn Design Thinking vom euphorisierten Nutzer wirklich im eigenen Unternehmen angewendet werden soll?*

Viele Innovatoren stehen nach ihrer Rückkehr ins Unternehmen vor dieser Aufgabe und verspüren im eigenen Unternehmen sehr rasch nicht mehr die Begeisterung, die sie im Rahmen der Design-Thinking- Camps erlebt haben. Design Thinking im Unternehmen ist eine Herausforderung, die allen anderen Innovationsinitiativen gleicht – Innovatoren sind häufig mit Skepsis, Widerständen, Vorurteilen und Ängsten konfrontiert und verstehen oft die Welt nicht mehr, wenn ihre genialen Initiativen von Mitarbeitern im Alltag nicht goutiert werden.

Spätestens zu diesem Zeitpunkt entscheidet sich, ob der Wille, einen neuen Ansatz zum Lösen zukünftiger Probleme einzuführen, stark genug ist, oder ob die anfängliche Begeisterung schnell abzuebben beginnt. Die Personen, die Design Thinking im Unternehmen verankern und etablieren möchten, brauchen ein gutes Verständnis für die Widerstände, die mit Innovationen verbunden sind, und wie diese überwunden werden können. Neben der schönen und begeisternden Aufgabe, Kreativität zu fördern und die Zukunft des Unternehmens zu gestalten, braucht es also auch eine gute Portion Durchsetzungsfähigkeit, um dies zu bewerkstelligen.

Folgende Fragen sind bei der **Einführung von Design Thinking** im Unternehmen zu stellen:

- Wie unterscheidet sich Design Thinking von unseren herkömmlichen Problemlösungsansätzen und welche Herausforderungen sind zu erwarten?
- In welchen Bereichen sind demnach Veränderungen notwendig?
- Was charakterisiert die einzelnen Phasen des Design-Thinking-Prozesses und welche Unterschiede zu herkömmlichen Arbeitsformen sind zu erkennen?
- Welche Veränderungen müssen initiiert und gemeistert werden?

Im diesem Kapitel werden die einzelnen Schritte des Design-Thinking-Prozesses und ihre wesentlichen Charakteristika erklärt und Ratschläge zur Überwindung entscheidender Barrieren bei der Einführung dieses neuen Innovationsansatzes gegeben.

### 5.1.1  Understand-Phase

In dieser ersten Phase des Prozesses gilt es, für alle Teammitglieder ein gemeinsames Verständnis der Themenstellung und des anfänglichen zugrunde liegenden Problems zu entwickeln. Es werden der Kontext sowie die betroffenen Stakeholder genauer analysiert, um einen umfassenden Blick auf die Fragestellung zu werfen. Weiterhin lernen sich die Teammitglieder kennen, falls sie sich aus dem Unternehmensalltag noch nicht kennen, und der Wissensstand aller kann durch diese Phase auf denselben Stand gebracht werden. Außerdem wird herausgefunden, welches individuelle Wissen vorhanden ist und für spätere Aufgaben oder Rollen von Nutzen sein könnte.

Folgende Probleme können dabei auftreten:

**Ungeeignete Themenstellung:** Innovationsprobleme sind dadurch charakterisiert, dass sie ergebnisoffen sind und zu Beginn ihrer Bearbeitung noch nicht abgeschätzt werden kann, wie die endgültige Lösung aussehen wird. Dorst (2003) nennt dies die Co-Evolution von Problem und Lösung. Dafür braucht es in der Understand-Phase auch eine Problemformulierung, die dem Rechnung trägt. Ist die Problemstellung zu eng formuliert oder gibt sie implizit bereits eine Lösung vor, so ist ein kreativer Problemlösungsprozess wesentlich schwieriger durchzuführen. Zudem fehlt es an der nötigen Inspiration und Offenheit, die am Beginn von kreativen Prozessen notwendig sind.

▶     Offene Probleme formulieren, deren endgültige Lösung noch nicht absehbar ist

**Zu kleine Brötchen backen:** Viele Unternehmen haben die Tendenz, viele kleine Projekte mit kalkulierbarem Ausgang zu starten, statt große Projekte mit hohem zukünftigen Potenzial zu lancieren. Dies ist auch durchaus verständlich, da das Risiko radikaler Innovationsprojekte auch wesentlich größer ist. Wichtig ist es aber, auf ein ausgewogenes Portfolio zu achten und auch immer wieder Wolkenprojekte zu starten, deren Ausgang offen ist. Hier ist dafür zu sorgen, dass die wirklich innovativen Themenstellungen nicht schon zu Beginn an den Regularien der Projektbewertung und Budgetvergabe scheitern und geeignete Maßstäbe in der Beurteilung bekommen.

▶     Ausgewählte, radikalere Themen mit strategischer Relevanz bearbeiten lassen

**Gewohnte, schnelle Lösungsorientierung:** Unternehmen sind heute auf Effizenz getrimmt und versuchen, mit den ihnen zur Verfügung stehenden Mitteln Probleme so schnell wie möglich zu lösen. Was in routinierten Prozessen das wesentliche Mittel zum Erfolg darstellt, gilt so nicht für Innovationsaufgaben. Es wird durch einen verfrühten Fokus auf die spätere Lösung der mögliche Lösungsraum stark eingegrenzt und die Chance auf eine wirklich neue Lösung verhindert. Innovationsteams müssen es deshalb auch aushalten können, im Prozess eine Weile ohne konkrete Ziele und Vorgaben auszukommen und sich in den ersten Phasen auf die Exploration und Definition des eigentlichen Problems zu konzentrieren.

▶    Zeit für Problemdefinition und notwendige Schritte zur Lösung einräumen

**Enger Betrachtungswinkel:** Durch die jahrelange Beschäftigung mit bestimmten Themen wird der Betrachtungswinkel zwar meist größer, die Beurteilung dessen, was funktioniert oder eben nicht funktioniert, ist jedoch auch bereits erfolgt und verringert in der Regel die Anzahl der Möglichkeiten, die in eine Lösungsentwicklung miteinbezogen werden. In kreativen Problemlösungsprozessen braucht es deshalb auch immer „frische" Köpfe, die das Problem noch unbedarft oder von einer völlig neuen Perspektive betrachten können. Die Experten sind in den Phasen der Ideengenerierung und vor allem im Prototypenbau extrem wichtig, da sie viele Aspekte zur Umsetzbarkeit einbringen können, sie sollten aber in der Definition des Themas nicht zu stark eingrenzend wirken.

▶    Sicherstellen, dass unterschiedliche und neue Perspektiven einbezogen werden

**Abgeschottete Keimzellen:** Innovation sollte in Organisationen auf jeden Fall einen geschützten Raum bekommen, in dem neue Ideen auch abseits der Öffentlichkeit und Bewertung entstehen können. Wichtig ist jedoch, dass diese Keimzellen den Kontakt zur Außenwelt nicht verlieren. Die gegenseitige Befruchtung im Team und Impulse von außen sind besonders wichtig, um eine Innovation in der späteren Umsetzung auch anschlussfähig an die Organisation zu machen.

▶    Offen bleiben und regelmäßig Feedback von außen einholen

**Einzelkämpfertum und Unter-sich-Bleiben:** Am wenigsten Gegenwehr und ungeliebtes Feedback sind zu erwarten, wenn Innovationen im Alleingang von einzelnen Personen oder auch Abteilungen entwickelt werden. Dies scheint im ersten Augenblick ein probates Mittel, um sich nicht mit den Mühen des Innovationsalltags abkämpfen zu müssen und in Ruhe innovieren zu können. Innovationen, die so im stillen Kämmerchen entwickelt worden sind, haben jedoch meist auch wenig Anschluss und Akzeptanz in der Organisation und führen oft zu Schwierigkeiten in der späteren Umsetzung. Darüber hinaus leben gute Innovationsprozesse genau von diesen „Konflikten", die eine Auseinandersetzung mit der Idee fördern und zu besseren Lösungen führen. Deshalb ist es unabdingbar, viele verschiedene Perspektiven in Innovationsteams einzubinden.

▶    Verschiedene Abteilungen, Disziplinen und Erfahrungshintergründe einbinden

## 5.1.2 Empathize-Phase

Die zweite Phase des Prozesses stellt die Kunden oder Nutzer der zukünftigen Lösung in den Fokus, und es wird versucht, Empathie und ein tief greifendes Verständnis für die Zielgruppe und deren Bedürfnisse und Wünsche zu entwickeln. Durch Beobachten der

Kunden oder Nutzer in deren realer Lebenswelt und Erfassen ihrer Verhaltensweisen und Entscheidungen bei diversen Interaktionen können neue Erkenntnisse und daraus entstehende Muster gewonnen werden. Außerdem kann durch Interviews hinterfragt werden, weshalb spezifische Entscheidungen getroffen wurden oder wieso ein Verhalten sich in einer gewissen Art und Weise zeigte. Durch das Befragen und Hinterfragen kann ein tiefes Verständnis für die Zielgruppe und deren versteckte Bedürfnisse entwickelt werden, welche die Basis für die zu entwickelnde Lösung bilden sollen.

Folgende Stolpersteine sind dabei zu beachten:

**In der Komfortzone verharren:** Viele Mitarbeiter scheuen sich davor, für ihre Recherchen auch wirklich ins Feld zu gehen und den Kunden und die Anwendungssituation im realen Kontext kennenzulernen. Oft geht dies einher mit der Vermutung, dass man den Kunden ohnehin schon kenne und es nicht notwendig sei, wirklich hinauszugehen. Vielfach steckt hinter dieser Haltung auch die Erkenntnis, dass Recherchen vor Ort Überwindung kosten und vielleicht unangenehme Wahrheiten ans Licht bringen könnten. Wie auch immer, eine der größten Fehlerquellen in Designprozessen ist es zu glauben, den Kunden zu kennen, weil man einen oder exemplarische Kunden kennt. Es braucht unbedingt immer wieder eine aktuelle Exploration der Situation, Gefühle und Anforderungen des Kunden und seines Umfelds.

▶    Hinausgehen und sich dem Kunden in seinem realen Umfeld stellen

**Scheu vor hohem Ressourcenaufwand:** In vielen Fällen wird der hohe zeitliche und finanzielle Aufwand für Recherchen als Grund genannt, warum sie ganz ausgespart werden. Dem ist entgegenzusetzen, dass Recherchen in sehr unterschiedlichem Ausmaß geführt werden können und auch einfache Kundenbesuche oder Explorationsreisen viel Aufschluss über die wirkliche Situation der Kunden geben können. Darüber hinaus ist das finanzielle Risiko, völlig auf Recherchen zu verzichten, um ein Vielfaches höher. Die Floprate steigt bei ausschließlich intern getriebenen Projekten an, und summiert man die Kosten gescheiterter oder eingestellter Innovationsprojekte, so ist auch diese Summe meist beträchtlich.

▶    Wenige tief greifende Recherchen anstatt oberflächliche Erhebungen
      durchführen

**Tunnelblick und fehlende Perspektivenvielfalt:** Insbesondere Experten, die jahrelang in ihrer Position Erfahrung gesammelt haben, neigen dazu, davon auszugehen, dass sie ohnehin jeden Kunden und jeden Bedarf kennen. Umso höher die eigene Expertise in einem Feld, desto größer das Risiko, zu vermuten, man käme ohne Impulse von außen zurecht. Auch wenn es für ausgewiesene Experten unnötig erscheinen mag, andere Perspektiven miteinzubeziehen, so ist die Sammlung der Sichtweisen von Kunden, Kollegen oder anderen Experten einer der wichtigsten Erfolgsfaktoren in Designprozessen und stellt sicher, dass die Lösungen auch immer noch im aktuellen Kontext relevant sind.

▶   Immer wieder verschiedene Impulse von außen einfordern und zulassen

**Einfallslose Methodenanwendung:** Unternehmen tendieren dazu, ein Repertoire an Methoden für sich zu etablieren, das sie für alle Problemlösungen im Unternehmen verwenden. Traditionellerweise sind diese Methoden rational-analytisch orientiert und stammen aus dem technischen oder wirtschaftlichen Fachbereich. Diese Methoden können in Design-Thinking-Projekten natürlich auch noch sinnvoll sein. Für die Exploration ungelöster Probleme empfiehlt es sich, bewusst auch auf Kreativitäts-, Design- und Innovationsmethoden zurückzugreifen und so die Vielfalt der Erkenntnisse wesentlich zu vergrößern. Der Einsatz neuer Methoden ist nicht notwendigerweise mit mehr Aufwand verbunden. Wenn es im Unternehmen noch keine Kompetenzen dazu gibt, kann in einer Anlaufphase auch auf Design-Thinking-Coaches zur Vermittlung und Einführung neuer Methoden zurückgegriffen werden.

▶   Bunten Methodenmix einsetzen

### 5.1.3   Define-Phase

In der dritten Phase des Design-Thinking-Prozesses werden sämtliche Erkenntnisse aus den ersten beiden Phasen zusammengeführt. Das Strukturieren und Aggregieren der gesammelten Informationen aus Recherchen, Beobachtungen und Befragungen soll dazu führen, einige wenige wesentliche Erkenntnisse zu finden, welche die Grundlage für die darauffolgend formulierte tatsächliche Problemstellung bilden. Außerdem wird in dieser Phase die für die endgültige Problemstellung betroffene Zielgruppe definiert und in Form einer oder mehrerer Personas festgehalten. Diese Persona soll sicherstellen, dass sämtliche weiteren Überlegungen, Ideen und Konzepte vom Team stets aus ihrer Perspektive hinterfragt werden und die Lösung dadurch auf die Bedürfnisse und Wünsche der Zielgruppe abgestimmt ist.

Hierbei sollten folgende Fehler vermieden werden:

**Falscher Fokus auf das Offensichtliche:** Innovationsprobleme sind in der Regel Probleme, die schon länger bestehen und deren Lösung nicht einfach und vor allem nicht offensichtlich ist. Designprozesse haben es in sich, dass zum Startpunkt eine mögliche Lösung keinesfalls vorhergesagt werden kann. Vielfach ist in Designprozessen zu beobachten, dass in der Synthesephase die offensichtlichen und klar verständlichen Erkenntnisse der Recherche in den Report einfließen, nicht aber die widersprüchlichen und überraschenden Aussagen. Für Designprojekte sind es aber genau diese verstörenden, unerwarteten, ungewöhnlichen und nicht stimmigen Aussagen, die das größte Potenzial bieten und wo auf jeden Fall noch hinterfragt und nachgebohrt werden sollte. Sie sind oft der Schlüssel zum Innovationserfolg.

▶   Spannende und überraschende Aspekte für die Synthese herausarbeiten

**Festhalten an den anfänglichen Fragestellungen:** Oft leben gute Innovationsprozesse genau davon, dass die eigentlich definierte Problemstellung in der Define-Phase verworfen und neu definiert wird. Im Zuge der intensiven Auseinandersetzung mit dem Problem während der Recherche stellt sich oft heraus, dass das ursprünglich vermutete Problem überhaupt keines ist und der Handlungsbedarf ganz woanders besteht. Diese Offenheit braucht es unbedingt im Design Thinking und auch die Bereitschaft, bereits erarbeitete Thesen zu verwerfen, einen Schritt zurückzugehen und eine neu formulierte Fragestellung abermals zu explorieren. Dieses als Iteration bekannte Vorgehen ist eines der zentralen Charakteristika in jedem guten Designprozess.

▶    Offen bleiben für das Abändern der Fragestellung, wenn notwendig

**Politische Problemformulierung:** Oft tendieren Teams dazu, nicht die Probleme zu formulieren, die wirklich auf Basis der Recherche zu bearbeiten wären, sondern Problemstellungen auszuwählen, die im organisationalen Rahmen relativ einfach und ohne große Konflikte realisiert werden können bzw. der politischen Linie des Unternehmens entsprechen. Dies kann zwar die Implementierung der innovativen Lösung erleichtern, steigert aber in der Regel nicht die Qualität des Innovationsergebnisses.

▶    Freiheit im Denken und Handeln bewahren

### 5.1.4   Ideate-Phase

In der vierten Phase des Prozesses gilt es, so viele Ideen wie möglich für die Lösung des zuvor definierten Problems zu finden. Ein Zulassen aller Ideen, die Diversität der Teammitglieder, der Einsatz diverser Kreativitätstechniken und das Ausbleiben von einer Ideenbewertung im ersten Schritt ermöglichen es, eine Vielfalt an neuen, originellen und kreativen Ideen zu sammeln. Diese müssen in einem nächsten Schritt strukturiert und genauer hinterfragt werden, um genau diese Ideen zu finden oder zu kombinieren, aus denen schlussendlich eine Gesamtlösung entwickelt werden kann, die innovativ, realisierbar und wertbringend für das Unternehmen ist.

Die häufigsten Fehlerquellen dabei sind folgende:

**Fehlende Inspiration in der Ideengenerierung:** Unternehmen tendieren oft dazu, Ideen ausschließlich mittels Brainstorming zu entwickeln. Dazu werden in vielen Fällen die Regeln nicht eingehalten und Ideen sofort bewertet, schlecht geredet oder von manchen Teammitgliedern gar nicht angenommen. Um eine gute Ideenbasis für die weitere Ideenentwicklung zu schaffen, ist es wichtig, das assoziative Denken im Team anzuregen und möglichst viele Ideen zu sammeln, unabhängig davon, ob sie gut oder schlecht, realisierbar oder utopisch sind. Oft ist es in Ideengenerierungsprozessen ratsam, sich einen externen Moderator zu nehmen, der den Prozess als unabhängiger Dritter leitet und alle Ideen erfasst.

▶ Breite, offene und auch ungewöhnliche Ideenbasis schaffen

**Homogene Teams:** Werden Ideen in einem Kreis von gleichdenkenden Experten generiert, so ist der Lösungsraum tendenziell sehr klein und die Ideen gehen in sehr ähnliche Denkrichtungen. Für gute Ideensammlungen lohnt es sich deshalb, möglichst diverse Gruppen zusammenzustellen, die das Problem und seine Lösung aus den verschiedensten Blickwinkeln betrachten. Eine gute Mischung sollte es geben hinsichtlich Geschlecht, Alter, Hierarchie, Disziplin, Abteilung und Wissen über das Problem oder die mögliche Lösung.

▶ Bei der Teamzusammenstellung für Diversität und Perspektivenvielfalt sorgen

**Sofortiges Festlegen auf eine Idee:** Da Menschen von Natur aus getrieben sind, Probleme so schnell wie möglich zu lösen, passiert es in einem Designprozess oftmals, dass sich Projektteams zu früh auf eine erstbeste Idee festlegen. Es wird eine Ideenbasis geschaffen, eine Idee ausgewählt, kurz durchdacht und weiterverfolgt. Doch um eine originelle und neue Lösung zu schaffen, muss manchmal in der Phase der Ideensammlung ein erneuter Durchgang gestartet werden, um noch kreativere Ideen oder zusätzliche Ideen zu sammeln, bevor wirklich die Entscheidung für eine finale Idee oder eine Kombination aus mehreren Ideen fallen kann.

▶ Mehrere Durchgänge der Ideengenerierung durchlaufen

## 5.1.5 Prototype-Phase

In der fünften Phase des Design-Thinking-Prozesses wird das entwickelte Konzept der ausgewählten Idee als erster einfacher Prototyp entwickelt. Dieser Prototyp kann als Zeichnung, als Karton- oder auch als Legomodell realisiert werden. Durch die Umsetzung eines Prototypen werden zuvor gedanklich entwickelte Vorstellungen der Idee in ein Modell verwandelt, das angesehen und angefasst werden kann. Dies ermöglicht ein Testen und ein ständiges Weiterentwickeln des Prototypen in einem iterativen Vorgehen.

Dabei sollten folgende Verhaltensweisen vermieden werden:

**Nur High-Fidelity-Prototypen (Hi-Fi-Prototypen) werden getestet:** Designprozesse profitieren wesentlich vom Feedback Außenstehender. Nur durch das laufende Testen von Zwischenerkenntnissen, vorläufigen Fragestellungen und einfachen Prototypen entstehen die Entwicklungsdynamik und der lebendige Austausch, die es für erfolgreiche Innovationen braucht. Vielfach gibt es einfach zu wenig Austausch mit der Außenwelt, und Prototypen werden erst in einer ganz späten Phase des Innovationsprozesses getestet. In dieser Phase sind Änderungen oft bereits mit hohen Kosten verbunden und die Idee schon so etabliert, dass ein Ändern wesentlicher Komponenten unmöglich ist. Deshalb ist es unabdingbar, in Designprozessen sehr früh mit einfachen Prototypen auf den Markt zu gehen und diese einer Diskussion zu stellen.

► Feedback sollte schon möglichst früh und in jeder Phase eingeholt werden

**Vom Low-Fidelity-Prototypen (Lo-Fi-Prototypen) direkt zur Umsetzung:** Da Projektteams durch die Entwicklung der eigenen Lösung hoch motiviert und zur Umsetzung und Implementierung ihrer Lösung bereit sind, kann es passieren, dass ein erster einfacher Prototyp nach dem Testen und Einarbeiten des gesammelten Feedbacks direkt in die Umsetzung geht. Die Teammitglieder meinen, durch das Durchlaufen der einzelnen Prozessphasen bereits sämtliche Meinungen und Perspektiven der Zielgruppe zu kennen und eingearbeitet zu haben, und denken, dass weitere tiefe Erkenntnisse bezüglich der Wünsche und Bedürfnisse der Kunden oder Nutzer gar nicht mehr möglich sind. Doch durch das Entwickeln und Verfeinern des Prototypen in einem iterativen Vorgehen aus Testen und Implementieren der Erkenntnisse in einer weiteren Prototype-Phase werden ständig neue und wichtige Erkenntnisse gewonnen, die Umsetzungsreife wird mit relativ geringen Kosten immer weiter gesteigert und das Fehlerpotenzial stetig verringert.

► Weiterentwicklung und Verfeinerung des Prototypen im iterativen Vorgehen

**Fehlende Visualisierung:** Der Mensch kann Bilder wesentlich besser verarbeiten als geschriebene Informationen. Trotzdem werden zur Präsentation von neuen Konzepten und Lösungen immer noch vielfach Berichte oder Power-Point-Präsentation mit vielen Zahlen, Daten und Fakten verwendet. Die Kraft der Visualisierung und somit auch Emotionalisierung des Auditoriums wird dabei noch viel zu oft außer Acht gelassen. Für eine erfolgreiche Prototypenentwicklung braucht es die Fähigkeit, komplexe oder unfertige Sachverhalte greifbar zu machen – dies funktioniert nur mit der dafür notwendigen visuellen Darstellung.

► Schnell konkret werden und die Kraft der visuellen Darstellung nutzen

### 5.1.6   Test-Phase

Der Fokus in der sechsten Phase des Prozesses liegt auf dem Testen der entwickelten Prototypen durch die tatsächlichen Kunden oder Nutzer und dem Gewinnen wertvoller neuer Erkenntnisse, welche die Lösung weiter verbessern. Durch das Beobachten der Zielgruppe und deren Interaktion mit der vorgestellten Lösung sowie das Befragen der Kunden oder Nutzer zu deren Erleben des Prototypen werden vom Projektteam neue Meinungen und Perspektiven gesammelt, die in einer weiteren Iteration der Prototype-Phase eingearbeitet werden können. Dadurch kann die schlussendliche Lösung bis zur Umsetzungsreife optimiert und weiterentwickelt werden.

Dabei sind folgende Fehler am häufigsten zu finden:

**Suche nach Bestätigung, nicht Ergänzung:** In vielen Innovationsteams ist in der Test-Phase die Bereitschaft, die Lösung noch abzuändern, sehr gering. Folglich wird beim

Testen des Prototypen oft nicht mehr wirklich nach Verbesserungsvorschlägen oder ergänzenden Anforderungen gesucht, sondern ausschließlich nach Bestätigung. Dies ist zwar nachvollziehbar und verständlich, der Sinn und Zweck des Testens ist es aber, die Lösung noch besser und wertvoller für den Kunden zu machen und nicht, eine halbfertige Lösung vom Kunden abnicken zu lassen. Diese Tatsache ist bei der Formulierung der Fragen für das Testing unbedingt zu berücksichtigen.

▶      Testing sollte vor allem der Verbesserung dienen

**Fehlende Konzentration auf den Nutzer beim Testen:** In Testsituationen neigt man oft dazu, die technische Funktionalität des Produkts zu testen, nicht aber, ob das Erlebnis des Nutzers bei der Verwendung des Produkts oder Services optimal ist. Der Nutzer oder Kunde ist letztlich die Person, die über den Erfolg oder Misserfolg entscheidet, indem er das Produkt kauft oder eben nicht. Wichtig ist es deshalb, die Zufriedenheit oder Begeisterung des Kunden in die Testsituation unbedingt einzubinden.

▶      Der Nutzer ist das Maß aller Dinge

## 5.2 Umsetzen und Transfer von neuen Ideen in bestehenden Strukturen – Spannungsfeld von Routineorganisation und Innovation

### 5.2.1 Einführung von neuen Ideen in bestehende Strukturen

Beim Transfer von neu entwickelten Ideen in die bestehende Unternehmensstruktur kommen zwei Einheiten miteinander in Berührung, die traditionellerweise nicht viel Kontakt pflegen – Innovation und operatives Management. Ähnlich gestaltet sich auch die Diskussion dieser Schnittstelle in der existierenden Forschung: Während operative Problemstellungen sich hauptsächlich mit Fragen der Effizienz und Optimierung beschäftigen, ist der Fokus der Innovationsforschung am Front-End der Innovationskette. Konzepte wie Open Innovation, User-Driven Innovation, Human-Centered Design oder auch Design Thinking widmen sich vorwiegend dem Problem, dass Unternehmen Schwierigkeiten haben, überhaupt neuartige und qualitativ hochwertige Innovationen zu initiieren und zu entwickeln. Dies ist in der Tat eine große Herausforderung für viele aufstrebende und etablierte Organisationen. Genauso kritisch und vielleicht viel weniger beachtet ist jedoch der Zeitpunkt, an dem die neue Lösung mit den bestehenden und vor allem operativen Unternehmensbereichen in Kontakt kommt. Jede Innovation, die langfristig erfolgreich sein soll und am Markt den gewünschten Erfolg erzielt, muss diese Überführung in die Routineorganisation – oder auch besser benannt als Durchsetzung in bestehenden Strukturen – schaffen. Dieser Prozess wird viel zu oft vernachlässigt. Zum einen, weil davon ausgegangen wird, dass nun das bekannte Tun startet, in dem man ohnehin etabliert ist. Zum anderen weil mit der Überführung des Prototypen in die Serie erst die wirklichen Herausforderungen im Innovationsprozess beginnen. Ob die Innovationsdurchsetzung nun unterschätzt oder wegen ihrer Komplexität vermieden wird – alle Innovationsbemühungen, auch die Ergebnisse von Design-Thinking-Projekten, tragen erst dann wirklich Früchte und leisten erst dann einen Wertbeitrag im Unternehmen, wenn sie den Transfer in die bestehende Organisation geschafft haben. Im Rahmen des Corporate Design Thinking und der vollständigen Etablierung neuer Problemlösungstechniken im Unternehmen ist deshalb ebenfalls sicherzustellen, dass die Ergebnisse nicht auf konzeptioneller Ebene verharren, sondern auch den letzten Schritt in die tatsächliche Umsetzung schaffen.

Dafür braucht es ein Bewusstsein für die zentralen Hebel der Innovationsimplementierung sowie Sensibilität für die unterschiedlichen Welten, die in dieser Phase aufeinanderprallen. Die Routineorganisation einerseits wie auch innovative Einheiten andererseits verfügen in der Regel über divergierende Ziele, unterschiedliche Fokusse und beheimaten komplett unterschiedliche Rollen und Personentypen. Auf der Ebene der Innovationsimplementierung braucht es Wissen um die kritischen Faktoren, die Innovationen erfolgreich implementieren lassen.

**Operative Exzellenz zeigt sich durch folgende Merkmale:**
Operative Exzellenz zeichnet sich im Unternehmen durch besonderes effiziente Prozesse und Strukturen aus, die hinsichtlich Zeit und Kosten optimiert sind. Darüber hinaus wird die Qualität von Prozessen und Abläufen daran gemessen, dass sie transparent und gut nachvollziehbar sind, sich strikten Regeln und Normen unterwerfen und von diesen nicht oder so wenig wie möglich abweichen. Dadurch sollen Fehler oder Qualitätsabweichungen weitgehend vermieden werden. Geprägt sind operativ optimierte Systeme von Kennzahlen, die die Leistung der einzelnen Einheiten messen und für den Vergleich mit anderen Abteilungen oder im Zeitablauf aufbereiten. Anreizsysteme sind traditionellerweise quantitativ aufgebaut und durch extrinsische Anreize geprägt. Messbarkeit und Vergleichbarkeit der Daten spielen eine bedeutende Rolle, ebenso wie Ursache-Wirkungs-Beziehungen und das analytische Verständnis für alle zu erfüllenden Aufgaben. Planung auf Basis vergangener Erfahrungen, die gesamtheitliche Steuerung und vor allem auch die Kontrolle der Leistungserfüllung stehen im Mittelpunkt operativer Exzellenzüberlegungen.

**Erfolgreiche Innovationen weisen folgende Merkmale auf:**
Erfolgreiche Innovationen zeichnen sich dadurch aus, ungelöste Probleme zu adressieren und Lösungen zu bieten, die so zuvor noch nicht verfügbar waren. Dies bringt in der Entwicklung ein hohes Maß an Unsicherheit mit sich und auch eine hohe Wahrscheinlichkeit zu scheitern oder zumindest den Weg abändern zu müssen. Dafür braucht es den Willen, Fehler zu machen, da nur so die wichtigen Lernprozesse eingeleitet werden können. Wie sich der Innovationsprozess entwickeln wird, ist nicht berechenbar, und wer vorausschaut, kann die Konsequenzen seines Handelns schwer verbindlich abschätzen.

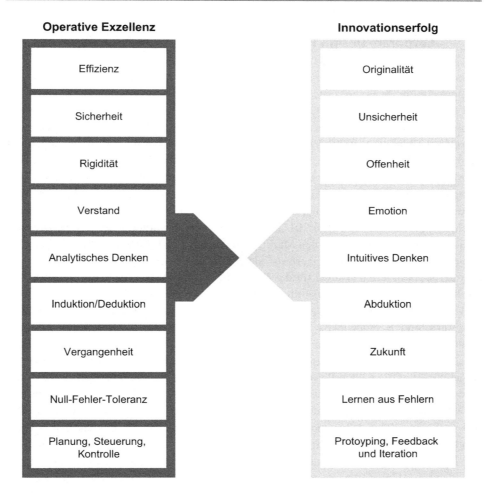

**Abb. 5.1** Operative Exzellenz vs. Innovationserfolg – zwei unterschiedliche Welten, die bei der Innovationsdurchsetzung aufeinanderprallen (Quelle: eigene Darstellung)

Somit sind neben rationalen Entscheidungen vor allem intuitive und abduktive Entscheidungsmuster anzuwenden. Diese sind schwer quantifizierbar und argumentierbar, sie resultieren aus den im Lernprozess formulieren Vermutungen und Schlüssen. Gute Innovationsprozesse verlaufen demnach nicht linear, haben jederzeit die Gelegenheit, Neues aufzunehmen, sind offen und suchen ständig nach neuen, wichtigen Impulsen. Sie leben von schnellen, unfertigen Konzepten, die sich der Realität stellen und durch diese Konfrontation mit Nutzern oder Experten verbessert werden können (siehe auch Abb. 5.1).

Auch wenn das Spannungsfeld zwischen Routine und Innovation beträchtlich ist, so stellt die Innovationsimplementierung doch eine zentrale und nicht vernachlässigbare Herausforderung im Corporate Design Thinking dar.

## 5.2.2 Innovationsimplementierung als zentrale Herausforderung im Corporate Design Thinking

Dass Innovation einen kritischen Erfolgsfaktor darstellt, steht für viele Unternehmen mittlerweile außer Frage. Eine intensive Auseinandersetzung mit den Erfolgsfaktoren von Innovationen hat bestätigt, dass Innovationen sich positiv auf den Unternehmenserfolg auswirken, insbesondere in wettbewerbsintensiven und herausfordernden globalen Märkten (Golder et al. 2009). Viele Forscher, darunter sind vor allem Robert Cooper und Elko Kleinschmidt zu nennen, haben die Faktoren identifiziert, die Innovationsführer ausmachen. Sie sind sich darüber einig, dass die Implementierung von Innovationen eine komplexe und facettenreiche Aufgabe ist, die Unternehmen fordert. Immerhin scheitern in Abhängigkeit von Branche und Marktumfeld immer noch etwa 90 % der Innovationen am Markt (Schneider und Hall 2011; Cooper und Kleinschmidt 1995, 2007). Die fehlende Auseinandersetzung mit den Markt, eine schlechte Definition des Produkts, Ablehnung im Vertrieb, fehlende Nutzertests oder Konflikte in der Supply Chain sind nur ein paar der identifizierten Gründe für das Scheitern von Innovationen (Schneider und Hall 2011). Klein und Sorra (1996) bringen einen neuen Aspekt in die Diskussion ein und stellen in ihren Untersuchungen fest, dass viele der Neuentwicklungen bis zur Konzeptphase erfolgreich abgewickelt werden, dann aber den Schritt in die Umsetzung nicht schaffen. Der Misserfolg kann also auch durch eine schlechte Implementierungsphase begründet sein. Wenn die Erfolgsfaktoren von Innovation diskutiert werden, so wird viel Augenmerk auf die frühen Phasen des Innovationsprozesses gelegt: Thinking out of the Box, das Entwickeln divergenter und kreativer Ideen, die Integration von Nutzern und die Identifikation von Markttrends. Organisationsforscher, darunter vor allem O'Reilly und Tushman (2008), haben sich intensiv mit diesem fehlenden Link zwischen Innovation und bestehendem Geschäft auseinandergesetzt. Die zentrale Frage dabei ist immer, wie Innovationen es in die Durchsetzung schaffen können, ohne dabei der operativen Exzellenz des Unternehmens wesentlich zu schaden. Während es noch relativ einfach ist, geschützte Bereiche zum Initiieren und Entwickeln neuer Lösungen im Unternehmen zu schaffen, entstehen die wirklichen Herausforderungen meist dann, wenn die innovative Einheit auf die effizienzgetriebene Routineorganisation trifft (Govindarajan und Trimble 2005). Was passiert also, wenn der Prototyp fertig getestet und reif für die Überführung in die Serie ist? Wenn Innovationen langfristig einen Wertbeitrag im Unternehmen liefern sollen, so ist diese Frage unbedingt zu stellen. Dieser Übergang von der Innovation zum erfolgreichen Produkt muss also im Rahmen eines umfassenden Innovationsansatzes ernst genommen und bewusst gestaltet werden. Wird dies unterlassen, so werden viele der Konzepte, die von Teams mit viel Engagement und Kraftanstrengung entwickelt wurden, nie ihr Potenzial ausschöpfen können (Govindarajan und Trimble 2010).

Was sind also die zentralen Hebel, die bei der Umsetzung von innovativen Lösungen im Unternehmen beachtet werden müssen?

**Aspekte, die Innovationsdurchsetzung auf organisationaler Ebene unterstützen**
Grundsätzlich gilt: Die Umsetzung von Innovationen stellt für Organisationen immer eine gewisse Herausforderung dar. Sie bringt Neues, verlangt den Aufbau zusätzlicher Strukturen oder die Veränderung alter, stört den Regelbetrieb und bringt das stabile Unternehmenssystem ins Wanken. Je höher das Ausmaß der Neuheit, desto mehr wird die Organisation gefordert sein. Ob es letztlich gelingt, eine Innovation erfolgreich einzuführen und auch noch wertschöpfend für das Unternehmen zu nutzen, hängt von sehr vielen internen und externen Faktoren ab. Im Folgenden werden einige Aspekte erläutert, die bei der Implementierung aus Sicht der Autorinnen unbedingt beachtet werden sollten.

*1) Strategische Verankerung*
  – **Strategische Agenda, die Innovation und Routine in den Zielen darstellt:** Unternehmen sind heute dermaßen auf Exzellenz und klare Verfolgung strategischer Entwicklungsziele getrimmt, dass Projekte, die nicht auf der strategischen Agenda erscheinen und in den Kennzahlensystemen Berücksichtigung finden, es meist schwer haben, überhaupt Raum zu finden. Ressourcen sollten optimal eingesetzt werden und die Umsetzung der geplanten Vorhaben sollte so reibungslos wie möglich ablaufen. In solch einem System ist es deshalb unabdingbar, auch die Innovation – die vielleicht sonst in den ungenutzten Freiräumen passieren kann – auf die strategische Agenda zu setzen und mit klaren Zielen zu hinterlegen. Auf dieser Ebene sollte festgelegt werden, wie sich das Verhältnis von Innovation zu Operations verhält, welche Prioritäten gesetzt werden und in welchem Ausmaß welche Ziele zu verfolgen sind (Klein und Knight 2005) Es fällt auf, dass Unternehmen, die sich mit hochkomplexen Lösungen beschäftigen oder in wettbewerbsintensiveren Umfeldern bewegen, gewillter sind, Innovation auf ihre Agenda zu setzen, als andere (Humphreys et al. 2005; Edmondson 2003; Frambach 1993).
  – **Rückendeckung der Führungskräfte:** Die zuständigen Führungspersönlichkeiten und ihr Verhalten in Bezug auf Innovationsentscheidungen spielen eine bedeutende Rolle in der Innovationsdurchsetzung. Durch die Freigabe notwendiger Budgets und personeller Ressourcen sowie die Unterstützung von Abstimmungsprozessen mit anderen Abteilungen kann die Einführung einer neuen Lösung wesentlich erleichtert werden. Darüber hinaus prägen sie natürlich die vorherrschende Innovationskultur und haben die Möglichkeit, klare Vorgaben und Anweisungen für die Integration neuer Lösungen in der Routineorganisation vorzugeben (Klein und Knight 2005; Humphreys et al. 2005).
*2) Change Management*
  – **We-Can-Do-it-Stimmung:** Betrachtet man erfolgreiche Innovationsprojekte, so wurden diese – allen Widrigkeiten zum Trotz – immer von einem hohen Machbarkeitswillen und positiver Stimmung begleitet. Diese positive Grundhaltung wird zum einen natürlich von den Innovationstreibern und ihrer Fähigkeit, andere mitzureißen, bestimmt, zum anderen können Stimmungen aber auch bewusst beeinflusst werden. Durch die Kommunikation von Zwischenerfolgen, die Einbindung vieler zentraler

Personen und die begeisternde Aufbereitung von Konzepten und Zwischenergebnissen schafft eine Innovation es oft schon während ihrer Entwicklung, die Herzen zu gewinnen. Förderlich dafür ist natürlich auch ein klar nachvollziehbarer Nutzen der Innovation und die Chance, den Erfolg des Unternehmens wirklich mitzubestimmen. Auch diese Aspekte sollten in der internen Kommunikation stimmig und mitreißend transportiert werden (Humphreys et al. 2005; McAdam und Rodney 2005).

- **Professionelles Change Management:** Insbesondere bei der Einführung radikaler, die gesamte Organisation betreffender Innovationen ist ein professionelles, begleitendes Change Management unerlässlich. Es gilt zu identifizieren, in welchen Bereichen Veränderungen notwendig sind und wer diese verantwortet. Wichtig ist dabei, das Ausmaß der Veränderung oder die direkte Betroffenheit einzelner Abteilungen nicht zu beschönigen, sondern ein klares Bild über das Ausmaß der Veränderung zu zeichnen. Auch wenn dieses vielleicht nicht im ersten Schritt breitenwirksam kommuniziert werden kann, so braucht es doch auf oberster Steuerungsebene Klarheit und vor allem eine realistische Einschätzung der Situation. Nur so können weitreichende Entscheidungen für eine Innovationsdurchsetzung auch getroffen werden. Ist das Konzept für die Begleitung der Veränderung erarbeitet, braucht es die richtigen Personen, die befähigt sind, dieses umzusetzen (Humphreys et al. 2005).
- **Change Agents:** Große Veränderungsprojekte brauchen im Unternehmen sogenannte „Kümmerer", die im Hintergrund die Fäden ziehen und die Organisation mit der neuen Herausforderung vertraut machen. Im Gegensatz zu Innovation Evangelists, die als Promotoren für die neue Idee auftreten, sind Change Agents nicht so sehr an der Vermarktung der Idee interessiert, sondern an der Entwicklung der Organisation für die neue Aufgabe. Dies passiert wesentlich ruhiger, mit viel Verständnis und Berücksichtigung der Ausgangssituation. Betroffene Mitarbeiter sollen individuell angesprochen und mitgenommen werden und für sich eine Möglichkeit finden, sich in die neue Situation mit ihren Fähigkeiten einzubringen.

3) *Wissenstransfer*

- **Unterschiedliche Aufgabenprofile und -bereiche:** Probleme in der Innovationsumsetzung resultieren sehr oft aus einem mangelnden Verständnis der Situation anderer involvierter Aufgabenbereiche. Aus diesem Grund ist es sinnvoll, wenn nicht erfolgsentscheidend in Innovationsprojekten, sich mit den Aufgaben und wesentlichen Erfolgskriterien der jeweils betroffenen Abteilung zu konfrontieren. Dies kann zum einen durch gegenseitige Kulturbesuche in der „Welt des anderen" erfolgen, durch einfache Gespräche, in denen man viel über die Voraussetzungen in anderen Aufgabenbereichen erfährt, oder durch Job Rotation und das wirkliche Kennenlernen des anderen Arbeitsumfelds. Wie auch immer der Wissensaustausch über die Arbeit des anderen erfolgt, er sollte auf jeden Fall passieren, da Innovationsimplementierung immer mehrere Bereiche im Unternehmen betrifft und diese alle eingebunden und berücksichtigt werden sollten.
- **Informationsmanagement:** Innovationsführer zeichnen sich immer auch durch ein transparentes und unternehmensübergreifendes Informationsmanagement aus.

Dabei ist weniger eine starre Sammlung von Zahlen, Daten und Fakten zu vergangenen Projekten gemeint, sondern eine interaktive Wissensplattform, auf der Impulse vom Markt, Ideen für neue Projekte, Erfahrungen und Lessons Learned sowie neue, interessante Fähigkeiten und Entwicklungen für alle relevanten Personen zugänglich gemacht werden. Viel zu oft passiert es nämlich, dass Wissen und Erfahrungen mühsam zweimal aufgebaut und gemacht werden müssen, da die relevante Information in der Organisation nicht weitergegeben wurde oder Chancen verpasst worden sind, weil die Information vom Markt nie in der Entwicklung ankam. Dafür braucht es die Fähigkeit, relevante Informationen zu erkennen, aufzunehmen und an die Personen im Unternehmen weiterzugeben, die diese auch sinnvoll verwerten können.

– **Dialog und Kommunikation:** Immer, wenn etwas Neues in der Organisation etabliert werden soll, ist damit Unsicherheit und – abhängig vom Ausmaß der Innovation – eine Angst vor Veränderungen verbunden. Bestehende Strukturen werden infrage gestellt und es entsteht ein Wissensdefizit, was die neue Situation betrifft. Deshalb ist es wichtig, neue Entwicklungen immer mit einem hohen Ausmaß an Dialog und professionellem Kommunikationsmanagement einzuleiten. Es braucht zum einen faktische Informationen über das neue Vorhaben, die Einordnung, den zeitlichen Rahmen und die Einbindung relevanter Abteilungen und Personen. Viel wichtiger scheint aber neben der informativen die emotionale Einbindung und der Dialog mit den wichtigsten Betroffenen. Viele der späteren Innovationsbarrieren und -konflikte können vermieden werden, wenn ausreichend kommuniziert und ein Dialog auf Augenhöhe mit anderen betroffenen Abteilungen und zuständigen Personen geführt wird. So können Widerstände vermieden und eine einfachere Umsetzung der Innovation begünstigt werden.

– **Organisationales Lernen als Wert im Unternehmen:** Wie schnell sich Innovationen in einem Unternehmen und darüber hinaus etablieren, hängt auch stark davon ab, wie hoch die Adaptionsfähigkeit einer Organisation ist. Sind Mitarbeiter es gewohnt, sich auf Neues einzustellen, und können sie mit laufenden Veränderungen gut umgehen, so erfolgt auch die Innovationsdiffusion wesentlich rascher. Wer die Innovationsfähigkeit seiner Organisation steigern und die Innovationsdurchsetzung erleichtern möchte, sollte deshalb großes Augenmerk auf die Lernfähigkeit der Organisation und ihrer Mitarbeiter legen. Dies kann nur dann funktionieren, wenn die handelnden Personen auch immer wieder gefordert sind, sich auf neue Inhalte, Aufgaben, Umfelder oder Kollegen einzustellen.

**Aspekte, die Innovationsdurchsetzung auf Projektebene unterstützen**

Neben der vorab genannten übergeordneten Aspekte, die für eine erfolgreiche Innovationsimplementierung im Unternehmen berücksichtigt werden sollten, sind auch auf Projektebene noch einige Faktoren zu nennen, die eine reibungslose Projektabwicklung begünstigen. So ist es beispielsweise ratsam, vor allem operative Einheiten wie den Einkauf, die Produktion, die Distribution oder die Servicetechnik schon in frühen Phasen des Innovationsprozesses einzubinden. Sie können auch bei vagen Ideen oder frühen Prototypen schon Erfahrungen aus ihrer Perspektive einbringen und zum Beispiel die Verfügbarkeit einzelner Komponenten, die Fertigungsweise oder die spätere Servicierung des Anwenders mitdenken. Hier gilt: Je früher die Diskussionen geführt werden, desto leichter können auch noch grundlegende Änderungen durchgeführt und Akzeptanz geschaffen werden (Humphreys et al. 2005).

Sollten in diesen Diskussionen doch Pattsituationen entstehen, die zu einem Konflikt in der Umsetzung führen, so braucht es beherzte Entscheidungen des Topmanagements, um wieder für klare Verhältnisse zu sorgen. Es ist nicht im Sinne der Organisation, Konflikte lange unausgegoren schwelen zu lassen und damit wertvolle Ressourcen zu vergeuden. In vielen Fällen kann auch das Anreizsystem einen wichtigen Beitrag zur Innovationsdurchsetzung liefern. Werden die Kennzahlen- und Zielsysteme dahingehend verändert, dass Innovationsziele neben Effizienz- und Qualitätszielen einen Platz finden, so wird die Innovation schon aus diesem Antrieb heraus gefördert. Wenn auch heute noch ungewöhnlich, sollten deshalb ebenfalls für operative Einheiten Innovationsziele definiert werden (McAdam und Rodney 2005).

Einer der wesentlichsten natürlichen Förderer für die Innovationsimplementierung ist eine herausragende Idee, die für sich selbst spricht. Innovationen haben es immer dann leichter, akzeptiert zu werden, wenn sie einen herausragenden Kundennutzen bieten, der für alle Beteiligten sofort erkennbar ist. Die richtige und ansprechende interne Vermarktung guter Ideen spielt dabei eine wesentliche Rolle. Selbst wenn also die Idee für alle im Innovationsprojekt involvierten Personen noch so klar ist, ist es wichtig, sich die Zeit zu nehmen, die Idee auch wirklich gut aufzubereiten, damit andere schnell und genauso begeistert ins Boot geholt werden können (Edmondson 2003; Garcia-Morales et al. 2006).

Diese interne Kommunikationsfunktion, insbesondere die mitreißende Kommunikation einer Idee an betroffene Personen und wichtige Mitstreiter, übernehmen in der Regel interne Evangelisten. Die Idee stammt aus den IT-Konzernen im Silicon Valley, und die Rolle des internen Evangelisten ist traditionellerweise vor allem die, interne und externe Anspruchsgruppen für die eigene Idee zu begeistern. Ohne diese internen Botschafter einer Idee sind insbesondere radikale Innovationsprojekte nicht umzusetzen und scheitern schon an den Widerständen innerhalb der Organisation (Hansen und Birkinshaw 2007).

Zu guter Letzt hat die unmittelbare Projektumgebung noch einen wesentlichen Einfluss auf die erfolgreiche Innovationsdurchsetzung. Im Projekt selbst braucht es ein hohes Ausmaß an Flexibilität für die handelnden Personen. Oft müssen unvorhersehbare Schwierigkeiten überwunden oder Kinderkrankheiten des Konzepts ausgemerzt werden. Erfolgreiche Projektteams brauchen deshalb ein größeres Ausmaß an Autonomie, als dies für herkömmliche Projekte notwendig ist. Budgetbedarfe sollten sukzessive mit dem Management abgestimmt und ermittelt werden, Personen, wenn nötig, eingebunden und Zeitpläne, wenn es das Projekt erfordert, adaptiert werden können. Darüber hinaus sollten die Arbeitsumgebung, die Tools und Materialien, mit denen gearbeitet wird, auf die

Aufgabe abgestimmt sein und ebenso flexibel und nach Bedarf gestaltet werden können (Lawson und Samson 2001; Trantow et al. 2011).

> **Um die Implementierung zu erleichtern, sollten folgende Aspekte beachtet werden:**
> - Einbindung operativer Einheiten in frühe Phasen des Innovationsprozesses
> - Beherzte Entscheidungen des Topmanagements
> - Anreize, auch für operative Einheiten, Innovation zu fördern
> - Herausragenden Produktnutzen aus Kundensicht
> - Innovationsevangelisten und interne Kommunikationskampagne
> - Flexibilität und Autonomie in der Projektumsetzung
> - Physische Umgebung, Tools und Materialien

Die Überleitung einer Lösungsentwicklung von der Konzept- in die Realisierungsphase stellt also einen wesentlichen Schritt auf dem Weg zum Innovationserfolg dar. Wirkliche Innovationsführer zeichnen sich dadurch aus, dass sie nicht nur die von Kreativität und Offenheit getriebenen ersten Phasen des Innovationsprozesses gut bewerkstelligen, sondern auch die Überleitung in bestehenden Strukturen schaffen. Für diese Aufgabe braucht es oft völlig andere Kompetenzen und Fokusse als für die ersten Phasen. Wichtig ist, sich bewusst zu sein, dass die Innovation nicht mit dem getesteten Prototypen, sondern erst mit der erfolgreich etablierten neuen Lösung am Markt endet. Diese Aufgabe fordert die gesamte Organisation und verlangt das Engagement vieler, vielleicht gar nicht offensichtlich in den Innovationsprozess involvierter Personen. Diese Stimmung zu schaffen und auch Handlungsmuster zu initiieren, die dies ermöglichen, ist der letzte Schritt, der zu einem umfassenden Innovationsansatz im Sinne des Corporate Design Thinking nötig ist (Böhle 2011).

## 5.3   Corporate Design Thinking – praktische Implikationen für eine umfassende Umsetzung

Corporate Design Thinking versteht sich als ganzheitlicher Ansatz, dessen Ziel die Etablierung strategischer Innovationsfähigkeit auf allen Ebenen im Unternehmen ist. Design Thinking als Mindset, Prozess und Methodenpool bildet dabei lediglich den Kern. Denn um Design Thinking ganzheitlich im Unternehmen zu verankern, bedarf es Menschen, die Innovation vorantreiben und Veränderungen zulassen, ein internes Umfeld, das dies erlaubt und fördert, sowie die Beachtung von externen Einflüssen, die stets neue Dynamiken entstehen lassen. Als wesentlicher Erfolgsfaktor gilt schlussendlich natürlich noch die Umsetzung im Unternehmen, die aus dem Zusammenspiel aller Faktoren ermöglicht und unterstützt wird. Im Folgenden sollen diese Aspekte mithilfe von praktischen Beispielen genauer erläutert werden (siehe auch Abb. 5.2).

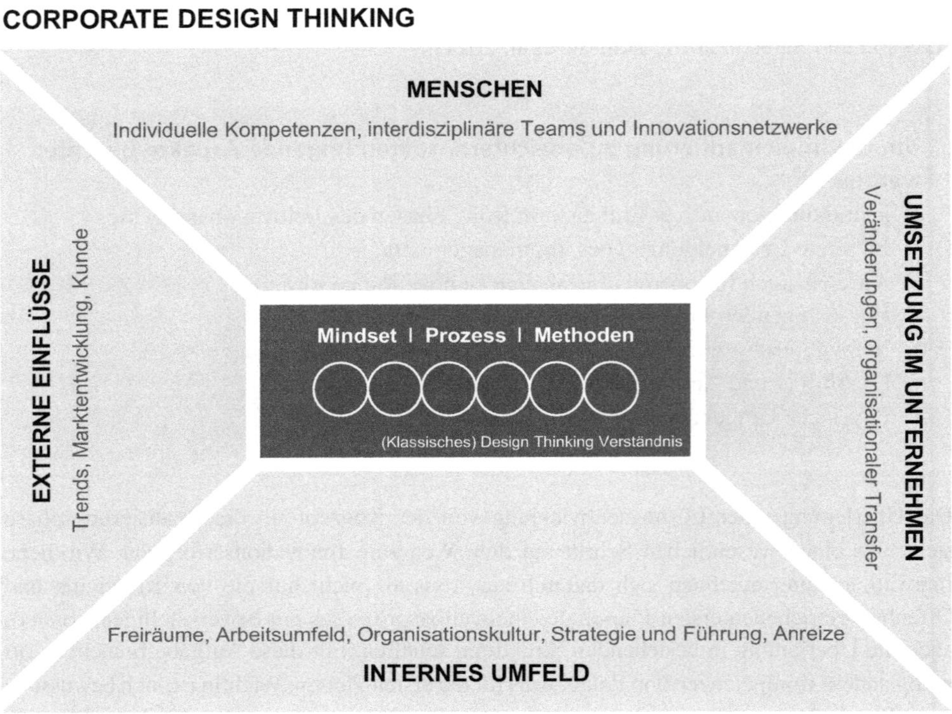

**CORPORATE DESIGN THINKING**

**Abb. 5.2** Corporate-Design-Thinking-Ansatz (Quelle: eigene Darstellung)

**1. Menschen**

*Motivierte Mitarbeiter*

Die wohl wesentlichste Voraussetzung für eine innovative Organisation sind die Menschen, die für die Organisation tätig sind. Dass die Mitarbeiter ein entscheidender Erfolgsfaktor für Unternehmen sind, ist hinlänglich bekannt. In Bezug auf Innovation kommt der Fähigkeit des Einzelnen aber eine neue Bedeutung zu.

Stellen Sie sich folgende Situation vor: Ein Vertriebsmitarbeiter sitzt im alljährlichen Kundengespräch mit einem Key Account. Dieser tauscht sich mit ihm über Erfahrungen zu Produkten aus, gibt Feedback über die Serviceleistungen und erwähnt auch Probleme in der Produktanwendung oder der Funktionsfähigkeit einzelner Komponenten. Darüber hinaus weist er auf Mängel im Produktsortiment hin und würde sich wünschen, aus einem breiteren Sortiment auswählen zu können.

Der Vertriebsmitarbeiter kann nun unterschiedlich im Gespräch reagieren:

a) Er könnte die Wünsche des Kunden aufnehmen und wirklich wichtige Anforderungen an sein Produktmanagement weitergeben mit der Bitte, diese so umzusetzen.

b) Er könnte in eine Diskussion mit dem Kunden gehen, die Anforderungen hinterfragen, versuchen zu verstehen, was hinter den Wünschen steckt und welche Beweggründe es dafür gibt, schon vorab abtesten, wie wichtig die einzelnen Anforderungen dem Kunden sind und welche er priorisieren würde und zugleich wirkliches Interesse an den Problemen und Wünschen des Kunden zeigen.

Die zweite Vorgehensweise verlangt vom Vertriebsmitarbeiter, seinen Blickwinkel zu öffnen und das Gespräch nicht allein als Verkaufsgespräch zu sehen, sondern auch als Chance, neue Ideen mit dem Kunden gemeinsam zu entwickeln. Der Vertriebsmitarbeiter wird hier im Beispiel zur kritischen Ressource – geht er auf das Gespräch nicht ein und nutzt er die Gelegenheit nicht, hier Informationen für sein Unternehmen zu sammeln, von denen alle lernen und profitieren können, so ist die Chance vertan.

Diese Situation verlangt jedoch auch, dass der Vertriebsmitarbeiter sein persönliches Portfolio um folgende Verhaltensweisen erweitert:

• **Fokus auf zukünftige Leistungen:** Interesse für potenzielle, latente Kundenwünsche und die Motivation, Wünsche und Anforderungen des Kunden wirklich kennenzulernen.
• **Proaktives Verhalten:** Statt auf bestehende Kundenwünsche zu reagieren, werden gemeinsam mit dem Kunden proaktiv neue Anforderungen diskutiert und definiert. Der wesentliche Unterschied liegt darin, als Vertriebsmitarbeiter Anforderungen nicht bloß aufzunehmen, sondern auch mit dem Kunden zu bearbeiten und schon vordefiniert und reflektiert an seine Organisation weiterzugeben.
• **Rolle als Marktbeobachter und Bedürfnis-Scout:** Vertriebsmitarbeiter werden oft ausschließlich am Ende der Wertschöpfungskette gesehen, als die Mitarbeiter, die die fertigen Produkte auf den Markt bringen und dort verkaufen. Eine wesentliche Rolle im Innovationsprozess spielen Vertriebsmitarbeiter auch als Marktexperten, die durch ihre häufigen Kundenkontakte mehr Wissen und Gespür für den Markt haben als jeder andere Mitarbeiter im Unternehmen. Sie können somit Trends schon erkennen, wenn sie aufkeimen.

Stellen Sie sich nun die Situation aus Sicht des F&E-Mitarbeiters vor: Der Mitarbeiter aus der Forschung und Entwicklung hat im Rahmen des Produktmanagement-Meetings Kontakt zum Vertriebsmitarbeiter. Dieser beschreibt seine Eindrücke vom Kunden und breitet unterschiedlichste Ideen und Wünsche aus, die er vom Kundenfeedback-Gespräch mitgenommen hat.

Der F&E-Mitarbeiter hat nun folgende Optionen:

a) Er könnte die Wünsche der Kunden als überzogen abtun und nicht realisierbar oder er sieht den Kunden als rückständigen Partner, der überhaupt nicht versteht, dass mit den heutigen technischen Möglichkeiten schon viel mehr realisierbar wäre. Er konzentriert sich im Gespräch darauf, zu argumentieren, warum die Kundenwünsche so sicher nicht umsetzbar sind, und geht in eine durch Macht und Konflikt geprägte Diskussion. Am Ende einigt man sich auf Wunsch des Spartenleiters auf ein paar Entwicklungsfelder, und der F&E-Mitarbeiter setzt die Wünsche ohne Austausch mit dem Kunden anhand des Pflichtenheftes technisch optimal um.

b) Er könnte in eine Diskussion mit dem Vertriebsmitarbeiter gehen und versuchen, die Kundenwünsche zu verstehen und vor allem die Motive und Wünsche, die den Kunden zu diesen Aussagen treiben. Er könnte einen Besuch vor Ort mit den wichtigsten Kunden vorschlagen und sich selbst – aus technischer Sicht – ein Bild der Lage verschaffen. Gemeinsam mit dem Vertriebsmitarbeiter, dem Produktmanager und den wichtigsten Ansprechpartnern beim Kunden vor Ort werden in einem Workshop die Anforderungen diskutiert und auf ihre Machbarkeit überprüft. Der F&E-Mitarbeiter versteht nun die wesentlichen Motivationen und Bedürfnisse der Kunden und kann sie optimal im Entwicklungsteam mit seinen technischen Kompetenzen und Ressourcen umsetzen.

Was dabei entsteht, ist ein co-kreativer Entwicklungsprozess mit dem Kunden, der am Bedarf ansetzt und somit den Kunden optimal bedient. Diese Vorgehensweise verlangt vom F&E-Mitarbeiter folgende Entwicklung:

- **Empathisches Verhalten:** Fähigkeit, Kundenbedürfnisse zu erfragen und zu reflektieren
- **Anwendungsorientierung:** Interesse für den Markt und seine Anforderungen
- **Kommunikation mit technikfremden Gesprächspartnern:** Kommunikationsgeschick und die Bereitschaft, in Diskussion über technische Entwicklungen zu gehen

### *Schlagkräftige Teams*
Motivierte Mitarbeiter können im Unternehmen nur dann ihr Leistungspotenzial abrufen, wenn sie in Teamstrukturen eingebettet sind, in denen sie sich optimal bewegen und entfalten können. Die besten Köpfe stoßen an ihre Grenzen, wenn sie von Kollegen umgeben sind, die ihr Tun sabotieren oder blockieren. Die Gruppendynamik und die Beziehungen zwischen verschiedenen Abteilungen sind ein wesentlicher Stellhebel, um Innovationsprojekte in Unternehmen umsetzen zu können. Sind Organisationen geprägt von Bereichsegoismen und unfähig, in interdisziplinären Teams zusammenzuarbeiten, so sind innovative Projekte schnell zum Scheitern verurteilt.

Stellen Sie sich folgende Situation vor: Die Unternehmensführung hat sich dazu entschlossen, einen neuen Geschäftsbereich aufzubauen, der als Kompensation für einen bestehenden Bereich fungieren soll, der schon seit Jahren eine schlechte Entwicklung aufzeigt und bei dem damit zu rechnen ist, dass er nur noch über wenige Jahre existieren wird. Von Messebesuchen und aus brancheneinschlägigen Technologiereports wissen Sie, dass es einen Trend hin zu integrierten Produkt- und Servicelösungen geben wird, der völlig neue Geschäftsmodelle und Lösungen braucht. Sie betrauen die Abteilungsleiter damit, ein Team aufzubauen, das sich der neuen Aufgabe widmen soll. Die Unternehmensführung wünscht sich eine möglichst rasche Entwicklung, um Defizite aus bestehenden Bereichen bald abfedern zu können. Nominiert werden Mitarbeiter aus dem Vertrieb, der Forschung & Entwicklung, der Produktion, der Qualitätssicherung, des Einkaufs und der Serviceentwicklung.

Die Positionen der unterschiedlichen Bereiche könnten nun folgendermaßen sein:

a) Der Vertriebsmitarbeiter bringt die bestehenden Kundenwünsche ein. Der F&E-Mit-
   arbeiter beschwert sich darüber, dass die bestehenden Kundenbedarfe nicht zu lösen
   sind und die technische Entwicklung ohnehin in eine andere Richtung geht. Der Pro-
   duktionsmitarbeiter merkt an, dass er für Testversuche nicht zur Verfügung steht, da
   seine Produktion maximal ausgelastet ist und Effizienzkennzahlen zu erfüllen sind.
   Der Qualitätsmanager bringt an, dass man bei neuen Lösungen auch an Standards
   denken müsse, die einzuhalten sind. Der Einkaufsmitarbeiter gibt zu bedenken, dass es
   eine klare Sourcing-Strategie gibt und die Anzahl der Lieferanten nicht erhöht werden
   kann – dies heißt, dass mit bestehenden Lieferpartnern zusammenzuarbeiten ist. Der
   Serviceentwickler merkt an, dass für die neue Entwicklung ein Serviceprozess definiert werden muss, der standardisiert und vor allem durch externe Partner in Indien
   kostengünstig umzusetzen ist. Konzentrieren alle Bereiche sich ausschließlich auf ihre
   herkömmlichen Zielsetzungen, so ist die Zusammenarbeit von konkurrierenden Zielen
   und Interessen geprägt und kommt schnell ins Stocken.
b) Die Teammitglieder könnten sich in einem Kick-off-Workshop mit der Herausforderung und den Zielen des Projekts vertraut machen und bei dieser Gelegenheit darüber
   diskutieren, welche Ressourcen und Fähigkeiten die einzelnen Bereiche in den Prozess
   einbringen können und wo die Unterstützung externer Partner notwendig sein wird.
   Sie definieren gemeinsam ihre Rollen im Prozess, legen fest, wo die Zusammenarbeit
   welcher Teammitglieder erforderlich ist und wer kritische Aufgaben in welcher Phase
   wahrnehmen wird. Nachdem sie sich auf das gemeinsame Ziel und die Machbarkeit
   eingeschworen und eine gemeinsame Vision entwickelt haben, unterhalten sie sich über
   wesentliche Stolpersteine und kritische Faktoren im Projekt und welche Möglichkeiten
   es schon jetzt gibt, diesen entgegenzuwirken. Alle Teammitglieder sorgen dafür, ein
   gutes und vor allem wertschätzendes Kommunikationsklima aufrechtzuerhalten, und
   haben Lösungswege, wie sie mit Konflikten oder schwierigen Situationen umgehen. Für
   wichtige Schritte holt sich das Team Unterstützung von Coaches und Moderatoren, um
   auch kritische Aufgaben zügig zu erledigen und Pattsituationen weitgehend zu vermeiden. Die Stimmung im Team ist geprägt von einem Machbarkeitswillen, die zuständigen Führungskräfte schätzen dies und motivieren die entsandten Mitarbeiter zusätzlich.

Um herausfordernde Innovationsprojekte realisieren zu können, die die gesamte Organisation betreffen, braucht es folgende Verhaltensweisen und Hilfsmittel im Team:

• Klare Entsendung und Rückendeckung für die Mitglieder aus dem Topmanagement
• Eine gemeinsame Vision und Zielsetzungen, die alle mittragen und die klar und verständlich formuliert sind
• Ein gemeinsames Ziel, das über Bereichsegoismen gestellt wird und das Verbindende
  stärker als das Trennende sein lässt

- Eine positive Einstellung zum Projekt und die Überzeugung, dass es machbar ist
- Pragmatisches und beherztes Treffen von Entscheidungen, auch wenn sie oft nur ein Sub-Optimum für alle Beteiligten im Einzelnen darstellen – dem Gesamtziel muss gedient werden
- Die Fähigkeit, sich Schritt für Schritt einer Vision zu nähern, ohne im Team schon genau festlegen zu können, wie die einzelnen Phasen ablaufen werden – ein Blick auf das große Ganze sollte immer bewahrt werden

**Kooperative Netzwerke**

Innovationsprozesse finden in vielen Fällen nicht mehr hinter verschlossenen Türen statt, Innovationsteams sind immer mehr auch gezwungen, sich nach außen zu öffnen und unterschiedliche Kooperationspartner miteinzubeziehen. Aus den verschiedensten Gründen können Innovationsprojekte oft nicht mehr allein bewältigt werden, und dies verlangt nach der Fähigkeit, sich mit unterschiedlichen Partnern erfolgreich der Bearbeitung von Innovationen zu stellen.

Stellen Sie sich folgende Situation vor: Ein mittelständisches Unternehmen lebt von seiner hohen technologischen Kompetenz und der exzellenten Qualität seiner Produkte. Durch die Verschärfung des Wettbewerbs, unter anderem durch die globale Vernetzung und neue technologische Entwicklungen, hat sich die Nutzungsdauer der Produkte verkürzt, und das Unternehmen ist gezwungen, immer schneller und viel öfter neue Produktgenerationen auf den Markt zu bringen. Die Entwicklung der Produkte im Haus, so wie sie traditionell umgesetzt wurde, wird zum kritischen Engpass im Unternehmen.

Die Unternehmensleitung gemeinsam mit den Produktentwicklungsverantwortlichen können sich nun

a) darum bemühen, die F&E-Abteilung aufzustocken und dem erhöhten Entwicklungsbedarf im Haus Rechnung zu tragen. Sie können versuchen, das Wissen, das mit den technologischen Entwicklungssprüngen am Markt verbunden ist, selbst aufzubauen. Dies bedeutet allerdings oft, dass sie sich in Technologien und Fachbereichen weiterentwickeln müssen, die fern der eigenen Kernkompetenzen sind.

b) Das Unternehmen könnte sich mit Lieferanten, externen Forschungspartnern, eventuell auch ähnlichen Anbietern, mit denen man in einem coopetitven Verhältnis steht, oder mit wesentlichen Kunden zusammenschließen und seinen Innovationsprozess öffnen.

Unter der Voraussetzung, dass man weiß, wie Innovation in Netzwerken funktioniert und was für offene Innovationsprozesse nötig ist, kann so der Entwicklungsaufwand für die einzelnen Partner verringert werden, das Wissen geteilt und gemeinsam aufgebaut und die Zeit, die es zum Entwickeln und Einführen neuer Produkte braucht, verkürzt werden. Darüber hinaus teilen sich die Aufwendungen für die Innovation auf mehrere Innovationspartner auf, was in der Regel die Finanzierung und Investition in neue Projekte leichter macht. So umgesetzt ist es dem Unternehmen sogar möglich, mehrere Innovationsprojekte mit gleichen Ressourcen parallel zu bearbeiten und an Dynamik zu gewinnen.

Diese Situation verlangt vom Unternehmen jedoch auch, sein Verhalten in Innovationsprojekten anzupassen:

- **Öffnen der Innovationsprojekte nach außen:** Externe Partner dringen in oft heikle
  Bereiche im Unternehmen vor, dies braucht ein Umdenken und einen sensiblen Umgang
  mit Wissen und Entwicklungen.
- **Not-Invented-Here abschaffen:** Oft werden Innovationen nur dann akzeptiert, wenn
  sie vollständig vom Unternehmen entwickelt wurden und auch hier kontrolliert werden
  können. Der Anspruch, Innovationen müssen aus der eigenen Hand entstehen, muss in
  Innovationsnetzwerken abgelegt werden.
- **Netzwerkkompetenz aufbauen:** Innovationsnetzwerke funktionieren nach eigenen
  Regeln. Sie sind nicht hierarchisch aufgebaut, folgen informellen Regeln und sind vor
  allem auf Vertrauen und Respekt aufgebaut. Die Akteure im Netzwerk müssen darüber
  Bescheid wissen und sich auch richtig in Netzwerken bewegen können.

**2. Organisation**

*Freiraum in etablierten Routinen*

Die operative Belastung der Mitarbeiter wird immer wieder als der Innovationshem-
mer Nr. 1 genannt. Oft bleibt in bestehenden Strukturen und Routinen wenig Platz und
Motivation, um sich neuen Projekten und Ideen zu widmen. Innovation braucht also Freiräume und Zeiten, in denen Mitarbeiter und Führungskräfte sich dezidiert mit Innovation
beschäftigen können. Es geht im Wesentlichen also darum, in etablierten Routinen immer
wieder Platz für Innovation zu schaffen.

Stellen Sie sich folgende Situation vor: Ein Produktmanager bespricht mit seiner Führungskraft die Ziele für das nächste Jahr und die wesentlichen Zielsetzungen, die verfolgt werden
sollen. Im Rahmen dieses Gesprächs wird eine Reihe von Aufgaben definiert, welche die
Pflege des bestehenden Produktportfolios betreffen. Darüber hinaus gibt es auch noch Zielsetzungen, die sich mit Innovation beschäftigen. Die Führungskraft und der Mitarbeiter wissen,
dass es eigentlich zu viele Aufgaben sind und im Laufe des Jahres, wenn die alltäglichen
Herausforderungen hinzukommen, einige Zielsetzungen auf der Strecke bleiben werden.
Die Priorisierung der Zielsetzungen kann nun unterschiedlich erfolgen:

a) Der Produktmanager könnte mit seiner Führungskraft keine Priorisierung vornehmen
   und die Zielsetzungen einfach nach ihrem Anfallen abarbeiten. In diesem Fall passiert es leicht, dass die bestehenden Projekte, die auch im Tagesgeschäft immer wieder
   akut werden, einen Vorzug bekommen und nicht nach der Wichtigkeit der Zielsetzungen abgearbeitet werden, sondern einfach nach ihrem Auftreten. Dadurch werden oft
   unwichtige, operative Projekte vorgezogen und innovative Überlegungen mangels Zeit
   immer nach hinten verschoben. Es passiert leicht, dass Innovationsbemühungen so in
   der Schublade landen.
b) Der Produktmanager könnte mit seiner Führungskraft eine Priorisierung der Zielsetzungen vornehmen und ganz bewusst Zeit für Innovationsprojekte freischaufeln. So

werden Zeiten definiert, in denen der Produktmanager die Möglichkeit hat, sich auch diesen Projekten zu widmen. Darüber hinaus erhält er auch ein kleines Budget, das ihm für Recherche, Tests oder die Integration von externen Experten zur Verfügung steht.

Damit Innovationen auch im operativen Alltag ihren Platz bekommen, braucht es ein bewusstes Einplanen der Projekte und das Schaffen von Freiräumen, in denen ausschließlich Innovationen bearbeitet werden. Da Innovationen immer neue, nicht vorhandene Ideen betreffen, werden sie oft gegenüber den alltäglichen Aufgaben hintangestellt, da sie keinen operativen Druck ausüben. Unternehmen, die jedoch Innovation dauerhaft aufschieben, höhlen ihr Ertragspotenzial gefährlich aus. Um im Unternehmen immer wieder Freiräume für Innovation zu schaffen, braucht es folgende Veränderungen:

- **Definition von Freiräumen für Innovation:** Es sind vordefinierte Zeiträume notwendig, in denen die Mitarbeiter sich mit Innovation beschäftigen können. Diese müssen so definiert sein und dürfen nicht dem Alltagsgeschäft zum Opfer fallen.
- **Bewusster Fokus auf neues Geschäft:** In vielen Unternehmen gilt den bestehenden Leistungen und ihrer effizienten Erstellung die alleinige Aufmerksamkeit. Raum für Innovation zu schaffen bedeutet auch, Innovation als Aufgabenbereich aufzuzeigen und klar zu machen, dass auch dies zum Tätigkeitsprofil eines Mitarbeiters gehört. Wenn Innovation immer „nebenbei" passieren muss, wird sie selten passieren.
- **Zielsetzungen für Innovation formulieren:** Führungskräfte sollten mit ihren Mitarbeitern dezidierte Innovationsziele vereinbaren. Dies erleichtert es dem Mitarbeiter, sich Zeit für Innovation freizuschaufeln, und es stellt sicher, dass Innovation für Führungskraft und Mitarbeiter gleichermaßen wichtig ist und es eine Einigung gibt, welche Innovationsprojekte verfolgt werden sollen. Dies erleichtert auch die tatsächliche Bearbeitung wesentlich.

**Innovative Arbeitsräume**

Die Arbeitsräume eines Unternehmens können wesentlichen Einfluss auf die Kreativität und Produktivität der Mitarbeiter haben. Zahlreiche Studien zeigten die Auswirkungen von Licht, Pflanzen, Farben und vielen weiteren Raumelementen auf die Kreativität von Angestellten. Um Design Thinking im Unternehmen zu verankern, bedarf es Räumlichkeiten, die einerseits Kreativität und Innovation fördern und sich andererseits an die individuellen Bedürfnisse der Mitarbeiter und die Anforderungen der Arbeitsphasen anpassen.

Stellt man sich nun ein abteilungsübergreifendes Team vor, das gemeinsam an einem Projekt arbeitet, um eine neue und innovative Lösung für ein unternehmensinternes Problem zu erarbeiten, so wird der Prozess und schlussendlich auch die Qualität der Lösung wesentlich durch das interne Umfeld in Form der Räumlichkeiten des Unternehmens beeinflusst. Dies soll anhand von zwei unterschiedlichen Ausprägungen der Situation veranschaulicht werden:

a) Dem Team steht ein klassischer Seminarraum zur Verfügung, um am Projekt zu arbeiten. Die standardisierte Ausstattung mit Flipchart und Whiteboard lässt nur eine begrenzte Möglichkeit an Arbeitsweisen und Methodiken zu. Der Raum wird nach Verlassen wieder gesäubert, und sämtliche entstandenen Artefakte, die nicht, wie beispielsweise das Flipchart-Papier, abnehmbar sind, sind in den nächsten Prozessphasen nicht mehr verfügbar. Es fehlen wesentliche erarbeitete Erkenntnisse und Details, die den gesamten Prozess ständig inspirieren sollten. Der Seminarraum ist mit einem großen fixierten Arbeitstisch ausgestattet, um den Stühle platziert sind. Dies ist in Besprechungen, Diskussionen oder Präsentationen vielleicht ein geeignetes Arbeitssetting, jedoch in einem Kreativprozess sehr hemmend. Der Raum kann den individuellen Anforderungen der Prozessphasen oder der Teammitglieder nicht gerecht werden, da er nur ein Setting erlaubt. Des Weiteren findet sich das Team in den einzelnen Phasen des Prozesses immer wieder in demselben oder vielleicht auch ähnlich ausgestatteten Besprechungsraum ein, um am gemeinsamen Projekt weiterzuarbeiten. Das Team ist ständig mit derselben Ausstattung, denselben Wänden und der gleichen Atmosphäre konfrontiert, wodurch es wenig neue Inspiration oder Entdeckungsmöglichkeiten hat.

b) Dem Team stehen diverse Räume mit unterschiedlichen Atmosphären und Stimmungen zur Verfügung, die außerdem durch flexible und mobile Einrichtungsgegenstände jederzeit veränderbar sind und den Bedürfnissen des Teams angepasst werden können. Dies unterstützt die sich in einem Design-Thinking-Prozess ständig verändernden Arbeitsweisen und ermöglicht unterschiedlichste Arbeitssettings. Erarbeitete visuelle Artefakte können durch mobile Whiteboards oder Pinnwände beispielsweise zum Arbeitsplatz verschoben werden und dienen als Inspiration für weitere Arbeiten. Durch die Mobilität und Flexibilität kann das Projektteam in der nächsten Projektphase einen anderen Raum benutzen, der sich in seiner Atmosphäre und Stimmung von den anderen unterscheidet. Dies inspiriert die Teammitglieder und lässt sie den Raum entdecken. Beschreibbare Tische und Böden werden ausprobiert und die Kreativität der Teammitglieder wird gefördert.

An den Beispielen kann man erkennen, dass Räumlichkeiten eines Unternehmens die Kreativität der Mitarbeiter stark beeinflussen und daher auch den gesamten Innovationsprozess hemmen oder vorantreiben können. Durch die richtige Planung und Umsetzung der Büroräume können wesentliche Vorteile für ein innovatives Unternehmen entstehen, wenn beispielsweise folgende Aspekte bedacht werden:

- **Offene Räume:** Räumlichkeiten, die offen sind und das Zusammentreffen von Mitarbeitern ermöglichen, unterstützen das kollaborative Arbeiten. Durch die zufällig entstehenden Gespräche entwickeln sich außerdem oftmals spontan neue Ideen, die ein Innovationsprojekt vorantreiben.
- **Mobile und flexible Raumausstattung:** Eine Ausstattung der Räume mit mobilen und flexiblen Einrichtungsgegenständen erlaubt es, den Raum an die individuellen Bedürfnisse der Teammitglieder und Anforderungen der Projektphasen anzupassen.

- **Diverse Räume:** Räume, die sich in ihrer Atmosphäre und Stimmung unterscheiden und in denen diverse Materialien und Farben eingesetzt werden, dienen immer wieder als Inspiration. Durch die unterschiedlichen Ausstattungen wecken sie außerdem die Neugier und Experimentierfreude der Mitarbeiter, was einen positiven Einfluss auf deren Kreativität hat.

**Innovationsfreundliche Kultur**

Die Kultur eines Unternehmens zeigt sich in ungeschriebenen Gesetzen, gemeinsamen Glaubenssätzen und dem Geist, der das Handeln eines Unternehmens prägt. Eine Innovationskultur kann dem Unternehmen und seinen Mitarbeitern nicht verordnet werden, sie muss sich entwickeln und von den Führungskräften über lange Zeit hinweg gefördert werden. Ob Innovation in unternehmerischen Strukturen und Prozessen gut umgesetzt werden kann, wird zu einem großen Teil von der vorherrschenden, hoffentlich innovationsfreundlichen Kultur geprägt.

Stellen Sie sich folgende Situation vor: Ein junger, ambitionierter Mitarbeiter übernimmt eine neue Rolle als Serviceentwickler in einem Unternehmen. Er ist mit der Aufgabe betraut worden, ein neues Serviceportfolio für einen ausgewählten Geschäftsbereich zu entwickeln. In seinen ersten Wochen in der neuen Aufgabe versucht er, die möglichen Optionen und Bedarfe zu erkunden und sich mit den bestehenden Serviceleistungen vertraut zu machen.

Die Erfahrungen des Mitarbeiters können bei dieser Aufgabe je Unternehmen sehr unterschiedlich sein:

a) Der Serviceentwickler könnte misstrauisch im neuen Team aufgenommen werden. Er könnte das Gefühl vermittelt bekommen, dass auch vor seiner Einstellung die Services zufriedenstellend erbracht worden sind und es eigentlich keine Probleme mit bestehenden Leistungen gegeben hat. Fragen, die der neue Mitarbeiter stellt, werden kurz angebunden beantwortet, und er erhält keine detaillierten Auskünfte zu den Verbesserungsbedarfen der Services. Der Serviceentwickler empfindet es als schwierig, ehrliche und offene Auskünfte zu bekommen, er fühlt sich mit seiner Innovationsaufgabe als Fremdkörper im Unternehmen und hat wenig Unterstützung für sein Vorhaben.

b) Der Serviceentwickler könnte offene Gespräche mit bestehenden Mitarbeitern führen, die ihm ehrlich Auskunft über die Stärken, aber auch Defizite der heutigen Leistungen geben. Er fühlt sich mit seinem Vorhaben gut aufgehoben, und es wird ihm das Gefühl vermittelt, dass es positiv ist, nun Ressourcen für Neuentwicklungen zu haben, die bis dato oft dem Tagesgeschäft zum Opfer gefallen sind. Informationen über frühere Projekte werden ihm bereitwillig zur Verfügung gestellt, er kann sich schnell einarbeiten und einen Überblick über das Leistungsportfolio verschaffen. In seiner Arbeit hat er immer wieder die Möglichkeit, auf das Erfahrungswissen langjähriger Mitarbeiter zurückzugreifen. So erspart er sich viel Zeit und Energie, da er falsche Annahmen und Fehler schnell erkennen und beheben kann. Das gesamte Wissen der Organisation wird so verfügbar gemacht und der Lernprozess des jungen Mitarbeiters ist effizient und schnell.

Leicht ist aus den beiden Szenarien erkennbar, dass ein wohlwollendes Umfeld für Innovation ein wesentlicher Stellhebel für das Umsetzen von Innovationen in einer Organisation ist. Die innovationsfreundliche Unternehmenskultur wird zur dynamischen Ressource in der Realisierung neuer Ideen. Eine Innovationskultur charakterisiert sich durch folgende Merkmale:

- **Förderung der Mitarbeiter in ihrer Entwicklung:** Innovative Organisationen zeichnen sich durch eine Lernorientierung aus. Mitarbeiter können dann ihr innovatives Potenzial abrufen, wenn sie laufend in ihrer Entwicklung gefördert werden und es erwünscht ist, dass sie sich neue Fähigkeiten aneignen.
- **Konstruktiver Umgang mit Fehlern:** Ein destruktiver Umgang mit Fehlern und das „An-den- Pranger-Stellen" von Mitarbeitern führen dazu, dass viele Mitarbeiter sich nicht mehr trauen, ihre Ideen einzubringen. Eine innovationsfreundliche Kultur wertet den Versuch, etwas Neues zu schaffen, höher als das Risiko, dabei zu scheitern.
- **Forschergeist und Zeit für Exploration:** Innovationen brauchen die richtige Haltung und die Leidenschaft, Neues zu wagen. Rahmenbedingungen zu schaffen, die Forscher motivieren und sie ermuntern, Dinge zu hinterfragen und zu explorieren, sind ein wichtiger Nährboden für Innovationserfolge.
- **Vertrauen in die Menschen, die Innovationen treiben:** Die Mitarbeiter experimentieren und innovieren zu lassen bedeutet auch, darauf zu vertrauen, dass die Mitarbeiter ihre Versuche nicht aus Jux und Tollerei durchführen, sondern dabei im Interesse des Unternehmens handeln und nach neuen Ertragspotenzialen und Chancen suchen. Das erfordert Vertrauen in die Mitarbeiter und einen wohlwollenden Umgang, der grundsätzlich jedem, der Dinge ausprobiert und exploriert, eine positive Absicht unterstellt.
- **Zulassen radikaler Ideen:** Innovation bedeutet auch, Platz für radikale Ideen zu machen. Eine Organisation, die Spinner und radikale Denker verachtet, wird nie fähig sein, wirkliche Innovationen hervorzubringen. Es ist wichtig, dass die Organisation auch absurde und unkonventionelle Gedanken zulässt, um wirklich radikale Ideen nicht im Keim zu ersticken.
- **Wertschätzen von Eigeninitiative:** Innovationen können in vielen Fällen nicht verordnet werden, sie passieren einfach, weil ein Mitarbeiter eine Chance erkannt und eigeninitiativ begonnen hat, nach einer Lösung dafür zu suchen. Dafür braucht es ein Umfeld, das eigeninitiatives Handeln wertschätzt und laufend fördert. Nur dann werden Mitarbeiter die Chancen auch wahrnehmen, wenn sie ihnen begegnen.

**Klare strategische Vorgaben**

Wie ernsthaft es ein Unternehmen mit Innovation meint, zeigt sich nicht nur in der Vision und den strategischen Zielsetzungen, sondern in der Integration der Innovationsaktivitäten in die langfristige Ausrichtung des Unternehmens. Nur wenn Unternehmen es wirklich schaffen, Innovation als Triebfeder für strategische Erneuerung zu nutzen und mit neuen Entwicklungen konsequent strategische Chancen zu nutzen oder strategische Lücken zu schließen, steht die Innovation auch wirklich im Dienste der Innovation. Dafür braucht es klare strategische Vorgaben für alle Innovationsprojekte.

Auf der Ebene der Unternehmensstrategie könnte Innovation folgendermaßen integriert sein:

a) Innovation könnte als Schlagwort in der Vision des Unternehmens und allen Strategiepapieren enthalten sein – und Innovation könnte in erster Linie als Marketingtool genutzt werden. Dabei sieht man oft, dass der Terminus „Innovation" als Qualitätssiegel, zur Imageaufbesserung und zum Aufwerten der Produkte für die Kommunikation an den Kunden verwendet wird. Die wirklichen Potenziale der Innovation werden mit diesem Ansatz nicht gehoben.

b) Innovation könnte wirklich in der DNA des Unternehmens verankert sein und sich in der Strategie, den Unternehmens-, aber auch Bereichs- und Abteilungszielen wiederfinden. Es gibt ein logisches System, wie die unterschiedlichen Zielhierarchien aufeinander abgestimmt sind, und die Innovation steht ganz klar im Auftrag der Strategie. Innovation wird in einem Portfolio auf übergreifender Ebene gesteuert, und es wird ein gesunder Ausgleich an radikalen und inkrementellen Innovationsinitiativen angestrebt.

Wer Innovationen als strategisches Instrument zur Wertschaffung und zur Differenzierung von Mitbewerbern nutzen möchte, braucht eine gute Verankerung von Innovation auf strategischer Ebene und viel mehr noch eine gute Ableitung der Innovationsvorgaben aus der Strategie. Dies erkennt man an folgenden Merkmalen:

• Innovationsprojekte haben einen klaren strategischen Auftrag, die Mitarbeiter wissen, welche strategische Lücke sie schließen bzw. welche Chancen am Markt damit genutzt werden sollen. Dieser Fokus stellt sicher, dass der Innovationsprozess immer einen Lösungskorridor hat und ein Abschweifen in für das Unternehmen nutzlose Bereiche verhindert wird.

• Innovation ist in der Strategie verankert, und die Mitarbeiter wissen, was mit Innovation im Unternehmen erreicht werden soll und welchen Erfolgsbeitrag Innovation leisten kann.

• Innovationen werden in einem Portfolio gesteuert, und es wird übergreifend diskutiert, wo Projekte positioniert sind, welche Ziele sie verfolgen und wie ein gesamter Ausgleich im Portfolio nach Risiko, Lebensdauer und Erträgen erreicht werden kann.

• Design und Gestaltungskompetenz werden in Strategieprozessen als wichtige Fähigkeiten und Methoden aus dem Design zur Formulierung von Unternehmens- und
Innovationsstrategien genutzt. Die Wichtigkeit von designorientierten Werten
wie Offenheit, Empathie, Feedback und Iteration, Exploration und Prototyping ist
bekannt.

**Angepasster Führungsansatz**

Wie innovativ eine gesamte Organisation letztlich handeln kann, hängt maßgeblich von
den Personen ab, die das Unternehmen steuern – den Führungskräften. Auch wenn einzelne Mitarbeiter oder eigeninitiative Teams bekannterweise die Triebfeder für herausragende Innovationen sind, so scheitern doch viele Ideen an rigiden und unflexiblen
Führungskräften, die das Potenzial der Idee nicht erkennen. Zum anderen ist natürlich in
vielen Unternehmen die Innovationskraft auf die herausragende Führungsleistung einzelner Personen zurückzuführen, die es schaffen, unzählige Mitarbeiter für neue Herausforderungen zu begeistern. So können Führungskräfte die Initiierung und Umsetzung auf
wesentliche Art und Weise prägen.

a) Führungskräfte könnten ihre Funktion hauptsächlich in der Steuerung und Kontrolle
vorhandener Aufgaben und Budgettöpfe sehen. Sie sind es gewohnt, Entscheidungen
zu treffen, die folglich von ihren Mitarbeitern zur Kenntnis genommen und umgesetzt
werden. Die Entscheidungsstruktur ist stark Top-Down-geprägt, und es gibt wenig
Möglichkeiten zur Einbringung von operativen Einheiten. Das Führungsbild ist traditionell geprägt, geführt wird durch klare Anweisungen und messbare Zielvorgaben. Ein
Abweichen von vordefinierten Zielen und Prozeduren ist nicht erwünscht und wird als
Nichterreichen von Vorgaben verstanden.
b) Bereichsverantwortliche könnten sich proaktiv mit der Entwicklung ihres Aufgabenbe-
reichs auseinandersetzen und strategische Leitlinien vorgeben, von denen sie überzeugt
sind, dass sie in Zukunft wichtig sind. Gemeinsam mit wesentlichen Experten in ihrem
Mitarbeiterkreis diskutieren sie ihre Ideen und reflektieren diese mit möglichst vielen
Mitarbeitern. Durch die Involvierung vieler Personen schaffen sie eine breite Akzeptanz für Innovationsinitiativen und ermuntern die Mitarbeiter, sich für die zukünftige
Entwicklung des Unternehmens verantwortlich zu fühlen. Sie nehmen Ideen von verschiedenen Mitarbeitern wertschätzend auf und geben konstruktives Feedback, auch
wenn die Idee für die unmittelbare Umsetzung ungeeignet ist. Sie verstehen sich in
ihrer Rolle als Mentor und sehen es in ihrer Verantwortung, das richtige Klima für neue
Entwicklungen zu schaffen.

Diese beiden Extrempunkte der Führungsansätze verdeutlichen, wie stark die eigene
Interpretation der Führungsrolle die Innovationsfähigkeit der Mitarbeiter betrifft. Welchen
Freiraum, welche Möglichkeit, sich selbst einzubringen, und welche Gestaltungsspiel-
räume Mitarbeiter haben, ist hochgradig vom Führungsstil der zuständigen Führungskraft

abhängig. In einer innovativen Organisation sind demnach folgende Charakteristika von Führungskräften häufig anzutreffen:

- **Commitment und Rückendeckung:** Innovation Leader zeichnen sich durch ein hohes Maß an Loyalität zu ihren Mitarbeitern aus. Wer Neues ausprobiert, macht dabei auch Fehler. Dafür braucht es Führungskräfte, die diese Lernprozesse unterstützen und Mitarbeiter bei einem Scheitern nicht gleich an den Pranger stellen.
- **Vorbild sein:** Am einfachsten ermutigt man seine Teams zu innovativen Höchstleistungen, indem man selbst als Innovator auftritt. Offenheit im Denken, Flexibilität im Handeln, das Sich-Einlassen auf neue Themen und Herausforderungen und das beherzte Entscheiden in schwierigen Entwicklungsphasen zeichnen einen Innovation Leader aus, der als Vorbild für seine Mitarbeiter auftritt.
- **Der Innovation Leader als Coach:** Innovationsprozesse sind auch von vielen Durststrecken geprägt, die schwierig zu bewältigen sind und oft auch die Betroffenen an ihre Grenzen bringen. In solchen Situationen ist es sehr hilfreich, wenn sich die Führungskraft als Coach versteht, der mit dem betroffenen Mitarbeiter die Situation reflektiert und mögliche Lösungswege bespricht.

**Richtige Anreizsysteme**

Wenn Mitarbeiter in ein neues Unternehmen eintreten, so sind sie zumeist hoch motiviert, voller origineller Ideen und Verbesserungsvorschläge. Dies liegt daran, dass sie mit neuen und interessanten Herausforderungen und Aufgaben betraut werden und als Neuling im Unternehmen sämtliche Abläufe, Prozesse und auch die angebotenen Produkte oder Dienstleistungen neu kennenlernen und hinterfragen. Gerade in dieser ersten Zeit – aber natürlich auch in den Folgejahren – liegt es am Unternehmen, diese Motivation und den Veränderungswillen der Mitarbeiter aufrechtzuerhalten. Denn die Entscheidungen und Maßnahmen des Unternehmens können die Motivation der Mitarbeiter entweder a) negativ beeinflussen und ersticken oder b) positiv beeinflussen und verstärken.

a) Werden die Vorschläge eines Mitarbeiters zwar als willkommen kommuniziert, bei Einbringen von neuen Ideen jedoch keine Maßnahmen getroffen, diese umzusetzen, und auch kein Feedback dazu gegeben, so wird der Mitarbeiter sich in Zukunft überlegen, ob ein Einbringen seiner Ideen überhaupt noch gewünscht ist. Genauso wird er sich dies überlegen, wenn er zwar gute Ideen einbringt, diese umgesetzt werden und sie einen Wert für das Unternehmen generieren, er selbst jedoch nie ein Lob oder eine Belohnung dafür bekommt.

b) Bringt ein Mitarbeiter einen neuen und nutzenstiftenden Vorschlag ein, der in kurzer Zeit evaluiert und zu dem schnell Feedback gegeben wird, so fühlt sich der Mitarbeiter ernst genommen und freut sich über die rasche Reaktion auf seine eingebrachte Idee. Wird diese in weiterer Folge umgesetzt und erfolgreich implementiert, so stellt dies ein Erfolgserlebnis für den Mitarbeiter dar, das ihn motiviert und veranlasst, in Zukunft noch weitere Ideen einzubringen. Bekommt der Mitarbeiter obendrein noch ein Lob von der Führungskraft und eventuell nach mehreren erfolgreich eingebrachten Ideen eine Belohnung in Form eines monetären Zuschusses, so wird sein Bestreben, immer originellere und bessere Vorschläge zu liefern, weiter verstärkt.

Diese Beispiele verdeutlichen, dass es in der Hand des Unternehmens und der Führungskraft liegt, ob die anfängliche Motivation eines Mitarbeiters, die Zukunft des Unternehmens mitzugestalten, verstärkt oder erstickt wird. Für ein langfristiges Aufrechterhalten der Motivation der Mitarbeiter gilt es:

- **Mitarbeiter und ihre Fähigkeiten wertzuschätzen:** Die Motivation der Mitarbeiter steigt, wenn sie wissen, dass sie einen wertvollen Beitrag zur Unternehmensleistung erbringen, und dies auch bemerkt wird. Ihre Fähigkeiten helfen dem Unternehmen dabei, sich weiterzuentwickeln und zu wachsen.
- **Ideen anzunehmen und Feedback dazu zu geben:** Ideen, die von den Mitarbeitern eingebracht werden, gilt es anzunehmen und darauf zu reagieren. Werden Vorschläge nicht einmal angenommen und verschwinden ohne jegliches Feedback im Nirgendwo, so signalisiert dies dem Mitarbeiter, dass seine eingebrachten Ideen keinen Wert für das Unternehmen darstellen. Das Bestätigen der erhaltenen Idee mit einem Feedback dazu ist daher von großer Wichtigkeit.
- **Geleistete Arbeiten zu evaluieren und zu honorieren:** Liefert ein Mitarbeiter beispielsweise in der Umsetzung seines Verbesserungsvorschlags eine exzellente Arbeit ab, die dem Unternehmen einen Wert bringt, so muss dies mit Lob honoriert werden und kann zusätzlich auch mit einer Prämie belohnt werden. Bei geleisteten Arbeiten, die eventuell nicht die erhofften Erfolge brachten, muss genauso reagiert werden. Diese müssen evaluiert und besprochen werden, um aus den gemachten Fehlern zu lernen und daraus wiederum Potenzial zur Verbesserung zu ziehen.

### 3. Markttrends und veränderte Bedürfnisse

**Trends aufspüren und erkennen**

Trends und Entwicklungen der globalen Umwelt müssen vom Unternehmen stets beobachtet und in Betracht gezogen werden, wenn es darum geht, erfolgreiche Innovationen zu entwickeln. Diese Veränderungen des externen Umfeldes beeinflussen grundlegende Entscheidungen im Innovationsprozess. Daher sind Informationen über diese Trends und Entwicklungen zu sammeln, zu verarbeiten und für das eigene Unternehmen in einen Nutzen zu verwandeln.

Dies kann auf unterschiedliche Arten passieren, nämlich a) eher oberflächlich als Analyse und Weitergabe der verarbeiteten Informationen und b) gründlicher als Analyse, Aufbereitung, Vermittlung und Verknüpfung wesentlicher Informationen und dem darauffolgenden Ableiten von wesentlichen Implikationen für das Unternehmen.

a) Das Unternehmen führt eine Recherche und Trendanalyse durch und entwickelt einen Report, der die wesentlichen globalen Entwicklungen aufzeigt und genauer beschreibt. Diese werden sorgfältig und strukturiert aufbereitet und sollten der weiteren Verwendung dienen. Die Reports werden gelesen und als interessant empfunden, jedoch danach wieder weggelegt und nicht weiter beachtet.

b) Es werden globale Trends vom Unternehmen identifiziert, die von Bedeutung für die Unternehmenszukunft sind. Eine Trendanalyse wird durchgeführt und wesentliche Erkenntnisse und Ergebnisse in einer Präsentation zusammengefasst. Diese wird bei einem unternehmensinternen Workshop abteilungsübergreifender Personen vorgestellt und es werden Implikationen für die unternehmerische Zukunft abgeleitet. Dabei werden die Informationen der Trendanalyse nicht nur an einzelne Personen im Unternehmen weitervermittelt, sondern durch eine Kombination mit bereits bestehendem unternehmensbezogenen Wissen verknüpft und transformiert.

Das Finden und Sammeln von Informationen, die von Revelanz für das Unternehmen oder die Innovation sein könnten, ist von geringem Nutzen. Wirklich nützlich werden diese Informationen erst, wenn sie die richtige Anwendung finden und eine Verknüpfung mit bereits bestehendem Wissen erfolgt. Um sich Informationen hinsichtlich Trends und Entwicklungen für das eigene Unternehmen zunutze zu machen, bedarf es …

- … **einer Trendanalyse:** Welche Trends sind von Bedeutung für das Unternehmen und wie äußern sich diese? Welche Entwicklungen machen den Trend aus und welchen Dynamiken unterliegt er?
- … **einer Verarbeitung der Informationen:** Wie können die gesammelten relevanten Informationen verständlich und strukturiert aufbereitet werden, um sie anderen Personen leicht zugänglich zu machen?
- … **einer Verknüpfung des neuen Wissens mit unternehmensinternem Wissen:** Welche Erkenntnisse ergeben sich aus der Verbindung des erarbeiteten neuen Wissens und dem unternehmensinternen bestehenden Wissen?
- … **einer Ableitung von Implikationen für das unternehmerische Handeln:** Welche Maßnahmen oder beeinflussenden Faktoren können aus dem neu generierten Wissen für das Unternehmen abgeleitet werden?

**Marktpotenziale nutzen**

Wir wissen längst, dass Unternehmen, die sich am Markt orientieren, erfolgreicher sind als andere. Deshalb verbringen Organisationen in der Regel viel Zeit damit, Daten vom Markt zu erheben, diese in Datenbanken einzuspeisen und zu versuchen, daraus Erkenntnisse für ihre zukünftige Unternehmensentwicklung abzuleiten. Momentan ist dieses Marktinformationsmanagement noch stark geprägt von Zahlen, Daten und Fakten, die entweder automatisiert über IT-Systeme erhoben werden oder von Vertriebs- und Außendienstmitarbeitern mühsam gewartet werden müssen. Unternehmen haben nun die Möglichkeit, ihr Marktinformationsmanagement auf zwei Arten zu gestalten:

a) Sie können die Mitarbeiter in erster Linie als Informationssammler und -aufbereiter ansehen und das gesamte Wissen in Datenbanken zusammentragen, bevor es dann von Datenanalysten analysiert, ausgewertet und aufbereitet werden kann. Die Motivation der Mitarbeiter, die nicht aktiv in diesen Prozess involviert sind, wird nicht allzu groß sein, und oft werden Daten nur fehlerhaft oder unzulänglich erhoben. Die Dateninterpretation kann sich nur auf quantitative Analysen stützen und kennt oft den Kontext der erhobenen Informationen nicht, was zu Fehlinterpretationen und falschen Schlüssen führen kann.

b) Die Mitarbeiter können aktiv in die Marktexploration eingebunden werden. Alle Mitarbeiter, die im Austausch mit den Markt stehen, sollten sich als Trendscouts verstehen, die neue Impulse und Veränderungen aufnehmen und ins Unternehmen weiterleiten. So ändert sich die Rolle vom Informationssammler zum Forscher, der stets offen für neue Ideen und interessante Änderungen ist. Wird das Potenzial der Mitarbeiter so ausgenutzt und das Bewusstsein für die Bedeutung dieser Informationen für die Innovationskraft des Unternehmens geschärft, so können daraus wichtige Erkenntnisse für die Unternehmensentwicklung gezogen werden. Die so gesammelten Informationen werden nicht zum Datenfriedhof, sie haben einen klaren Owner und können in einem laufenden Ideenaustausch den zuständigen Personen kurz präsentiert werden. So wird sichergestellt, dass wichtige Informationen nicht verloren gehen. Eine Reflexion kann unmittelbar im Meeting erfolgen. Wichtig ist, dass das Format kurz und ergebnisorientiert ist, um nicht zu viel Zeit zu beanspruchen. In vielen Fällen wäre es auch möglich, die Ideenweitergabe informell und über Zwiegespräche der Betroffenen zu organisieren.

Um die Ausschöpfung von Marktpotenzialen für die Organisation laufend sicherzustellen, braucht es folgendes Selbstverständnis aller Mitarbeiter, die mit der Außenwelt in Kontakt stehen:

- **Ausgeprägte Neugier und Interesse für Verbesserungen:** Mitarbeiter, die Marktimpulse aufnehmen, sollten einen Forschergeist besitzen, der sie in ihrem Handeln antreibt. Auf der Suche nach neuen Lösungen und Verbesserungen sollten sie ständig Augen und Ohren offenhalten und ihre Erkenntnisse an die zuständigen Personen im Unternehmen weitergeben.
- **Lösungs- statt Problemorientierung:** Marktpotenziale zu erkennen, braucht eine positive Grundeinstellung und den Willen, neue Lösungswege oder Chancen zu erkennen. Mitarbeiter, die dies bewerkstelligen, sehen in Veränderungen in ihrer Branche nicht gleich eine Bedrohung, die sie ängstlich werden lässt, sondern eine Möglichkeit, neue Wege zu gehen. Diese Haltung sollte in der Organisation gefördert und unterstützt werden.

**Kunden involvieren und begeistern**

Der Kunde und dessen tiefer liegende Bedürfnisse müssen den Fokus eines jeden Innovationsprozesses bilden, denn schlussendlich werden Innovationen von Menschen für Menschen gemacht. Diese Informationen müssen jedoch zuerst einmal gefunden werden, da sie zumeist versteckt und nicht sofort zu erkennen sind. Diverse Methoden im Design Thinking können dabei helfen, diese gemeinsam mit den Kunden zu entdecken.

Klassische Marktsegmentierung und Zielgruppendefinitionen, welche die zukünftigen Kunden oberflächlich beschreiben, reichen nicht mehr länger aus. Es bedarf ganzheitlicher Kundenprofile, die neben den verfügbaren expliziten Informationen auch die impliziten Bedürfnisinformationen genauer unter die Lupe nehmen.

Man stelle sich vor, ein Unternehmen befindet sich in einem Innovationsprozess und entwickelt ein neues Produkt für die Zielgruppe:

a) Es erfolgt eine Marktsegmentierung nach psychografischen, soziodemografischen und geografischen Kriterien, und es werden daraus Zielgruppen definiert, welche die potenziellen Kunden zusammenfassen. Außerdem wird eine quantitative Befragung per standardisiertem Fragebogen durchgeführt, um die Wünsche der zukünftigen Kunden zu erfassen und kennenzulernen. Diese Aspekte sollen in weiterer Folge bei der Produktentwicklung beachtet werden. Der Fokus liegt auf den Zielgruppen und deren expliziten Bedürfnisinformationen.

b) Eine Marktsegmentierung und Zielgruppendefinition werden durchgeführt, welche die Basis bilden für die weitere Entdeckung der einzelnen Individuen einer Zielgruppe mit ihren impliziten Bedürfnissen. Interviews und Beobachtungen erlauben es, zukünftige Kunden genauer kennenzulernen, ihr Verhalten zu beobachten und so versteckte Informationen zu bekommen, die oftmals den Kunden selbst nicht bewusst sind. Der Fokus liegt daher auf den einzelnen Individuen einer Zielgruppe und deren impliziten Bedürfnisinformationen.

Um Produkte oder Dienstleistungen zu entwickeln, welche die Bedürfnisse und Wünsche der zukünftigen Kunden erfüllen können, bedarf es eines tieferen Kundenverständnisses. Daher genügt es nicht, nur eine Marktsegmentierung und beispielsweise eine standardisierte Onlinebefragung durchzuführen, denn dies führt nur zum Sammeln von expliziten Informationen. Es müssen die wirklich wichtigen und für das Produkt oder die Dienstleistung ausschlaggebenden impliziten Informationen gesammelt werden und es ist ein ganzheitliches Kundenprofil zu erstellen.

Ganzheitliche Kundenprofile zu erstellen, das bedeutet …

- … **den Kunden zu beobachten:** Durch die Beobachtung von potenziellen Kunden im realen Umfeld werden Verhaltensweisen und getroffene Entscheidungen sichtbar, die durch Dokumentation und Zusammenführen aus anderen Beobachtungen zu wichtigen Erkenntnissen und dem Entdecken von impliziten Informationen führen. Genau diese impliziten Informationen sind notwendig, um das zukünftige Produkt oder die Dienstleistung so zu gestalten, dass wichtige Bedürfnisse der Kunden befriedigt werden.

- … **den Kunden zu befragen:** Durch das Hinterfragen von Verhaltensweisen bei Beobachtungen und das Führen von Gesprächen mit den Kunden können wesentliche zusätzliche Informationen gewonnen werden. Es kann immer weiter in die Tiefe gefragt und hinterfragt werden, sodass wichtige Erkenntnisse für den Innovationsprozess gesammelt werden können.

- … **mit dem Kunden Prototypen zu testen:** Durch das Testen von Prototypen mit den Kunden und das gleichzeitige Beobachten und Befragen dazu können einerseits weitere Erkenntnisse über deren Verhaltensweisen und Bedürfnisse und andererseits auch wertvolles Feedback zur entwickelten Lösung gewonnen werden.

## 4.  Innovationsdurchsetzung

**Operative Veränderungen meistern**
Die Einführung von Design Thinking im Unternehmen verlangt vielfach auch eine Abkehr von etablierten Innovationsprozessen und Handlungsmustern. Wer Innovationen nutzerorientiert und ergebnisoffen entwickeln möchte, braucht ein großes Maß an Empathie und den Willen, die beste Idee für ein Problem zu finden. Lösungswege sind dabei oft nicht linear und von vielen Iterationsschleifen geprägt, die ein Team und eine Organisation bereit sein müssen zu gehen. Unternehmen, die versuchen, neue Innovationsansätze einzuführen, haben dabei zwei Möglichkeiten.

a) Die Organisation kann vorerst ihre Handlungsmuster beibehalten und den neuen Ansatz mit bestehenden Personen, Strukturen und Zuständigkeiten einführen. Dies verlangt den involvierten Personen vorerst nicht viel ab, sie arbeiten in bekannten Teams und gewohnten Umgebungen. Es ändern sich lediglich der Prozess und die Methode, die eingesetzt werden. Dies klingt auf den ersten Blick sicher verlockend, weil keiner der Mitarbeiter persönlich von der neuen Methode betroffen und das wahrgenommene Ausmaß der Veränderung gering ist. Was aber dabei passiert, ist, dass Design Thinking nicht wirklich gelebt, sondern nur oberflächlich als Methode eingesetzt wird. Der Prozess tarnt sich dann äußerlich zwar als nutzerorientierter, iterativer und neuer Ansatz, die letztlichen Handlungsmuster sind jedoch die gleichen und das Ergebnis wird sich von dem vorheriger Innovationsprojekte nicht wirklich unterscheiden.

b) Es gibt auch die Möglichkeit, sich als Organisation ganzheitlich auf einen neuen Problemlösungsansatz einzulassen und auch bereit zu sein, von etablierten Denkhaltungen und Handlungsmustern abzuweichen. Corporate Design Thinking verändert in der Regel die Art der Problemformulierung, den Innovationsprozess, die Teamzusammenstellung, die Kommunikations- und Diskussionsweise, den Umgang mit Fehlern und unvorhergesehenen Entwicklungen, das Ausmaß der Kundeneinbindung, die Rechercheintensität und die Arbeitsweise, insbesondere die Aktivitäten in Prototypenbau und Visualisierung. Das Potenzial von Design Thinking kann nur dann ausgeschöpft werden, wenn gesamtheitlich reflektiert wird, wie man zu neuen, innovativen Ideen im Unternehmen gelangt.

Dafür braucht es eine kritische Anzahl von Mitarbeitern, die den neuen Ansatz und daraus folgende Verhaltensweisen in ihr Repertoire aufnimmt:

- **Diversität und Perspektivenvielfalt:** Innovationsprozesse leben von Unterschiedlich- keiten und Spannungsfeldern. Werden diese ständig vermieden, so werden viele inno- vative Lösungswege von Beginn an ausgeklammert.
- **Interesse am Problemverständnis statt an der schnellen Lösung:** In der Regel werden Innovationsprozesse viel zu schnell zur ersten, offensichtlichen Lösung getrie- ben. Ein gutes Problemverständnis und die Bereitschaft, viele Ideen für die Lösung des Problems zu entwickeln, sind essenziell für erfolgreiche Designprozesse.
- **Prototyping und Visualisierung:** Ideen gewinnen dann an Kommunikationskraft und Begeisterungsfähigkeit, wenn sie von vielen Personen innerhalb kürzester Zeit ver- standen werden können. Dafür braucht es eine schnelle Konkretisierung und eine Geschichte, die sie schlüssig argumentieren kann. Ohne Modelle und mitreißende Dar- stellungen wird dies nicht möglich sein.

### Organisationale Spannungsfelder überbrücken

Eine kritische Phase – wenn auch nicht die kritischste Phase – ist der Übergang vom Innovationsprozess in die bestehende Organisation. Hier prallen zwei verschiedene Berei- che aufeinander, die in der Regel wenig miteinander in Kontakt kommen und wenig gemeinsam haben. Dieser Übergang von der Innovationsentwicklung in die Innovations- implementierung wird häufig vernachlässigt und begründet auch oft das Scheitern von Innovation. Organisationen haben nun folgende Möglichkeiten, mit der Überleitung der Innovation in die Routineorganisation umzugehen:

a) Sie können die zuständigen Projektleiter mit der Aufgabe betrauen und sie damit alleine lassen. Der Erfolg eines Innovationsprojektes hängt dann davon ab, wie stark die Vernetzung und der Umsetzungswille dieses Projektleiters und seines Teams sind, die Innovation auch am Markt einzuführen. Die Auseinandersetzung mit anderen Abteilungen, die in die Umsetzung involviert sind, erfolgt ausschließ- lich durch das Projektteam. Diese Vorgehensweise führt in der Regel zu Konflikten, die durch unterschiedliche Zielsysteme bestehender und neuer Geschäftsbereiche begründet sind. Die Einführung einer Innovation stört für gewöhnlich den Regel- betrieb und führt dort zu Verzögerungen. Schwierigkeiten sind vorprogrammiert, oft entstehen daraus verhärtete Strukturen und Extrempositionen, die nur noch schwer zu beheben sind.
b) Das Topmanagement kann sich dafür einsetzen, dass die ausgewogene Gewichtung neuer und bestehender Aufgaben schon in der Strategieentwicklung diskutiert und

auch mit den zuständigen Bereichsleitern festgelegt wird. Die Innovationsdurchsetzung in der Organisation bleibt damit nicht das Implementierungsproblem eines einzelnen Projektleiters, sondern wird auf die strategische Agenda gesetzt. Auf der Ebene der Bereichsleiter sollte diskutiert werden, welches Verhältnis von neuen und bestehenden Aufgaben am besten zu bewerkstelligen ist bzw. in welcher Art und Weise die Innovationsimplementierung im Regelbetrieb am besten funktionieren kann – und wie dies auch schon langfristig zu organisieren ist. Die Kommunikation der zuständigen Personen mit der Unternehmensführung ist dabei stets aufrichtig, und alle sind daran interessiert, eine optimale Gesamtlösung zu finden. Persönliche Interessen und Einzelpositionen werden dabei in den Hintergrund gestellt, die Anreizsysteme und Zielsetzungen sorgen dafür, das der Konflikt nicht geschürt, sondern abgeschwächt wird.

Um einen konstruktiven Umgang mit der Einführung von Innovationen in der Organisation zu erreichen, braucht es folgende Haltungen im Unternehmen:

- **Innovationsdurchsetzung auf die strategische Agenda:** Die Balance zwischen bestehendem und neuem Geschäft ist eine Aufgabe, die vom Topmanagement diskutiert und auch verantwortet werden muss. Eine Vielzahl der Konflikte, die auf der operativen Ebene für gewöhnlich entstehen, kann so vermieden werden.
- **Professionelle Begleitung der Innovationsimplementierung:** Insbesondere bei der Einführung von radikalen Neuerungen braucht es ein begleitendes Change Management im Unternehmen. Rollenprofile werden geändert, neue Kompetenzen entwickelt und Strukturen und Prozesse neu definiert. Dies passiert nicht automatisch, sondern braucht einen gesteuerten organisationalen Lernprozess.
- **Wissenstransfer:** Innovationsdurchsetzung wird oft dadurch erleichtert, dass schon in früheren Phasen des Innovationsprozesses Aspekte berücksichtigt werden, die in der späteren Einführung schlagend werden. Durch gegenseitiges Verständnis der Aufgabenbereiche und einen frühen Austausch über die unterschiedlichen Anforderungen können spätere Probleme schon vorab vermieden werden.

Um einen umfassenden Innovationsansatz im Unternehmen zu etablieren und langfristig als Innovationsführer wahrgenommen zu werden, braucht es eine Menge von Aktivitäten und Veränderungen im Unternehmen. Dies mag auf den ersten Blick abschrecken und vermuten lassen, dass Innovationsführerschaft eine Mammutaufgabe ist – ist es auch! Aber die Entwicklung zum Innovationsführer passiert nicht kurzfristig, sie ist ein langfristiger Entwicklungsprozess, den man stetig verfolgt und in dem man sich Schritt für Schritt der optimalen Lösung annähert. Viele der beschriebenen Parameter werden in Unternehmen bereits vorhanden sein, andere müssen noch gezielt entwickelt werden.

Die Aussage, die wir mit dieser umfassenden Implementierungsagenda treffen möchten, ist folgende: Machen Sie sich auf den Weg und nutzen Sie das Innovationspotenzial ihres Unternehmens, aber lassen Sie sich dabei nicht zu einseitigen oder schnellen Lösungen verleiten. Innovation ist eine ganzheitliche Aufgabe, und man erkennt innovative Unternehmen daran, dass Innovation in ihrer DNA verankert ist. Dies zeigt sich nicht an losgelösten Innovationsprozessen, die in einzelnen Bereichen eingeführt wurden, sondern an einer integrierten Vorgehensweise und einer Haltung, die man überall im Unternehmen spüren kann. Von dieser kann eigentlich keiner ausgenommen werden, und sie betrifft in unterschiedlichem Ausmaß jeden Mitarbeiter. Die Reise zur innovativen Organisation kann dabei manchmal mühsam sein, aber sie lohnt sich auf jeden Fall! Ihr Erfolg wird es Ihnen zeigen.

## Literatur

Böhle, F. (2011). Management der Ungewissheit – ein blinder Fleck bei der Förderung von Innovationen. In J. Sabina, I. Isenhardt, F. Hees, und S. Trantow (Hrsg.), *Enabling innovation*: Berlin: Springer.

Brown, T. (2008). Design thinking. *Harvard Business Review, 86* (2008), Juni, 84–92.

Cooper, R., & Kleinschmidt, E. (1995). Benchmarking the firm's critical success factors in new product development. *Journal of Product Innovation Management, 12*(5), 374–391.

Cooper, R., & Kleinschmidt, E. (2007). Winning businesses in product development: The critical success factors. *Research Technology Management*. www.stage-gate.com. Zugegriffen: 14. Aug. 2016.

Dorst, K. (2003). The problem of design problems. In N. Cross & E. Edmonds (Hrsg.), *Expertise in design: Proceedings of the 6th design thinking research symposium* (S. 135–147). Sydney: University of Technology Sydney.

Edmondson, A. (2003). Framing for learning: Lessons in successful technology implementation. *California Management Review, 45*, Winter 2003, 34–54.

Frambach, R. (1993). An integrated model of organizational adoption and diffusion of innovations. *European Journal of Marketing, 27*(5), 22–41.

Garcia-Morales, V., Llorens-Montes, F., & Verdú-Jover, A. (2006). Antecedents and consequences of organizational innovation and organizational learning in entrepreneurship. *Industrial Management & Data Systems, 106*(1), 21–42.

Golder, P.N., Shacham, R., & Mitra, D. (2009). Innovations' origins: When, by whom and how are radical innovations developed? *Marketing Science, 28*(1), 166–179.

Govindarajan, V., & Trimble, C. (2005). *10 rules for strategic innovators: From ideas to execution*. Boston: Harvard University Press.

Govindarajan, V., & Trimble, C. (2010). *The other side of innovation: Solving the execution challenge*. Boston: Harvard Business Review Press.

Grots, A., & Pratschke, M. (2009). Design thinking – Kreativität als Methode. *Marketing Review St. Gallen, 26*(2), 18–23.

Hansen, M., & Birkinshaw, J. (2007). The innovation value chain. *Harvard Business Review, 85*(6), 121ff.

Humphreys, P., McAdam, R., & Leckey, J. (2005). Longitudinal evaluation of innovation implementation in SMEs. *European Journal of Innovation Management, 8*(3), 283–304.

Klein, K., & Knight, A. (2005). Innovation implementation: Overcoming the challenge. *Current Directions in Psychological Science, 14*(5), 243–246.

Klein, K., & Sorra, J. (1996). The challenge of innovation implementation. *Academy of Management Review, 21*(4), 1055–1080.

Lawson, B., & Samson, D. (2001). Developing innovation capability in organisations: A dynamic capabilities approach. *International Journal of Innovation Management, 5*(3), 377–400.

McAdam, R. (2005). A multi-level theory of innovation implementation: Normative evaluation, legitimisation and conflict. *European Journal of Innovation Management, 8*(3), 373–388.

O'Reilly, C., & Tushman, M. (2008). Ambitexterity as dynamic capability: Resolving the innovator's dilemma. *Research in Organizational Behaviour, 28*, 185–206.

Schneider, J., & Hall, J. (2011). Why most product launches fail. *Harvard Business Review, 4*(2011), 21–23.

Trantow, S., Hees, F., Jeschke. (2011). Die Fähigkeit zur Innovation: Einleitung in den Sammelband. In J. Sabina, I. Isenhardt, F. Hees, und S. Trantow (Hrsg.), *Enabling Innovation*: Berlin: Springer.

# Teil II

# Case Studies als Beispiel einer erfolgreichen Anwendung

Die umfassende Implementierung von Design Thinking im Sinne eines Corporate Design Thinking verlangt von Unternehmen mehr als den bloßen Einsatz des Ansatzes und das Anwenden von Design- Thinking-Methoden durch qualifizierte Design-Thinking-Coaches. Unternehmen, die aus der unternehmensweiten Umsetzung von Design Thinking einen wirklichen Nutzen ziehen möchten und sich in ihrem Umfeld als Innovationsführer und somit differenziert vom Wettbewerb positionieren wollen, brauchen Design-Thinking-Kompetenz in weiten Bereichen ihres Unternehmens verankert und müssen für die internen Voraussetzungen sorgen, die innovative Problemlösungen auch wirklich fördern und unterstützen. Darüber hinaus braucht es eine große Sensibilität für die Veränderungen im externen Umfeld des Unternehmens, ein Gespür für die Trends am Markt und die unterschiedlichen Nutzer- und Kundentypen.

Um die Herausforderungen, die bei der unternehmensweiten Anwendung und Verankerung von Design Thinking auf Entscheider und Anwender zukommen, sichtbar zu machen, werden in den folgenden Kapiteln dieses Buchs konkrete Anwendungsfälle von Corporate Design Thinking vorgestellt. Die fünf dargestellten Fälle, die jeweils von den Unternehmen selbst aus ihrer persönlichen Sicht eingebracht wurden, stammen aus unterschiedlichen Branchen und Ländern im deutschsprachigen Raum und haben jeweils auch unterschiedliche Verankerungen im Unternehmen. So wurden die Initiativen beispielsweise vom CEO selbst und aus der Strategieentwicklung heraus, aus dem Produktmanagement, der F&E, der IT oder dem Kundenmanagement getrieben. Die Komplexität bzw. die Ausweitung im Gesamtunternehmen ist ebenso unterschiedlich wie die Art und Weise, wie neue Initiativen methodisch, prozessural oder personenspezifisch ausgeprägt waren.

**Eines ist den Case Studies jedoch gemeinsam: Sie alle stellen umfassende und sehr individuelle Beispiele dar, wie Corporate Design Thinking in der Praxis gelebt und auch zum Erfolg gebracht werden kann (siehe hierzu auch die folgende Abbildung).**

## KEBA: Design Thinking umfassend implementiert
*Einblick in die praktische Anwendung im Produktmanagement*

## Teufelberger: Innovationen sind der Motor für den Erfolg von morgen
*Innovationsstrategie entwickeln und gemeinsam umsetzen*

## Deutsche Telekom: Design Thinking im Unternehmen verbreiten
*Der Design-Thinking-Virus: Ein Rezept für die Verbreitung des Design-Thinking-Ansatzes im Unternehmenskontext*

## Swisscom: Den Kunden ins Zentrum rücken
*Kundenorientierung mit dem Customer Centricity Score (CCScore) messen und verbessern*

## VPV Versicherungen: Design Thinking als Weg organisationsübergreifender Lernprozesse
*Design Thinking als neues Instrument in der Personalentwicklung*

| | KEBA | TEUFELBERGER | DT. TELEKOM | SWISSCOM | VPV |
|---|---|---|---|---|---|
| | Produktmgmt. | Unternehmensstrategie | Innovationsmgmt. | Kundenorientierung | HR |
| **KLASSISCHES DESIGN THINKING** | | | | | |
| Mindset | x | x | x | x | X |
| Prozess | x | x | x | | x |
| Methoden | x | x | x | | x |
| **MENSCHEN** | | | | | |
| Individuelle Fähigkeiten | | | x | | x |
| Teams | x | x | x | x | x |
| Kooperative Netzwerke | | x | | | |
| **ORGANISATION** | | | | | |
| Freiräume in etablierten Routinen | x | x | x | | |
| Arbeitsräume | x | | x | | |
| Innovationsfreundliche Kultur | x | x | x | | |
| Innovationsstrategie | x | x | | | |
| Angepasster Führungsansatz | x | x | | x | |
| Richtige Anreizsysteme | | x | | x | |
| **MARKTTRENDS und VERÄNDERTE BEDÜRFNISSE** | | | | | |
| Gespür für relevante Trends und Veränderungen | x | | | x | |
| Nutzung von Marktpotenzialen | x | x | | | |
| Co-Creation und Nutzerorientierung | x | x | x | x | |

# KEBA: Design Thinking umfassend implementiert

**6**

## Einblick in die praktische Anwendung im Produktmanagement

**Zusammenfassung**

Der folgende Case von Erich Pichler und Patricia Stark beschreibt, wie ein technologie- und produktorientiertes Unternehmen im Bereich der Bankautomation Design Thinking über den gesamten Entwicklungsprozess für ein neues Produktportfolio eingesetzt hat.

Auf der Suche nach zukünftigen Lösungen konnte dadurch schon von Beginn an der Nutzen für die Stakeholder in den Vordergrund gestellt werden. Die Innovationsphase hat nicht bei der Suche nach neuen Ideen, sondern mit dem Aufspüren von bestehenden Bedürfnissen der Stakeholder gestartet. Der Design-Thinking-Prozess wurde dabei iterativ durchlaufen und setzte auf bestehende Organisationsstrukturen und Entwicklungsprozesse auf. Es wurden frühzeitig Prototypen gebaut und diese immer wieder intern sowie mit externen Partnern und Kunden evaluiert. Dadurch konnten passende Lösungen als Kombination von Produkt, Services und Geschäftsmodell für das neue Produktportfolio im Bereich Bankautomation gefunden werden.

## 6.1 Das Unternehmen KEBA

Im Jahr 1968 in Linz gegründet ist KEBA heute ein international agierendes Unternehmen, das seinen Erfolg aus technologischen Innovationen, höchstem Qualitätsanspruch und der Dynamik und Begeisterungsfähigkeit seiner Mitarbeiter schöpft.

In den Geschäftsbereichen Industrieautomation, Bank- und Dienstleistungsautomation sowie Energie-automation arbeitet KEBA laufend an neuen Entwicklungen und Branchenlösungen mit dem Ziel, ihren Kunden nachhaltige Wettbewerbsvorteile zu verschaffen.

© Springer Fachmedien Wiesbaden GmbH 2017
D. Freudenthaler-Mayrhofer, T. Sposato, *Corporate Design Thinking*,
https://doi.org/10.1007/978-3-658-12980-4_6

Nicht der Nutzen alleine, sondern der einfache Zugang und die komfortable Benutzung rücken in den Vordergrund.

Die Mission lautet: „KEBA-Technologien helfen Menschen, ihre Lebens- und Arbeitswelt einfacher zu gestalten." Mit dem Anspruch „Easy to Use" orientieren sich die Produkte stets an den Bedürfnissen des Anwenders und schaffen dadurch die optimale Verbindung zur technischen Problemlösung.

Der Hauptsitz der KEBA-Gruppe ist in Linz/Österreich. Mit eigenen Niederlassungen ist KEBA von den USA über Europa bis nach Asien weltweit vertreten. Mehr Informationen zum Unternehmen unter: www.keba.com.

**Die Autoren**

**Erich Pichler** ist SOLUTION DESIGNER aus Leidenschaft. Neben seinen über 20 Jahren Praxiserfahrung als internationaler Projektmanager, Entwicklungsleiter, Produktmanager und Teamleiter im Bereich der Bankautomation hat er eine fundierte akademische Ausbildung als Diplom-Ingenieur der Telematik. Im dargestellten Projekt war Erich Pichler Projektbeauftragender und Leiter des Projektportfolios. Zusammen mit seinem interdisziplinären Team hat er innovative Lösungen für bislang unentdeckte Kundenprobleme entwickelt und erfolgreich in den Markt eingeführt. Dabei entstand ein reicher Erfahrungsschatz in der praxisrelevanten Anwendung von Innovationsmethoden und agilen Entwicklungs- und Produktmanagementansätzen. Gemeinsam mit Patricia Stark gründete er daher im Frühjahr 2016 SPLEND.

**Patricia Stark** liebt es, an innovativen Lösungskonzepten zu feilen. Sie arbeitet seit 2007 als Produktmanagerin an der Schnittstelle zwischen Markt und Technik und weiß deshalb genau, wie wichtig es ist, Stakeholder in den Entwicklungsprozess neuer Gesamtkonzepte zu involvieren. Im Rahmen ihrer Masterthesis im LIMAK-Studiengang „Creative Process Leadership" untersuchte sie die Herausforderungen eines produktorientierten Unternehmens, innovative Dienstleistungen zu generieren. Im beschriebenen Projekt war Patricia Stark nicht nur Managerin des Kreativprozesses in der Innovationsphase, sondern auch Projektleiterin und Produktmanagerin für den Bereich Dienstleistungen. Als kreative Lösungsinnovatorin gründete sie 2016 gemeinsam mit Erich Pichler SPLEND.

## 6.2   Ausgangslage

KEBA ist vor mehr als 20 Jahren als mittelständisches Unternehmen in den Markt der Geldautomaten eingestiegen. Die wesentliche Differenzierung zu anderen Herstellern wurde durch die Automatisierung neuer Funktionen erreicht. KEBA war damit unter den ersten

Herstellern, die Geräte zur Bündelgeldeinzahlung, zur Sparbuchverarbeitung, zum geschlossenen Geldkreislauf – auch Cashrecycling genannt – und zum Scannen von Zahlbelegen angeboten haben. Der wesentliche Unterschied von Cash-Recyclingautomaten, kurz auch Cashrecycler bezeichnet, zu normalen Geldautomaten besteht darin, dass beim Cashrecycler Geld ein- und ausbezahlt werden kann. Die einbezahlten Banknoten werden auf Echtheit und andere Kriterien überprüft, abgelegt und stehen dem Automaten dann wieder für die Auszahlung an den nächsten Kunden zur Verfügung. Die Wirtschaftlichkeit der Cashrecycler ist einer der wesentlichen Gründe, warum Banken in diese Systeme investieren (siehe Abb. 6.1).

Über die Jahre hat KEBA das Geschäft kontinuierlich ausgebaut und mehrere Generationen an Produktlinien entwickelt. Die heutige Produktpalette besteht aus Cashrecycler, Kontoservice-Terminals sowie zugehöriger Software und After-Sales-Dienstleistungen. Die Produktlinien werden alle im Stammhaus in Linz, Österreich, entwickelt und produziert. Nur für den chinesischen Markt wird bei dem Joint Venture CBPM-KEBA in Peking, China, produziert. Das Produktmanagement und die Entwicklung sind zentral in Linz angesiedelt.

## 6.3   Zentrale Herausforderungen

Als der Zeitpunkt für die Entwicklung eines neuen Produktportfolios gekommen war, war KEBA- Bankautomation mit drei zentralen Herausforderungen konfrontiert:

1. **Sich in einem zunehmend umkämpften Markt als Spezialist behaupten**
   Das strategische Interesse der Mitbewerber für Cashrecycler war in den Anfangsjahren gering. Den Hauptteil ihres Geschäfts machten sie mit klassischen Geldautomaten und damit verbundenen Services. Das ließ Raum für KEBA, sich hier durch eine klare Positionierung als Spezialist im Bereich des Cashrecycling zu behaupten. Im Laufe der Jahre ist es zu einer Marktkonzentration der Hersteller gekommen, sodass in den KEBA-Märkten nur noch zwei bis drei dominante Hersteller von Geldautomaten übrig blieben.
   Der klassische Geldautomat wird nun zunehmend von Cashrecyclern verdrängt. Mittlerweile haben alle Hersteller entsprechende Automaten im Portfolio und auch ein entsprechendes strategisches Interesse an dieser Produktgruppe. Durch diesen Trend drängen nun vermehrt neue Mitbewerber aus Asien auf den Markt und versuchen in Europa direkt oder mithilfe von Partnern Fuß zu fassen.
2. **Positionierung über rein technologische Innovationen zunehmend schwieriger – Neupositionierung notwendig**
   Die bisher erfolgreiche Strategie, sich als Technologieführer und durch Automatisierung neuer Banktransaktionen zu differenzieren, wird zunehmend schwieriger. Vieles ist heute schon automatisiert. Die angebotenen Produktlinien einzelner Hersteller unterscheiden sich in vielen Bereichen nur noch in der Qualität und im Preis.

**Abb. 6.1** KEBA-Cashreycler
„KePlus R6" (Quelle: KEBA
AG)

3. **Vom Automatenhersteller zum Lösungsanbieter – Organisation auf die neuen Anforderungen einstellen**

Die Entwicklung von neuen Produkten war bisher eine der Kernkompetenzen des Unternehmens. Die internen Prozesse waren dafür optimiert und die Organisation darauf ausgerichtet. Nun aber galt es vermehrt, nach neuen Lösungsangeboten in den Bereichen Software, Dienstleistungen und Prozessen zu suchen. Der klassische sequenzielle Entwicklungsprozess bot hier jedoch zu wenige Freiräume. Neue Methoden mussten angewendet werden, um iterativ neue Lösungen zu entwickeln.

## 6.4    Zielsetzung und Beschreibung der Innovationsaktivitäten

Ziel war es, die Wettbewerbsfähigkeit durch Innovationen zu stärken, um die Kunden nachhaltig zu begeistern und für KEBA zu gewinnen. Ein wesentlicher Aspekt war, dass die Bühne nun nicht mehr zum großen Teil den technischen Spezifikationen gehörte, sondern auch begeisterte User und motivierte Mitarbeiter im Rampenlicht stehen sollten.

**Paradigmenwechsel: Statt von der Idee zum Produkt – von Bedürfnissen zur Lösung**
Es galt zuerst neue Innovationsfelder im Bereich der Bankautomation zu finden. Die KEBA- Bankautomation machte sich auf den Weg, die Bedürfnisse der Kunden tiefer zu verstehen, um Innovationen in den Bereichen Produkt, Services, Prozesse und Geschäftsmodell zu entdecken. Es wurde bewusst die Entscheidung getroffen, dabei auch neue Wege zu gehen. Die interne Innovationskultur sollte gestärkt und neues Wissen generiert werden. Leane und agile Vorgehensweisen über den gesamten Entwicklungsprozess sollten dabei unterstützen, schnelles Feedback von Kunden und Anwendern zu bekommen. Neben all der Neugierde, Neues zu versuchen, war es aber ebenso essenziell, auf die bestehenden und bewährten KEBA-Prozesse zu bauen, diese wo nötig zu adaptieren und in den neuen Prozess zu integrieren.

**Innovationskultur**
Es sollten möglichst viele Personen auf die Reise mitgenommen und aktiv involviert werden. Daher wurden zu Beginn Prinzipien festgelegt, an denen sich alle Kollegen orientieren konnten (siehe Tab. 6.1).

## 6.5    Mit Design Thinking zu neuen Lösungen

Das Ziel der Innovationsinitiative war es, ein neues Lösungsportfolio zu entwickeln, das optimalen Kundennutzen bietet. Nur an ein neues und verbessertes Produkt zu denken, genügte nicht. Der klassische Produktentwicklungsprozess war hier nicht mehr ausreichend. Er musste um die passenden Methoden und Werkzeuge aus den Bereichen Design Thinking, Service Design und Business Model Innovation erweitert werden.

**Vorgehensweise**
Der bisherige, klassische Produktentwicklungsprozess beinhaltete, vereinfacht dargestellt, ein Analyse- und ein Entwicklungsprojekt (siehe Abb. 6.2).

**Tab. 6.1** Innovationsprinzipien (Quelle: eigene Darstellung)

| User Centric | Kunden und Stakeholder stehen im Mittelpunkt |
|---|---|
| Open | Aktive Einbindung von Mitarbeitern aus anderen Unternehmensbereichen, Kunden, Partner, X-Industrie und Forschungseinrichtungen |
| Zoom In – Zoom Out | Auf jedes Detail Wert legen, aber dabei das Gesamtbild nie aus den Augen verlieren |
| Make it Visible and Tangible | Ideen und Lösungen schnell anschaulich darstellbar, erfassbar und im wahrsten Sinne des Wortes begreifbar machen |
| Co-Creation | Lösungen gemeinsam mit ausgesuchten Kunden und Stakeholdern gestalten |
| Shared Vision | Gemeinsam eine Vision für die Lösung entwickeln und diese aktiv teilen und zielstrebig verfolgen |

[Quelle: eigene Darstellung]

Um neue Methoden und Ansätze aus den Bereichen Design Thinking anwenden zu können, wurde ein Phasenmodell eingeführt (siehe Abb. 6.3). Der standardisierte KEBA-Entwicklungsprozess diente als Basis für das Phasenmodell. Er wurde erweitert, um einer vorangestellten Innovationsphase, der Exploration und Ideation, genügend „Raum" zu geben. Das anschließende klassische Analyseprojekt wurde um den Designaspekt erweitert. Dies ermöglichte es frühzeitig, einzelne Produktmerkmale, Services und Prozesse als Prototyp gestalten zu können. Das eigentliche Entwicklungsprojekt, bei dem bislang das Produkt im Vordergrund stand, wurde um die Bereiche Dienstleistungen und Prozesse ergänzt. Neu im Phasenmodell war auch, dass das Markteinführungsprojekt wesentlich früher gestartet wurde, um Feedback vom Markt bezüglich der Konzepte iterativ in die Entwicklung einfließen lassen zu können.

## 6.5.1   Exploration

In der Exploration ging es darum, Bedürfnisse der Stakeholder aufzuspüren, zu verdichten und ein besseres Verständnis dafür zu bekommen. Das war einer der ersten Schritte auf dem neuen Pfad, sich bewusst und umfassend mit Bedürfnissen auseinanderzusetzen und nicht gleich mit der Ideengenerierung zu starten. Nur so konnten die Bedürfnisse

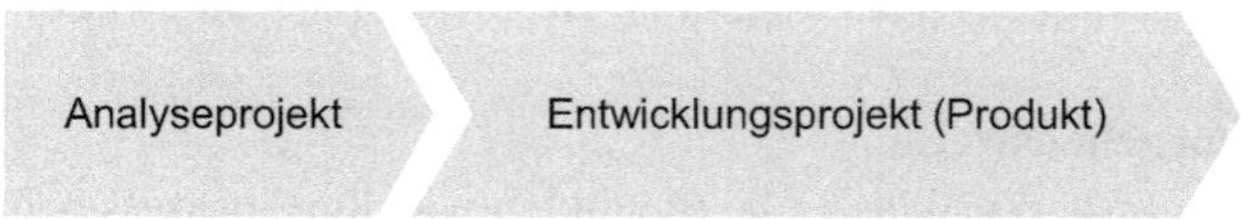

**Abb. 6.2** Bestehender Entwicklungsprozess (Quelle: KEBA AG)

Analyseprojekt                Entwicklungsprojekt (Produkt)

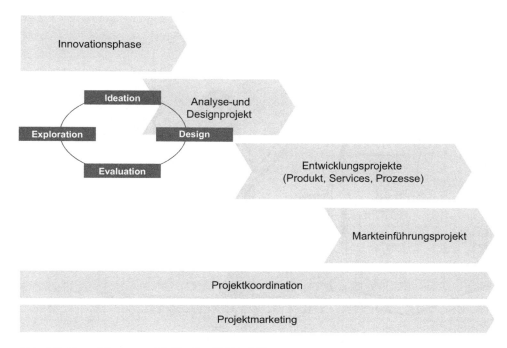

**Abb. 6.3** Neues Phasenmodell (Quelle: KEBA AG)

der Kunden und Stakeholder bestmöglich verstanden werden. Wichtig war, nicht nur die Kundensicht, sondern auch die Prozess- bzw. Lebenszyklussicht zu betrachten. Welche konkreten Probleme existieren in der Beschaffung, in der Fertigung, im Vertrieb, bei der Inbetriebnahme, der Instandhaltung und der Entsorgung? Wie sehen die aktuellen Prozesse aus? Wie funktioniert das eigene Geschäftsmodell?

Die Exploration war auch der Startschuss des gesamten Innovationsvorhabens für das neue Lösungsportfolio. Zu Beginn wurde das Prinzip „Open" angewendet. Viele Personen und unterschiedliche Unternehmensbereiche wurden beteiligt, um einen Drive und auch Awareness für das Vorhaben zu erzeugen. Die Herausforderung bestand aber darin, eine Gruppe von fast 100 Personen effektiv und auch direkt in diesen Prozess zu involvieren. Intern wurde eine Kampagne gestartet, die alle Kollegen aufrief, Kundenanforderungen, Probleme oder erste Lösungsansätze in den Bereichen Hardware, Software, aber vor allem auch Dienstleistung oder Prozess zu dokumentieren. Diese Kampagne wurde im KEBA-internen Wikipedia realisiert und setzte für interne Kollegen ein erstes Zeichen, dass ihre Mitarbeit und Anregungen erwünscht und willkommen sind. Ein wesentlicher Teil dieser Phase waren auch zahlreiche Interviews, Beobachtungen und Workshops. Immer mit dem Ziel, ein besseres Verständnis für Probleme und Bedürfnisse zu erhalten.

**Abb. 6.4** Bankbetreuerin ruft Servicetechniker (Quelle: KEBA AG)

**Problemfeld Bedienung des Automaten**

Die Exploration brachte unerwartet viele neue Erkenntnisse über die Stakeholder, aber auch über die internen Prozesse und Bedürfnisse. Ein Problemfeld, das sich zum Beispiel dabei herauskristallisiert hat, war die Bedienung des Automaten. Endkunden klagten darüber, sich bei der Bedienung nicht zurechtzufinden oder dass Beschriftungen schlecht lesbar sind. Besonders ältere Personen fühlten sich dadurch unsicher. Auf der anderen Seite wurden Bankbetreuer von ihren Beratungsaktivitäten abgehalten, wenn sie im Foyer Endkunden bei der Bedienung der Automaten unterstützten. Servicetechniker wiederum hatten Serviceeinsätze aufgrund von Fehlbedienungen durch Endkunden, die zum Beispiel ihre Bankkarten gewaltsam in die Belegausgabe gesteckt hatten (siehe Abb. 6.4).

## 6.5.2   Ideation

Basierend auf dem Wissen über die Problemfelder und Bedürfnisse galt es nun, möglichst viele Ideen zu generieren. An dieser Stelle wurden zahlreiche Workshops an unterschiedlichen Orten durchgeführt. Die zu bearbeitenden Fragestellungen wurden an die Teilnehmer der jeweiligen Unternehmensbereiche angepasst und mit unterschiedlichen Kreativmethoden bearbeitet. Ziel war es, möglichst umfassend die Felder Produkte, Services, Prozesse und Businessmodell abzudecken.

In dieser Phase waren alle Ideen willkommen. Die Teams und Workshopformate wurden bewusst zusammengestellt. Ausgewählte Kundenvertreter konnten über Geschäftsmodelle der Zukunft und allgemeine Trends diskutierten und daraus Ideen entwickeln. Lead User und Vertreter aus anderen Industrien (X-Industrie) erarbeiteten Ideen für aktuelle Problemstellungen und technische Konzeptideen. Heterogene interne Teams aus unterschiedlichen Abteilungen und Hierarchien hinterfragten bestehende Prozesse und Methoden, um neue Lösungsideen zu generieren

In dieser Phase wurde auch bewusst versucht, aus bestehenden Mustern auszubrechen: Workshops wurden in modernen interaktiven Ideenwerkstätten durchgeführt, neue Werkzeuge und Methoden verwendet und Teams heterogen zusammengestellt. Von Anfang an wurde möglichst viel visualisiert – und es wurden erste Prototypen gestaltet. Abb. 6.5 zeigt einen Ideenworkshop mit einem interaktiven Whiteboard. Hier wurde in einem interdisziplinären Team aus unterschiedlichsten Abteilungen an ersten Konzeptideen gearbeitet. In Summe waren in der Ideationsphase mehr als 100 Personen involviert. Beinahe 1000 relevante Ideen warteten nun darauf, verdichtet und weiterbearbeitet zu werden.

**Personas**

Ein wesentliches Ergebnis aus der Explorationsphase war das Wissen über die unterschiedlichsten externen Stakeholder, die im Laufe des Lebenszyklus mit dem Produkt interagieren. Um in den nächsten Phasen möglichst konkrete Lösungen für die Bedürfnisse zu erarbeiten, wurde eine Reihe von Personas entwickelt. Diese wurden

**Abb. 6.5** Interaktive Ideenwerkstatt (Quelle: KEBA AG)

**Abb. 6.6** Persona Sabine Moser (Quelle: KEBA AG)

visualisiert, bekamen User Stories und wurden später kontinuierlich in allen Phasen eingesetzt.

Eine der Personas ist Sabine Moser, eine 75-jährige Dame, mit Lesebrille und manchmal von der Gicht geplagt. Für Frau Moser es zum Beispiel besonders wichtig, dass der Automat einfach und komfortabel zu bedienen ist, ansonsten geht sie lieber zum Schalter und wartet, bis sie an der Reihe ist. Frau Moser hebt zwei- bis dreimal die Woche Geld am Automaten ab. Besonders wenn die Gichtanfälle schlimmer werden, hat sie Schwierigkeiten, die Karte wieder aus dem Automaten zu ziehen. Auch wenn sie die Lesebrille trägt, findet sie sich manchmal schlecht zurecht und wird schnell nervös, wenn sich hinter ihr eine Schlange bildet (siehe Abb. 6.6).

### 6.5.3 Design

Im nächsten Schritt mussten die vielfältigen Ideen und Konzepte verdichtet und ein stimmiges Gesamtkonzept entwickeln werden. Design, also Gestalten, war jetzt angesagt. Aber welche Ideen sollten berücksichtigt werden? Die Erkenntnisse aus den Phasen Exploration und Ideation halfen dabei. Auch die Unternehmensmission: „KEBA-Technologien helfen Menschen, ihre Lebens- und Arbeitswelt einfacher zu gestalten" unterstützte in diesem Entscheidungsprozess. So wurden sukzessive alle Funktionen, Dienstleistungen, Interaktionen etc. bewertet, und es wurde klar, welche Ideen relevant waren und welche vorläufig zurückgestellt oder verworfen werden mussten.

Im Sinne von „Make it Visible and Tangible" sollte es hier jedoch nicht mit einer Konzeptidee und einem davon abgeleiteten Anforderungsprofil enden. Es galt, die Konzepte mithilfe von ersten Prototypen erlebbar und auch evaluierbar zu machen. Daher wurden unterschiedliche Modelle mithilfe von ersten Low-Fidelity Mock-Ups aufgebaut. Die Interaktion mit den Automaten wurde mithilfe von selbst erstellten Videoprototypen visualisiert. Es entstanden in dieser Phase physische Prototypen für die Automaten, Prototypen in Form von Storyboards für ergänzende Dienstleistungen und die dazugehörigen Business- modelle.

In der Vergangenheit wurden Prototypen erst zu einem wesentlich späteren Zeitpunkt im Projekt gebaut, um vor allem verschiedene technische Konzepte zu überprüfen.

Ziel war es diesmal, möglichst viele Use Cases mithilfe der Protoypen abzubilden, um damit in einem nächsten Schritt den Nutzen für die Stakeholder zu evaluieren.

---

**Prototypen und Personas**

Um die Bedienung der Automaten in einem frühen Stadium zu evaluieren, wurde beispielsweise als Anwendung eine Power-Point-Präsentation eingesetzt. Zahlreiche Use Cases an den Prototypen wurden dann zuerst vom internen Team durchgeführt. Dabei schlüpften die Teammitglieder bewusst in die Rolle der Personas. Um die Persona Frau Moser den Prototypen testen zu lassen, bediente sich das Team einiger Hilfsmittel. So wurde eine Brille verwendet, die Kurzsichtigkeit vortäuscht, oder auch ein „Altershandschuh", der die Gicht simuliert.

Hier wurden wertvolle Erkenntnisse gesammelt, die ganz konkret in der nächsten Iteration wieder umgesetzt werden konnten. Sabine Moser konnte zum Beispiel kaum erkennen, wo die Karte eingesteckt werden muss. Zusätzlich war ihre Karte schwer greifbar beim Entnehmen (siehe Abb. 6.7).

## 6.5.4   Evaluation

- Hielten die erarbeiteten Konzepte auch den ersten Kunden- und Stakeholder-Tests stand?
- Wurde der gewünschte Nutzen generiert und passte die Positionierung?
- Ließ sich davon ein Erfolg versprechendes Businessmodell ableiten?

Diese Fragen wurden in dieser Phase durch gezielte und klar strukturierte Tests mithilfe der Prototypen weiter evaluiert. Es mussten Anwendungsszenarien beschrieben sowie passende Kunden und User ausgewählt werden. Als User fungierten sowohl externe als auch eine

**Abb. 6.7** Frau Moser bei der Bedienung des Automaten (Quelle: KEBA AG)

Vielzahl von internen Testpersonen. Durch die Einbeziehung der Kunden konnte in dieser Phase bereits evaluiert werden, in- wieweit die Nutzenargumentation schlüssig und nachvollziehbar war. Eine Herausforderung bestand einerseits darin, den Kunden möglichst viel vorzustellen, um wertvolles Feedback zu bekommen, andererseits ihnen auch bewusst zu machen, dass es eine sehr frühe Phase in der Entwicklung ist und zahlreiche Konzepte noch nicht ausgereift sind. Durch das Öffnen hin zum Kunden konnten in dieser Phase jedoch wertvolle Erkenntnisse gewonnen werden, die ansonsten im klassischen Prozess erst bei der Markteinführung entstanden wären. Die Aspekte der technischen und wirtschaftlichen Machbarkeit wurden ebenfalls bewertet, jedoch in dieser Phase noch bewusst an die zweite Stelle gesetzt, um nicht vielversprechende Konzepte frühzeitig zu verwerfen.

---

**Usability Tests und Wizard of Oz**

Um ein neues Interaktionskonzept zu testen, wurden 17 Testpersonen zu KEBA eingeladen. Zwei Prototypen wurden in einem bankähnlichen Setting aufgebaut. Da die Prototypen aber zu diesem Zeitpunkt noch nicht voll funktionsfähig waren, wurde die Methode Wizard of Oz angewendet. Ein Kollege saß dabei im Inneren des Automaten und simulierte alle Funktionen, wie zum Bespiel das Einziehen und Ausgeben der Karte oder auch die Geldauszahlung.

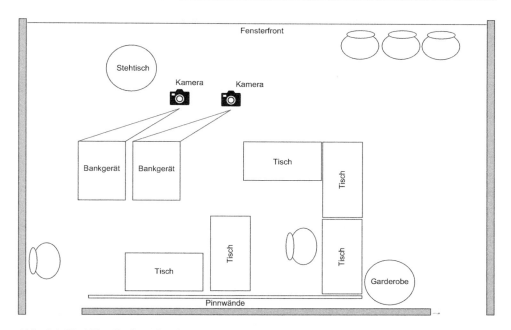

**Abb. 6.8** Usability Setting (Quelle: KEBA AG)

Die Testpersonen mussten verschiedene Use Cases an den Prototypen durchführen. Eine Aufgabenstellung lautete zum Beispiel: „Sie sind auf dem Weg zum Supermarkt und bemerken, dass Sie wenig Bargeld dabei haben. Sie befinden sich in der Nähe eines Ihnen bekannten Geldinstitutes und entscheiden sich, dort noch Geld abzuheben. Bitte beheben Sie 100 Euro vom Geldautomaten ab." Die Auswertung der Tests konnte dann wiederum an die Entwicklung zurückgegeben werden (siehe Abb. 6.8).

## 6.5.5   Iteration

Die Phasen Ideation, Exploration, Design und Evaluation lassen sich nicht immer klar voneinander trennen, und speziell in dieser Innovationsphase war ein rein sequenzielles Vorgehen nicht zielführend. Im Gegenteil, es war besonders wichtig, schnell auf die Erkenntnisse zu reagieren und iterativ zu arbeiten. Immer wieder entstanden neue Ideen und alte mussten aufgegeben werden. Wesentlich war es daher, die Ideen immer wieder aufs Neue zu evaluieren (siehe Abb. 6.9).

▶   Es war essenziell, dass die Vorgehensweise nicht an einen strengen Plan gebunden war, sondern durch den aufgesetzten Design-Thinking-Prozess flexibel und agil vorgegangen werden konnte.

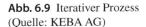

**Abb. 6.9** Iterativer Prozess
(Quelle: KEBA AG)

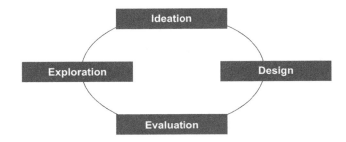

### 6.5.6   Realization

Jetzt galt es, aus den Prototypen Produkte und Services zu entwickeln. Im Gegensatz zu den vorangegangenen Phasen waren große Anforderungsänderungen unerwünscht – und die Entwicklung sollte reibungsfrei, entsprechend den vorgesehenen Entwicklungsprozessen, ablaufen.

Besonders hilfreich war hier, dass dem Entwicklungsteam für die Umsetzung bereits evaluierte Prototypen zur Verfügung standen. Diese unterstützten das Anforderungsprofil und machten dieses angreifbarer. Da die Entwickler von Anfang an in den Innovationsprozess eingebunden waren, konnten die Positionierung sowie die Kundenargumentation von Beginn an nachvollzogen werden.

Im Sinne des Prinzips „Zoom In – Zoom Out" galt es, in diesem Prozess bei jeder technischen oder kommerziellen Detailentscheidung immer das Gesamtbild im Blick zu haben. Unterstützt die Lösung die gesamte Positionierung? Generiert sie den geplanten Nutzen der Stakeholder?

---

**Personas adoptieren**

In dieser Phase wurden bei Meilensteinen beispielsweise Kunden explizit als Feedbackgeber eingeladen. Aber auch die Personas, mit denen in der Innovationsphase gearbeitet wurde, sollten nicht in Vergessenheit geraten. Dazu wurden die Personas von den Teammitgliedern des Entwicklungsteams „adoptiert". Jedes Teammitglied übernahm für eine Persona die Patenschaft und war damit dafür zuständig, deren Interesse im Projekt zu vertreten. Ziel war es, vermehrt auf die Bedürfnisse der einzelnen Personas einzugehen und zu verifizieren, ob diese erfüllt werden. Weiterführend wurden dann zum Beispiel auch Elternnachmittage veranstaltet, an denen die Konzepte im Namen der Personas überprüft wurden.

Zum Beispiel wurde der Prototyp aus Sicht der Persona Frau Moser mit einer Empathy Map bewertet. Dazu bewertete der Pate, welche Funktionen Frau Moser am Automaten erkennt. Wie fühlt sie sich bei der Bedienung des Automaten? Womit hat sie

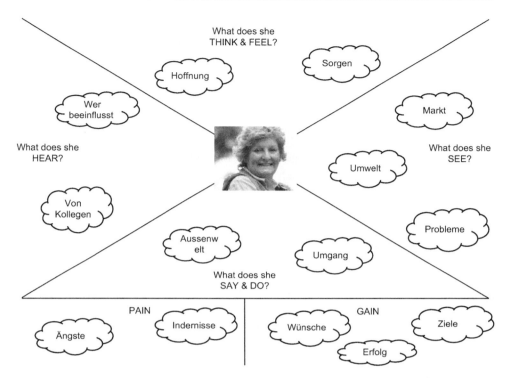

**Abb. 6.10** Empathy Map Persona Sabine Moser beim Elternnachmittag (Quelle: KEBA AG)

noch Schwierigkeiten? Durch diesen Perspektivenwechsel erlebten die Teammitglieder selbst unmittelbar, wie sie mit ihren Lösungen zur verbesserten Nutzbarkeit beitragen konnten und wo noch Änderungsbedarf bestand (siehe Abb. 6.10).

### 6.5.7   Market Launch

Das Produkt ist fertig entwickelt, die Markteinführung kann gestartet werden. Dieser klassische Ansatz galt nicht mehr. Durch die Einbindung von ausgesuchten Kunden während der Innovationsphase musste mit der Markteinführung bei diesen Kunden schon Schritt für Schritt begonnen werden. Die Kunden wollten bereits die passenden Verkaufsargumente hören, das Lösungsportfolio vorgestellt bekommen und die Einbindung in ihre Prozesse beschrieben haben. Damit wurden die ersten Produktpräsentationen weit vor dem Realisierungsbeginn erstellt. Für die klassische Market-Launch-Phase war damit viel Vorarbeit geleistet.

Durch die Involvierung eines großen Teams aus Produktmanagement, Vertrieb und Kundendienst im gesamten Prozess und durch die frühzeitig entstandenen Referenzen der ausgewählten Kunden ist der Vertrieb nun wesentlich umfassender als in der Vergangenheit dafür gerüstet, das neue Lösungsportfolio zu vermarkten.

## 6.6    Resultate

Mit großem Trommelwirbel und lautem „Tataa!" sollte nun das neue, innovative Lösungsportfolio vorgestellt werden (siehe Abb. 6.11). Da die Veröffentlichung des Cases aber vor dem offiziellen Market Launch liegt, an dieser Stelle die Einladung, das Portfolio im Internet (www.keba.com) zu besuchen.

## 6.7    Erfolgsfaktoren

Ein wesentlicher Erfolgsfaktor war es, möglichst viele Personen auf die kreative Reise mitzunehmen. Anhand der zu Beginn definierten Prinzipien wurden die für das Gesamtvorhaben besonders wertvollen Punkte analysiert.

**Abb. 6.11**  Der Nutzer im Fokus (Quelle: KEBA AG)

**User Centric**

- Fragestellungen und Horizont jeweils an Gruppe angepasst und aufeinander aufbauend
- Keine Kompromisse bei UX aufgrund technischer Beschränkungen
- Methoden an Gegebenheiten anpassen (z. B. Personas adoptieren)

**Open**

- Für interne Ideengeber den Status der Ideen festhalten, um open zu sein und den Fortschritt transparent zu halten
- Prozess und Rückmeldung zu den Ideen zeitnah auch gegenüber Kunden kommunizieren

**Zoom In – Zoom Out**

- Techniker in Feedbackrunden mit Kunden involvieren (Zoom Out)
- Kunden technische Konzepte testen lassen (Zoom In)
- Positionierung als Gesamtbild und Detaillösungen und einzelne Services immer wieder daran messen

**Make it Visible and Tangible**

- Low Hanging Fruits – schnelle Umsetzung und Protoypen
- Kundenfeedback in der Testphase, um „radikalere Ansätze" leichter gegenüber Vertrieb und Management zu argumentieren
- Ein eigener Projektraum

**Shared Vision**

- Prinzipien festlegen, um Orientierung zu geben
- Einbindung von externen Entwicklungspartnern in die Prozesse -> Shared Vision
- Positionierung frühzeitig festlegen und austesten
- Support vom Management

**Co-Creation**

- Einbinden von einem möglichst großen Kreis in den Prozess und Sichtbarmachen
- Kunden werden zu Verbündeten
- Ambiente der Ideenworkshops, um Kreativität zu fördern
- Gemeinsam Spaß an der Umsetzung haben

## 6.8    Lessons Learned

- Die Design-Thinking-Grundpfeiler eines heterogenen Teams, eines kreativen Umfelds und eines iterativen Prozesses können auf verschiedenste Arten umgesetzt werden.
- Es ist gut, auf bestehende Ansätze aus Design Thinking und/oder Service Design zurückgreifen zu können. Dennoch soll man den Mut haben, verschiedene Vorgehensweisen und Methoden zu kombinieren und einen eigenen Fahrplan zu erstellen.
- Umsetzung für B2B-Bereich erfordert teilweise modifizierte Ansätze des B2C – statt Kunden und User geht es um viele Stakeholder mit unterschiedlichen Bedürfnissen.
- In divergenten Phasen möglichst viele Personen involvieren, in konvergenten Phasen eher das Management und Experten, um Entscheidung zu treffen.
- Akzeptanz neuer Methoden ist weniger schwierig als geglaubt, denn die Neugier und Neues motivieren.
- Professionelle Umsetzung, um Vertriebsakzeptanz für Kundeneinbindung zu bekommen.
- Externe Moderatoren, Innovationsexperten und Solution Designer in den Prozess einbinden.
- Qualitätskultur = Fehler vermeiden. Die Chance, Fehler schon im frühen Stadium zu machen, wird durch iteratives Arbeiten, frühe Prototypen und die Entflechtung von der Realisationsphase erleichtert.
- Kostspielige Änderungen im Entwicklungsprozess wurden weitgehend vermieden.
- Weite Identifikation mit der gesamten Lösung im Unternehmen.

## 6.9    Checklist

Um mit Design Thinking zu neuen Lösungen zu kommen…

1. Haben Sie keine Angst davor Kunden frühzeitig einzubinden: Lassen Sie Kunden Ihre Prototypen testen, auch wenn die Konzepte noch nicht ausgereift sind oder Funktionen noch nicht gegeben sind. Kunden geben gerne Feedback und Sie werden viele Fragen beantworten müssen, ohne die Antworten zu haben. Dies hilft Ihnen später dabei die richtigen Argumente für die Positionierung zu definieren.
2. Binden Sie alle Stakeholder von Beginn an in das Vorhaben ein: In dem Sie nicht nur Ihre Kunden, sondern alle Beteiligten von Anfang an involvieren, stärken Sie die gemeinsame Vision und so gewinnen Sie Unterstützung auch während einer längeren Projektdauer.
3. Gehen Sie sorgfältig mit Inputs und Ideen Ihrer Kunden und Stakeholder um: Es wird nicht erwartet, dass Sie alle Ideen auch umsetzen, aber geben Sie den Ideengebern immer wieder Feedback, welche Ideen weiterverfolgt werden und welche nicht.

4. Sehen Sie Design Thinking nicht als Patentrezept: Sie werden nicht alle Herausforderungen damit lösen können, nehmen Sie die Methoden und Herangehensweisen, die für Ihre Kultur und ihre Aufgabenstellung passend sind.

5. Erstellen Sie eine Vision für Ihr Vorhaben: In einem ergebnisoffenen Ansatz wie Design Thinking hilft eine gemeinsame Vision allen Beteiligten zur Orientierung, wo die Reise hingeht. Entscheidungen können schneller getroffen und Ziele einfacher verfolgt werden.

# Teufelberger: Innovationen sind der Motor für den Erfolg von morgen

**7**

Innovationsstrategie entwickeln und gemeinsam umsetzen

**Zusammenfassung**

Innovationsführer in ihrem Bereich schaffen es, das gesamte Unternehmen auf Innovation auszurichten und möglichst viele Mitarbeiter einzubeziehen. Wie ein lange am Markt bestehendes, familiengeführtes Unternehmen diese Herausforderung annimmt und Innovation organisationsweit zum Schwerpunktthema macht, zeigt das folgende Fallbeispiel. Stefan Reise und Daniela Freudenthaler-Mayrhofer, die beide maßgeblich in den Prozess involviert waren, beschreiben aus ihrer Sicht die Schritte, die das Unternehmen Teufelberger, ein international agierender Seileproduzent mit Sitz in Österreich, getan hat, um Innovation fest in der Strategie des Unternehmens zu verankern.

## 7.1 Das Unternehmen Teufelberger

Die Teufelberger Holding mit Hauptsitz in Wels wurde 1790 gegründet und ist ein österreichisches Familienunternehmen, das Stahlseile, Faserseile sowie Umreifungsbänder und Faserverbundstoffe produziert. Im Jahr 2014 hat Teufelberger einen Umsatz von 183 Millionen Euro an sechs Produktionsstandorten – drei in Österreich und jeweils einen in Tschechien, den USA und Thailand – mit rund 1000 Mitarbeitern erwirtschaftet. Die Exportquote beträgt über 90 % und die Produkte sind weltweit vertreten.

Teufelberger gilt als „Hidden Champion" und ist in die drei strategischen Geschäftsbereiche Wire Rope, Fiber Rope und Fibers & Plastics unterteilt. Der Geschäftsbereich Wire Rope stellt Stahlseile für Seilbahnen, Krane, Industrie, Bau, Pistenwinden und Produkte für Personenabsturzsicherung her. Der Geschäftsbereich Fiber Rope erzeugt Faserseile für unterschiedliche Anwendungen wie den Boots- und Klettersport, Forstwirtschaft, Baumpflege, Industrie sowie für Faserverbundanbindungen und Faserverbundgeflechte.

© Springer Fachmedien Wiesbaden GmbH 2017
D. Freudenthaler-Mayrhofer, T. Sposato, *Corporate Design Thinking*,
https://doi.org/10.1007/978-3-658-12980-4_7

Der Geschäftsbereich Fibers & Plastics vertreibt Umreifungsbänder aus Polyester und Polypropylen, die vor allem in der Baustoff- und Holzindustrie sowie der Dosen- und Flaschenindustrie hergestellt werden.

Die Autoren:
**Stefan Reise** ist für Business Development und Innovation als rechte Hand des Vorstands zuständig. Er hat das Projekt gemeinsam mit dem Vorstand, Florian Teufelberger, vorangetrieben und ist intern als Vermittler und Kommunikator für alle Bereiche und Mitarbeiter aktiv gewesen.

**Daniela Freudenthaler-Mayrhofer** ist Professorin für Innovation an der Fachhochschule Oberösterreich und am Masterstudiengang Supply Chain Management verantwortlich für den Fachbereich Innovation und Design Thinking. Als Wirtschaftswissenschaftlerin an der Johannes Kepler Universität (JKU) in Linz ausgebildet, hat sie ihr Doktorat der Sozial- und Wirtschaftswissenschaften im Feld Designmanagement absolviert und Designumsetzung für besonders herausfordernde Märkte als Assistentin an der JKU Linz und der Copenhagen Business School erforscht und bearbeitet. Daniela Freudenthaler-Mayrhofer hat bereits zahlreiche Unternehmen bei der Einführung von Innovations- und Design-Thinking-Ansätzen begleitet und war auch in diesem Projekt über drei Jahre als Beraterin und Trainerin aktiv.

## 7.2    Ausgangslage

Innovation war bei Teufelberger schon immer wichtig. Hätte es im Lauf der 225-jährigen Unternehmensgeschichte keine Innovationen gegeben, hätte man wohl den letzten produzierten Strick für sich selbst verwenden können – früher stellte man Hanfseil her, wofür es heute keinen relevanten Markt mehr gibt. Glücklicherweise trieben Innovationsgeist und das Interesse an technischen Neuerungen die Gründerfamilie an, und so werden Seile heute nicht mehr aus Hanf hergestellt, sondern es kommen hochfeste Fasern zur Anwendung. Schritt für Schritt wurde das Unternehmen immer wieder um neue Geschäftsbereiche erweitert, die sich aus Marktbedürfnissen ergaben. Die Sparte Fibers & Plastics entstand durch den innovativen Weitblick des damaligen Geschäftsführers, und so war man der erste Umreifungsbandhersteller, der recycelte PET Flakes für deren Herstellung verwendet hat. Auch in bestehenden Geschäftsfeldern wird konsequent nach Verbesserungspotenzialen und neuen Anwendungen am Markt recherchiert, so auch im lange bestehenden Stahlseilbereich. Zwar hat die Entwicklung des Stahlseils in den vergangenen Jahrzehnten äußerlich zu keinen Veränderungen geführt, sein Inneres jedoch hat sich durch neue Fertigungs- und Verdichtungstechniken erheblich weiterentwickelt.

Die Basis für Innovationstätigkeit ist also bei Teufelberger seit Jahren gegeben und die Erneuerungsfähigkeit in der DNA des Unternehmens seit Jahrhunderten fest verankert. Der Fokus auf Forschung und Entwicklung war stets vorhanden, auch war jedem Mitarbeiter die Bedeutung von Innovation für Teufelberger klar. Dennoch hat das Unternehmen Innovationen immer eher situativ und aus gegebenem Anlass (als Fast Follower getrieben durch den Wettbewerber oder als Reaktion auf einen Kundenbedarf) initiiert und umgesetzt. Einen kontinuierlichen und strategisch gesteuerten Zugang zu Innovationen gab es in der Vergangenheit nicht. Durch das starke Wachstum im letzten Jahrzehnt war es jedoch notwendig, die Innovationsaufgaben stärker zu bündeln und zu institutionalisieren. So war vor der Implementierung einer Innovationsstrategie das Thema Innovation im Management nicht sehr präsent: In Managementtreffen wurde es nicht mit Regelmäßigkeit besprochen, es war für die Mitarbeiter nicht sichtbar und auch nicht in den Werten oder der Kommunikation des Unternehmens verankert. Etwaige Innovationen und ihre Innovatoren wurden nicht vor den Vorhang geholt oder anderweitig erwähnt, sodass es einem Großteil der Mitarbeiter nicht bewusst war, wie stark das Unternehmen seinen Erfolg den Innovationen in den letzten Jahrzehnten verdankt. Zusammengefasst ist der Innovationsstatus bei Teufelberger der eines klassischen Hidden Champions: hohe Exzellenz in den Produkten, starker Fokus auf technologische Entwicklung und Erfüllung von Kundenbedarfen – also eine implizite Erfüllung vieler Elemente einer Innovationsorientierung, ohne Innovation bewusst und nach außen wirksam zu leben.

## 7.3   Zentrale Herausforderungen

Die zentrale Herausforderung im Innovation Case von Teufelberger war es also, die Innovationsaktivitäten, die momentan im Unternehmen schon stattfanden, zu bündeln und vor allem eine gemeinsame Klammer zu finden, die sämtliche Geschäftsbereiche mit ihren noch so unterschiedlichen Herausforderungen und Besonderheiten vereint. Innovation sollte als gemeinsame Aufgabe aller Bereiche, Disziplinen und Mitarbeiter wahrgenommen werden und so in Zukunft verstärkt die Strategie des Unternehmens bestimmen. Der Mission des Unternehmens verpflichtet: „Together in Motion", sollten auch alle Innovationsaktivitäten an einem Strang ziehen und so in ihrer Wirkung noch stärker wahrgenommen werden.

### 7.3.1   Interne Herausforderung: drei unterschiedliche Geschäftsfelder mit Gemeinsamkeiten

Wie eingangs erwähnt, ist Teufelberger in sehr unterschiedlichen Bereichen tätig, die zwar aus technischer Sicht einen teils ähnlichen und logischen Ursprung haben, die aber aus Marktsicht in sehr unterschiedlichen und völlig anders charakterisierten Geschäftsfeldern tätig sind. So werden viele Marktsegmente bedient, die sich in ihren Marktumfeldern, ihrer

Dynamik, Transparenz und Wettbewerbsintensität völlig voneinander unterscheiden. Dazu kommt, dass die drei Geschäftsfelder mit teils unterschiedlichen Standorten – nicht nur in Österreich, sondern weltweit – auch geografisch verstreut sind, was natürlich einen übergreifenden Austausch zusätzlich erschwert. Durch die Unterschiedlichkeit der Kernbereiche aus Marktsicht scheint es oft auf den ersten Blick schwierig, einen interdisziplinären Austausch zu führen und davon zu profitieren. Auf den zweiten Blick, und insbesondere in Innovationsbelangen, ist aber gerade diese Diversität in Märkten und Kunden bei einer doch ähnlichen Herkunft aus fertigungstechnischer Sicht eine Chance, die für Innovationen genutzt werden sollte. So sind technische Entwicklungen in den Geschäftsbereichen oft unterschiedlich ausgereift, und es gibt viel Potenzial, voneinander zu lernen und so zu profitieren. Dafür ist es aber essenziell, dass das vorhandene Wissen und die Erkenntnisse ausgetauscht werden. So sind Forschungs- und Entwicklungsarbeiten oft auch für andere Bereiche hilfreich und nützlich, sodass durch Erfahrungsaustausch wertvolle Mannstunden und Entwicklungszeit gespart werden können. Die Vernetzung der Bereiche und das Aufzeigen der Vorteile einer übergreifenden Zusammenarbeit sind daher ein wichtiger Bestandteil, wenn nicht die Grundvoraussetzung für das Gelingen einer gemeinsamen Innovationsinitiative.

### 7.3.2   Marktherausforderungen

Marktseitig liegt die zentrale Herausforderung für Teufelberger in der Entwicklung von hoch qualitativen und innovativen Produkten, um am Weltmarkt gegen Billiganbieter oder Mitbewerber bestehen zu können. Die Anwendungen für die Produkte werden immer anspruchsvoller und herausfordernder, so- dass die Produkte starken Belastungen standhalten müssen. Stahlseile, die bei Tiefseebohrungen zur Anwendung kommen, müssen etwa immer höheren Bruchkräften standhalten, und bei Krananwendungen verlangt der Kunde eine höhere Lebensdauer des Stahlseils, um Stillstandszeiten der Krane gering zu halten und dadurch die Effizienz zu steigern. Auch das Faserseil drängt in immer mehr neue Anwendungen und kommt zunehmend als Stahlseilersatz zum Einsatz. Auch für Umreifungsbänder werden die Nutzungsmöglichkeiten vielfältiger, jedoch gibt es zunehmend mehr Konkurrenz, und mit Standorten in Österreich ist eine Kostenführerschaft schwer möglich, sodass eine Differenzierung durch Qualität, aber auch durch innovative Erzeugnisse notwendig ist.

Zu diesen Entwicklungen auf Produktebene kommt, dass es vor allem am Seilmarkt in den letzten Jahren zu einer Konsolidierungswelle gekommen ist, sodass Teufelberger einer größeren Mitbewerberlandschaft mit größeren finanziellen Mitteln gegenübersteht.

## 7.4   Zielsetzung und Beschreibung der Innovationsaktivitäten

Zum Start der Innovationsinitiative wurden folgende Zielsetzungen festgelegt:

- Formulierung eines Innovationsverständnisses für Teufelberger unter Berücksichtigung der bestehenden Unternehmenssituation und der zukünftigen Herausforderungen

- Erarbeitung einer Innovationsstrategie, die sämtliche Innovationsaktivitäten bei Teufelberger bündelt und strukturiert
- Entwicklung eines übergreifenden Steuerungsinstruments, das Innovationen aus Eigentümersicht greifbar macht und die Basis für Innovationsentscheidungen aufbereitet
- Sicherstellen einer laufenden Auseinandersetzung mit Innovation und einem Controlling der Innovationsprojekte
- Verbreitung von Innovation im Unternehmen und Vermittlung der Bedeutung von Innovation sowie der Innovationserfolge

## 7.5 Entwicklung einer Innovationsstrategie

Mit Ende des Jahres 2011 wurde der Prozess, eine Innovationsstrategie festzulegen, gestartet. Dabei war neben der ersten Managementebene auch das mittlere Management aller Geschäftsbereiche eingebunden. In mehreren Workshops wurden gemeinsam die Bestandteile der Innovationsstrategie festgelegt und Ende 2012 implementiert. Dabei wurde eine Vision geschaffen, die sich im Innovationsverständnis und schlussendlich auch im Innovationsportfolio widerspiegelt.

Die Vision lautet:

Als innovativer Partner sichert Teufelberger seine langfristige Wettbewerbsfähigkeit. Wir wollen der bevorzugte Partner unserer Kunden sein. Der Erfolg unserer Kunden ist unser Erfolg. Zusammen mit ihnen schaffen wir überlegene Lösungen. Um den Anforderungen von morgen gerecht zu werden, entwickeln wir unsere Produkte und Dienstleistungen laufend weiter und reagieren schneller als andere auf die Anforderungen des Marktes. Kontinuierliche Innovation von Prozessen und Produkten – entsprechend den Anforderungen unserer Kunden – zeichnen uns aus. Unsere Organisation ist auf den Kunden ausgerichtet.

### 7.5.1 Innovationsverständnis

Für einen integrierten Innovationsansatz bei Teufelberger war eine gemeinsame Ausgangsposition wesentlich für den späteren Erfolg. So wurde in einem ersten Schritt ein einheitliches Innovationsverständnis geschaffen. Nimmt man die klassische Definition von Schumpeter, der Innovation nicht alleine als Erfindung, sondern auch als Durchsetzung einer technischen oder organisatorischen Neuerung sieht, so ist für eine Innovation neben der Idee auch eine Durchsetzung am Markt notwendig. Anhand dieser und anderer Innovationsdefinitionen erfolgte zunächst eine intensive Auseinandersetzung damit, was Innovation für das Unternehmen bedeutet. Auch bei Teufelberger war vor dem Prozess nicht jedem klar, was genau Innovation für die einzelnen Geschäftsbereiche bedeutet und vor allem was das Bindeglied sein könnte, das Innovation für alle Geschäftsbereiche und Disziplinen beschreibt. So war man sich nicht einig, ob die bloße technische Entwicklung schon als Innovation bezeichnet wird oder ob die Durchsetzung am Markt ebenso dazugehört. Für einige Mitarbeiter war eine Innovation gleichzusetzen mit einer Idee/Invention und somit losgelöst von der Markteinführung und dem wirtschaftlichen Erfolg.

Daher war die gemeinsame Formulierung eines für das Unternehmen gültigen Innovationsverständnisses ein wesentlicher erster Schritt. Am Ende wurde bei Teufelberger Innovation wie folgt definiert:

> Jede umgesetzte Idee mit wahrgenommenem Nutzen für die Kunden und das Unternehmen durch die aktive Gestaltung aller Mitarbeiter.

Somit ist für das Innovationsverständnis von Teufelberger zusätzlich zur Idee auch deren Umsetzung von Bedeutung sowie der Nutzen für den Kunden und das Unternehmen (siehe Abb. 7.1).

Um als innovative Organisation auch intern wahrgenommen zu werden, haben wir das Innovationsverständnis schriftlich formuliert und an markanten Stellen im Unternehmen deutlich sichtbar angebracht, um so das Thema Innovation für alle Mitarbeiter transparent und verständlich zu machen.

Um etwaige Unklarheiten, die bei solch einer konzisen Beschreibung entstehen können, zu verhindern, wurden auch noch folgende Unterpunkte definiert:

- Innovation sichert den langfristigen Erfolg des Unternehmens.
- Innovation ist die kontinuierliche Anpassung des Unternehmens an das sich verändernde Umfeld und das Erfordernis, besser oder schneller als seine Wettbewerber zu sein.

**Abb. 7.1** Innovationsverständnis bei Teufelberger (Quelle: Teufelberger AG)

- Innovation ist die Umsetzung von vielen großen und kleinen Ideen in Produkte, Verfahren, Organisationsformen oder Dienstleistungen.
- Innovation betrifft jeden Einzelnen im Unternehmen und ist eine Kombination aus Kreativität, sachlichem Planen und leidenschaftlichem Tun.

### 7.5.2 Innovationsziele

Die Innovationsziele dienen der bewussten Steuerung von Innovationen in den einzelnen Geschäftsbereichen. So soll sichergestellt werden, dass die auf Gesamtunternehmensebene formulierten Strategien auch operationalisiert werden. Innovationen sollen bei Teufelberger nicht nur im Produkt- und Technologiebereich getrieben werden, sondern auch den Vertrieb und die Prozesslandschaft betreffen. Konkrete Zielsetzungen auf Basis der Unternehmensstrategie geben der Innovation eine Richtung und schaffen Verbindlichkeit. So sollte jeder Geschäftsbereich und jedes strategische Geschäftsfeld für sich entscheiden, welche Neuerungen und Verbesserungen in der nächsten Planungsperiode angestellt werden, und diese auch mit konkreten Zielwerten und Budgets hinterlegen.

Die Innovationsziele stellen das Bindeglied zwischen der Innovationsstrategie und deren Umsetzung in den operativen Bereichen dar.

Die Innovationsziele sind ableitbar aus der Unternehmensstrategie und sind dann für jeden Geschäftsbereich noch einmal ausgerichtet. Konkrete Zielsetzungen sind im Technologieportfolio definiert und bilden die Entscheidungsgrundlage, ob neue Projekte ins Innovationsportfolio aufgenommen werden oder nicht.

Die Innovationsziele werden jährlich geprüft und upgedated. Abgeleitet von der Unternehmensstrategie, der Ausrichtung der SGB und des Technologieportfolios werden konkrete Zielsetzungen für Innovation bei Teufelberger definiert. Diese Zielsetzungen bilden die Entscheidungsgrundlage für die Aufnahme neuer Projekte ins Innovationsportfolio.

### 7.5.3 Innovationsfelder

Um das oben angesprochene Problem zu lösen, dass Innovationen nicht nur Produkt- oder Technologieinnovationen umfassen, wurden im Zuge der Erarbeitung der Innovationsstrategie auch Innovationsfelder definiert, in denen es jeweilige Innovationsprojekte gibt. Diese sollen bewusst machen, dass Innovationen nicht nur in der F&E, sondern auch im Vertrieb, im Controlling, der IT, dem Qualitätsmanagement oder der Produktion stattfinden (siehe Abb. 7.2).

Als Innovationsfelder wurden bei Teufelberger folgende Bereiche definiert:

- **Produkt:** Hier geht es um die Neu- und Weiterentwicklung von Produkten
- Technologie inkl. Verfahren: Entwicklung neuer Technologie und Verfahrenstechniken zur Differenzierung oder Schaffung von Kundennutzen
- **Prozess:** Verbesserung von Produktions-, Vertriebs- und administrativen Prozessen

| Produkt | Technologie | Prozess |
|---|---|---|
| Neu- und Weiterentwicklung von Produkten | Entwicklung neuer Technologien und Verfahrenstechniken zur Differenzierung | Verbesserung von Produktions-, Vertriebs- und administrativen Prozessen |

| Vertrieb | Service | Anwendung |
|---|---|---|
| Innovationen in der Vermarktung und Kundenansprache sowie Geschäftsmodellentwicklung | Entwicklung neuer Zusatz-Services zu Produkten und neuer Serviceprodukte | Transfer bestehender Kompetenzen in neue Anwendungsfelder am Markt |

**Abb. 7.2** Innovationsfelder bei Teufelberger (Quelle: Teufelberger AG)

- **Vertrieb:** Innovationen in Marketing, Kundenerlebnis, Kundenansprache und Entwicklung neuer Geschäftsmodelle
- **Service:** Entwicklung neuer Zusatzservices zur Verbesserung des Produktangebotes und Entwicklung neuer Serviceprodukte
- **Anwendung:** Transfer bestehender Kompetenzen in neue Anwendungsfelder

Durch die neuen Innovationsfelder Vertrieb und Service (Teufelberger hat zentrale Dienste, die für die Geschäftsbereiche arbeiten) wurde nun auch ein viel weiterer Personenkreis angesprochen, der vorher das Thema Innovation nicht präsent hatte. Auch in den Feldern Service und Anwendung hat durch die Festsetzung der Innovationsstrategie in diesen Bereichen ein anderes Verständnis für Innovation Einzug gehalten und sich bei den Innovationszielen manifestiert (siehe Abb. 7.3).

### 7.5.4  Innovationsportfolio

Im Zuge der Innovationsstrategie-Entwicklung wurde mit dem Innovationsportfolio ein Tool geschaffen, das eine einfache Darstellung sämtlicher Innovationsaktivitäten ermöglicht. Dies dient vor allem dazu, eine übergreifende Steuerung der Aktivitäten unter Berücksichtigung aller Geschäftsbereiche zu ermöglichen und die Projekte unterschiedlicher Bereiche in vergleichbarer Art und Weise zu visualisieren.

Das Innovationsportfolio sollte sämtliche Innovationsprojekte nach bestimmten Kriterien sammeln und darstellen und nach den Innovationsfeldern kategorisieren. Für alle Geschäftsfelder – Fibers & Plastics, Faserseile und Stahlseile –, aber auch für die zentralen Dienste wurde ein eigenes Innovationsportfolio angelegt, sodass insgesamt vier verschiedene Innovationsportfolios geschaffen wurden.

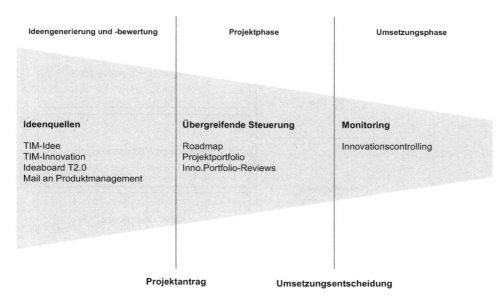

**Abb. 7.3** Innovationsprozess bei Teufelberger (Quelle: Teufelberger AG)

Neben dem Projekttitel wurden auch der Projektleiter, die Laufzeit und das voraussichtliche Projektende aufgenommen. Ebenso wurden die Projektressourcen, die strategische Bedeutung und der erwartete Ergebnisbeitrag des jeweiligen Projekts bewertet bzw. eingeschätzt (siehe Abb. 7.4 und 7.5).

Bei den **Projektressourcen** werden die Mannstunden, die Kosten pro Jahr, die Kapazität und ein etwaiger Know-how-Aufbau geschätzt und beurteilt und dann ein Durchschnitt daraus berechnet.

Die **strategische Bedeutung** wird anhand folgender Parameter bewertet:

- Wachstum innerhalb der nächsten zehn Jahre
- Nutzen eigener Kernkompetenzen
- Differenzierung vom Wettbewerb
- wahrgenommener Kundennutzen
- Kostenvorteil
- Strategie-Fit

Das Innovationsportfolio wird in Listenform gesammelt und dann grafisch dargestellt. Auf der x-Achse werden die Ressourcen abgebildet, auf der y-Achse die strategische Bedeutung.

Die Innovationsfelder (Produkt, Technologie usw.) werden dann anhand verschiedener Farben abgebildet, die Größe der Kugeln repräsentiert den erwarteten Ergebnisbeitrag.

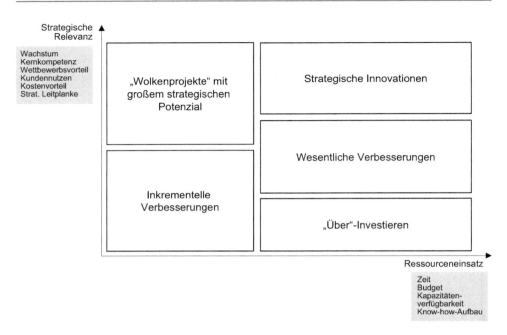

**Abb. 7.4** Template Innovationsportfolio (Quelle: Teufelberger AG)

Nicht als Parameter festgelegt wurde der Innovationsgrad (also inkrementelle Weiterentwicklung, radikale Innovationen oder Grundlagenforschung), denn dies ist aus der Position des Projekts im Portfolio erkennbar. Innovationsprojekte mit hoher strategischer Relevanz und hohem Ressourceneinsatz sind strategische Innovationen, geringer Ressourceneinsatz und ebenso geringe strategische Relevanz bedeuten inkrementelle Verbesserungen.

Der Vorteil der grafischen Darstellung ist, dass aufgrund der farblichen Unterscheidung einfach sichtbar wird, ob die Innovationsarten ausgeglichen sind, wie die Projekte verteilt sind und welche Relevanz die Projekte für den Ergebnisbeitrag haben. Dadurch ist es sehr einfach, sich schnell einen Überblick zu verschaffen und die Innovationsaktivitäten intern, aber auch extern zu kommunizieren.

Neben der Steuerung der Innovationsaktivitäten auf übergreifender Ebene sind auch die Identifikation zukünftiger Ergebnispotenziale, die Prüfung des Strategie-Fit und des Ressourceneinsatzes jederzeit ganzheitlich für alle Innovationsarten möglich. Ebenso lässt sich in einer Gesamtbetrachtung leichter steuern und prüfen, ob die Innovationsstrategie umgesetzt wird. Die Einfachheit der grafischen Darstellung hilft auch, die Aufmerksamkeit des Managements zu bekommen und es als sinnvolles Instrument für sich und zur Kommunikation an andere zu verwenden. Für die Mitarbeiter dient es als Informationsinstrument, da klar ersichtlich ist, woran im Unternehmen in puncto Innovation gearbeitet wird.

Im ersten Durchgang der Projektesammlung im Zuge der Erstellung des Innovationsportfolios wurden insgesamt 146 Innovationsprojekte aufgenommen. Diese Innovationsprojekte teilten sich nach Innovationsfeldern wie folgt auf:

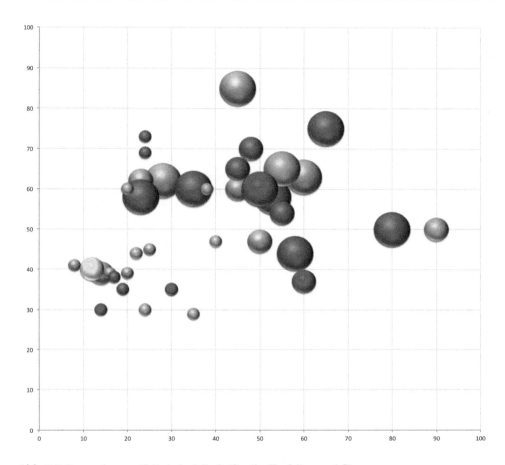

**Abb. 7.5** Innovationsportfolio beispielhaft (Quelle: Teufelberger AG)

- 31 Produktinnovationsprojekte
- 41 Technologieentwicklungen
- 37 Prozessinnovationen
- 14 Innovative Serviceprojekte
- 11 Vertriebs- und Marketinginnovationen
- 12 neue Anwendungsinnovationen

Von den insgesamt 146 Innovationsprojekten wurden 17 erst im Folgequartal gestartet.

Reflektiert man nun die Zahl der 146 bzw. vergleicht sie mit der aktuellen Gesamt-anzahl der Innovationsprojekte, so muss man festhalten, dass dies für die Größe des Unternehmens und die Ressourcenmöglichkeiten sehr hoch erscheint. Daneben gibt es auch noch „normale" Projekte, die keine Innovationsprojekte sind und daher in die Liste nicht Eingang fanden. Jedoch lässt sich dies einerseits mit der großen Motivation im Projektverlauf und andererseits dem Ehrgeiz der einzelnen Geschäftsbereiche erklären. Jeder Geschäftsbereich wollte dem anderen in nichts nachstehen und innovativer als der andere erscheinen. In der fortlaufenden Entwicklung des Portfolios wurde diese hohe Anzahl nicht gehalten, jedoch ist dies nicht als Nachteil zu sehen, sondern es wurde im Gegenteil das Portfolio geschärft und eine bessere Balance hergestellt. Die Ressourcen sind nun so aufgeteilt, dass die strategischen Ziele bestmöglich unterstützt werden.

Aktuell finden nur jene Projekte Aufnahme im Portfolio, an denen auch gearbeitet wird und für die es ausreichend Ressourcen gibt. Andere Projekte wandern in den Ideenspeicher und werden zu einem späteren Zeitpunkt noch einmal geprüft und eventuell aufgenommen.

Aktualisiert werden die Innovationsportfolios jeweils zweimal im Jahr. Einmal in einer kleinen Runde mit dem jeweiligen Leiter des Geschäftsbereichs und dem verantwortlichen Technischen Leiter und beim zweiten Mal in einer größeren Runde mit Mitgliedern des mittleren Managements. Dabei wird das Portfolio einer Gesamtprüfung unterzogen, die Projektstände werden diskutiert und evaluiert sowie neue Projekte aufgenommen. Daneben werden die Innovationsportfolios auch in den Managementsitzungen der Geschäftsbereiche zweimal im Jahr präsentiert und diskutiert. Zeitlich erfolgt dies auch vor den Budgetsitzungen, sodass Ressourcen auch entsprechend korrigiert und an die Strategie angepasst werden. Durch den einheitlichen Überblick werden bereichsübergreifende Synergien und strategische Schwerpunktthemen sichtbar.

Das Portfolio gibt es jetzt drei Jahre und es hat auch inkrementelle Verbesserung erfahren. So gab es zuletzt einen neuen Hinweis durch einen neuen Mitarbeiter, wodurch nun auch aufgenommen wird, in welcher der fünf Phasen des Stage-Gate-Prozesses sich das Projekt gerade befindet. Auch wenn dies nun im Nachhinein als logisch erscheint, so war die Implementierung zu Beginn schon ein großer Schritt. Es gab seither immer kleinere Verbesserungen, was auch zeigt, dass das Innovationsportfolio ein gelebtes Instrument ist und ständig weiterentwickelt wird.

Die Verbreitung in der Organisation ist auch noch nicht vollständig. So ist das Innovationsportfolio etwa an unseren Standorten im Ausland fast unbekannt und generell ist die Verbreitung noch nicht abgeschlossen.

## 7.5.5   Übergreifende Innovationsplattformen

**Inno.Tech**

Jeden Monat treffen sich die Technischen Leiter sowie F&E-Leiter und Mitarbeiter der F&E aller Geschäftsbereiche, um sich über gemeinsame Projekte und aktuelle Entwicklungen abzustimmen und auszutauschen. Gegenseitige Inspiration und Befruchtung sind die Treiber hinter diesem Treffen. Es werden ebenso Projektfortschritte besprochen und es findet auch ein Erfahrungsaustausch statt. Dadurch sollen neben Synergien auch Ideen geschaffen oder Lösungsvorschläge für gestellte Problemstellungen gefunden werden.

Zusätzlich gibt es noch einmal im Jahr einen Technologie-Tag, an dem in dieser Runde aktuelle Technologien besprochen werden.

**Inno.Sales**

Das Inno.Sales-Treffen findet mit allen Geschäftsführern alle zwei Monate statt. Dabei werden Projekte in Vertrieb und Marketing identifiziert und verfolgt, wobei der Fokus darauf liegt, dass diese übergreifend sind. Es findet auch hier ein Erfahrungsaustausch statt, um effizient und effektiv zu sein. Zu einem Großteil der Treffen werden auch Mitarbeiter eingeladen, damit diese über ihre Erfahrungen zu Vertriebsthemen berichten können und um festzustellen, ob diese Erfahrungen für die ganze Gruppe von Interesse sein könnten. Hierdurch konnten schon Redundanzen verhindert und Synergien gehoben werden.

**Inno.Net**

Nach Abschluss des Prozesses wurde klar, dass das Thema Innovation bei der Geschäftsführung präsent war, doch die mittlere Managementebene weiterhin für das Thema aktiv eingebunden werden musste, damit die Initiative auch weiter zu allen Mitarbeitern getragen wird. Daher wurde vor allem zur Unterstützung der Kommunikation von Innovation innerhalb der Organisation Inno.Net ins Leben gerufen.

Eine Gruppe von sieben bis zehn engagierten Mitarbeitern soll mit unorthodoxen Ideen und Aktionen das Thema Innovation für alle Mitarbeiter lebendig und erlebbar machen. Durch die Teilnehmer soll die Innovationskultur im Unternehmen weitergetragen werden. Sie sollen Ansprechpartner sein und neue Ansätze und Ideen fördern. Das Inno.Net ist somit keine Art Think Tank für neue Innovationen und dient nicht zur Ideengenerierung. Die Rolle ist eher die des Ermöglichers von Innovation, wo diese noch nicht – im Gegensatz zu einer F&E-Abteilung – auf der Tagesordnung steht.

Für die Inno.Net-Teilnehmer ist das Hauptproblem, neben den täglichen Aufgaben auch noch dieses Ziel zu verfolgen, wobei allen klar ist, dass dies ein langfristiges Ziel und kein kurzfristiger Sprint ist.

## 7.5.6  Innovationsfördernde Maßnahmen

**Inno.Parkplatz**

Eine Idee, die im Inno.Net geboren wurde und zu Beginn beim Autor auf große Skepsis stieß, war der Inno.Parkplatz bzw. die Idee des Monats. Dabei handelt es sich zwar um keine originäre Idee, doch dafür um eine umso effektivere. Der KVP bei Teufelberger heißt Teufelberger Ideen Management (TIM). Über das Intranet werden neue Ideen eingegeben und dann bearbeitet. Für den Mitarbeiter gibt es bei erfolgreicher Umsetzung eine Prämie, jedoch wurden diese Ideen und deren Umsetzung nicht allgemein bekannt. Einigen Mitarbeitern fallen die Veränderungen auf, aber es fehlt der Bezug zur Idee und zum Ideeneinreicher. Aufgrund der örtlichen Gegebenheiten ist der Parkplatz am Hauptstandort etwa 200 Meter vom Hauptgebäude entfernt, bei anderen Standorten ist mancher Parkplatz auch nicht so nah. Es gibt daher nun den Parkplatz für die Idee des Monats: Jeden Monat bekommt der jeweilige Mitarbeiter bzw. die jeweilige Mitarbeiterin den Parkplatz ganz nahe am Eingang seiner Arbeitsstätte für die eingereichte und umgesetzte Idee mit dem höchsten Erstjahresnutzen.

Trotz dieser verhältnismäßig kleinen Belohnung war das Interesse bei Einführung sehr groß, und nun ist auch die Neugier der Mitarbeiter, wofür der Kollege den Parkplatz bekommen hat, groß. Dies sorgt auch für neue Dynamik bei KVP. Auch wenn diese Ideen selten Innovationen sind, so fördert die entstehende Dynamik die Ideengenerierung und schafft Raum für Innovation. Schließlich ist KVP auch ein Teil der Innovationsstrategie.

**Idea.Board**

Um allen Mitarbeitern aktuelle Resultate und Entwicklungen der F&E zu zeigen, haben wir an einem neuralgischen Punkt im Unternehmen eine Wand installiert, an der man sich über die neuesten Entwicklungen informieren kann. Um Verbesserungsvorschläge oder weitere Ideen aufzugreifen, gibt es auch noch einen Postkasten, in den diese eingeworfen werden können. Der Ort wurde so gewählt, dass sich die Mitarbeiter austauschen können, aber auch neue Ideen präsentiert werden können, ohne dass jeder Besucher etwaige Geheimnisse erfahren könnte (siehe Abb. 7.6).

## 7.6    Resultate

Das Projekt befindet sich – fast drei Jahre nach Beginn des Innovationsschwerpunktes gemeinsam mit Frau Freudenthaler-Mayrhofer – in der zweiten Hälfte der Implementierung des Innovationsmanagements. Gearbeitet wird nun an der Optimierung des bisher Geschaffenen. Die Formulierung eines Innovationsverständnisses, der darauffolgende Innovationsstrategieprozess und die Entwicklung eines eigenen Innovationsportfolios zur übergreifenden Steuerung der Innovationsaktivitäten waren die ersten wesentlichen Schritte, die implementiert worden sind. Nach Fertigstellung der strategischen Innovationsgrundlagen war die zweite Phase geprägt von Maßnahmen, um Innovation allen Mitarbeitern zu vermitteln und diese zur Partizipation im Innovationsprozess zu motivieren. Ein Innovationsparkplatz zur besseren Sichtbarkeit der Innovatoren oder aber auch eine stetige Information über Innovationserfolge im Unternehmen waren wichtige Bausteine in dieser Phase.

Zusammenfassend kann man sagen, dass Innovation im Unternehmen auch zuvor schon passiert ist und gute Entwicklungen erfolgt sind. Heute ist die Bedeutung der Innovation vielleicht aber mehr Mitarbeitern bewusst, und sie wissen, wie sie ihren Beitrag zu Innovation und somit dem langfristigen Erfolg des Unternehmens leisten können. Durch die übergreifende Steuerung im Rahmen des Innovationsportfolios können Synergien frühzeitig genutzt und vor allem auch Lerneffekte, die über die Geschäftsbereiche hinweg möglich sind, ausgenutzt werden.

Die Förderung von Innovation im Unternehmen ist jedoch nie beendet, es braucht eine stete Auseinandersetzung und vor allem auch laufende Impulse, um Innovationsaktivitäten am Leben zu halten. Hier gilt es, immer offen für Neues zu sein und auch in Bewegung zu bleiben. Innovation wird bei uns im Unternehmen stetig verfolgt und auch durch neue Initiativen immer wieder neu belebt.

**Abb. 7.6**  Idea.Board (Quelle: Teufelberger AG)

## 7.7     Erfolgsfaktoren

**Commitment des Topmanagements**
Vorstand und Management müssen hinter dem Innovationsmanagement stehen
  Kommunikation und Information an alle Mitarbeiter

**Einbindung aller Mitarbeiter**
Dies ist natürlich schwer, aber Ziel muss es sein, dass für jeden Mitarbeiter Innovation relevant wird.

**Kultur des Scheiterns entwickeln**
Innovationsprojekte können nicht alle erfolgreich werden

**„Operative Innovatoren" bestellen**
In allen Einheiten Mitarbeiter gewinnen, die sich in ihren Bereichen um die Förderung der
Innovation kümmern

**Innovation auf die Agenda**
Innovation laufend und in unterschiedlichen Kreisen zum Thema machen – Führungs-
kreissitzungen, Management-Informationsmeetings, Abteilungsmeetings sind hier wichtige Anlässe, um über die Fortschritte und Initiativen im Innovationsbereich zu berichten

**Innovation vom „genialen Erfindertum" abgrenzen**
Innovation für alle Mitarbeiter zugänglich und möglich machen, indem sie bewusst von
den technischen Erfindungen der F&E abgegrenzt wird

**Innovation braucht eine Strategie**
Innovationsprojekte mit klaren Zielrichtungen und strategischen Stoßrichtungen versehen,
Innovation in den Dienst der Strategie und Unternehmensentwicklung stellen

## 7.8   Lessons Learned

Innovation betrifft alle Mitarbeiter im Unternehmen, nicht nur die Forschung und Entwicklung. Durch viele kleine Schritte können wichtige Impulse gesetzt werden.

Innovation ist eine kontinuierliche Aufgabe, die die Aufmerksamkeit aller braucht, insbesondere aber die des Topmanagements. Verschwindet sie vom Führungsradar, wird die
konsequente Umsetzung von Innovationsaktivitäten oft gefährdet.

Ein innovatives Unternehmen zu sein bedeutet vor allem, auch über innovative Leistung
nach außen zu kommunizieren und sich mit erfolgreichen Projekten bewusst zu positionieren. Mindestens so wichtig ist die interne Kommunikation, also die laufende Versorgung
der Mitarbeiter mit Innovationsinformationen.

Innovationspotenziale verstecken sich vor allem in übergreifenden Vernetzungen.
Geschäftsbereichsübergreifende Zusammenarbeit ist ein Schlüssel zum Innovationserfolg.

## 7.9   Checklist

- Innovationsverständnis formulieren
- Innovationsziele erarbeiten
- Innovationsstrategiepapier erstellen
- Innovationsinstrumente auswählen
- Maßnahmen implementieren
- Maßnahmen evaluieren und verbessern
- Begleitend die Themen Kulturentwicklung und Kommunikation treiben

# Deutsche Telekom: den Design-Thinking-Ansatz im Unternehmen einführen

# 8

Der Design-Thinking-Virus: ein Rezept für die Verbreitung von Design Thinking im Unternehmenskontext

**Zusammenfassung**

Die Design-Thinking-Welle rollt nun schon erstaunlich lange und reißt von Tag zu Tag immer mehr Menschen in ihren Bann. Auch namhafte deutsche Großkonzerne wie Siemens und die Deutsche Telekom bleiben von dem ansteckenden Virus nicht verschont. Wie sich jedoch Design Thinking von einer Modewelle zu einer flächendeckenden und nachhaltigen Herangehensweise entwickeln kann, ist häufig das große Rätsel. Wie können interne und externe Sichtbarkeit, der abteilungsübergreifende Einsatz und der langfristige Erfolg von Design Thinking im Unternehmenskontext gewährleistet werden? Julia Leihener beschreibt, wie Design Thinking bei der Telekom erfolgreich verbreitet werden konnte.

## 8.1 Das Unternehmen Deutsche Telekom

Die Deutsche Telekom ist mit ihren 228.248 Mitarbeitern und 62,7 Milliarden Euro Umsatz eines der größten Telekommunikationsunternehmen Europas mit Hauptsitz Bonn. Die Forschung und Entwicklung (F&E) der Deutschen Telekom, die Telekom Innovation Laboratories, beschäftigt ca. 300 Mitarbeiter in Berlin, Bonn, Darmstadt, Tel Aviv, Israel, und Mountain View, Kalifornien, und arbeitet in enger Kooperation mit lokalen Universitäten. Teil der F&E ist das Creation Center, das im Jahre 2008 im Kontext von T-Mobile International gegründet wurde. Aufgabe des Creation Centers ist es, nutzerzentrierte Innovation in den Konzern zu tragen und auf interdisziplinärem, empathischem und partizipativem Wege neue Produkt- und Servicekonzepte zu entwickeln. Mit vier festangestellten Mitarbeitern aus dem Design, der Technik & Marktforschung und der Unterstützung von internationalen Praktikanten, Studentischen Hilfskräften und Freiberuflern ermöglicht es das Creation Center gemeinsam mit dem Produktmanagement, Fragestellungen entlang

© Springer Fachmedien Wiesbaden GmbH 2017
D. Freudenthaler-Mayrhofer, T. Sposato, *Corporate Design Thinking*,
https://doi.org/10.1007/978-3-658-12980-4_8

des Design-Thinking-Prozesses zu bearbeiten. Das Creation Center schlägt somit eine Brücke zwischen der Forschung und dem Tagesgeschäft. Gerade in einem Unternehmen wie der Deutschen Telekom, deren Innovationsaktivitäten aus ihrer Historie eines Netzbetreibers heraus stark technisch getrieben sind, ist der Innovationsansatz, der dem Lebensalltag der Gesellschaft entspringt, nicht selbstverständlich.

**Julia Leihener** ist Service Designerin und Gründungsmitglied im Creation Center der Telekom Innovation Laboratories in Berlin. Ursprünglich als Produkt- und Prozess-Designerin ausgebildet, entwickelt sie seit über zehn Jahren konsumentenorientierte Zukunftsvisionen für die Kommunikationsbranche – nach dem Prinzip des Design Thinking. Zudem vermittelt sie den Design- Thinking-Ansatz im akademischen Kontext, u.a. an der d.School des Hasso-Plattner-Instituts in Potsdam.

## 8.2    Ausgangslage

Der Telekommunikationsmarkt gilt als eine der volatilsten Industrien schlechthin. Insbesondere durch den quantitativ großen Anteil von Endkunden müssen sich Telekommunikationsunternehmen hinsichtlich Markenauftritt, Produktentwicklung und Kundenservice immer wieder neu erfinden. Die Deutsche Telekom entschied sich, Design Thinking in die Konzernkultur zu integrieren, um agiler, innovativer und vor allem kundenzentrischer zu werden.

## 8.3    Zentrale Herausforderungen

Die zentrale Herausforderung bei der Deutschen Telekom lag in der flächendeckenden Verbreitung und Sichtbarkeit des Themas Design Thinking innerhalb der Organisation. Die Deutsche Telekom ist als ehemaliger Staatsbetrieb ein technisch getriebener Konzern mit einer geringen Mitarbeiterfluktuation. In diesen alteingesessenen Strukturen das Bewusstsein für die Relevanz des Nutzers im Innovationsprozess zu verankern, ist ein noch andauernder und intensiver Veränderungsprozess.

## 8.4    Das Design-Thinking-Rezept

Aus knapp zehn Jahren Design-Thinking-Praxiserfahrung ist eine Rezeptur entstanden, die anderen „Design-Thinking-Aktivisten" den Weg der erfolgreichen Umsetzung erleichtern kann.

## 8.4.1   Big Bang

Zu Beginn galt es zuallererst intern mitzuteilen, dass es ein Design-Thinking-Team gibt und welches Potenzial sich hier verbirgt. Eine interaktive Ausstellung, eine kreative Eröffnungsveranstaltung oder eine konzernweite Publikation – Hauptsache, man macht die Grundidee sicht- und greifbar und verankert sich erst einmal in den Köpfen der Kollegen. Der erste große Auftritt des Creation Centers war eine Wanderausstellung mit dem Namen „100 Tage, 100 Ideen" im Jahre 2008 in Berlin, Bonn und Darmstadt, den Hauptstützpunkten der Deutschen Telekom. Sie bestand aus der Darstellung der ersten 100 Ideen in Form von Storyboards, Prototypen, Artefakten, die gut erfassbar auf 100 Stelen positioniert wurden. Über jeder Stele schwebte ein Ballon, dessen Position vom Betrachter je nach Geschmack nach oben bzw. unten verändert werden konnte. So wurde die Publikumsmeinung klar sichtbar, die besten Ideen konnten gekürt und Paten für deren Umsetzung bestimmt werden.

Eines der ersten Creation-Center-Projekte beschäftigte sich mit der Recherche von Familienkommunikation. Im Zuge dessen verbrachten wir gemeinsam mit dem Produktmanagement ein Wochenende bei diversen Familien zu Hause. Eine Erkenntnis gewannen wir beim Betrachten eines Schlüsselbretts im Flur. Dort hing von allen Schlüsseln jeweils eine zweite Ausfertigung als Ersatz bei möglichem Verlust. Diese Beobachtung brachte den Kollegen aus dem Management dazu, sich die Frage zu stellen: „Warum wird die SIM-Karte als der Schlüssel zum Handy bei Vertragsabschluss nur einfach verteilt – und nicht wie bei jeder Wohnungsübergabe der Zweitschlüssel auch die Zweit-SIM-Karte ausgehändigt?" Ist das Handy mal weg, kann mit der Ersatzkarte ein Altgerät, das inzwischen die meisten noch in der Schublade haben, direkt aktiviert werden. Der Kollege trug diese Idee wieder zurück in seinen Bereich und konnte im nächsten Meeting mit dieser Idee überzeugen, sodass seitdem jeder Kunde im T-Shop gegen einen kleinen Aufpreis seine Ersatz-SIM-Karte erhalten kann. Eine kleine, aber feine Innovation, die sich bei der Menge der Kunden auch entsprechend auszahlt.

## 8.4.2   Claim Space

Im gleichen Zuge wurden die Räumlichkeiten des Creation Centers eingeweiht. Grundsätzlich kann jeder Raum zum Design-Thinking-Raum gemacht werden, jedoch ist es wichtig, Fakten zu schaffen, um relevant zu bleiben. Dazu gehörte für uns eben auch, dass wir einen physischen Ort bestimmen, der als zentrale Anlaufstelle für jegliche Design-Thinking-Aktivitäten im Unternehmen gilt. Dieser Ort sollte entsprechend für alle Phasen des Design Thinking funktionieren und auf gewisse Art und Weise das Design-Thinking-Mindset widerspiegeln. Jeder, der den Ort betritt, sollte das Gefühl haben, hier ist etwas anders, hier passiert etwas, hier kann ich direkt loslegen und frei denken. Das Creation Center ist ein buntes, inspirierendes Großraumbüro mit gestaltbaren Bereichen, geeignet für Research, Analyse, Ideation, Prototyping bis hin zum Testing. Es finden sich dort der klassische Computerarbeitsplatz für die Kommunikations-, Recherche- und Organisationstätigkeiten sowie Team Spaces zur gemeinsamen kreativen Gruppenarbeit mit viel flexibler Wandfläche und tragbaren Boards. Es gibt ein „Inspirational Materiallab" mit Regalen voller überraschender Dinge, die Geschichten aus aller Welt erzählen. Eine Werkstattecke für erstes Prototyping und ausreichend Präsentationsfläche für Feedbackrunden finden sich ebenso. Die Teamküche für das wöchentliche gemeinsames Kochen und regelmäßige Besprechungen als Ort für Tapetenwechsel ist nicht zu unterschätzen. Über die Jahre ist das Creation Center mit den Bedürfnissen der täglichen Design-Thinking-Arbeit gewachsen und zu einem gerne gezeigten Ausflugsziel für jegliche Besucher der Telekom geworden – vom Kabelverleger bis zum Vorstand, vom interessierten Kunden bis zur Kanzlerin.

### 8.4.3   Multidisciplinary Platform

Nach dem „Big Bang" und der ersten Verortung ist es entscheidend, die Fahne weiterhin hoch- und die Türen offen zu halten. Es geht weniger darum, im stillen Kämmerlein tolle Ideen zu entwickeln, sondern alle relevanten Akteure zu einem Projekt hier zu versammeln und aktiv in den Design-Thinking-Prozess einzubinden. Ein großer Besprechungstisch im Creation Center galt als Symbol für den Plattformgedanken, den es täglich zu leben gilt. Um diesen Tisch herum versammeln sich verschiedenste Disziplinen aus diversen internen Abteilungen und externen Bereichen – aus dem Business, der Technik, der Markforschung, der Kommunikation und dem Design, aus allen Altersschichten und Kulturkreisen. Gerne setzen wir beispielsweise in einem Workshop eine quirlige Praktikantin aus Brasilien neben einen gestandene Topmanager aus Bonn neben einen in seiner technischen Forschungswelt lebenden Doktoranden. Und nicht zu guter Letzt ist auch der Endnutzer Teil des Ganzen. Der oft schon „befremdliche" Kunde kommt somit direkt ins Spiel und kann direkt seine Bedürfnisse bzw. Beobachtungen äußern, seine Ideen einbringen und sein Feedback geben. Je variantenreicher die Zusammenstellung der Design-Thinking-Workshops, desto reichhaltiger, spannender, aber auch kontroverser die Ergebnisse.

### 8.4.4   Stakeholder Involvement

Nicht nur die Vielfältigkeit der Teilnehmer ist entscheidend für den erfolgreichen Design-Thinking- Prozess, sondern auch die entsprechenden Zuständigkeiten innerhalb eines Projektes. Nur wer von Anfang an bei einem Projekt dabei ist, kann die Entstehung von Ideen voll und ganz nachvollziehen und ist entsprechend bereit, sich für deren Umsetzung einzusetzen. Es lohnt sich beispielsweise sehr, wenn auch ein Backend-Entwickler oder Techniker die Probleme des Kunden hautnah nachvollziehen kann, insbesondere, wenn er eine Lösung für den Kunden entwickeln muss.

Den Produktverantwortlichen als Teil des Teams im Kreativprozess dabei zu haben, garantiert die nötige Passion und Ausdauer für die Implementierungsphase der entstandenen Ideen. Jemand aus dem Kommunikationsteam beim Nutzerfeedback dabei zu haben, erleichtert die PR-Arbeit für ein Produkt im Launchprozess.

Intern wird das Creation Center „Reisebüro zum Konsumenten" genannt, da wir es ermöglichen, mit dem Nutzer direkt in Kontakt zu treten und ihn nicht nur wie ein Tier im Zoo durch eine Glasscheibe (z. B. mittels einer Fokusgruppenforschung) zu beobachten.

Auch aus strategischer Sicht ist es wichtig sich zu fragen, wen man für ein Projekt mit an Bord haben muss, damit das Projekt nicht an konzernpolitischen Hürden scheitert. Hier ist es hilfreich, z. B. über eine Stakeholder Map, das System zu erfassen, in dem eine mögliche Produktidee zum Leben erweckt werden kann.

### 8.4.5  Build Community

Um den Kontext anderer zu verstehen, ist es unerlässlich, selbst verstanden zu werden. Je mehr Menschen im und um das Unternehmen aktiv in den Prozess integriert und involviert werden, desto größer ist die Wahrscheinlichkeit, dass Design Thinking nicht als eine „Black Box" in eine ungünstige Schublade geschoben wird.

Insofern haben wir schon früh begonnen, eine Design-Thinking-Community um unsere Plattform aufzubauen.

Die Community gibt Unterstützung entlang verschiedenster Unternehmensanforderungen, wie etwa beim Teambuilding mit regelmäßigen inspirierenden Aktivitäten, z. B. Essen, Drinks, Foren, Ausflüge usw., und bietet neben öffentlichen Veranstaltungen, wie z. B. Vorträge, Ausstellungen, Führungen, eine Vielzahl von Möglichkeiten, um Leute miteinander in Austausch über Innovationsthemen zu bringen.

Über Social-Media-Kanäle kann man den Kontakt einerseits zu aktuellen und ehemaligen Mitarbeitern und andererseits zu Projektmitgliedern und Fans halten und diese über aktuelle Entwicklungen informieren. Neben den regulären Workshops und Innovationsrunden können beispielsweise Jubiläumsfeiern, Produkt-Launch-Events und Wettbewerbe in Design-Thinking-Formaten entwickelt werden.

### 8.4.6  Play & Multiply

Wichtig ist für uns, dass sich das Arbeiten in den Design-Thinking-Räumen bzw. in den Design-Thinking- Projekten klar von der alltäglichen Büroarbeit unterscheidet. Nicht nur das Erscheinungsbild der Räumlichkeiten, sondern auch die Aktivitäten, die Stimmung und der Umgang miteinander sind entscheidend für einen erfolgreichen Design-Thinking-Prozess. Gerade wenn es darum geht, Menschen, die es nicht gewöhnt sind, kreativ zu arbeiten, dazu zu bringen, einmal fernab ihrer gewohnten Pfade zu denken, ist der spielerische Ansatz sehr hilfreich, um das Eis zu brechen. Mit dem Ziel, die rechte Gehirnhälfte zu aktivieren, gibt es im Creation Center viele Spielsachen und ungewöhnliche Objekte in Regalen und Vitrinen zu erforschen. Das alles wirkt auf den ersten Blick wie ein Spielwarenladen, wird jedoch in Kreativprozessen aktiv eingebaut. Das Arbeiten im Creation Center macht – wie es diverse Manager nach einem Arbeitstag vor Ort immer wieder bestätigen – auch sehr viel Spaß. Das spielerische Arbeiten ist für einen Großteil der Kollegen – aus unserer Erfahrung heraus insbesondere der deutschen Kollegen – eher ungewöhnlich und gewöhnungsbedürftig. Sobald sie aber am eigenen Leib erfahren haben, dass ein Tag im Creation Center zu durchaus wertvollen Ergebnissen führen kann, sind sie überzeugt.

Sie erleben, wie ein Tag Design Thinking die Innovationsprozesse voranbringt und uns häufig sehr viel effektiver und produktiver sein lässt. Wir konnten auch immer wieder Fälle erleben, in denen Kollegen –zurück in ihrem Arbeitsalltag – nach Design-Thinking-orientierten Räumlichkeiten fragten. Diverse Bürofenster wurden im Anschluss an ein Creation-Center-Projekt oft mit Post-its beklebt. Inzwischen gibt es entsprechend an allen Konzernstandorten sogenannte „Creation Corners", bei denen wir es als Team aktiv unterstützt haben, den Creation-Center-Ansatz auch physisch in die Telekomwelt weiterzutragen. Dort stehen nicht nur bewegliche Möbel und Whiteboards, es liegt nicht nur Inspirations- und Prototyping-Material bereit, sondern es gibt dort auch unser sogenanntes „Cook Book" – ein Do-it-yourself-Methoden-Set für Design Thinking. Da wir als im Gesamtkonzern Deutsche Telekom doch eher kleines Team nur begrenzte Wirksamkeit erzielen können, sehen wir es als extrem wertvoll an, auf diese Art und Weise sichtbare Spuren im Konzern zu hinterlassen und uns dabei in gewisser Form selbst zu multiplizieren.

### 8.4.7   Change Culture

Das Arbeiten nach dem Design-Thinking-Ansatz verändert neben der Qualität der Ergebnisse auch die Arbeitskultur als solche. Nicht nur die andersartigen Räumlichkeiten, die Kollaboration ermöglichen, sondern auch die Werkzeuge und Methoden aus dem Design Thinking erweitern den Innovationshorizont. Im Creation Center werden nicht nur bunte Post-its auf tragbare Boards geklebt, sondern auch Methoden gezielt entsprechend der aktuellen Fragestellungen für die Creation-Center- Toolbox entwickelt. Die offene Atmosphäre in sämtlichen Design-Thinking-Projekten trägt nachweislich zur Intimität bei, in der es Leuten leichter fällt, Feedback zu geben, aber auch zu nehmen. Das regelmäßige Infragestellen und Iterieren von Thesen und das Querdenken als grundsätzliche Geisteshaltung sind für die erfolgreiche Innovation wichtig.

Einmal im Jahr fährt das Creation-Center-Team beispielsweise für ein paar Tage zu einer Team-Offsite, um die Creation-Center-Strategie zu reflektieren und eine längerfristige Vision zu entwickeln.

Gerade wenn es um Themen wie „Das neue Arbeiten" oder „Change Management" geht, kommen regelmäßig Vertreter von Gebäudemanagement, der Kommunikations- oder

Personalabteilung ins Creation Center, um sich inspirieren zu lassen. Die Frage „Warum arbeiten nicht alle im Konzern so?", die kommt immer wieder auf. Inzwischen konnte das Creation Center den ein oder anderen kulturellen Impuls innerhalb und außerhalb des Konzerns geben.

### 8.4.8 Participatory Approach

Im gesamten Design-Thinking-Prozess kann es nur darum gehen, die Stakeholder aktiv in den Prozess zu integrieren. Angefangen beim Erforschen des Verhaltens und der Bedürfniswelt der Nutzer, beispielsweise über „Cultural Probes" – Selbstbeobachtungswerkzeuge, die ausgewählten „Alltagsexperten" über einen abgesteckten Zeitraum zur Verfügung gestellt werden. Weiter über die Präsentation und Reflexion ihrer Beobachtungen in einem gemeinsamen Analysenworkshop, bis hin zur Ideation-Session, in der die Nutzer mit ihren teilweise wirklich guten Verbesserungsvorschlägen zu wertvollen neuen Ideen beitragen. Oft fühlen sich die Nutzer sogar geehrt und sind hoch motiviert, bei der Produktinnovation direkt dabei zu sein und somit auch ihre eigene Zukunft zu verbessern. Zudem gibt es kaum eine bessere Möglichkeit, den Kunden an sich zu binden und auf neue Services und Produkte neugierig zu machen. Somit ist das Design Thinking auch ein strategisch wertvoller Baustein in dem klassischen „Customer Relationship'" Management und der „PR"-Arbeit. Grundsätzlich gilt für das Design Thinking eben nicht im Individuellen zu innovieren, sondern Betroffene aktiv miteinzubeziehen. Auch wenn dies mit Zeit- und Ressourcenaufwand verbunden ist, steigt die Möglichkeit, im Markt erfolgreich zu sein.

### 8.4.9 Mindset & Motto

Es ist nicht selbstverständlich, jeden Innovationsschritt aus der Nutzerperspektive zu sehen. „Albert Szent-Gyorgyis Zitat „Seeing what everybody has seen and thinking what nobody has thought" war von Anfang an das Leitmotiv des Creation Centers. Den Alltag als Inspirationsquelle zu betrachten und mit offenen Augen die Welt und somit auch den Nutzer um sich herum zu beobachten, muss erst einmal gelernt werden. Design Thinking ist keine „9-to-5"-Haltung innerhalb der professionellen Mauern – es ist eine Herangehensweise, die rund um die Uhr auf alle Bereiche des Lebens anwendbar ist. Schon das morgendliche Gespräch mit dem Taxifahrer bzw. mit dem Nachbarn von gegenüber kann die eigene Perspektive und den Blick auf die aktuelle Fragestellung erweitern. Häufig kommen die Ideen nicht am Schreibtisch, sondern z. B. sonntagmorgens beim Spazierengehen. Oft geben wir den Teilnehmern nach einem Design-Thinking-Workshop noch einen Post-it-Block und Stift mit auf die Heimreise. Wenn man erst einmal im Flieger sitzt und sich die Tageseindrücke setzen, kommen gewöhnlich noch sehr wertvolle Gedanken, die es festzuhalten und im Idealfall mit den Kollegen zu teilen gilt.

### 8.4.10  Belief & Passion

Wenn die Kollegen, zurück im Arbeitsalltag, trotz des E-Mail-Beantwortungsrückstandes an ihre auf Post-its festgehaltenen Gedanken anknüpfen, hat der Design-Thinking-Virus sein erstes Werk bereits getan. Die Herausforderung ist für Unternehmen jedoch, die Initiative im Folgenden relevant zu halten.

Die Prozesse in Großkonzernen verlaufen oft sehr schleppend, und es dauert zum Teil Jahre, bis eine Idee umgesetzt ist. Umso mehr braucht es eine gewisse Flughöhe der Ideen und der ungetrübten Motivation, diese Prozesse umzusetzen, damit man bis zum Schluss durchhält. Albert Einstein formulierte dies wie folgt: „If at first the idea is not absurd, then there is no hope for it."

### 8.4.11  Strategic Relevance

Entscheidend für den Erfolg eines Design-Thinking-Labs ist auch die Auswahl der zu bearbeitenden Themen und Projekte. Je mehr sich die Arbeit und die entsprechenden Erfolge in strategisch relevanten Bereichen abspielen, desto mehr Aufmerksamkeit bekommt der Design-Thinking-Ansatz. Auch gibt es immer wieder politisch motivierte Projekte, die für das Fortbestehen des Labs relevant sind, wie beispielsweise im Falle des Creation Centers Projekte aus dem Bereich Kommunikation, die dann entsprechend konzernintern darüber berichten. Im Creation Center erhalten wir pro Jahr rund 20 bis 30 Projektanfragen aus allen Bereichen des Konzerns, die wir aus Kapazitätsgründen nicht alle bearbeiten können. Somit müssen bzw. können wir eine Auswahl treffen und entsprechend priorisieren. Der Großteil der Fragestellungen, die im Creation Center bearbeitet werden, kommt aus dem Innovationsmanagement und landet früher oder später auch in den Portfolioprozessen. Sie bewegen sich von kleinen konkreten zu großen übergreifenden Themen und sind im Zeithorizont von heute, morgen oder übermorgen angesetzt: „Wie kann das Feature des Adressbuchs auf dem Telefon optimiert werden?", „Wie kann ein intelligentes Heimnetzwerk den Lebensalltag verbessern?", oder beispielsweise „Wie sieht der intelligente Kundenservice in 2020 aus?". Eigeninitiierte Projekte aus dem Creation- Center-Team, wie z. B. die „eEtiquette – 101 Leitlinien für die digitale Welt (www.eEtiquette.de)", sind um einiges aufwendiger im Konzern zu verankern, haben aber eine hohe sinnstiftende Wirkung.

### 8.4.12  Document & Publicate

Wie stark das Design Thinking im Rampenlicht steht, hängt klar auch von der Kommunikationsfreudigkeit im Team ab. Getreu dem Motto „Tue Gutes und rede darüber" haben wir im Creation Center in regelmäßigen Abständen unsere Arbeit dokumentiert und sowohl intern als auch extern kommuniziert. Dabei haben wir teils die Projekte ausführlich dokumentiert, beispielsweise in Form von gedruckten Ringbüchern, bis hin zu Videoprototypen. Wir haben uns für diese unterschiedlichsten Kommunikationsvehikel entschieden, um insbesondere Kollegen, die nicht mit in den Projekten gearbeitet haben, zu begeistern und zu motivieren, beim nächsten Mal in den Projektteams mitzuarbeiten. Zudem sind sämtliche Dokumentationen – egal in welcher Form – auch Nachweis über unsere Projektarbeit. Auch haben wir neben unserer Webpräsenz ein Buch sowie zum 5. Geburtstag ein Magazin herausgegeben. Höhepunkt unserer Kommunikationsaktivitäten war der „Deutsche PR-Preis 2011", den wir im Zuge der eEtiquette verliehen bekamen. Interessanterweise ist es nicht nur wichtig, im eigenen Intranet präsent zu sein, sondern auch außerhalb des Unternehmenskontextes auf sich aufmerksam zu machen. Selbst die Erwähnung im kürzlich erschienenen Manager Magazin unterstützt die interne Wahrnehmung unserer Design-Thinking-Tätigkeiten.

### 8.4.13 Train & Enable

Wir konnten über die letzten Jahre gemeinsam mit dem Produktmanagement unzählige Ideen entwickeln, diese anschaulich dokumentieren und weitreichend kommunizieren. Doch damit ist es leider nicht getan. Wenn eine Idee seine Keimzelle verlässt und als zarte Pflanze wachsen und gedeihen soll, braucht es den entsprechenden fruchtbaren Boden dazu. Wenn wir mithelfen, diesen Boden zu kultivieren, steigt die Wahrscheinlichkeit, dass unsere Saat auch gedeiht. Mit einer frühen Sensibilisierung und aktiven Beteiligung der Kollegen am Design-Thinking-Prozess und der nutzerzentrierten Grundhaltung können noch so rohe Ideen den langen Weg bis zum fertigen Service oder Produkt im Shop überstehen. Eine Überlebensstrategie für diese Ideen und das Creation Center als solches ist der Aufbau eines aktiven Netzwerks samt „Nachfolgeregelung". Neben unseren Praktikanten und engagierten Kollegen, die über die gemeinsame Projektarbeit hinaus mit uns zusammenarbeiten, steigt unsere Relevanz auch durch externe Anfragen nach Führungen, Coaching oder Ausbildungsformaten. Seit einigen Jahren steigt auch die Nachfrage nach spezifisch entwickelten und abteilungsübergreifenden Design-Thinking-Trainingsprogrammen für Kollegen inner- und außerhalb des Konzerns. Eines der ersten Trainingsformate war das sogenannte Design-Thinking-Gym, in der Kollegen aus dem Produktmanagement drei Tage lang an einer bewusst Telekom-fremden Aufgabenstellung Design Thinking durchlaufen haben. Hier stand im Gegensatz zu dem „Training on the Job" ganz klar die Methode im Vordergrund, losgelöst von dem Ergebnisdruck des Konzernalltags. Inzwischen konnten wir unsere Erfahrungen auch in die Konzeption und Durchführung von diversen Trainingsformaten der Konzernweiterbildung (Telekom Training & Group Transformation Change) einbringen, die u.a. auch an realen Telekom-internen Fragestellungen arbeiten, welche die Teilnehmer selbst mitbringen. Hier werden zwei Fliegen mit einer Klappe geschlagen – Erlernen einer Innovationsmethodik sowie effizientes Nutzen der investierten Zeit für das Tagesgeschäft. Dabei unterstützen verschiedene Abteilungen aus dem Konzern – von F&E, Group Innovation, Product Design bis HR. Mit vereinten Kräften sind die Reichweite und Qualität der Design-Thinking-Aktivitäten im Konzern um einiges größer.

## 8.4.14 Management-Engagement

Um dem vorzubeugen, dass die Initiative Design Thinking abschwächt, sei es quantitativ oder qualitativ, ist das Creation Center regelmäßig auf Managementversammlungen wie Jahrestagungen, Offsites, Business Leadership Team Meetings etc. aktiv. Hier bieten wir beispielsweise kurze Schnupperworkshops (zwei bis drei Stunden) an, um den Prozess kennenzulernen. Auch bieten wir regelmäßig interaktive Impulsvorträge oder greifbare Ausstellungsformate an, die in der Vergangenheit überzeugten. Eines der eindrucksvollsten Formate war der Nachbau von Nutzerwelten in unserem Lab, durch den wir das Topmanagement der Telekom mit der Fragestellung „Whose life is it"' geschleust haben. Wie bei einem Filmset gab es drei Räume unterschiedlicher Nutzer – medienaffiner Teenager, alleinerziehende Mutter, herzkranker Senior – zu betreten. Im ersten Schritt ging es darum, dass das Leadership Team die Lebensräume der Nutzer ausführlich erforschte. Im zweiten Schritt galt es zu verstehen, welche unterschwelligen Bedürfnisse der jeweilige Nutzer wohl haben könnte. Im Zuge dessen hatten die Kollegen ein paar Minuten Zeit zu überlegen, wie sie das Leben dieses Menschen möglicherweise mit Service und Produktideen verbessern könnten. Abschließend hatten sie Zeit, ihre zum Teil sehr spannenden und innovativen Ideen in der Runde zu präsentieren. Somit konnten die Kollegen in knackigen 30 Minuten den nutzerzentrierten Innovationsansatz direkt erleben und selbst erkennen, wie wertvoll das kurze Hineindenken in einen fiktiven Nutzer für das Generieren von neuen Ideen sein kann.

## 8.5    Resultate

Seit über neun Jahren ist das Creation Center nun aktiv und hat über die beschriebene Rezeptur die Design-Thinking-Kultur im Konzern maßgeblich mitgeprägt. Nicht zuletzt ist durch die verschiedenen Impulse in diesem Jahr in der Deutschen Telekom das „Jahr des Design Thinking" ausgerufen worden. Dies sollte nur der letzte Anstoß sein, damit sich der Design-Thinking-Virus nun endgültig in die DNA der Deutschen Telekom einnistet.

## 8.6    Lessons Learned

- Die Verbreitung von sämtlichen Initiativen innerhalb großer Strukturen ist kein Selbstläufer. Akribie, Flexibilität und Innovationskraft in der eigenen Change-Methodik sind die notwendigen Anforderungen an die Teilnehmer der Initiative.
- Relevanz einer Abteilung kann auch darüber entstehen, dass Externe dieser Abteilung Relevanz zuweisen.
- Viele Elemente müssen zwar Bottom-Up umgesetzt werden, benötigen aber zweifelsfreie Top-Level-(Top-Down-)Unterstützung.

- Der Wert guter, unternehmensinterner Kommunikation darf nicht unterschätzt werden. Grundsätzlich muss intern genauso „verkauft" (und geliefert) werden wie auch am freien Markt.
- Einfach machen und Fakten schaffen. Wer immer nachfragt und auf Ergebnisse langwieriger Entscheidungsprozesse wartet, wird im Konzern nichts bewegen.
- Nicht nur das Ergebnis, sondern der Prozess zählt – gerade im Hinblick auf Akzeptanz und Verbreitung der Methode.

## 8.7  Checklist

- Topmanagement-Support sichern
- Ein multidisziplinäres Team zusammenstellen, mit klarer Rollenverteilung (auch im Hinblick auf die Kommunikation)
- Symbolhafte Aktionen setzen (Raumgestaltung, Events etc.), die die Ernsthaftigkeit der Initiative untermauern
- Zielgruppengerecht im Unternehmen kommunizieren
- Bei jedem Innovationsschritt überprüfen, wie der Nutzer integriert werden kann

# Swisscom: Kundenzentrierung messen

Ganzheitliche Kundenorientierung mit dem Customer
Centricity Score (CCScore) messen und verbessern

9

**Zusammenfassung**

Viele Unternehmen schreiben sich auf die Fahnen, kundenorientiert zu sein. Doch wie
misst man eigentlich, ob man sich als Unternehmen auf dem richtigen Weg befindet?
Während Design Thinking oftmals als Methode verstanden wird, innovative Ergebnisse
zu erzeugen, geht es aus Unternehmenssteuerungssicht insbesondere darum, eine Innovationskultur intern zu entwickeln.

Die Swisscom, das führende Telekommunikationsunternehmen der Schweiz, hat
zusammen mit der Hochschule Luzern den Customer Centricity Score (CCScore) entwickelt, um die Frage, wie man Kundenzentriertheit intern messen kann, zu beantworten. Der CCScore zeigt durch eine einfache Umfrage bei den Mitarbeitern eines
Unternehmens, wo sich Stärken und Schwächen bezüglich Kundenorientierung im
Unternehmen befinden und wo die Hebel anzusetzen sind. Der CCScore hilft als strategisches Führungsinstrument, ein Unternehmen hin zu mehr Kundenorientierung zu
entwickeln.

## 9.1 Das Unternehmen Swisscom

Swisscom ist das führende Telekommunikations- und eines der führenden IT-Unterneh-
men der Schweiz. Mit Angeboten für Geschäfts- und Privatkunden im Mobilfunk, Fest-
netz, Internet und Digital-TV sowie einem breiten Portfolio an IT-Dienstleistungen bei
Marktanteilen von bis zu 59 % erzielen rund 20.000 Mitarbeiter einen Jahresumsatz von
ca. 11 Milliarden Schweizer Franken pro Jahr.

Was mit der Einführung der Telegrafie um das Jahr 1852 begann, wird bis heute
durch den Bau und Unterhalt einer der modernsten Mobilfunk- und Festnetzinfrastruk-
turen Europas fortgeführt. Swisscom legt die technische Basis dafür, dass die digitale

Revolution auch in der Schweiz stattfinden kann. Die Digitalisierung bietet dabei Chancen, aber auch Herausforderungen für die Schweizer Wirtschaft und für Swisscom selbst.

> **Stephan Engl** arbeitet als Head of Human-Centered Design Massmarket (HCD). Seit dem Jahr 2008 unterstützt der Unternehmensbereich die Swisscom dabei, sich kundenorientiert auszurichten. Dabei sollen insbesondere Produkte mit Fokus auf den Kunden entwickelt werden.

## 9.2 Ausgangslage

Ein Unternehmen ist nur so kundenorientiert wie all seine Mitarbeiter zusammen.

Die Digitalisierung verändert die Telekommunikations- und IT-Landschaft maßgeblich. Kunden sind heute über alle ihre digitalen Endgeräte online und können in Echtzeit auf ihre privaten und beruflichen Anwendungen und Daten zugreifen. Die Art, wie wir kommunizieren und interagieren, verändert sich rasend schnell. Zunehmend sind auch Geräte und intelligente Applikationen direkt miteinander vernetzt. Für Firmen entstehen neue Formen von Kundenkontakten, Produktionsprozessen und Wertschöpfungsketten. Immer mehr davon läuft rein internetbasiert ab. Die Einstiegshürden fallen und Innovationen werden gefördert. Das kleine Start-up aus dem Silicon Valley kann es heute mit einem Großkonzern aufnehmen, da der Wettbewerb globaler geworden ist. Firmen wie Swisscom sind davon besonders betroffen, da bestehende Geschäftsmodelle der Telekommunikation, wie z. B. SMS, wegbrechen und im Kerngeschäft eine anhaltende Preiserosion stattfindet.

Die Swisscom hat den Anspruch, seinen Privat- und Geschäftskunden das Beste in der vernetzten Welt zu bieten – immer und überall. Um dieses Ziel zu erreichen, wird eine Strategie verfolgt, die sich auf drei Pfeiler stützt:

- **Beste Infrastruktur bauen:** Die Infrastruktur bildet für Swisscom auch in Zukunft die Grundlage, um ihre Angebote bereitzustellen. Sie muss die steigenden Anforderungen der Kunden durch Netze, die sich durch höchste Sicherheit, Verfügbarkeit und Leistungsfähigkeit auszeichnen, auch zukünftig effizient erfüllen.
- **Beste Wachstumschancen realisieren:** Der Telekommunikationsmarkt selbst wächst kaum noch. Deshalb möchte Swisscom ihr Produktportfolio weiterentwickeln, um einerseits die bestehenden Umsätze im Kerngeschäft zu sichern und andererseits die vorhandenen Kernkompetenzen zu nutzen, um neue Wachstumsfelder in der Entwicklung von nationalen und internationalen Angeboten für Branchen wie Banking, Gesundheitswesen und Energie zu erschließen.

- **Beste Erlebnisse bieten:** Um sich von seinen Mitbewerbern im Kerngeschäft entscheidend zu differenzieren, will Swisscom ihre Kunden nicht nur kompetent begleiten, sondern entlang der gesamten Kundenerlebniskette, bei für Kunden relevanten Interaktionen, unverwechselbare Swisscom-Erlebnisse bieten. Dementsprechend stellt Swisscom die Kundenbedürfnisse bereits bei der Entwicklung neuer Angebote und Services in den Vordergrund.

Der Unternehmensbereich Human-Centered Design (HCD) unterstützt Swisscom dabei, ihren Kunden beste Erlebnisse zu bieten, indem er die Organisation so weiterentwickelt, dass das Unternehmen und all seine Mitarbeiter die Rahmenbedingungen herstellen, um diesem strategischen Anspruch auch nachhaltig gerecht werden zu können.

Als Kompass auf dieser Reise verwendet Human-Centered Design das sogenannte Innovationskulturmodell. Es bildet relevante Dimensionen ab, entlang derer Swisscom weiterentwickelt wird (siehe Abb. 9.1).

Die Aktivitäten im Bereich HCD orientieren sich am Innovationskulturmodell und reichen dementsprechend von der Gestaltung der Strategie mit Fokus auf den Kunden über die Einführung von Strukturen und Prozessen, die kundenorientiertes Arbeiten ermöglichen, und der Schulung von Mitarbeitern in Methoden der kundenzentrierten Produktentwicklung bis hin zu der Gestaltung der Arbeitsumgebung bei Swisscom.

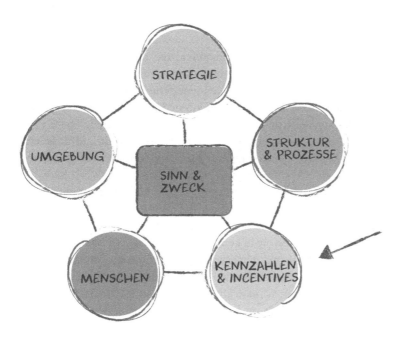

**Abb. 9.1** Innovationskulturmodell (Quelle: Swisscom AG)

In den letzten beiden Jahren lag besonderes Augenmerk auf der Dimension der Kennzahlen und der Frage, wie sich Kundenorientierung messen lässt.

## 9.3    Zentrale Herausforderungen

Die Swisscom ist eine Firma, die sich seit jeher mit Kennzahlen beschäftigt. Der Umgang mit Kennzahlen ist den Mitarbeitern und Führungskräften nicht fremd. Kennzahlen haben einen hohen Stellenwert. Es war daher nahe liegend, auch die Veränderung hin zu einer kundenorientierten Kultur über Kennzahlen abzubilden, überprüfbar zu machen und aktiv zu steuern.

## 9.4    Zielsetzung und Beschreibung der Innovationsaktivitäten

Um das Ziel zu erreichen, als Unternehmen kundenorientierter zu werden, wurde gemeinsam mit der Hochschule Luzern der Customer Centricity Score entwickelt. Die folgenden Aspekte mussten initial beachtet werden:

- Die Swisscom will seinen Kunden beste Erlebnisse bieten und muss dafür alle Bereiche des Unternehmens kundenorientiert ausrichten. Bislang fehlte ein Überblick darüber, welcher Bereich bei Swisscom „wie" kundenorientiert ist und wo angesetzt werden kann, um Kundenorientierung zu steigern.
- Innerhalb der Swisscom existieren viele Kennzahlen, die sich entweder auf das finanzielle Ergebnis einer ausgewogenen Kundenorientierung beziehen (Absatz, Umsatz, Marge etc.) oder auf das eigentliche Kundenerlebnis selbst (Net Promoter Score, Kundenzufriedenheit etc.). Es gibt aufseiten der Mitarbeiter jedoch keinen Indikator über die Ausprägung der Kundenorientierung im Unternehmen. Die bereits seit einigen Jahren vorhandene umfangreiche, zweijährig durchgeführte Mitarbeiterumfrage liefert zu wenig konkrete Anhaltspunkte zur Steigerung der Kundenorientierung.
- Swisscom-intern gibt es kaum verbindliche Instrumente, die Führungskräften aufzeigen, wo sie ansetzen können, um Kundenorientierung in ihrem Bereich zu steigern, und wie sie diese Entwicklung dann entlang einer Kennzahl überprüfen und zur Erfolgskontrolle von Verbesserungen nachverfolgen können.
- Softe Faktoren der Organisations- und Unternehmensentwicklung können bislang nur schwer quantifiziert und ausgewiesen werden. Sie fließen in manchen Bereichen deshalb nur bedingt in Entscheidungsprozesse ein.
- Auf dem Markt vorhandene Instrumente zur Evaluation der Kundenorientierung eines Unternehmens greifen meist zu kurz: Sie richten sich nur an Touchpoint-Mitarbeiter oder aber befragen nur Führungskräfte. Es fehlt ein Instrument, welches das gesamte Unternehmen durchleuchtet, um Kundenorientierung zu messen.

## 9.5   Kundenzentriertheit als „KPI" etablieren

Im Jahr 2013 hat der Bereich Human-Centered Design gemeinsam mit der Hochschule Luzern begonnen, einen empirisch hergeleiteten Indikator zu entwickeln, der Kundenorientierung in jedem Unternehmen messen und ausweisen kann.

Jeder Mitarbeiter im Unternehmen hat direkt (z. B. im persönlichen Kundenkontakt) oder indirekt (z. B. in der Verwaltung, Strategie oder Prozessdefinition) einen Einfluss auf das, was der Kunde des Unternehmens erlebt. Dabei ist es völlig egal, welchen Teil der Wertschöpfungskette das Unternehmen abdeckt und ob es sich um ein im B2C- oder B2B-Umfeld tätiges Unternehmen handelt. Am Ende jeder Wertschöpfung wird Wert für den Kunden (und das Unternehmen) geschaffen. Nur wenn jedem Mitarbeiter im Unternehmen dieser Sinn und Zweck bewusst ist und sein eigener Beitrag bei der Wertschöpfung für den Kunden bekannt ist, kann das Unternehmen langfristig und nachhaltig wirtschaften. Jeder im Unternehmen leistet dazu einen Beitrag.

Für das Vorhaben, eine neue Kennzahl zu entwickeln, die Kundenorientierung misst, ergaben sich daraus konkrete Anforderungen:

- Das Instrument muss alle Branchen und alle Bereiche bzw. Abteilungen eines Unternehmens abdecken und über alle Hierarchiestufen hinweg einsetzbar sein.
- Die Fragen, die erhoben wurden und anhand derer der Indikator gemessen und berechnet wird, müssen für alle Mitarbeiter einfach verständlich und schnell zu beantworten sein.
- Das Instrument muss alle relevanten Faktoren und Dimensionen der Kundenorientierung in einem Unternehmen abdecken.
- Der Indikator sollte möglichst einfach berechenbar und interpretierbar sein – idealerweise orientiert er sich an etablierten und bekannten Messgrößen, wie z. B. dem weitverbreiteten Net Promoter Score (NPS).

Die Hochschule Luzern war für die Swisscom etablierter, neutraler und wissenschaftlicher Partner für das Projekt. Als Kooperationspartner haben dabei Professor Jan-Erik Baars (Leiter Design Management International), Professor Dr. Andreas Brandenberg (Leiter Institut für Kommunikation und Marketing) und im weiteren Projektverlauf Professor Dr. Dominik Georgi (Projektleiter und Dozent am Institut für Kommunikation und Marketing) die Entwicklung des Instruments federführend geprägt.

▶   Was heißt Kundenorientierung? Kann ein Unternehmen zu kundenorientiert sein? Kundenorientierung, so wie sie im Rahmen des Customer Centricity Scores verstanden wird, ist die bewusst gestaltete Balance zwischen dem, was der Kunde braucht, und dem, was das Unternehmen braucht. Kundenorientierung heißt vor diesem Hintergrund, nicht blind alles zu tun, was der Kunde sagt, oder ihm hörig zu sein, sondern sich bewusst auf den Kunden als zentralen Partner jeglicher Wertschöpfung einzustellen und auszurichten.

## Wie funktioniert
*der Customer*
*Centricity Score?*

**Abb. 9.2** Customer-Centricity-Score-Modell (Quelle: Swisscom AG)

Die Entwicklung des CCScores verlief in drei Phasen:

1. In der ersten Phase wurde durch Primär- und Sekundärforschung sowie durch Expertengespräche mit Praktikern aus unterschiedlichen Industrien ein umfassender Fundus an Faktoren gesammelt, die Kundenorientierung in einem Unternehmen beschreiben und charakterisieren.
2. In der zweiten Phase wurden diese weit über 150 Faktoren in einfach zu beantwortende Fragen überführt, um sie im Rahmen von Umfragen nutzen zu können.
3. In der dritten Phase wurden diese Fragen im Rahmen von Pilotstudien mit Mitarbeitern aus unterschiedlichen Unternehmen, darunter auch Swisscom, getestet und validiert. Faktoranalytisch konnten so die stärksten Treiberfaktoren für Kundenorientierung identifiziert und gruppiert werden. So war letztendlich auch eine Reduktion der Fragen von über 150 auf die 15 Haupt-Treiberfaktoren von Kundenorientierung möglich.

Die 15 Faktoren sind sachlogisch den drei Themengruppen Führung, Zusammenarbeit und Implementation zugeordnet (siehe Abb. 9.2).

### 9.5.1  Führung

Die Führung schafft die Rahmenbedingungen, damit Kundenorientierung in der gesamten Organisation gelebt werden kann:

• Priorisierung
• Commitment

- Befähigung
- Offenheit
- Anreize

## 9.5.2 Zusammenarbeit

Ein reflektierter, offener und toleranter Umgang, über alle Organisationseinheiten hinweg, ermöglicht eine kundenorientierte Zusammenarbeit:

- Toleranz
- Konsequenz
- Lernkultur
- Bereichsübergreifende Zusammenarbeit
- Touchpoint-Interaktion

## 9.5.3 Implementation

Durch die Implementation von kundenorientierten Abläufen und Systemen entstehen relevante
Angebote und ganzheitliche Kundenerlebnisse:

- Kundenwissen
- Erlebnisgestaltung
- Kundenintegration
- Persönliche Reaktionsmöglichkeiten
- Systemunterstützung

## 9.5.4 Die Funktionsweise des CCScores

Der CCScore wird durch eine Onlinebefragung erhoben. Jedem Faktor der Kundenzentrierung ist dabei eine Frage zugeordnet. Die Fragen sind so formuliert, dass sie von jedem Mitarbeiter im Unternehmen beantwortet werden können. Es wird kein Expertenwissen benötigt. Insgesamt umfasst die Onlinebefragung dementsprechend 15 Fragen – zu jedem Faktor der Kundenorientierung eine Frage. Zu jeder Frage schätzen Mitarbeiter ihre Zustimmung aus ihrer persönlichen Perspektive und in ihrem individuellen Arbeitsumfeld bei Swisscom ein. Diese Selbsteinschätzung wird auf einer Skala abgebildet.

Die Berechnung des CCScores erfolgt anschließend entsprechend der Berechnung eines Net Promoter Scores (NPS). Es wird die Differenz von besonders positiven (9–10 auf 10er-Skala) zu eher negativen Antworten (1–6 auf 10er-Skala) berechnet. Daraus ergibt sich eine Skala des Scores von maximal minus 100 (100 % negative Antworten) bis maximal plus 100 (100 % positive Antworten).

Für jeden Faktor ergibt sich ein einzelner Score, der damit den Beitrag zur Kunden-orientierung des Unternehmens ausweist. Diese Scores werden dann auf Ebene der drei Themengruppen Führung, Zusammenarbeit und Implementation aggregiert, sodass auch Scores für die Themengruppen ausgewiesen werden können. Als Letztes wird der Gesamt-score über alle Themengruppen berechnet – dieser über alle 15 Treiberfaktoren der Kun-denorientierung und über die Themenbereiche aggregierte CCScore gibt übergreifend den Grad der Kundenorientierung eines Unternehmens an.

## 9.6 Der CCScore bei Swisscom: Einbettung im Unternehmen und erste Ergebnisse

Anfang 2015 wurde der Customer Centricity Score als strategisches Instrument zur Erfas-sung und Entwicklung des Reifegrades der Kundenorientierung bei Swisscom eingeführt. Im Zuge dessen wurden interne Steuerungsindikatoren überarbeitet und strukturell den Steuerungsindikatoren der Kundenseite zugeordnet (siehe Abb. 9.3).

Auf individueller, stärker operativer Ebene wird für die Mitarbeiter und Führungs-kräfte eine „Pulse"-Messung durchgeführt, welche die Mitarbeiterzufriedenheit sowie das Mitarbeiterengagement in regelmäßigen Abständen misst. Die gewonnenen Erkennt-nisse können insbesondere in der kurzfristigen Führungsarbeit genutzt werden. Auf der

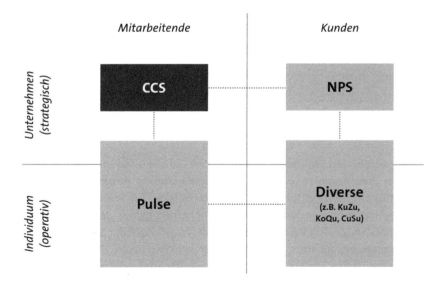

**Abb. 9.3** Messlandschaft Swisscom (Quelle: Swisscom AG)

Kundenseite wird die Kundenzufriedenheit an Kundenkontaktpunkten, wie beispielsweise im Shop oder in der Hotline, gemessen.

Auf strategischer Ebene wird auf Mitarbeiterseite der CCScore als Instrument der längerfristigen Entwicklung hin zu einer kundenorientierten Organisation genutzt. Er bildet das Pendant zum Net Promoter Score (NPS), der auf Kundenseite Aussagen über die Weiterempfehlungsquote und die Loyalität der Swisscom-Kunden ermöglicht. Während der NPS das Ergebnis kundenorientierten Handelns abbildet (loyale Kunden, die Swisscom weiterempfehlen), fungiert der CCScore als internes Frühwarnsystem, der Swisscom aufzeigt, wo anzusetzen ist, um kundenorientiert handeln zu können (kundenorientierte Mitarbeiter, die beste Erlebnisse für Swisscom-Kunden gestalten).

### 9.6.1   Erste Datenerhebung des CCScores

Für die erste offizielle Erhebung des CCScores im Jahr 2015 hat eine repräsentative, zufällig ausgewählte Anzahl von circa 4000 Mitarbeitern an der CCScore-Umfrage teilgenommen. Dies führte dazu, dass ein sehr detailliertes und breit abgestütztes Bild der Kundenorientierung über alle Geschäftsbereiche und über alle Hierarchiestufen der Swisscom erhoben werden konnte (siehe Abb. 9.4).

Ein CCScore von 21 liegt im positiven Teil der Skala (von -100 bis +100) und bedeutet, dass weitaus mehr Mitarbeiter bei Swisscom die 15 Faktoren der Kundenorientierung eher positiv als negativ eingeschätzt haben. Da es sich um eine Nullmessung handelt und die nächsten CCScores ab 2016 jährlich erhoben werden, lässt sich noch nicht abschätzen,

*Der Customer Centricity Score bei* **Swisscom 2015**

**Abb. 9.4** CCScore-Ergebnisse Swisscom aus dem Jahre 2015 (Quelle: Swisscom AG)

ob dieser Wert für Swisscom über die Zeit eher „gut" oder eher „schlecht" ist. Ein Vergleich mit Mitbewerbern und Firmen aus anderen Branchen, die sukzessive den CCScore adaptierten, sowie ein Benchmark über unterschiedliche Branchen, der sich in Erarbeitung befindet, werden zukünftig eine gute Vergleichsmöglichkeit für Firmen bieten. Im Idealfall kann jedes Unternehmen ganz einfach sehen, wo es bezüglich Kundenorientierung im direkten Vergleich zur eigenen Branche liegt.

Für die Swisscom lässt sich festhalten, dass der CCScore circa 15 bis 20 % unter den korrespondierenden NPS-Werten auf Kundenseite liegt, der eine identische Skala verwendet. Intern sind die Mitarbeiter in der Einschätzung ihrer Kundenorientierung demzufolge kritischer, als es im Ergebnis dann von den Kunden und deren Weiterempfehlung zurückgespiegelt wird. Darüber hinaus konnten bei Swisscom erste Korrelationen zwischen CCS- und NPS-Werten aufgezeigt werden. Bei der Betrachtung der CCS- und NPS-Werte der verschiedenen Geschäftsbereiche und der Kundenkontaktpunkte zeigte sich ein nachvollziehbares Bild: Diejenigen Unternehmensbereiche, die einen höheren CCScore erzielten, hatten tendenziell auch einen höheren NPS. Oder anders ausgedrückt: Je kundenorientierter ein Unternehmensbereich bei Swisscom ist, desto besser wird er von den Kunden bewertet und eher weiterempfohlen.

### 9.6.2    Die Interpretation des CCScores

Betrachtet man, wie sich der CCScore für Swisscom zusammensetzt (siehe Abb. 9.4), so fällt auf, dass die Themengruppen Führung (23) und Zusammenarbeit (24) höhere Scores aufweisen als Implementation (15). Anhand diesem Beispiels sei der Umgang mit CCScore-Werten genauer erläutert. Detail-Scores der Swisscom und ihrer Unternehmensbereiche können aus Gründen der Vertraulichkeit leider nicht gesamtheitlich veröffentlicht und beschrieben werden. Im nachfolgenden Beispiel wird demzufolge mit Auszügen gearbeitet:

Möchte man zum Beispiel verstehen, wie der niedrige Wert bei Implementation entsteht, so kann man bei den einzelnen Scores der zugehörigen Faktoren bei Implementation nachschlagen, und man erkennt, dass Kundenintegration (-26) und Umsetzungssupport (9) niedrige Werte ausweisen. Hier scheint es Probleme bezüglich Kundenorientierung bei der Swisscom zu geben. Nun zieht man als Nächstes die Verteilung der Scores auf die einzelnen Unternehmensbereiche hinzu. Dabei lässt sich erkennen, dass die Scores für Kundenintegration und Umsetzungssupport insbesondere bei internen Bereichen ohne Kundenkontakt (Betrieb, Verwaltung etc.) niedrig ausfallen. In diesen Abteilungen scheint es also Bedarf für mehr Kundenintegration und Umsetzungssupport zu geben – aber woran liegt es genau? Die quantitativen Scores haben bislang viel über das „Was" und „Wie viel" ausgesagt, aber noch wenig über das „Warum". Um mehr den Kontext der Bewertung zu verstehen, braucht es qualitative Zusatzinformationen. Dafür wurde jeder Mitarbeiter bei der CCScore-Umfrage bei besonders positiven oder negativen Einschätzungen nach einer Begründung der eigenen Einschätzung gefragt. Entstanden sind so über 7000 qualitative Begründungen, die sich in der Interpretation der Scores nutzen lassen. Zieht man nun die qualitativen Begründungen im oben genannten Beispiel bei Kundenintegration und Umsetzungssupport bei den internen Bereichen hinzu, so ergibt sich ein deutliches Bild: Viele der internen Bereiche sehen sich nur als interne Dienstleister ohne direkten Kontakt zum Kunden – für sie macht es in ihren Augen oft wenig Sinn, sich mit dem externen Kunden zu beschäftigen. Zusätzlich sind viele komplexe Tools und Systeme im Einsatz, die ein kundenorientiertes Arbeiten erschweren. Wenn Swisscom kundenorientierter werden möchte, so zeigt sich hier einer von vielen Hebeln, an dem sich ansetzen lässt bei der Entwicklung hin zu einem Unternehmen, das seinen Kunden beste Erlebnisse bietet.

### 9.6.3 Die Auswertung der Swisscom-Ergebnisse im Überblick

Die Analyse der quantitativen CCScores und der qualitativen Begründungen ergibt das Gesamtbild der Kundenorientierung bei Swisscom. Es zeigt all die vorhandenen und über Jahre aufgebauten Stärken, auf die Swisscom als Firma und Fachbereiche wie Human-Centered Design stolz sein dürfen. Es zeigt aber auch all die Herausforderungen und Chancen, bei denen sich Kundenorientierung bei Swisscom noch verbessern lässt (siehe Abb. 9.5).

**Stärken**

- Die Führung verankert Kundenorientierung und deren Relevanz kommunikativ in der Swisscom und lebt sie selbst vor.

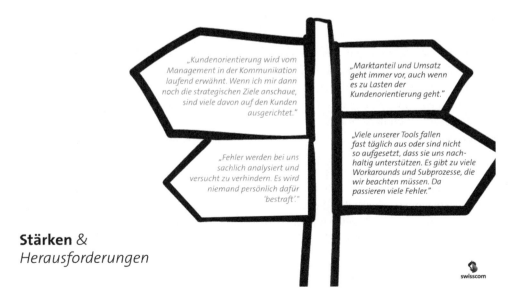

**Abb. 9.5** CCScore-Zitate aus der ersten Erhebung (Quelle: Swisscom AG)

- In der Zusammenarbeit tastet sich Swisscom immer schneller an neue Arbeitsformen mit Fokus auf Agilität und Eigenverantwortung in transversalen Teams heran. Es überwiegt eine konstruktive und systematische Lernkultur.
- Bei der Implementation verfügt Swisscom über reichhaltiges Kundenwissen aus der Interaktion mit Kunden. Viele Mitarbeiter haben persönlichen Handlungsspielraum, um auf Kunden eingehen zu können, und sind stolz auf ihren Beitrag zu dem, was unsere Kunden erleben.

**Herausforderungen**

- Die Führung steuert den operativen Alltag stark durch Effizienz- und Umsatzziele. Eine Übersetzung der kommunikativ verankerten Kundenorientierung in die konkrete, operative Umsetzung fehlt teilweise noch.
- Die Zusammenarbeit ist geprägt durch hohen internen Abstimmungsbedarf. Entscheidungen werden manchmal nicht mitgetragen, umgesetzt oder hinterfragt.
- Bei der Implementation gibt es noch zu wenig gelebte Kundenintegration mit kaum bzw. zu spätem Kundenkontakt und in manchen Bereichen das Selbstverständnis eines rein internen Dienstleisters. Eine komplizierte Tool-, System- und Prozesslandschaft erschwert kundenorientiertes Arbeiten.

## 9.7    CCScore: Resultate

Die erste Erhebung kann nur der erste Schritt in einem kontinuierlichen Feedbacksystem sein. Wie funktioniert dieses Lernen und Verbessern bei Swisscom? Siehe auch Abb. 9.6.

- **Lernen:** Workshops mit der Swisscom-Konzernleitung und dem Management der Unternehmensbereiche, bei denen die CCScore-Ergebnisse der Swisscom analysiert, verstanden und die Scores der eigenen Bereiche reflektiert werden. Festlegen von Handlungsschwerpunkten und Setzen der Verbesserungsambitionen für das nächste Jahr („Reflection to Action").
- **Verbessern:** Neben bereichsspezifischen Maßnahmen aus den Management-Workshops werden zusätzlich übergreifende Angebote für Teams und Mitarbeiter lanciert, welche die Herausforderungen und Ursachen mangelnder Kundenorientierung bei Swisscom adressieren. So gibt es zum Beispiel für den Themenschwerpunkt „Führung" und „Zusammenarbeit" dezidierte Angebote im Rahmen bereits vorhandener interner Initiativen wie einer Leadership Academy (für Führungskräfte) und einem Team Lab (für Projekt-/Organisations-Teams).

Im kontinuierlichen Feedbacksystem wird sich dann durch weitere Erhebungen zeigen, ob und wie erfolgreich die unterschiedlichen Maßnahmen gewesen sind.

## Kontinuierliches
## Feedbacksystem

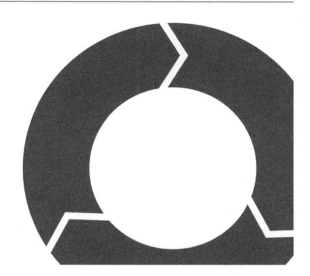

 **Messen**
*Erhebungen durchführen*

 **Lernen**
*Erkenntnisse gewinnen*

 **Verbessern**
*Verbesserungen umsetzen*

**Abb. 9.6** Messen, Lernen und Verbessern – das kontinuierliche Feedbacksystem der Swisscom
(Quelle: Swisscom AG)

## 9.8   Erfolgsfaktoren

- Setzen Sie ein internes Implementierungsteam aus Fachexperten unterschiedlicher Bereiche (z. B. HR, CX, HCD) auf, das den CCScore einführt, in Ihre KPI-Landschaft integriert und dessen strategische Nutzung sicherstellt.
- Betreiben Sie gezieltes Stakeholder-Management mit Entscheidungsträgern und Meinungsführern in Ihrem Unternehmen vor der Einführung des CCScores: Für Fachexperten kann der CCScore ein Mittel sein, um relevante Themen in Bezug auf das Kundenverhalten im Topmanagement auf die Agenda zu bringen. Für Personen aus dem Topmanagement kann der CCScore helfen, das Unternehmen für eine erfolgreiche Zukunft auszurichten.
- Nutzen Sie bestehende Initiativen und Gefäße in Ihrer Organisation. Es braucht nicht noch ein weiteres „Programm für mehr Kundenorientierung". Um Widerstand in der Organisation zu vermeiden und um eine nachhaltige Verankerung sicherzustellen, setzen Sie auf die Anreicherung bestehender Initiativen und Gefäße beim Thema Kundenorientierung und CCScore.
- Gestalten Sie ein kontinuierliches Feedbacksystem. Eine einmalige Messung des CCScores mag spannend sein, wird Ihrem Unternehmen aber nicht viel nutzen, wenn danach nichts damit geschieht. Stellen Sie sicher, dass von Anfang an ein kontinuierliches Feedbacksystem aus Messen, Lernen und Verbessern angedacht ist.
- Eine transparente Kommunikation im Unternehmen und die Bereitstellung der CCScores für alle Mitarbeiter helfen, das Verständnis für Kundenorientierung und deren Verbesserung als strategisches Ziel breit bei allen Beteiligten abzustützen.

- Nutzen Sie CCScores nicht zur Incentivierung der Mitarbeiter oder Führungskräfte. Sobald Sie Scores für die Incentivierung nutzen, werden diese geschönt und die Antworten fallen sozial erwünscht aus. Der Score ist nur ein Indikator – was Sie wollen, ist die Veränderung und die Verbesserung im Unternehmen, nicht das künstliche Nach-oben-Treiben einer Kennzahl. Incentivieren Sie daher über individuelle Zielvereinbarung auf Basis von konkreten Maßnahmen zur Steigerung der Kundenorientierung, aber nicht auf den CCScores selbst.

## 9.9     Lessons Learned

- **Durchhalten:** Eine Organisation über Steuerungsindikatoren hin zu mehr Kundenorientierung zu entwickeln ist ein Marathon und kein Sprint. Ergänzen Sie Ihr Vorhaben ggf. um weitere Maßnahmen entlang des Innovationskulturmodells wie Ausbildungen, kreative Arbeitsräume usw.
- **Ganzheitliche Sicht:** Zeigen Sie die gesamten Steuerungsindikatoren bezüglich Mitarbeitern und Kunden auf. Welche Instrumente werden auf welcher Flughöhe für wen verwendet? Verknüpfen Sie die Instrumente miteinander und schauen Sie sich Korrelationen und Wirkungsketten genau an. Das Zusammenspiel ist entscheidend. Vermeiden Sie ein isoliertes und voneinander losgelöstes Vorgehen. Das heißt auch, dass wahrscheinlich unterschiedliche Abteilungen, welche die jeweiligen Messungen und KPIs verantworten, zukünftig stärker zusammenarbeiten müssen.
- **Top-Level Support:** Beziehen Sie das Topmanagement früh mit ein. Wenn Sie einen Sponsor für den CCScore und das Thema Kundenorientierung gewinnen können, werden Ihnen die Einführung und Umsetzung leichter fallen. Leitende Manager kundennaher Bereiche, der Entwicklungs- oder Personalchef, sind wertvolle Verbündete.
- **Vernetzung:** Ziehen Sie externe Hilfe durch neutrale Dritte hinzu, die selbst Erfahrung mit dem Thema/Instrument gesammelt haben oder Ihnen aus ihrer Rolle heraus bei der Einführung helfen können.

## 9.10     Checklist

Um die Kundenorientierung in Ihrer Firma zu steigern …

- **Bringen Sie das Thema auf die Agenda und machen Sie es zur Chefsache:** Wenn Sie Topmanager sind, werden Sie Sponsor für das Thema. Wenn Sie Fachverantwortlicher sind, gewinnen Sie einen Sponsor im Topmanagement mit Artikeln und Beiträgen wie diesem.
- **Messen Sie Kundenorientierung bei sich im Unternehmen:** Schaffen Sie Transparenz über den Status quo. Wie kundenorientiert ist Ihre Firma? Führen Sie eine CCScore-Messung bei sich im Unternehmen durch. Entweder einfach qualitativ anhand des

CCScore-Modells, z. B. in einem Workshop nur mit dem Topmanagement, oder direkt quantitativ durch eine CCScore-Messung in Ihrem gesamten Unternehmen bei einer Stichprobe aller Mitarbeiter.

- **Lernen Sie anhand der verfügbaren Ergebnisse:** Setzen Sie sich intensiv mit den Ergebnissen auseinander und involvieren Sie das Topmanagement in die Reflexion der Ergebnisse. Suchen Sie bestehende oder definieren Sie neue Prozesse und Gefäße bei Ihnen im Unternehmen, durch die ein Austausch zum Thema Kundenorientierung und den CCScore- Ergebnissen erfolgen kann.
- **Verbessern Sie die Kundenorientierung:** Leiten Sie konkrete Maßnahmen zur Steigerung der Kundenorientierung ab und setzen Sie diese konsequent um. Lokal bei jedem Mitarbeiter und in Teams, aber vor allem auch strategisch und unternehmensweit, indem Sie die Hauptursachen mangelnder Kundenorientierung adressieren.
- **Bleiben Sie kontinuierlich dran:** Verfolgen Sie die Verbesserungsmaßnahmen und überprüfen Sie deren Erfolg. Nutzen Sie Instrumente wie den CCScore zur Erfolgskontrolle und um auf Kurs zu bleiben. Ihre Ausdauer wird durch höhere Kundenloyalität und eine nachhaltige, schwer zu kopierende Unternehmenskultur belohnt werden. Sie schaffen damit die Rahmenbedingungen für langfristigen und nachhaltigen Erfolg.

## Literatur

https://www.swisscom.ch/de/about/unternehmen/profil.html. Zugegriffen: Febr. 2016

https://www.swisscom.ch/de/about/unternehmen/marke/identitaet.html. Zugegriffen: Febr. 2016

https://www.swisscom.ch/de/about/unternehmen/ strategiehtml. Zugegriffen: Febr. 2016

http://report.swisscom.ch/de/geschaftsbericht/lagebericht/strategie-organisation-und-umfeld/unternehmensstrategie-und-ziele. Zugegriffen: Febr. 2016

https://www.swisscom.ch/de/business/hcd-works.html. Zugegriffen: Febr. 2016

http://ccscore.com/files/flyer_de.pdf. Zugegriffen: Febr. 2016

http://ccscore.com. Zugegriffen: Febr. 2016

https://www.hslu.ch/de-ch/hochschule-luzern/forschung/projekte/detail/?pid=106. Zugegriffen: Febr. 2016

# VPV Versicherungen: Design Thinking als Weg organisationsübergreifender Lernprozesse

## 10

Design Thinking als neues Instrument in der Personalentwicklung

**Zusammenfassung**

Steve Jobs sagte einst, Design ist nicht nur, wie es aussieht und sich anfühlt. Design ist, wie etwas funktioniert.

Was bedeutet diese Aussage für Unternehmen, die mit Design Thinking regelmäßig arbeiten? Kann man Denkprozesse, Einstellungen und Verhalten im Unternehmen auch gezielt designen? Und schließlich, welche Folgen haben Design-Thinking-Prinzipien für die Personal- und Organisationsentwicklung eines Unternehmens? Anhand von vier praktischen Beispielen aus dem HR-„Alltag" berichten Bernd Blessin und Kinga Janisch, wie Design Thinking bei der VPV Versicherungen gestaltet wird.

## 10.1 Das Unternehmen VPV Versicherungen

Die VPV Versicherungen wurden 1827 als Versicherungsverein auf Gegenseitigkeit (VVaG) und als erste Sterbekasse für Postmitarbeiter in Deutschland gegründet. Seitdem bietet die VPV einen guten Nährboden für alle pragmatischen, pionierhaften und vor allem gemeinschaftlich entwickelten Lösungen. Das Unternehmen lebt bis heute von der Idee, eine eher kleine, aber starke Gemeinschaft zu sein, die sich möglichst unabhängig von gängigen Markttrends in einer Marktnische bewegt und einen spürbaren Mehrwert für seine Kunden bietet. Daher ist das Unternehmen allen Ansätzen gegenüber, die diesen Geist fördern, sehr aufgeschlossen.

© Springer Fachmedien Wiesbaden GmbH 2017
D. Freudenthaler-Mayrhofer, T. Sposato, *Corporate Design Thinking*,
https://doi.org/10.1007/978-3-658-12980-4_10

**Kinga Janisch**, Juristin, ausgebildete Master of Business and Administration, systemischer Coach und Therapeutin, begleitet seit bald 20 Jahren lösungsorientiert Menschen und Unternehmen auf dem Weg zu ihren Ressourcen. Als Leiterin Personalentwicklung und -marketing der VPV Lebensversicherungs-AG entwickelt und implementiert sie mit quergedachten und praxisnahen Werkzeugen Führungskräfte, Mitarbeiter, Teams sowie das Unternehmen. Treu ihrem Motto „einfach anders" arbeitet sie direkt mit den Anwendern der Führungsinstrumente an neuen, inspirierenden und sinnstiftenden Ideen für das Unternehmen.

**Dr. Bernd Blessin** ist Leiter Personalmanagement und Organisation der VPV Lebensversicherungs-AG in Stuttgart. Er war zuvor als Personalleiter bei der Coca-Cola Erfrischungsgetränke AG und im Gerling-Konzern tätig. Seit 2010 ist er bei der VPV für den Personalbereich verantwortlich und im Aufsichtsrat der Vereinigte Post. Die Makler-AG. Daneben ist er im Gesamtvorstand des BPM (Bundesverband der Personalmanager e.V.) tätig sowie Koautor des Buches „Führen und führen lassen".

## 10.2   Ausgangslage

Dem Gründungsverhalten eines Pioniers verbunden, ist die VPV allen Ansätzen, die diesen Geist fördern, gegenüber sehr aufgeschlossen. Als wir – die VPV Versicherungen (Vereinigte Postversicherung VVaG, kurz VPV), ein mittelständisches, deutschlandweit aktives Finanzdienstleistungsunternehmen, mit mehr als 1000 Mitarbeitern und fast 190-jähriger Tradition in der Versicherungsbranche, im Jahr 2013 mit den ersten Design-Thinking-Selbstversuchen begannen, wurde diese Methode auf dem Trainingsmarkt als ein Innovationswerkzeug für die moderne Produktentwicklung angepriesen. Sie versprach den Unternehmen durch kürzere Entwicklungszeiten und eine passgenaue Produkt- bzw. Dienstleistungsentwicklung einen klaren Wettbewerbsvorteil.

Unserer Erfahrung nach funktioniert das Versprechen nur dann, wenn die Methode anschlussfähig an ein Unternehmen ist. Was meinen wir genau mit Anschlussfähigkeit? Ein anschlussfähiges Design Thinking schafft es, dass die Methode in der Belegschaft und im Management als machbar und sinnvoll empfunden und akzeptiert wird. Dies geschieht dann, wenn die Ideen und Philosophie des Design- Thinking-Ansatzes mit dem Weltbild und den gewohnten Denk- und Handlungsmustern der Unternehmensgemeinschaft gut harmonieren und diese sich vielleicht sogar ergänzen.

## 10.3   Zentrale Herausforderungen

**Wie sieht aber die „mentale Landkarte" der VPV aus, und an welchen vorhandenen Denk- und Verhaltensgewohnheiten konnten wir mit dem Einsatz des Design Thinking aufsetzen?**

Design Thinking sollte für die VPV ein methodisches Vehikel werden, um die Personal- und Organisationsentwicklung bei der VPV voranzutreiben und eine der Grundaussagen unserer Unternehmensstrategie „Wir suchen gemeinsam nach den wahren Treibern" für unsere Mitarbeiter und Führungskräfte neu erlebbar zu machen und so unternehmensweit in den Köpfen und Herzen zu verankern. Insofern sollte Design Thinking primär nicht als eine Innovationsmethode zur klassischen Produktentwicklung eingesetzt werden, sondern eher als eine implizite Intervention in das kulturelle Werte- und Verhaltensgefüge der VPV.

## 10.4 Nutzung von Design Thinking für HR

Wir begannen mithilfe des Design-Thinking-Ansatzes unsere eigenen „HR-Produkte", wie z. B. die HR- Strategie, das variable Vergütungssystem oder einfach die Vorgehensweise bei den Verhandlungen mit dem Betriebsrat als HR-Bereich und Impulsgeber systematisch zu hinterfragen. Design Thinking half uns darüber hinaus, systemische Organisationsent- wicklungsinterventionen im Unternehmen voranzutreiben, um bei unseren Mitarbeitern und Führungskräften ein neues Verständnis zum Thema Führungs- und Dialoginstrumente zu etablieren. Unsere Kunden – Fachbereiche, die die eigentlichen Nutzer der HR-Dienst- leistungen sind – wurden mithilfe des Design Thinking gezielt angeregt, als „Koproduzen- ten" und Mitverantwortliche für unsere HR-Instrumente zu agieren, statt wie bisher ein rein passiver Empfänger der HR-Dienstleistungen zu sein. Durch gezielte Einbindung der Mitarbeiter und Führungskräfte bereits bei der Konzeption von HR-Leistungen sendeten wir im Unternehmen bewusst ein Signal, wie man Erfahrungen und Wünsche der Nutzer als Auftrag für eine wertschöpfende Arbeit nutzen kann.

In den folgenden Abschnitten finden Sie konkrete Beispiele aus unserer Praxis, wie wir als HR-Bereich die Design-Thinking-Methode angewendet haben. Wir haben Design Thinking in den letzten Jahren bei folgenden Themen erfolgreich eingesetzt:

1. Neukonzeption variables Vergütungssystem
2. Neukonzeption Intranet
3. Überarbeitung HR-Strategie
4. Verhandlungen mit dem Betriebsrat zur Betriebsvereinbarung Fahrt- und Nebenkosten

### 10.4.1 Neukonzeption variables Vergütungssystem

**Rahmenbedingungen**

Die Führungs- und Fachkräfte der VPV erhalten neben den fixen auch variable Bezüge. Je nach Stufe in der Führungs- bzw. Fachlaufbahn steigt der Prozentsatz der zuzüglich zu den fixen Bezügen gezahlten variablen Vergütung von ca. 8 % (ein Monatsgehalt) auf 30 % an. Die variable Vergütung wurde mit Zielvereinbarungen hinterlegt. Dabei wurden i.d.R.

mindestens drei Ziele vereinbart. Zwei waren als Individual- oder Teamziel zu vereinbaren, das dritte war das Unternehmensziel. Die Ziele sind gleich gewichtet.

Über Jahre hinweg wurde immer deutlicher, dass die vereinbarten Team- und Individualziele einen durchschnittlichen Zielerreichungsgrad von ca. 96 % hatten. Hier taucht selbstverständlich für alle Verantwortlichen die Frage auf: Wie konnte dies trotz „SMART-Kriterien" geschehen? Unsere erste Hypothese als Entwickler des Instrumentes dazu war, dass Ziele durch die beteiligten Fach- und Führungskräfte zwar sehr anspruchsvoll formuliert wurden, aber letztlich immer so, dass sie erreichbar waren. Wir konnten in manchen Fachbereichen zudem beobachten, dass kurioserweise gegen Ende des Jahres auch Abwägungen zwischen dem Tagesgeschäft und dem Arbeiten am Ziel und damit am Bonus stattfanden.

Dies war für uns als HR-Bereich eine klare Fehlentwicklung des Instrumentes, die wir nicht akzeptieren wollten und konnten. Deswegen entschieden wir uns, im ersten Schritt gemeinsam mit dem Vorstand und dem Betriebsrat die entsprechenden Betriebsvereinbarungen (BV) für die Dauer von drei Jahren auszusetzen. Wir nutzten diese Zeit einerseits für eine gezielte Beobachtung und Auswertung der Reaktionen der Nutzer sowie andererseits für die Erarbeitung eines neuen variablen Vergütungssystems, das von den Fachbereichen als sinnvoll erlebt wird. Um keinen unnötigen Widerstand im System zu provozieren, entschieden wir uns gemeinsam mit dem Vorstand, die Individual- bzw. Teamziele für die Dauer des Übergangszustands auf 100 % Zielerreichung zu fixieren. Einzig das Unternehmensziel blieb voll variabel. Paradoxerweise legalisierten wir damit die von den Fachbereichen bereits geschaffenen Realitäten und luden unsere Mitarbeiter und Führungskräfte ein, mit uns gemeinsam nachzudenken, wofür wir ein Zielvereinbarungs- und Vergütungssystem überhaupt brauchen. Wie muss dieses System aussehen, damit die Nutzer es als sinnstiftend empfinden, und wie schaffen wir es gemeinsam, das System für die VPV so zu gestalten, dass es wertschöpfend wird? Was sind letztendlich die wahren Treiber eines funktionierenden Vergütungssystems? Diese Vorgehensweise löste Neugier und positive Irritationen im System aus und öffnete uns den Weg zu neuem Denken und Handeln im Umgang mit Zielen und Vergütungssystemen. Damit fokussierten wir die Aufmerksamkeit der gesamten Organisation um: weg vom Umgehen der Regel des Vergütungssystems hin zur Entwicklung eines sinnvolles Systems, das einerseits die Interessen der Fachbereiche und andererseits auch die Interessen des Unternehmens berücksichtigt und miteinander in Einklang bringt. Das veränderte gravierend unsere eigene Haltung gegenüber den Fachbereichen. Mit dieser Intervention setzten wir als HR-Bereich den ersten Schritt in die richtige Richtung: unsere internen Kunden und Nutzer der HR-Instrumente als tatsächlich kundig zu definieren.

**Ansatz**

Die klassische Vorgehensweise bei der Überarbeitung der HR-Instrumente wäre gewesen, die aktuellen Betriebsvereinbarungen zu sondieren, mit den Experten des Personalbereichs das Ziel für die neuen Betriebsvereinbarungen festzulegen, dieses mit dem Auftrag gebenden Vorstand und HR-intern abzustimmen und schließlich aus der HR- Perspektive ein neues Konzept zu entwickeln. Die klassische Umsetzung würde dann mit der Präsentation des fertigen Konzepts im Vorstand starten, um anschließend die Verhandlungen mit dem Betriebsrat führen zu können. Nach der Einigung sollten die hiervon betroffenen Mitarbeiter und Führungskräfte über die Verhandlungsergebnisse informiert und das Instrument in der Praxis eingesetzt werden.

Im Rahmen der systemischen Personal- und Organisationsentwicklung entschieden wir uns dieses Mal sehr bewusst für eine andere Vorgehensweise. Anstatt gleich ein HR-fundiertes neues Vergütungssystem zu entwickeln, starteten wir mit einem HR-übergreifenden Design-Thinking- Workshop und versuchten die Ausgangssituation besser zu verstehen, um bewusst vorschnelle Lösungsansätze zu vermeiden, die die Probleme des bisherigen Vergütungssystems nicht hätten lösen können. Wir analysierten dabei neben den bisherigen Prozesskennzahlen auch die Aussagen und Berichte der Fach- und Führungskräfte und luden diese ein, ihre Erfahrungen mit dem bisherigen Vergütungssystem und Wünsche einzubringen. Im Gegensatz zur klassischen Vorgehensweise der HR-Bereiche betrachteten wir das Problem bereits in der ersten Phase aus den unterschiedlichsten Blickwinkeln, spiegelten uns selbst und den Fachbereichen zurück, was wir gesehen und erlebt haben, und machten damit das Problem für alle transparent – und das sowohl innerhalb als auch außerhalb des HR-Bereiches. Dadurch entwickelte sich eine weitere positive Irritation im System, die neues Denken und Handeln ermöglicht hat.

Damit entstand im Sinne des Design Thinking eine gute Grundlage für das Verständnis sowie die Akzeptanz der entwickelten Lösungsansätze und eine spätere Überprüfung bzw. Validierung dieser. Wir haben dabei u.a. folgende Aspekte betrachtet:

- Verhaltensweise und mögliche Beweggründe der Fachbereiche beim Umgehen der bisherigen Regel
- Möglichkeiten und Einschränkungen aus bestehenden Betriebsvereinbarungen
- Zielerreichungsgrade der Individual- und Teamziele über mehrere Jahre
- Administrativer und Pflegeaufwand des aktuellen Zielvereinbarungsprozesses, aus der Sicht der Nutzer und des HR-Bereiches, wie z. B. Zielvereinbarungsprozess, unterjähriges Zielcontrolling, ggf. Zielkorrektur(en), Zielbewertung, Feststellung Zielerreichung(sgrad), Abrechnung und Wirkung des Aufwands auf die Zusammenarbeit zwischen Mitarbeitern und Führungskräften
- Themen und Inhalte der Zielvereinbarungen sowie deren Umsetzung im Anschluss
- Analyse der Projektlandschaft sowie Verbindung von Projekten und Zielen

Wir beleuchteten das Problem sowohl aus der Sicht des Vorstands, der Führungs- und Fachkräfte verschiedener Ebenen, des Betriebsrats als auch aus unserer eigenen Perspektive als HR-Bereich. Die ersten Interviewrunden mit den Anwendern waren sehr unterschiedlich. Sie zeigten allen Betroffenen ziemlich deutlich und lebhaft ein sehr heterogenes Bild sowohl bei der Handhabung des Instrumentes durch die Nutzer als auch bei der inneren Haltung und den genannten Erwartungen der Nutzer an die Vergütungssysteme. In Einzelinterviews und Gruppenworkshops fanden wir heraus, was den Nutzern besonders wichtig/unwichtig ist, worauf sie gar nicht/gut verzichten können, wie intensiv/extensiv sie das Instrument nutzen und vor allem wofür und warum sie es nutzen oder nicht nutzen. So nahmen verschiedene Hypothesen Konturen an. Hier wurden erste Ideen generiert, wie ein neues Zielvereinbarungssystem und damit die variable Vergütung aussehen könnten. Diese widersprachen an einigen Stellen unserer gewohnten HR-Perspektive.

Da es sehr unterschiedliche Anforderungen an das neue Vergütungssystem gab, wurden in zwei Teams unterschiedliche Prototypen visualisiert und entwickelt. Wir bereiteten die Ergebnisse und Vorschläge im Sinne der Design-Thinking-Methode auf und präsentierten unsere Modelle in verschiedenen Kleingruppen.

Die ersten Reaktionen auf unsere Modelle zeigten die Wirkung der Design-Thinking-Methode. Wir selbst und viele der Nutzer waren zuerst überrascht über die Komplexität der Anforderungen an das neue System und fanden gut, dass die so unterschiedlichen Wünsche und Bedenken bei den Prototypen sich widergespiegelt haben.

Spannenderweise wollte unser Vorstand auch wissen, welche neuen Anregungen aufgrund der Design- Thinking-Methode in die Prototypen eingeflossen sind. Nach Fertigstellung der Prototypen wurden sie dem Vorstand präsentiert. Und hier geschah etwas, womit keiner von uns gerechnet hatte: Beide Prototypen wurden von ihm abgelehnt, ebenso der Vorschlag, ein alternatives Modell zu bauen. Der Vorstand war vor allem von der Form der Prototypen sichtlich überrascht und irritiert. Statt einer klassischen Power-Point-Präsentation zu neuen Vergütungssystemen brachten wir aus Karton und Papier gebaute Lösungsmodelle mit, die die Anforderungen der Nutzer sichtbar gemacht haben. Diese wirkten jedoch auf den Vorstand eher unseriös und unfertig und sollten in eine „klassische" Präsentationsform gebracht werden. Auch inhaltlich gab es einige „Aha-Erlebnisse" für uns als HR-Bereich und das Management insgesamt. Unsere Nutzer nahmen bei diesem Instrument eine andere Perspektive ein und zeigten uns auf, dass sie wahres Interesse an dem Einsatz der Zielvereinbarung als Führungs- und Entwicklungsinstrument haben, diese jedoch von der individuellen Vergütung entkoppeln würden, um Fehlentwicklungen zu vermeiden. Somit haben wir es als Unternehmen zum ersten Mal geschafft, das Scheitern als einen wichtigen Bestandteil der Zielvereinbarung zu etablieren.

Darüber hinaus bestätigten uns einige Nutzer in unserer Überzeugung, dass es eine klare Verzahnung zwischen der Unternehmens- und Marktentwicklung und der variable Vergütung geben muss. Gemeinsam wurde dann verifiziert, ob wir die unterschiedlichen Anforderungen und Wünsche richtig verstanden sowie die richtigen Schlüsse daraus gezogen haben. Das Ergebnis dieser abschließenden Diskussionsrunden mündete in eine entsprechende Entscheidungsvorlage an den Vorstand.

**Welche Vor- und Nachteile ergaben sich?**
Es zeigte sich in der Praxis, dass Design Thinking durch die Mehrfachschleifen und Feedbackprozesse im Vergleich zur klassischen Vorgehensweise in der Konzeptionsphase einen deutlich höheren Zeitaufwand bedeutet. Ebenso gilt es im Rahmen der Methode bei den Workshops mit den Nutzern klar- zustellen, dass sich zwar jeder einbringen kann, wenn es

um die Generierung von und das Feedback zu Ideen geht, dass aber nicht jede Idee umgesetzt werden kann und dass einige Ideen in der Praxis scheitern würden.

Mit dem Einsatz des Design Thinking veränderte sich auch deutlich die Veränderungstiefe der Intervention. Durch die Entschleunigung des Denkprozesses durch diverse Feedbackschleifen lernten wir bei diesem Vorgehen unsere eigenen Einstellungen, Werte und Verhaltensweisen als Unternehmer besser kennen, und uns gelang es, gemeinsam Rahmenbedingungen zu schaffen, die persönliche Veränderungsprozesse bei allen Beteiligten ermöglichen und fördern.

Aus den Mehrfach-Feedbackschleifen gewannen wir einen klaren Vorteil für die Umsetzung: Durch den konsequent am Nutzer orientierten Iterationsprozess kommt man den wirklichen Bedürfnissen der Anwender deutlich näher. Die Feedbackschleifen führen auch dazu, dass durch die Einbeziehung der Betroffenen das Konzept von diesen besser verstanden und akzeptiert wird. Zudem identifizieren sich die Nutzer deutlich stärker mit der Lösung. Und schließlich vereinfachte das auch die Verhandlungen mit dem Betriebsrat auf dem Weg zu einer konsensorientierten neuen Betriebsvereinbarung.

Ob die neue variable Vergütung tatsächlich besser angenommen wird und damit auch bessere Ergebnisse auf der Unternehmensebene erzielt werden, muss sich noch im Laufe der nächsten Jahre zeigen. Die Voraussetzungen dafür sind jedenfalls geschaffen.

## 10.4.2  Neukonzeption Intranet

### Rahmenbedingungen
Das Intranet „Meine VPV" besteht in seiner jetzigen Form bereits seit 2005. In dieser Zeit hat diese Informations- und Kommunikationsplattform für den Innen- und Außendienst der VPV stetig an Akzeptanz gewonnen und wurde zunehmend in den Arbeitsalltag integriert. Sowohl Mitarbeiter als auch Führungskräfte finden hier sämtliche Informationen und Arbeitshilfen, die sie für die tägliche Arbeit brauchen, wie z. B. Unternehmens- und Projektinformationen, Veranstaltungen und Präsentationen, Formulare und Anträge, Prospekte, Werbematerial und Verkaufshilfen etc.

Durch einen starken Zuwachs an Themen hat sich die Anzahl der im Intranet eingestellten Inhalte seit Einführung vervielfacht. Hierunter hat die Übersichtlichkeit gelitten. Die Suche nach Informationen wurde zunehmend zur Herausforderung für alle Nutzer des Systems. Da zudem auch das Redaktionssystem „in die Jahre" gekommen war, sollte das Intranet sowohl technologisch als auch inhaltlich erneuert und mit neuen Anwendungsmöglichkeiten versehen werden.

### Ansatz
Auch hier entschieden wir uns als HR-Bereich und Betreiber des Intranets, vom klassischen Projektmanagement abzuweichen und im Vorfeld im Rahmen von Design-Thinking-Workshops in Erfahrung zu bringen, welche Anforderungen die Mitarbeiter und Führungskräfte als Nutzer des Intranets an das neue Modell haben. Hierzu wurde ein

Design-Thinking-Team mit Vertretern unterschiedlicher Fachbereiche und Hierarchieebe-nen zusammengestellt. Dieses Team bestand sowohl aus den Vertretern des Innen- als auch des Außendienstes. Im Rahmen von vier Workshoptagen erarbeitete das Design-Thinking-Team einen Prototyp für das „Intranet der Zukunft". Hierbei spielten technische Restrik-tionen oder Vorgaben keine Rolle.

Im ersten Design-Thinking-Workshop lernten unsere Teilnehmer die Grundprinzipien des Design Thinking kennen. Auf spielerische Art und Weise anhand eines fiktiven Pro-duktbeispiels (Entwurf eines Geldbeutels) übten sie den Ablauf und die Methodik des Design Thinking in der Praxis. Sie lernten, in Interviews die Anforderungen der Nutzer an das Produkt sorgfältig zu ermitteln, und erstellten anschließend jeweils einen Prototyp dazu. Je nach Nutzertyp und Wünschen gab es bei dieser für alle im Ursprung selben Auf-gabenstellung sehr unterschiedliche Protoptypen. Es gab z. B. einen „Frauengeldbeutel", „Geldbeutel für Handynutzer" oder einen Geldbeutel für „Nutzer vieler Kredit- und Ser-vicekarten". Die Vielfalt der Ergebnisse überraschte alle Teilnehmer.

Nach dieser methodischen Schnupperphase definierten unsere Teilnehmer themenbe-zogen Anforderungen an das „Intranet der Zukunft" und diskutierten ihre Hypothesen über die potenziellen Beweggründe und Anforderungen der heutigen Nutzer des Intranets gemeinsam in der Gruppe.

Der zweite Tag stand vollkommen unter dem Motto der Empathie für die Nutzer. Die Gruppe teilte sich in kleine Tandems auf und befragte in Form von strukturierten Kurz-interviews die Mitarbeiter und Führungskräfte unseres Hauses über deren Erfahrungen mit dem aktuellen Intranet und ihre Wünsche und Anforderungen an ein neues. Dabei ließen sich die Design-Thinking-Teilnehmer von ihren Interviewpartnern genau zeigen und erklären, welche Funktionen wann und wie häufig von ihnen benutzt wurden.

Am dritten Tag fand die Synthese statt. Die Design-Thinking-Teilnehmer trugen dabei die Ergebnisse der bisherigen Workshops und Interviews mit den unterschiedlichen Nut-zertypen zusammen. Dabei überprüften sie mit Fragen wie „Warum ist ein Thema für einen Mitarbeiter besonders wichtig?", „Was sorgte bisher für Unzufriedenheit?" ihre Hypo-thesen und entwickelten anschließend in kleinen Gruppen Prototypen des Intranets der Zukunft. Die Gruppen gestalteten mit einfachen Hilfsmitteln wie bunten Papiere, Alufolien und Stiften ihre Prototypen. Alle Prototypen wurden in der Gruppe vorgestellt und erläutert.

Basierend auf diesen Prototypmodellen entwickelte die Design-Thinking-Gruppe am vierten Workshoptag einen gemeinsamen Prototyp des Intranets der Zukunft, der die Ideen und Anforderungen der unterschiedlichen Nutzer in sich vereint hat. Im Rahmen dieser Entwicklungsarbeit fanden noch letzte kontroverse Diskussionen über den finalen Aufbau des Prototyps statt. Am Ende lag ein gemeinsames Ergebnis vor.

Der endgültige Prototyp wurde dann den bereits im Vorfeld befragten Führungskräften und den beteiligten Mitarbeitern vorgestellt. Als Fazit konnte festgehalten werden, dass sich alle Nutzer in diesem Prototyp gut wiederfanden und ein solches Intranet in der Praxis gut nutzen könnten. Die Gruppe erntete viel Lob für ihre Arbeit, durch einfache Visuali-sierung und gekonnte Verschmelzung der unterschiedlichen Anforderungen der Nutzer in einem Prototyp.

**Welches Ergebnis konnte mit der Methode erzielt werden?**
Die Methode bedeutete einen hohen zeitlichen Aufwand für alle Beteiligten. Neben den viertägigen Präzenzphasen arbeiteten die DT-Teilnehmer an bestimmten Themenstellungen auch zwischen den Workshops weiter.

Insgesamt konnten wir als HR-Verantwortliche ein positives Fazit ziehen. Einerseits wurden durch diese Vorgehensweise im Design-Thinking-Team Ideen entwickelt, die bei den Nutzern auf positive Resonanz gestoßen sind und mit denen sich diese wahrhaft identifizieren. Darüber hinaus entstanden dabei auch innovative Ideen, die im klassischen Projekt aufgrund der technischen Vorgaben und Betrachtung sowie Termin- und Kostendruck möglicherweise nicht vorkommen würden. Damit wurde eine sehr gute Basis für das anschließende Umsetzungsprojekt geschaffen, auf dem das Projektteam gut aufbauen konnte. Durch die starke Orientierung an den Bedürfnissen und Nutzungsgewohnheiten der Nutzer bei der Entwicklung des neuen Intranets der VPV ist auch zu erwarten, dass dessen Akzeptanz gewährleistet ist.

Auf der Organisationsentwicklungsebene fand bei diesem Prozess ein spannender Wandel statt. Die Design-Thinking-Vorgehensweise, die einige Mitarbeiter zu Beginn eher skeptisch betrachtet hatten, wurde am Ende des Design-Thinking–Prozesses als durchweg positiv empfunden und beurteilt. Die Teilnehmer fanden sehr gut, dass bei diesem Vorgehen sowohl die Unternehmensinteressen als auch die Meinungen der Nutzer ernst genommen werden.

### 10.4.3  Design Thinking als Methode zur Strategieerstellung

**Rahmenbedingungen**
Die HR-Strategie der VPV galt bis 2015 – eine Anpassung bzw. Überarbeitung mit Blick auf das Jahr 2020 war notwendig.

**Ansatz**
Basierend auf unseren bisherigen positiven Erfahrungen mit Design Thinking entschieden wir uns bei der Entwicklung und Überarbeitung unserer HR-Strategie für eine Mischung aus klassischer Strategiearbeit und Design-Thinking-Elementen. Vor allem die im Design-Thinking-Prozess üblichen Feedbackschleifen mit den Nutzern, ständiges Hinterfragen, Neujustieren, Fokussieren sowie Testen der möglichen Lösungsansätze kamen hierbei zum Tragen.

Wie bei der Strategiearbeit üblich, begannen wir mit der Strategischen Analyse. Daher führten wir zum Beginn des Prozesses mit der zweiten Führungsebene des HR-Bereichs (Abteilungsleiter der internen Organisationsberatung, der Personalbetreuung und Service und Personalentwicklung) eine intensive Trend-, Markt- und Umfeld- sowie Stärken-Schwächen-Analyse durch. Diese wurden bei der Vorgängerstrategie konsolidiert und flossen direkt in die Strategieentwicklung ein. Dieses Mal wurden entlang des Design-Thinking-Prozesses erst Hypothesen abgeleitet. Die Hypothesen bezüglich der potenziellen strategischen Handlungsfelder des HR-Bereiches wurden dann anhand von Interviews mit zahlreichen Vertretern der Fach- und Führungskräfte des Innen- und Außendienstes abgeglichen, korrigiert und um neue Themenfelder ergänzt.

Spannenderweise deckten sich unsere Hypothesen als HR-Bereich bezüglich der zukünftigen Handlungsfelder der HR-Strategie an vielen Stellen mit den Themen der Fachbereiche. An dieser Stelle fand aus der Sicht der Organisationsentwicklung eine konstruktive Synchronisation zwischen der Unternehmensentwicklung, HR-Arbeit sowie aktuellen und zukünftigen Bedürfnissen und Wünschen der Fachabteilungen statt. Die Intervention brachte uns noch weitere Bereicherungen. Die Nutzer der HR- Strategie – unsere Fachbereiche – lieferten uns spannende Impulse zum Thema Kommunikation der HR-Strategie und gute Vorschläge für die Umsetzungsmaßnahmen aus der HR-Strategie. Sie fragten uns z. B., warum wir manche HR-Themen, die das Gesamtunternehmen betreffen, nicht als Auftrag an die Teilnehmer unserer internen Trainingsprogramme für die Führung und Fachlaufbahn abgeben. Diese Frage zeigte uns, dass unsere Nutzer die Haltung des Design-Thinking-Ansatzes, multidisziplinär, prozessorientiert und nah an Bedürfnissen des Kunden zu arbeiten usw., vollständig verinnerlicht haben.

Hier fand also eine implizite Organisationsentwicklung auf zwei Ebenen statt: Wir als HR-Bereich lernten die Empfänger unserer Leistungen nicht als Objekt, sondern als ein mündiges Subjekt wahrzunehmen und zu behandeln. Die Fachbereiche lernten dafür eine sinnstiftende Verbindung zwischen ihrem Tagesgeschäft, der Unternehmensstrategie und Personalarbeit herzustellen. Der Design-Thinking-Ansatz bot uns damit einen guten Anlass für Entwicklungen, die weit über die Themen der HR-Strategie hinausgingen.

Aus den Erkenntnissen unserer Nutzer und der Reflexion unserer Hypothesen entwickelten wir einen ersten Prototyp unserer HR-Strategie und stellten ihn weiteren Experten des HR-Bereiches vor. In sehr ausführlichen Diskussionen wurde der Prototyp von den Kollegen, die operativ die Nutzer der HR- Strategie begleiten, hinterfragt und weiter präzisiert. Als nächste Feedbackschleife im Sinne des Design Thinking fand ein Workshop des HR-Führungs- und Expertenteams zusammen mit einem externen Strategieberater statt. Wir wollten bei diesem Schritt durch eine zusätzliche Perspektive eines Außenstehenden folgende Themen beleuchten:

- Externer Blick auf die Strategie
- Input aus entsprechenden Strategieprozessen anderer Unternehmen, um die Akzeptanz für die Umsetzung der HR-Strategie bei allen Nutzern zu steigern
- Präzisieren und Kommunizieren der strategischen Aussagen, Handlungsfelder, Ziele, Maßnahmen sowie Festlegen von Messgrößen, die für die Nutzer der HR-Strategie transparent, nachvollziehbar und sinnvoll sind

Nach diesem Iterationsprozess entwickelten wir einen weiteren Prototyp der HR-Strategie und diskutierten diesen mit dem Ressortvorstand. Nach marginalen Veränderungen diente unser Prototyp auch für andere Unternehmensbereiche wie IT und Kundenservice als Entwicklungsvorlage für deren funktionale Strategien. Anschließend wurden alle drei Strategien dem Aufsichtsrat vorgestellt und von diesem zur Umsetzung freigegeben.

**Warum führte diese Vorgehensweise zu einem besseren Ergebnis?**
Durch die mehrfachen Feedbackschleifen und Überprüfungen der Hypothesen ist auch hier ein aufwendigeres Vorgehen festzustellen als im klassischen Strategieprozess. Das wird jedoch schnell zu einem Vorteil: Die frühzeitige Einbindung sowohl der Fachbereiche als auch der weiteren HR-Experten als Nutzer der HR-Strategie schafft bereits in einem frühen Stadium Verständnis und Akzeptanz für die Strategie sowie die daraus abgeleiteten Ziele und Maßnahmen. Zugleich konnten wir potenzielle Widerstände bereits frühzeitig erkennen bzw. diese im Vorfeld störungsfrei ausräumen. Die Vorstellung unserer HR-Strategie innerhalb des Unternehmens führte weiterhin zu Wiedererkennungs- und Nachahmungseffekten, was deren Einführung erleichterte. Auch versprechen wir uns für die Umsetzung eine Erleichterung, indem wir die eingebundenen Nutzer als Promotoren und Multiplikatoren der HR-Strategie gewinnen. Das ist eine deutliche Verbesserung zum klassischen Strategieprozess.

## 10.4.4 Design Thinking als strategisches Workshop-Steuerungsinstrument bei den Verhandlungen zu Fahrt- und Nebenkosten

**Rahmenbedingungen**
Die Verhandlungen einer neuen Betriebsvereinbarung zwischen der Personalabteilung und dem Betriebsrat über die Fahrt- und Nebenkostenerstattung der angestellten Vermittler zeigten über Monate keine Fortschritte. Die Parteien verloren sich in Details, Diskussionen und drehten sich im Kreis. Keine Seite war bereit, Zugeständnisse in diesem Prozess zu machen, um im Sinne der Nutzer das Bestmögliche zu erreichen. Im Kern drehte es sich um die Ermittlung von Dienstfahrten, für die neben der sogenannten Fahrtkostenpauschale eine gesonderte Fahrtkostenerstattung stattfinden soll, sinngemäß um die Frage, wann eine Dienstreise im mobilen Außendienst vorliegt. Eine Verhandlung an dieser Stelle war leider nicht mehr möglich, da aufgrund der Komplexität des Themas die inhaltlichen Positionen der Betriebspartner unklar und sehr different bleiben. Die Verhandlungen fanden bis zu diesem Zeitpunkt „klassisch" in Terminen statt, in denen sich die Vertreter der Arbeitgeberseite und die des Betriebsrats gegenübersaßen.

**Ansatz**
Um diese festgefahrene Situation zu verlassen, wurde seitens der Vertreter der Arbeitgeberseite dem Verhandlungsteam des Betriebsrats der Vorschlag unterbreitet, einen gemeinsamen „Workshop" im Design-Thinking-Raum durchzuführen. Der Betriebsrat erklärte sich nach anfänglichem Zögern dazu bereit. Im Vorfeld wurde seitens der Arbeitgeber

eine Agenda erarbeitet. Die Agenda wurde vor dem Workshop mit dem Betriebsrat abgestimmt, sodass Einigkeit über die Inhalte des Workshops und die Vorgehensweise bestand.
Ziel des Workshops war, die Positionen der beiden Seiten trotz der Komplexität klar her-
auszuarbeiten und dann Regeln zu erarbeiten, die zu einer gemeinsamen Lösung führen.

Insbesondere ging es hierbei um Fahrtanlässe, die gesondert erstattet werden sollten.
Der Workshop war für den Vormittag geplant mit einem gemeinsamen Mittagessen im
Anschluss. Bei der Erarbeitung der einzelnen Lösungen wurden keine expliziten Design-
Thinking-Methoden benutzt.

Nur der Raum und die an den Wänden visualisierten Design-Thinking-Prinzipien, das
flexible Mobiliar sowie alle zur Verfügung stehenden Medien (Metaplanwände, Flipchart
etc.) kamen zum Einsatz. Der Design-Thinking-Raum bietet die ideale Plattform für informelle Besprechungen oder Brainstorming an. Er ist so eingerichtet, dass er jederzeit an die
aktuellen Bedürfnisse der Gruppe anpassbar ist. Jeder Teilnehmer darf hier frei entscheiden, wie viel Nähe und Distanz zu Thema und Gruppe er gerade braucht und wie stark
er sich in die Gruppe einbringen möchte. Die Wände dienen einerseits der thematischen
Sammlung und Visualisierung des Diskussionsfortschritts in der Gruppe und andererseits
zur Darstellung der unterschiedlichen Lösungsansätze. Die räumliche Inszenierung lädt
implizit zur Multiperspektivität und zum informellen Austausch, frei von Hierarchie und
steifen Rollenbildern, ein. Das war die niedrigschwelligste Design-Thinking-Intervention,
die wir je im Unternehmen initiiert haben.

**Welches Ergebnis konnte erzielt werden?**
Die Workshopziele wurden erreicht. Die ungezwungene Atmosphäre im Design-Thinking-Raum, das Nutzen unterschiedlicher Medien und das Zulassen von Ideen ohne vorschnelle Bewertung führten an vielen Stellen zu einer Versachlichung der Diskussion. Die
fachlichen Probleme konnten herausgearbeitet werden. Es wurden im Rahmen einer Kar-
tenabfrage die Anlässe von Dienstfahrten, deren Fahrtkosten gesondert erstattet werden
sollten, ermittelt. Dadurch wurden im ersten Schritt die unterschiedlichen Positionen der
Parteien für alle Anwesenden greifbar und transparent.

Im zweiten Schritt wurden Lösungsideen erarbeitet, welche die Basis für spätere
Kompromissvorschläge bildeten. Grundlage hierfür war die Erarbeitung einer abstrakten Regelung, wonach die verschiedenen Anlässe von Dienstfahrten als erstattungsfähig
oder nicht erstattungsfähig bewertet werden konnten (Definition Dienstreise im mobilen
Außendienst).

Zum Abschluss wurden dann noch unterschiedliche Möglichkeiten der Fahrtkostenerstattung erarbeitet. Die Ergebnisse wurden seitens des Verhandlungsteams der Arbeitgeberseite zusammengefasst und es wurde ein Fotoprotokoll erstellt. Diese Unter-
lagen wurden dem Betriebsrat zur Verfügung gestellt und waren Basis der weiteren
Verhandlungen.

Diese Verhandlungen wurden im Nachhinein sehr sachlich fortgeführt. Beide Seiten
verwiesen immer wieder auf die Inhalte und aufgezeigten Lösungsmöglichkeiten aus
dem Workshop. Besonders hilfreich war hier die sehr sorgfältige Dokumentation des

Ergebnisses des Workshops. Relativ schnell kam es dann zu einem Durchbruch der Verhandlungen und zu einer Einigung der Parteien. Das Feedback des Betriebsrats zu dem Workshop im Design-Thinking-Raum war durchweg positiv. Die anfängliche Skepsis ist verschwunden. Es wurde angeregt, künftig gegebenenfalls erneut einen Workshop im Design- Thinking-Raum durchzuführen.

## 10.5 Resultate

Unserer Erfahrung nach geht Design Thinking weit über die klassische Idee des Designs hinaus. Es formt die Gedanken, Empfindungen und Haltungen der einzelnen Teilnehmer und der Organisation neu. Basierend auf der einzigartigen Mischung der VPV-Ressourcen, Fähigkeiten und Kernkompetenzen unserer Mitarbeiter und Führungskräfte ist es uns an vielen Stellen gut gelungen, mit Hilfe des Design- Thinking-Ansatzes gezielt die Aufmerksamkeit des Unternehmens von der zahlengeprägten Betrachtung der internen und externen Kunden, hin auf deren emotionale Wünsche und Bedürfnisse zu lenken, um damit einen echten Mehrwert für alle zu generieren.

Bereits bei den ersten Pilotworkshops erlebten wir, wie radikal das Design Thinking den Fokus der Mitarbeiter und Führungskräfte bei der Entwicklung von Problemlösungen verändert. Wir sahen, wie die Gruppe, angeregt durch die Methode, immer wieder die klassische, tayloristisch geprägte Arbeitsteilung, bei der die jeweiligen Spezialisten ihren Teil zur Gesamtlösung im Arbeitsprozess beitragen, verließ. Es war sehr spannend zu beobachten, wie die Teilnehmer der Design-Thinking-Prozesse langsam und eher skeptisch sich von ihrer gewohnten Aufgabe, „eine fachlich korrekte Lösung abzuliefern", zu lösen begannen und stattdessen multidisziplinär überlegten, was der Anwender/der Nutzer wirklich braucht und bereit ist, als Lösung zu akzeptieren. Das half uns sehr, neue Lösungsideen im Unternehmen zu entwickeln und Impulse in den Organisationen zu setzen.

Dabei fiel uns auf, dass Design Thinking mit seiner Prozessstruktur sowohl die Tätigkeit des Entwerfens einer Problemlösung als auch das Gesamtergebnis des Denkens der Teilnehmer radikal verändert. Der Prozess ist zeitaufwendig, weil er konsequent ständige Rückkopplung zwischen den Entwicklern einer Lösung und den Nutzern fordert.

## 10.6 Erfolgsfaktoren

- **Langfristige Organisationsentwicklung:** Durch die enge Verzahnung des Design Thinking mit der Organisationsentwicklung (siehe Tab. 10.1) kann eine langfristige Veränderung im Unternehmen stattfinden. Die Organisationsentwicklung ist nichts anderes als ein systematisch geplanter und gelenkter Prozess, dessen Ziel eine Veränderung der Kultur und des Verhaltens einer Organisation ist, damit diese effektiv ihre Probleme lösen und ihre Ziele erreichen kann. In diesem Sinne war für uns der Einsatz des Design Thinking eine wenig provozierende Intervention in der Entwicklung der VPV.

**Tab. 10.1** Merkmale der Organisationsentwicklung (OE) und Design-Thinking- Methode, angelehnt an Staehle (1991)

| Geplanter Wandel | Geplanter Innovationsprozess |
|---|---|
| Umfassender Wandel (keine Detailänderung) mit dem Ziel Veränderung der Überzeugungen und Haltungen der Organisationsmitglieder und Überprüfung der unternehmensüblichen Einstellungen und Verhaltensweisen | Ganzheitliche Problemlösung mit dem Ziel, Nutzerwünsche und Bedürfnisse ins Zentrum des Lösungsprozesses zu stellen. Die Überprüfung der unternehmensüblichen Einstellungen und Verhaltensweisen findet implizit statt |
| Arbeit mit Hypothesen und Überprüfung von deren Wirkung im und auf das System | Hypothesenbildung und stetige Rückkopplung dieser durch Einholen des Feedbacks der Nutzer |
| Langfristiger Wandel (kein kurzfristiges Krisenmanagement) | Sofortiger Wandel der Wahrnehmung und Perspektivenwechsel |
| Einbeziehung eines Change-Agenten | Einbeziehung des Design-Thinking-Moderators |
| Intervention durch erfahrungsbegleitetes Lernen und Aktionsforschung | Intervention durch erfahrungsbegleitetes Lernen und permanente Feedbackschleifen |
| Grundprinzip der Arbeit „Betroffenen zum Beteiligten machen" und systematische Sammlung der empirischen Daten über die Betroffenen in Bezug auf deren Ziele und Bedürfnisse | Grundprinzip der Arbeit „Betrachte die Welt durch die Brille der Nutzer" und systematische Sammlung der empirischen Daten in Bezug auf deren Ziele und Bedürfnisse |

Das Charmante dabei war, dass durch die Anwendung der Design-Thinking-Methodik eine Veränderung per se nicht vordergründig thematisiert wird, dafür aber durch die unterschiedlichen Gruppen live ausprobiert und mit allen Sinnen durch die Beteiligten erlebt wird. Design Thinking verändert zuerst spielerisch den Denkauftrag der Teilnehmer. Mit solchen Prinzipien, wie z. B. „Denke nutzerorientiert", „Mache oft Fehler", „Baue einen Prototyp und hole dir regelmäßig ein Feedback der Nutzer ein" usw., findet unmittelbar bereits bei den ersten Workshops eine Verhaltensänderung bei den Teilnehmern statt. Sie lernen bereits im Entwicklungsprozess, ihre eigenen Emotionen, Empfindungen und Wahrnehmungskonstruktionen als ein wichtiges Analyseinstrument zu nutzen. Der Ansatz half uns sehr bei der Arbeit an bestimmten Haltungen, wie z. B. „unternehmerisches Denken und Handeln".

• **Organisationsübergreifende Lernprozesse:** Die Design-Thinking-Gruppe lernt oder – besser gesagt – verlernt zuerst, die Nutzer als ein abstraktes Objekt zu betrachten, und lernt deren explizite, aber vor allem implizite Bedürfnisse besser zu erkennen, zu antizipieren und darauf adäquat mit den Lösungsvorschlägen in Form der Prototypen einzugehen. Darüber hinaus bietet die Design-Thinking-Methode der Gruppe eine adäquate Möglichkeit, auch komplexe Fragestellungen zu bearbeiten. Die Komplexität erzeugt Unsicherheit und Angst, nicht das Richtige zu tun. Mit der Design-Thinking-typischen iterativen Annäherung an die Lösung, einfacher Visualisierung der Ideen und einer permanenten Rückkopplung der eigenen Hypothesen an die Welt der Nutzer bietet Design

Thinking der Gruppe eine sichere Struktur an. Das hilft ihr auch, bisher noch nicht gedachte oder neuartige Lösungsansätze auszuprobieren, ohne dabei das Problem zu trivialisieren. Die Teams lernen im Design Thinking ziemlich schnell loszulegen, und genauso schnell lernen sie, nicht adäquate Lösungen zu verwerfen, wenn sie beim Nutzer keine entsprechende Resonanz finden, ohne dabei fürchten zu müssen, das Gesicht zu verlieren. Die Design-Thinking-Philosophie erfordert von der Gruppe einen grundlegenden Wandel im Denken. Die Gruppe löst sich von Anfang an von der Idee, sofort eine Lösung für eine Fragestellung zu haben, und nähert sich behutsam einer Problemlösung an.

- Die Nutzer lernen, (selbst)bewusst im Sinne der Personalentwicklung auf die Gestaltung der Problemlösungen von Anfang an Einfluss zu nehmen. Sie lernen darüber hinaus, persönlich durch die stetigen Feedbackschleifen auch kritische oder ungewöhnliche Erwartungen zu artikulieren und selbst Ideen einzubringen, auch wenn sie ihnen selbst als Nutzer vielleicht auf den ersten Blick als unrealistisch oder überzogen erscheinen. Hier findet eine klare Verschiebung der Macht statt, von einer zentral festgelegten Entscheidungsmacht des Produktentwicklers, in Richtung einer kollektiven Entscheidungsmacht. Der Nutzer gewinnt durch den Design-Thinking-Prozess deutlich an Bedeutung. Das Management lernt, dass die internen geschäftlichen Abläufe, Strukturen und das eigene Entscheidungsverhalten sowie das interne Machtgefüge direkt und oft nachhaltig von den Nutzeranforderungen beeinflusst werden können. Das stellt an manchen Stellen unsere gewohnte Managementlogik infrage und befeuert im Unternehmen die Diskussion über die Notwendigkeit des bewussten Übergangs von einer sicherheitgebenden und führungskräftezentrierten „Führungs-Heldenkultur", hin zu einem reflektierenden kollektiven „Impulsgeber-Modell".

## 10.7   Lessons Learned

- Design Thinking kann auch abseits der klassischen Produktentwicklung bei uns als Interventionsmethodik erfolgreich eingesetzt werden.
- Design Thinking ermutigt die Führungskräfte, ihren Verstand und ihre Intuition bewusst zu nutzen, aber auch die kollektive Intelligenz der Gruppen sinnvoll einzusetzen.
- Design-Thinking-geprägte Unternehmen orientieren sich bei der Konzeption ihrer Strukturen und Prozesse vorrangig an den Bedürfnissen der Kunden und nicht an der Effizienz dieses Prozesses.

## 10.8   Checklist

- Topmanagement-Unterstützung sichern
- Relevante Pilotprojekte identifizieren
- Definition von Quick Wins
- Feedbackschleifen mit den Kollegen initiieren

## Literatur

Comelli, G. (1985). *Training als Beitrag zur Organisationsentwicklung*. München: Carl Hanser Verlag.

Harvard Business Manager November (2015). manager magazine new media GmBH. http://blogs.sap.com/analytics.

Staehle, W. H. (1991). *Management: eine verhaltenswissenschaftliche Perspektive*. München: Vahlen.